Titel: **Fundsache Krieg**

Von: Ralph Schneider

Erschienen 2024

Fundsache - Krieg

Vorwort

Mein Vater Rudolf (geb. 10.12.1926) starb im August 2019 im Alter von 92 Jahren. In der Hinterlassenschaft fand ich einen Stapel Briefe, die aus der Zeit vom Ende des zweiten Weltkriegs stammten. Es handelte sich um seine Feldpost, die er nach Hause geschickt hatte.

Doch nicht nur seine Briefe, sondern auch die seines Bruders Herbert (geb. 28.09.1924) befanden sich in dem Stapel. Meinen Onkel habe ich nie kennengelernt, da er im Krieg gefallen ist, nachdem er wenige Wochen an der Front in Frankreich kämpfen musste. Die letzten Stellungen der beiden Brüder in dieser Zeit, lag nur ca. 100 km auseinander.

In den Texten spiegeln sich die Ängste, Nöte aber auch Hoffnungen wider, die sie gehabt hatten. Die Niederschrift ist in zwei Kapitel gegliedert. Das erste Kapitel zeigt die Feldpost meines Vaters und das zweite Kapitel, die seines Bruders.

Die geschriebenen Texte habe ich bewusst 1 zu 1 übernommen. Auch die Satzstellungen und die Wortwahl entsprechen der damaligen Zeit. Selbst die Anreden wurden bei Beiden immer großgeschrieben.

In den Briefen wird der nette und freundliche Umgang untereinander und zu den Eltern deutlich.

Meine Anmerkungen zu den Briefen habe ich kursiv geschrieben.

Herbert *Rudolf*

Hier noch ein paar Informationen zu der Familiensituation und den in den Briefen erwähnten Personen:

Der Vater (2. Von links) war Fritz Schneider, geboren am 23. Oktober 1897 in Girkhausen. Er erlitt aufgrund einer falschen Behandlung durch einen Arzt im Alter von ca. 45 Jahren eine Querschnittslähmung und war seitdem an den Rollstuhl gefesselt.

Die Mutter Herta (rechts), geb. Finkmann (02. Nov. 1900), musste allein für den Lebensunterhalt der 5-köpfigen Familie sorgen.

Die Kinder waren zuerst Herbert (2. Von rechts), dann Rudolf (mein Vater) und zuletzt wurde die Schwester Irmgard (20. Jan. 1929) geboren.

Von links: Rudolf (Rudi), Fritz, der Vater und Herbert; Aufnahme ca. 1930-1931

Die oft erwähnte Else war die Schwester von der Mutter Herta und lebte ebenfalls in Altena.

Die Familie ging in eine christliche Gemeinde in Altena. Da tauchen auch die Namen der alten Gemeindemitglieder Heiermann, Bäcker und Schneider auf, zu denen die Familie eine gute Beziehung pflegte.

Der Glaube an Gott gab den beiden großen Halt während des Krieges. Wie ernst die Lage auch war, die Hoffnung an ein gutes Ende durch die Führung Gottes ließ sie durchhalten.

Die Familie Brink war wohl aus der direkten Nachbarschaft. Gerd Hohage war sein Freund und der Bruder meines späteren Schwiegervaters. Gerd starb während des Krieges als Soldat an der Krankheit Ruhr.

Die Familie Finkmann (Ewald, Anna und Gundi) wohnte in Berlin und taucht in den Briefen von Herbert auf. Bei dieser Familie handelt es sich um einen Bruder der Mutter Herta und deren Familie und Verwandte. Bei meinen Recherchen zu diesem Buch fand ich heraus, dass Ewald und Anna recht früh verstorben sind, aber dass deren Tochter Gundi in diesem Jahr 2024 ihren 90. Geburtstag in einem Seniorenheim in Berlin feiern konnte.

Weitere Namen von Personen, die in den Briefen erwähnt werden, kenne ich nicht und kann auch nicht zuordnen, ob sie zur Nachbarschaft, Gemeinde oder zum Freundeskreis der beiden Brüder gehörten.

Erstes Kapitel - Rudolf

(1943/44)

27 Feldpostbriefe von Rudolf aus seiner Soldatenzeit vom 04. Aug. 1943 bis zur französischen Gefangenschaft im Frühjahr 1945.

Als er eingezogen wurde, war er erst 16 Jahre alt!

Hier die Stationen, die sich anhand der Briefe nachvollziehen lassen:

Edesheim	04.08.1943 – 06.04.1944
„Neurussland“ ??	07.04.1944 – 14.04.1044
Brüssel (B)	15.04.1944 – 01.07.1944
Neuf-Chatel (B)	02.07.1944 – 11.07.1944
Paris (F)	12.07.1944 – 16.07.1944
Dreux (F)	17.07.1944 – 09.09.1944
Dreihof bei Lindau	10.09.1944 – 14.10.1944
Durlach bei Karlsruhe	15.10.1944 – 01.11.1944
Hasselt (B)	03.11.1944 bis zur Gefangenschaft in Marseille

Edesheim 04.08.1943

Liebe Eltern und liebe Irmgard!

Ich kam heute Nachmittag 4:30 hier im Lager an. Wir erhielten gleich unsere Bekleidung.

6 – 7 Wochen wird die Ausbildung hier noch dauern, dann geht es wahrscheinlich zum Auslandseinsatz. 6 – 7 Monate haben wir zu machen. Das kleine grüne Band wird mir viel nützen. Jetzt muss ich schließen. Und nun dem befohlen von dem ich mich gehalten weiß.

Es grüßt Euch herzlich

Rudolf

Liebe Mutter! Näh mit bitte ein kleines Päckchen aus Stoff. Ich brauch es dringend. 20 x 40 cm. Möglichst mal sehr gut, dass es nicht abreißt.

Neurussland 07.04.1944 *(Neurussland scheint ein Synonym für irgendeine Gegend zu sein, in der es viele russische Gefangene oder Zwangsarbeiter gab, denn in dem Gebiet der Ukraine ist mein Vater nie gewesen.)*

Gesegnete Ostern

Meine Lieben!

Die allerherzlichsten Ostergrüße aus „Neurussland" sendet Euch Euer Rudolf. Mir geht es noch gut. Würde Euch ja lieber mündlich die Grüße übersandt haben. Aber was nicht ist, ist eben nicht. Und wir müssen uns eben fügen und noch warten. Ich bin hier in einem kleinen Nest, wo nur 5 Bauern wohnen. Die Wege sind schmutzig und verschlammt. Wir liegen in den Bauernhäusern. Die Stellung ist 10 Minuten weiter weg. Dafür muss ich immer Posten, Posten und nochmal Posten stehen. Schwere Arbeit habe ich nicht. Die Verpflegung ist recht gut. Ich trinke jeden Tag meine 2 Liter Milch. Da werde ich mich wohl mal erholen. An die Tommys hat man sich gewöhnt, weil sie zu oft kommen. Man sieht schon gar nicht drauf, wenn sie über uns herjagen. Dann wird natürlich geknallt, dass sie sich schnell wieder verkrümeln.

Gerne hätte ich Eure Wünsche erfüllt mit der Spange usw. Aber Ihr seht ja selber, dass es hier nichts geben kann. Nicht mal eine Wirtschaft ist hier. Das nächste größere Dorf ist 14 km von hier. Alle 3 – 4 Tage kommt ein LKW und bringt die Post nach der Sammelstelle. Hoffentlich geht es dem lieben Vater wieder besser. Da Irmgard doch jetzt ins Pflichtjahr muss, ist ja aller Hand, wo ihr doch so alleine seid. Ich zähle auch schon die Tage. Wie wird die Freude sein, wenn plötzlich ein Arbeiter Mann vor Eurer Tür steht. Herbert wird es auch nicht leicht haben. Aber die bekommen doch nicht so viel Besuch, wie wir. Hier scheint die Sonne und die Wiesen sind grün. Wenn ich Euch mal wenig oder ganz wenig schreibe, dann sorgt Euch nicht um mich, der Herr ist bei mir. Gestern habe ich eine große freudige Überraschung erlebt. Ich habe einen Soldaten gefunden. Er ist aus Hagen und gehört dort zur Versammlung. Täglich unterhalten wir uns davon. Nun wünsche ich Euch alles Gute.

Nochmal die herzlichsten Grüße. Ein gesegnetes und schönes Fest wünscht Euch Rudi.

Viele Grüße an Else und Brinks sowie Heiermanns.

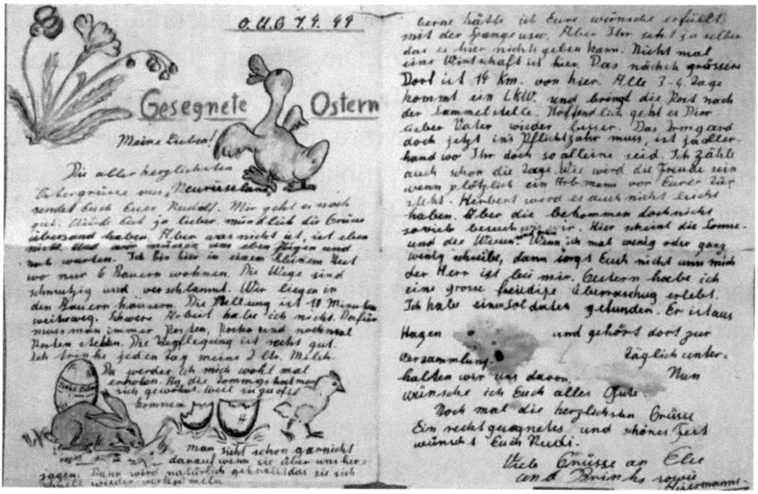

Brüssel 15.04.1944

Meine Lieben!

Ich will Euch eben mitteilen, dass es mir noch gut geht und ich gesund bin. Der Chef ist für 3 Monate auf einen Lehrgang gefahren. Morgen ist nun wieder Sonntag. Aber hier merkt man nichts davon. Hier wird ständig gearbeitet. Gestern kamen die Tommys nochmal scharenweise. Schreiben darf man nicht viel davon. Wenn doch dieser Krieg mal ein Ende nehmen würde. Es ist jetzt 11 Uhr und ich schlafe beim Chef im Zimmer. Aber nur heute. Morgen werde ich ausziehen, weil ich keine Ordonanz mehr bin. Mit dem Schicken wollen wir doch noch warten, den das ist so eine Sache. Vielleicht schicke ich schon mal ein Paket Tabak ab, das ist für Vaters Langeweile und seinen Husten. Übrigens wünsche ich Dir gute Besserung lieber Vater. Ich habe 2 Pakete Tabak. Wenn ich nach Hause komme, bringe ich was zum Futtern mit.

(Frau) Brinks ihre Strümpfe will ich auch mal versuchen abzuschicken.

Nun will ich mich noch für den lieben Brief vom 07.04.1944 bedanken. Übrigens haben wir auf Ostern nicht Eier, sondern Rettungsgräben gesucht.

Nun lasst mich aber grüßen und schließen.

Seid dem Herrn befohlen und betet für uns weiter. Auch ich gedenke Euer in meinen Gebeten. Recht viele herzliche Grüße

von Euerm Rudi.

Liebe Grüße auch an Herbert und Else

17.04.1944

Meine Lieben!

Auch heute sollt Ihr einen Gruß von mir haben. Mir geht es noch gut und ich bin gesund. Wenn alles klappt, und der Herr es will, werde ich am 01. Juni bei Euch sein. Hoffentlich gibt der Herr Gnade dafür.

Seid nun recht herzlich gegrüßt und dem Herrn befohlen

von Euerm lieben Rudi

18.04.1944

Meine Lieben!

Meine große Freude könnt ihr Euch vielleicht vorstellen, als ich eben die viele Post bekam. Es waren 4 Briefe. Vom 18.11. und 19.11.1943. Recht herzlichen Dank dafür.

Ihr fragt, ob der W. Steinkühler noch bei mir ist. Er war eine Zeit hier, ist aber nach Stuttgart versetzt worden.

Mir geht es noch gut. Hoffentlich hat der Krieg bald ein Ende. Dann wird ja alles besser sein.

Seid nun dem Herrn befohlen und recht herzlich gegrüßt von Eurem lieben Rudi.

07.05.1944

Meine Lieben!

Gestern erhielt ich 5 Briefe von Euch. Ich habe mich riesig gefreut. Denn seit dem 20. April war es die erste Post von Euch. Vom 22., 25. und 29. und ein Brief von Else. Ein Brief kam von mir zurück. Mit der Post in Frankreich ist es toll. Der Tommy macht alle Bahnhöfe kaputt.

Wir haben von dem Angriff auf Rouen nichts mitbekommen. Aber dafür kracht es bei uns umso mehr. Fast jede Minute fliegt eine Feindmaschine in unseren Alarmbereich, dann können wir oft die Geschütze aufsuchen. Manchmal laufen wir tgl. 16–17-mal in die Stellungen. Wenn dann keine Maschine kommt, haben wir natürlich eine Wut.

Vor kaum 3 Minuten haben wir wieder geschossen. Aber nur einen Schuss jede Kanone. Also 6 Stück. Ein Jäger hatte sich zu nah in unseren Wirkungsbereich gewagt. Etwas 700 m war sie hoch und flog direkt über uns. Eine einmotorige Maschine war es.

Ich schreibe vielleicht etwas nervös, aber das kommt von der Spannung, die auf jedem lastet, beim Schießen. Man muss ja seine Arbeit mit ungeheurer Konzentration durchführen. Und das tun wir auch. Wir sind nicht umsonst die beste RAD Flakabteilung am Kanal. Unsere Abteilung hat 8 Maschinen abgeschossen, davon 3 Alleinabschüsse für unsere Batterie.

Ich habe in der Zeit, wo ich in Frankreich bin, schon einen schönen Haufen Maschinen gesehen. Denn bei uns ist der Anflugweg und der Rückflug der Tommys. Wenn der Tommy in Süddeutschland einfliegt, könnt ihr damit rechnen, dass wir auch geschossen haben.

Wir haben schon 4000 Schuss verschossen. Ein schöner Haufen nicht wahr? Gestern habe ich einen Brief von Herbert bekommen. Bei ihm scheint es nicht so schön zu sein wie bei uns. Mir geht es jedenfalls mal wieder etwas besser. Unsere Wohnbaracken sin 2,5 Meter tief in der Erde und fast von oben unsichtbar. Unsere Geschützbedienung hat sich in dem Bau gemütlich gemacht. Wir liegen zu 9 Mann und ein Geschützführer auf der Lauer.

Natürlich wohnen wir jetzt in der Stellung. Eben habe ich Gardienen, Stores und eine Tischdecke in unseren „Salon Emil" eingebaut. Die Sachen hat ein Kamerad aus einem verlassenen Café geholt. Wenn Ihr schreiben wollt an unseren Chef, so könnt Ihr es mal versuchen.

Wie ihr ja schon mal gehört habt, haben wir eine neue FP-Nr. Das kommt aus besonderen Gründen. Wir liegen natürlich noch in derselben Stellung bei R. Von der Entlassung haben wir noch nichts gehört. Hoffentlich ist es des Herrn Wille. Betet darum. Gestern habe ich 1 kg Speck gekauft. Auch Eier sammle ich.

Wenn ich bei Euch bin, werdet Ihr noch manches Erlebnis von mir hören, worauf ihr Euch bestimmt verlassen könnt.

Nun seid dem Herrn befohlen und recht herzlich gegrüßt

von Eurem lieben Rudi

Vor 20 Minuten war wieder Alarm, aber es kam nichts. Das Bild ist von Bauern. Hoffentlich kommt der Brief nicht wieder zurück.

Rudolf (ganz links) auf einem Bauernhof in Frankreich. Hier war er am Anfang seiner Soldatenzeit, im April 1944.

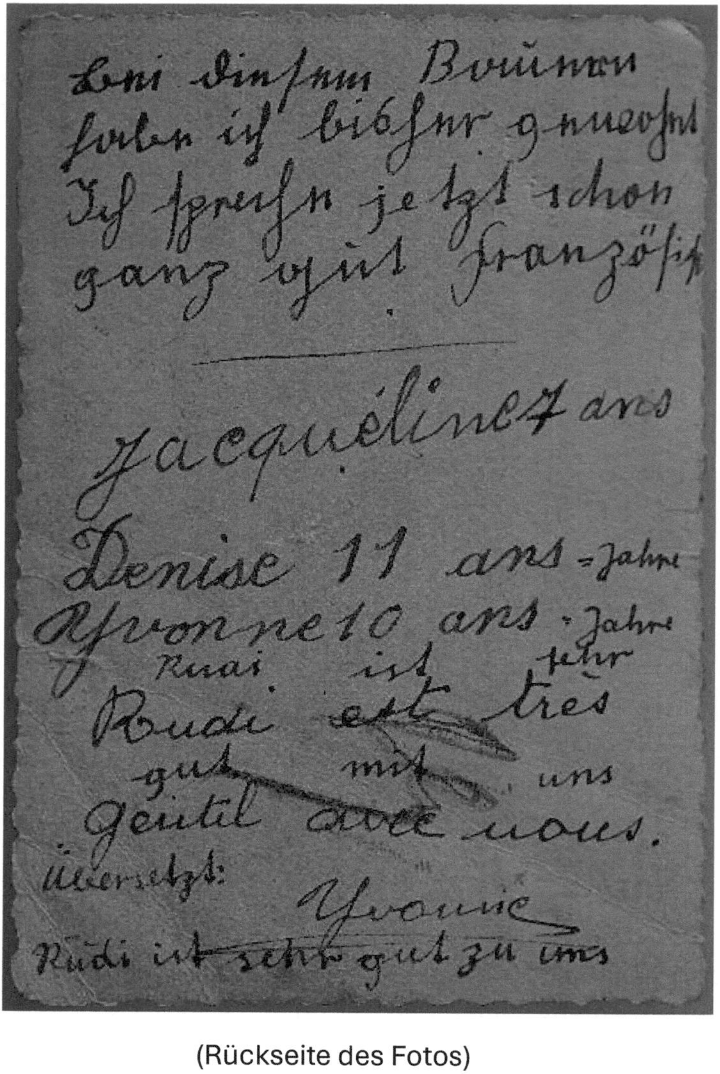

Bei diesem Bauern
habe ich bisher gewohnt
Ich spreche jetzt schon
ganz gut französisch

Jacqueline 7 ans

Denise 11 ans = Jahre
Yvonne 10 ans = Jahre
Rudi ist sehr
Rudi est très
gut mit uns
gentil avec nous.
Übersetzt:
Yvonne
Rüdi ist sehr gut zu uns

(Rückseite des Fotos)

Text: Bei diesem Bauern habe ich bisher gewohnt. Ich spreche jetzt schon ganz gut französisch.

Jaqueline 7 Jahre, Denise 11 Jahre, Yvonne 10 Jahre. „Rudi est très gentil avec nous“

Rudi ist sehr gut zu uns. Übersetzt: Yvonne

350. - ROUEN. — L'Eglise Saint-Ouen, vue de la Cathédrale

28.06.1944

Meine Lieben!

Eine lange Zeit ist seit der Invasion vergangen, ohne dass Ihr und ohne das ich ein Lebenszeichen bekam. Ihr wart gewiss in größter Sorge um mich und seid es auch jetzt noch. Doch dem Herrn sei Dank ist mir noch nichts zugestoßen. Wir sind jetzt wieder zurückgekommen. Wo ich vorher war, darf ich nicht schreiben. Es war aber nicht weit von Dieppe. Seit Invasionsbeginn bin ich noch nicht aus den Kleidern gekommen. Wenn ich nach Hause komme, werde ich Euch vieles zu erzählen wissen. Aber man kann ja im Brief nicht mehr schreiben, wie es eben erlaubt ist.

Was ihr Euch für Sorgen gemacht habt, glaube ich, und es war immer schmerzlich für mich, daran zu denken. Hoffentlich erreicht Euch dieser Brief bei guter Gesundheit.

Meine Lieben, als ich am 4. August von Euch ging, war ich noch unerfahren und jung. Ich konnte mir damals nicht den Krieg und das Leben draußen vorstellen, wie es richtig ist. Jetzt habe ich es kennengelernt. Und wenn der Herr nach diesem großen Kampf wieder gesund zu Euch lässt, dann glaube ich, dass ich gereifter und männlicher bin, wie ich ging. Das macht schon das Erlebnis des Krieges. Nun habe ich noch eine Bitte. Macht euch um mich keine Sorgen. Betet um mich und um Herbert. Wenn wir hier blieben, wäre es noch gut.

Liebe Mutter! Sei Du mir nicht böse, wenn ich jetzt erst schreibe. Aber es konnte ja keine Post abgegeben werden. Seid nun Gottes Gnade und Güte befohlen. Möge er Euch beschützen und behüten.

Seid nun noch recht herzlich gegrüßt von Eurem immer an Euch denkenden Jungen,

Eurem Rudi

Feuerstellung (Neuf Chatel) 02.07.1944

Meine Lieben!

Endlich ist die langersehnte Post von Euch da. 4 Briefe waren es. Habt recht herzlichen Dank dafür. Sie waren vom 10., 12., 14. und vom 17.06.1944.

Mir geht es Gott sei Dank noch gut. Inzwischen habt Ihr bestimmt meinen 1. Brief erhalten. Wir „sollen" jetzt jede 2. Woche Post bekommen. Hoffentlich klappt das auch. Hier fährt kaum noch eine Bahn, alles wird mit LKW's angefahren. Seit der Invasion bin ich noch nicht aus den Kleidern gekommen. Wenn wir täglich 3 – 4 Stunden Schlaf haben, sind wir froh. Dass es hier rauscht, könnt Ihr Euch denken. 17 Tommys waren bisher unsere Opfer. Das ist bestimmt ein guter Erfolg. Aber bei der Lufttätigkeit ist es ja auch denkbar. Heute ist der 1. Tag wohl, wo wir nicht geschossen haben seit der Invasion. Trotzdem ist es hier noch besser als ganz vorne.

Was macht Herbert? Geht es ihm noch gut? Ich wünsche ihm nur, dass keine Tief- und Schlachtflieger kommen. Bei uns machen sie schon mal Visite. Denkt meiner immer im Gebet. Ihr fragt, ob ich den Brief von der Jugend bekommen habe. Ich habe bereits darauf geantwortet. Trotzdem könnt Ihr schon in meinem Auftrag danken dafür und alle herzlich grüßen.

Liebe Mutter!

Walter schreibt, dass du Späne geholt hast. Das erweckt so alte Erinnerungen. Weißt du noch, wie ungern ich das früher tat? Und glaubst du auch, dass ich jetzt kilometerweit laufen würde, wenn ich Dir liebe Mutter auch nur eine kleine

Arbeit abnehmen könnte, aber es ist nun nicht so und deshalb warten wir auf ein frohes Wiedersehen in der Heimat. Wenn es der Herr haben will.

Wie geht es Euch denn noch? Seid Ihr noch gesund und munter? Ist Irmgard gut bei dem Arzt angekommen? Gefällt es ihr?

Ja, ja, liebe Irmgard! Wenn ich mal nach Hause komme, dann werde ich Dich wohl nicht mehr wiedererkennen. So groß bist Du dann und ich habe gewiss schon einen eisgrauen Bart. Das Wort „Kurze“ fällt dann natürlich flach. Dann bist Du eben mein großes Schwesterchen. Einverstanden?

Mir fällt es schwer zu schreiben. Denn einen Tisch oder Stuhl wird hier als großer Luxus angesehen. Wir hausen hier in Zelten 1,5 m unter der Erde, wie die Ersten Menschen.

Eben sagt mir einer, dass Sonntag ist. Das wurde natürlich als besonderes Ereignis gefeiert. Passt mal auf, was gleich, wenn dieser Brief fertig ist, in meinem Kochgeschirrdeckel für ein saftiger Pfannkuchen brötschelt. Ihr mögt fragen, woher bekommst Du denn das Zeug dazu? Das sind alte Kriegsgeheimnisse. Trotzdem will ich es verraten. Etwas Mehl habe ich einem alten Franzmann abgekungelt. Ein Rebhuhnnest sorgt für die Eier. Und Milch? Wofür laufen denn die Kühe vor den Zelten rum und fressen uns die Tarnung von den Kanonen? Melken muss ja schließlich jeder anständige Landner können. Wenn es auch etwas langsamer und gefährlicher ist. Butter habe ich noch von gestern Abend. Also guten Appetit.

Dem Herrn befohlen und recht herzlich gegrüßt, von Eurem lieben Rudi.

08.07.1944

Meine Lieben!

Auch heute sollt Ihr noch einen kleinen Brief haben. Inzwischen werdet Ihr die 3 anderen Briefe auch bekommen haben. Vorgestern bekam ich voller Freude Eure lieben Briefe vom 19., 23. und 24. Sowie eine Karte. Ihr fragt, ob der Schröder noch bei mir ist. Ja er ist noch bei uns, er ist an der Kanone. Der Schönhoff ist an einem Gerät. Uns geht es noch gut. Wir sollten ja gegenseitig von uns berichten. Eben sagt mir der Oberfeldwebel (es ist ein Neuer), dass er eine Karte von Euch bekommen hat.

Lieber Vater, Du schreibst, dass Ihr so lange keine Post mehr von mir bekommen habt. Das Datum habe ich nicht mehr behalten. Aber es waren über 6 Wochen, das kann ich kaum glauben. Wir sind jetzt 4 Wochen hier. In dieser Zeit habe ich 4 Briefe geschrieben, einschließlich diesem. Als wir noch bei Neuf-Chatel lagen, und die Invasion begann, schrieb ich schnell noch eine Karte. 5 Tage vor der Invasion hatte ich noch einen Brief geschrieben. Ich nehme an, dass der Essenholer den ersten Brief sowohl als auch die Karte, welche ich ihm mitgegeben hatte, verbummelt hat, weil es viel unterwegs ist. Er ist jetzt bei einer anderen Batterie. Wenn ich ihn noch mal sehe, werde ich ihm schon das Nötige erzählen. Ich weiß nämlich, wie es ist, wenn man wochenlang keine Post hat. 2 – 3 Wochen hätte ich mir ja gedacht, aber so lange kann ich mir kaum denken.

Ich bekam von Euch die 1. Briefe am 02., 07. und den letzten in N-Ch. am 20. Mai.

An Herbert und Hellwegs habe ich inzwischen einen Brief geschrieben. Verstehen kann ich nur nicht, dass dem Günther Schönhoff seine Post so ziemlich alle ankam. Ich werde jetzt mal 4 kurze Briefe hintereinander schreiben und zusammen abschicken. Euer Geld, wovon Ihr schreibt, ist noch nicht da. Vielen Dank dafür.

Wenn doch einmal dieser teuflische Krieg zu Ende wäre. Man könnte sich die Haare ausraufen.

Ich muss nun schließen. Dem Herrn, dem ich Euch und mich anbefehle, bitten wir, dass wir uns bald gesund wiedersehen.

Und nun seid recht herzlich gegrüßt

von Eurem Rudi, der sich so nach Hause sehnt.

Paris, 12.07.1944

Meine Lieben!

Die herzlichsten Grüße aus Paris sendet Euch Euer Rudi. Eben bekam ich Eure lieben Briefe vom 2., 7. und 5.7., recht herzlichen Dank dafür. Möge der Herr geben, dass auch ich täglich so bewahrt werde, wie unser lieber Herbert. Mir geht es noch gut, bin gesund und munter.

Seid nun d. Herrn bef. und recht herzl. gegr.

von Rudi.

12.07.1944

Meine Lieben!

Die herzlichsten Grüße aus weiter Ferne sendet Euch Euer Rudi. Mir geht es noch gut. Hoffe dasselbe auch von Euch. Seid nun d. H. bef. und recht herzlich gegrüßt in der Hoffnung auf ein baldiges Wiedersehen,

Euer Rudi.

Hoffentlich habt Ihr inzwischen meine Briefe erhalten.

Ca. Juli 1944

Die herzlichsten Grüße sendet Euch Euer lieber Rudi!

Mir geht es noch gut. Hoffentlich Euch auch.

Bin noch immer in der Kaserne und hab trotzdem weniger Zeit als in der Stellung. Was machst Du liebe Mutter? Ich wünsche Dir gute Besserung.

Nochmals viele Grüße,

Euer Rudi.

Dreux, 17.07.1944

Meine Lieben!

Damit Ihr nicht mehr in Unruhe seid, will ich Euch noch ein paar Zeilen schreiben. Einen Brief und eine Karte bekam ich voller Freude. Sie waren vom 2. und 9., recht herzlichen Dank. Mir geht es noch gut. Hoffentlich auch Euch. Nun lasst Euch herzlich grüßen von Euerm lieben Rudi. Wir haben jetzt schon 25 Abschüsse. Die werden sich aber noch mehren. Die Biester tuen Euch Lieben nichts mehr. Ihr könnt Euch kaum denken, wie begeistert wir schießen.

Ach, wenn man doch nur mal wieder bei Euch wäre. Was könnte ich da nicht alles erzählen. Doch lebt nun wohl. Eben war Alarm und die Gegend ringsum ist noch am Qualmen.

Dem Herrn befohlen, Euer Rudi.

Eben spielt unsere kleine Kapelle das sehnsuchtsvolle Lied: „Auf jeden Abschied folgt ein Wiedersehen. Der schwerste Abschied, schönstes Wiedersehen“

Auf dieses Wiedersehen freue ich mich schon.

Schreibt Euch die Buchstaben immer auf.

01.08.1944

Meine Lieben!

Auch heute sollt Ihr noch einen lieben Gruß haben. Habt recht herzlichen Dank für die lieben Briefe, die ich inzwischen bekam. Auch das Geld und der liebe Brief von Dir liebe Mutter, sind in meinem Besitz. Vater fragt, ob es mit 5 RM-Scheinen Zweck hätte. Das geht leider nicht, denn man kann es nicht tauschen. Habt recht herzlichen Dank dafür.

Ich bin im Moment sehr müde. Wir haben zu wenig Schlaf. Um 22:30 Uhr gehen wir ins Bett und um 6:30 Uhr ist dann Wecken. Dann kommen noch 2,5 Stunden Wache jede Nacht dazu. Wenn es dann noch Fliegeralarm gibt, ist es ganz ungemütlich. 5,5 Stunden können wir dann schlafen. Über Verluste darf man ja nicht schreiben lieber Vater. Wenn ich nach Hause komme, dann will ich Euch alles erzählen. Mir geht es Gott sei Dank noch gut, oft hate er mich bewahrt. Sehr froh war ich über Mutters lieben Brief. Recht herzlichen Dank.

Jede Nacht träume ich von zu Hause. Der Moldenhauer soll mir nicht so angeben mit seinem Schwimmen usw. Wenn dem mal die Luft Spur der Bordwaffen an der Nase vorbei zischen würde. Oder die Bombenteppiche über ihn weggingen, dann würde er bestimmt an kein Schwimmen und all diesen Fetz denken, sondern würde die Hosen gestrichen voll haben. Erst soll er mal hier an die Front, und dann kann er meinetwegen schwimmen so viel er will. Ich glaube aber, dass er dann kein Interesse mehr daran hat. (Vielleicht kann er dann in seiner eigenen Hose schwimmen.)

Lasst Euch bloß durch solche Kreaturen den Appetit nicht verderben. Die Brüder kennen wir auch hier.

Nun will ich schließen. Seid dem Herrn befohlen und recht herzlich gegrüßt

von Euerm lieben Rudi.

Recht herzliche Grüße auch an Else.

Hasselt, 03.09.1944

Meine Lieben!

Die herzlichsten Grüße aus Belgien sendet Euch Euer Rudi. Ich bin, dem Herrn sei Dank, noch gesund. Hoffentlich auch Ihr. G. Schönhoff ist auch hier, herzliche Grüße.

Wir sind von der französischen Grenze bis hier hin marschiert. Am Tag 35 km. Meine Füße sind kaputt. Dreux hatten wir bis zum letzten Schuss verteidigt. Wir waren eingeschlossen, ebenfalls in Nantes. Jetzt sind wir bei Hasselt in Belgien. Dreux liegt im N/W von Paris.

Dreihof bei Landau, 10.09.1944

Meine Lieben!

Leider konnte ich diesen Gruß vom Schiff aus nicht abschicken. Jetzt sind wir in Dreihof bei Landau in der Pfalz in einem RAD Lager. Es fehlt mir nur Unterwäsche. Vielleicht könnt Ihr mir etwas schicken. Eine Unterhose oder 2, wenn möglich auch 1 oder 2 Hemden. Denn alles was ich hatte besitzt jetzt wahrscheinlich der Tommy. Dann kann man wenigstens mal ausgehen.

Was den Krieg anbelangt, wollen wir nicht von sprechen. Wir kennen einen, der mir und Euch so oft bewiesen hat, dass er in den schwersten Krisen und Stunden wieder alles zum Guten lenkt.

Hoffentlich geht es Euch noch soweit gut. Herbert hat sicher noch eine andere Feldpost-Nummer. Schreibt sie mir bitte sofort. Auch das Paket mit der Wäsche schickt mir bitte so schnell wie möglich ab.

Heiermanns Uhr habe ich noch immer. Nun muss sie mal zum Uhrmacher, sie hat zu viel mitgemacht. Dauernd hat sie mein Schicksal geteilt. Einmal hatten wir mit unserer 2 Zentimeter einen Brückenkopf gebildet. Wir lagen auf einem Acker an einem Hügel, diesseits der Seine, in Stellung. Ich hatte mir ein etwa 30 cm tiefes Loch gegraben, und nun erwarteten wir den Tommy. Doch er wagte sich noch nicht rüber. Mit noch einer Kompanie von der Waffen-SS sollten wir Nantes verteidigen. Wir sahen sie in den Häusern sitzen. Wir feuerten in die Nacht, doch auf einmal fing der Tommy an zu schießen mit der Artillerie. Von morgens 6 bis nachmittags um 4:30 Uhr. Immer wenn ein neuer Trichter kam, wurde sich hineingeworfen. Ich kann euch sagen, sowas ist immer eine große Nervenprobe. Etwa 2 Stunden lag ich in meinem Loch. Da setzte eine kleine Feuerpause ein. Schnell sprang ich auf und meine Kameraden mit mir. Wir versuchten den Waldrand zu erreichen, in der noch eine Hoffnung auf Deckung bestand. Doch kaum waren wir auf, da kamen sie auch schon wieder angerauscht. „Fffft“, „wumm“ machten sie und dann liegt man auch schon flach. Endlich hatten wir den Wald erreicht. Doch nun brauste es auch hier. Die Schüsse lagen sehr gut. Da heulte es auf einmal ganz kurz. Eben wollte ich mich hinwerfen, da war es auch schon da. Dicht neben mir war eine Granate krepiert. Etwa 8 m weit war sie weg. Wie ein Wunder war alles heil. Nur ein dicker Ast flog mir quer gegen das Becken. Meine Uhr war stehengeblieben. Mir war nichts passiert. Der Herr war bei mir. Dann sind wir wieder zurück. Plötzlich bekamen wir MG Feuer von den

Terroristen, mit denen haben wir dann aufgeräumt. Einen ganz kleinen Splitter habe ich noch in der rechten Brustseite. Er ist aber nicht wichtig und so groß wie eine halbe Erbse.

Nun lebt noch dem Herrn befohlen,

Euer Rudi

Brief an Herbert, 21.09.1944

Mein lieber Bruder!

Zunächst die herzlichsten Glück- und Segenswünsche zum Geburtstag von Deinem lieben Bruder. Der Herr möge Dir so beistehen, wie er mir beigestanden hat im Westen. Er möge Dich behüten und bewahren und Dich immer den rechten Weg führen.

Dreihof bei Landau, 03.10.1944

Meine Lieben!

Ich kam heute Morgen um 6 Uhr hier an. Der Zug, der nach München durchfahren sollte, ist nicht gefahren. Um 24 Uhr war ich in Germersheim. Ohne Zwischenfälle kam ich hier an. Eben habe ich für 2 Einschreiben unterschrieben. Das Expresspaket ist noch unterwegs.

Seid für heut recht herzlich gegrüßt, Euer Rudi. Dem Herrn befohlen.

Wir müssen hier angeblich Wein ernten.

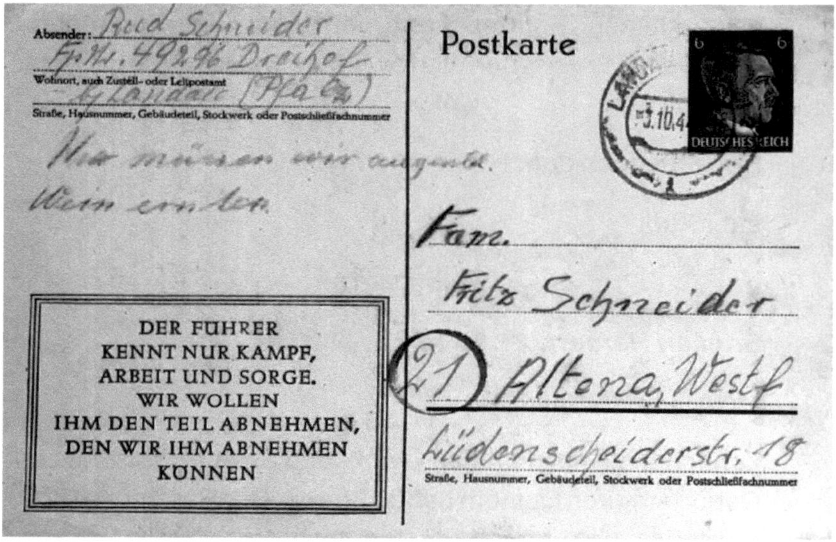

Postkarte mit Propaganda

Durlach bei Karlsruhe, 15.10.1944

Meine Lieben!

Die herzlichsten Grüße aus der neuen Stellung sendet Euch Euer Rudi. Mir geht es gut. Ebenfalls Günther und Helmuth. Geschossen haben wir noch nicht. Wir sind in Durlach bei Karlsruhe. Ich habe augenblicklich Malheur im Hals. Ich habe ein dickes Geschwür. Wie ich noch nie eins hatte. Aber bald ist es vorbei. Ob wir hier bleiben, weiß ich noch nicht. Hier ist nichts los. Nun will ich schließen.

Die herzlichsten Grüße

von Euerm Rudi.

Dem Herrn befohlen. Herzliche Grüße an die Nachbarn.

Zweiter Brief vom 15.10.1944

Mein lieber Vater!

Zunächst die allerherzlichsten Glückwünsche von Deinem lieben Rudi. Gern hätte ich Dir jetzt die Wünsche gesagt, aber es ist eben nicht so. Ich wünsche Dir aber alles Gute und Gottes Segen. Möge er Dich noch lange am Leben erhalten und uns bald wieder für immer zusammenführen.

Ich wollte Dir ja Tabak schicken, aber es ging nicht mehr. Ich will noch sehen, was sich machen lässt.

Nochmal recht herzliche Grüße,

Euer Rudi.

18.10.1944

Meine Lieben!

Soeben erhielt ich Eure lieben Briefe vom 8. und 11.10., recht herzlichen Dank dafür. Mir geht es noch gut. Neues gibt es nicht hier. Doch einen sollt Ihr haben.

Liebe Mutter!

Fahre nicht so viel mit der Bahn. Verzichtet lieber auf die Äpfel oder Kartoffeln. Denn ich möchte meine Mutter lebend wiedersehen, es ist nämlich zu gefährlich.

Ich wünsche Euch nun alles Gute und seid recht herzlich gegrüßt.

Dem Herrn befohlen und die Besten Grüße, Euer Rudi.

Dreihof, 02.11.1944

Meine liebe Mutter!

Zunächst Mutter, nimm meine herzlichsten und lieben Wünsche, sowie Gottes Segen entgegen. Entschuldige bitte, dass der Brief erst heute abgeht, und ich in der letzten Zeit so wenig geschrieben habe. Aber ich war 7 Tage auf Dienstreise nach Dreihof. Ich musste da eine Kiste hinbringen und Kurier machen.

Liebe Mutter! Ich weiß nicht, was ich Dir alles schreiben soll, aber das, was ich Dir wünsche und Dir jetzt gerne sagen möchte, weißt Du ja selbst. Vor allem wünsche ich Dir, dass der Herr Dich behüte und uns alle bald wieder zusammenführt. Nun will ich schließen, es ist schon wieder Alarm, fast den ganzen Tag und die Nacht.

Nochmal viele liebe und gute Wünsche

von Deinem Rudi.

Dem Herrn befohlen, Ihm können wir alles anvertrauen.

Durlach, 03.11.1944

Meine Lieben,

Die herzlichsten Grüße aus Durlach sendet Euch Euer Rudi. Mir geht es noch gut. Auch Günther und Helmuth. Ich arbeite hier in der Erde. Wir treiben für die Zivilbevölkerung einen Stollen in den Berg. Er wird 100 m lang. Eine schwere Sache.

Ich schicke Vater ein Paket mit Tabak.

Lasst mich nun schließen. Die herzlichsten Grüße.

Dem Herrn befohlen,

Euer Rudi

Nov. 1944

Meine Lieben!

Nun will ich doch mal anfangen mitschicken. Da ist zunächst der Tabak für den lieben Papa. Ich kann ihn mir nämlich so richtig vorstellen, wenn er nichts zu rauchen hat und sich, genau wie Du, liebe Mutter, um uns beiden Flakser sorgst. Lass Dir ihn gut schmecken lieber Vater.

Dreihof, Nov. 1944

Meine Lieben!

Die herzlichsten Grüße von Dreihof sendet Euch Rudi. Mir geht es noch gut. Ebenfalls Günther und Helmuth. Wir kommen nun bald hier weg. Wahrscheinlich ins Reich. Unsere Sachen sind schon gepackt. Das Express-Paket ist eben angekommen. Ebenfalls 10 Mark. Habt recht herzlichen Dank dafür. Nun will ich schließen.

Dem Herrn befohlen und recht herzlichst gegrüßt

von Eurem Rudi.

Januar 1945

Mein lieber Bruder!

Die herzlichsten Neujahrsgrüße aus meinem neuen Quartier in Frankreich sendet Dir

Rudi.

Gesegnetes Neujahr!

Frühling, 1945

Meine Lieben!

Diesen Brief schreibe ich in der Stellung. Auf dem Bauche liegend geht es zwar nicht so besonders, aber es klappt schon. Eisiger Wind fegt über die Kuppe und peitscht einem die wie Nadeln stechenden Regentröpfchen ins Gesicht. Draußen vor dem Zelt steht der Posten. Ich bemitleide ihn. Sonst ist das Wetter nicht so schlimm wie heute.

In letzter Zeit kam der Tommy nicht so oft. Die Landschaft ist fast wie daheim. Nur die Erdlöcher passen nicht hierher. Sie erinnern an den Krieg. Ein paar Blümchen fand ich, sie blühen neben unseren Stellungen, sie wachsen heraus aus dem steinigen Boden und lassen sich nicht stören durch die Splitter der Granaten, die daneben liegen, sie blühen wie im Frieden, uns zur Freude.

Bei Euch wird jetzt auch Frühling sein. Wie schön war es doch in der Heimat, wenn die Wiesen grün wurden. Hier genießt man die Natur, die wunderbare Gottes-Schöpfung nur halb. Der grausame Krieg hemmt den Blick. Aber einmal kommt doch der Tag, wo wir im Frieden alles beschauen und erleben dürfen.

Seid nun der Gnade und der Liebe unseres Herrn befohlen und vielmals gegrüßt

von Euerm lieben Rudi.

Das war der letzte Feldpostbrief meines Vaters. Danach kam er in französische Gefangenschaft, nach Marseille. Dort blieb er bis zum Ende des Krieges.

Rudolf (ganz links) in der Kriegsgefangenschaft in Marseille, bis 1946

Hier noch eine Anekdote zu Rudolfs Person, die mit seinem Namen und seiner Rückkehr nach Altena zu tun hat:

Als ich irgendwann als Jugendlicher einmal seinen Ausweis gesehen hatte, war ich erstaunt, dass darin der Name „Rudolf ***Jakob*** *Schneider" stand. Den Zweitnamen Jakob hatte ich bis dahin noch nie gehört!*

Dann erzählte er mir, wie es dazu kam:

Als Kriegsgefangener wurde er natürlich nach Kriegsende noch nicht entlassen. Der Nachname „Schneider“ gehört zu den dritthäufigsten Namen im deutschsprachigen Raum. Somit war es nicht verwunderlich, dass es auch unter den Gefangenen Soldaten gab, die denselben Nachnamen hatten. So traf er einen Jakob Schneider. Dieser Jakob war sehr krank und sollte deshalb kurzfristig aus der Kriegsgefangenschaft entlassen werden. Der Entlassungstermin stand kurz bevor, als er seiner Krankheit erlegen ist. Er hatte sogar seine Entlassungspapiere schon erhalten. So traurig es auch war, dass sein Kamerad verstorben war, ergriff mein Vater die Gelegenheit beim Schopf und nahm die Papiere an sich.

Mit diesem Dokument wurde er tatsächlich entlassen und in den nächsten Zug in die Heimat gesetzt. Durch das allgemeine Durcheinander ist es keinem Aufgefallen, dass er nicht der totkranke Jakob Schneider war.

Zurück in Altena musste er sich beim Amt melden, wobei der die Entlassungspapiere vorzeigen musste. Der Standesbeamte dort hatte somit den Zweitnamen zu seinen Stammdaten hinzugefügt, weil er das als ein Versehen ansah, dass der Name nicht vollständig eingetragen war. So kam der Name Rudolf Jakob Schneider in seine Papiere. Erst Jahrzehnte später in den 70-ern, als er einen neuen Reisepass benötigte, wurde dieser Fehler wieder korrigiert.

Rudi heiratete am 31.Mai 1952 seine Frau Hildegard und zwei Jahre später kam ich zur Welt. Sie führten eine glückliche Ehe bis zu seinem Tod im August 2019 im Alter von fast 93 Jahren. Meine Mutter starb ein halbes Jahr später im Alter von fast 89 Jahren.

Mein Vater hat nur sehr wenig über die Geschehnisse im Krieg erzählt. Es ging ihm auch Jahrzehnte danach noch immer sehr nahe. Auch, wenn die Briefe teils optimistisch und humorvoll anmuten, müssen schreckliche Dinge passiert sein, worüber er nicht schreiben durfte oder wollte. So kam einmal im Gespräch heraus, dass er während der Gefangenschaft in Frankreich vergewaltigt wurde.

Der Umstand, dass sein Vater im Alter von 45 Jahren querschnittsgelähmt wurde und aufgrund dessen wenig gemeinsam mit ihm unternehmen konnte, hatte ihn bis ins hohe Alter belastet. Besonders in der Zeit, als er selbst Vater wurde und mit mir sehr viel gebastelt hatte, wurde ihm dieser Umstand bewusst.

Er hatte ein großes handwerkliches Talent, was sich dadurch äußerte, dass er z.B. einen Wohnwagen selbst konstruierte und baute. Den konnte man in wenigen Teilen zusammenlegen und in nur einer Stunde aufbauen. Das Dach bestand aus einer soliden Kunststoffplane. Durch diese Bauweise war es möglich, einen 3 x 2,5 m großen Wohnwagen mit einem VW Käfer zu transportieren. Die meiste Zeit stand dieser auf einem Dauercampingplatz am Sorpesee.

Aus meinem Wunsch ein Floß zum Spielen und Baden auf der Sorpe zu bauen, wurde kurzerhand ein richtiges Segelboot als Katamaran.

Auch mit seinen beiden Enkeln war er sehr kreativ, Dinge mit ihnen zu basteln oder etwas Schönes zu unternehmen.

Solche Unternehmungen waren mit seinem Vater nicht möglich. Manchmal hatte er ihn aus dem zweiten Stock hinuntergetragen und hat mit ihm eine Fahrt ins Grüne unternommen. Das war schon alles, was er mit seinem Papa unternehmen konnte.

Zweites Kapitel

(1942)

143 Feldpostbriefe meines Onkels Herbert von Oktober 1942 bis zum Kriegsende.

Als er eingezogen wurde, war er erst 18 Jahre alt!

Hier die Stationen, die sich anhand seiner Briefe nachvollziehen lassen:

Gauting	23.10.1942 – 02.11.1942
Kitzingen	03.11.1942 – 16.03.1943
Augsburg	20.03.1043 – 10.05.1943
Pfersee bei Augsburg	11.05.1943 – 30.05.1943
Mannheim	31.05.1943 – 03.06.1943
Bei Offenbach	04.06.1943 – 12.06.1943
Saarbrücken	13.06.1943 – 17.06.1943
Forbach (Elsass)	17.06.1943 – 01.09.1943
Stötteritz, bei Leipzig	02.09.1943 – 09.05.1944
Leipzig, Lindenau	10.05.1944 – 26.05.1944
Stötteritz, bei Leipzig	27.05.1944 – 25.09.1944
Wünsdorf, bei Berlin	13.10.1944 – 23.10.1944
Bentheim	24.10.1944 – 28.10.1944
Irgendwo in Lothringen	29.10.1944 – 13.12.1944

Im Dezember ist er gefallen und dort auch auf einem riesigen Soldatenfriedhof begraben wurde. Er starb im Alter von 20 Jahren.

23.10.1942

Liebe Eltern und Geschwister!

Mir geht es gut! Fertig gemacht haben sie uns noch nicht. Das kommt aber noch. Ich habe den Koffer abgeschickt. Wie ich schon geschrieben habe, kommen wir bald hier weg. Nachts ist es hier kalt, aber am Tage schön. Jetzt lebt wohl, der U.v.D. kommt.

Auf Wiedersehen,

Herbert

23.10.1942

Ich habe nicht viel Zeit, aber ein paar Zeilen will ich Euch doch noch schreiben. Wir sind am 21.10. erst hier angekommen. Und haben ununterbrochen auf der Bahn gelegen, an Schlaf war seit Montagnacht nicht zu denken. Wir sind schon eingekleidet worden und werden nur einige Tage hier bleiben, dann geht es ins Ausland. Sonst geht es mir noch ausgezeichnet.

Es grüßt Euch herzlich

Euer Herbert. Gruß an alle Verwandte und Bekannte.

25.10.1942

Liebe Eltern und Geschwister!

Ich habe im Augenblick etwas Zeit, und die möchte ich ausnutzen, Euch einen Brief zu schreiben.

Zuerst möchte ich fragen, ob der Koffer schon angekommen ist. Habt Ihr überhaupt schon Post von mir bekommen? Schickt mir bitte keine Esswaren, denn erstens haben wir auf unserer Stube genug zu essen, denn da wird alles gemeinschaftlich verzehrt, das ist das einzige gemütliche in der Kaserne, nämlich die Kameradschaft. Und zweitens werden wir in absehbarer Zeit in eine andere Gegend verschickt werden. Wir haben heute den ganzen Tag Dienst gemacht und das alles, alles am Sonntag. Morgen werden wir vereidigt.

Was machen die anderen von meinem Jahrgang? Schreibt mir bitte einmal darüber.

Es grüßt Euch herzlich,

Euer Herbert.

30.11.1942

Meine liebe Mutter!

Zu Deinem Geburtstag sende ich Dir die herzlichsten Glückwünsche. Möge der Herr es zulassen, dass wir uns noch einmal froh und gesund wiedersehen.

Gesundheitlich geht es mir noch sehr gut. Jedoch wurde heute leider unsere Kameradschaft auf der Stube auseinandergerissen, wir wurden sämtlich einer anderen Batterie zugeteilt. Gerd Hohage ist auch nicht mehr bei mir. Aber keine Angst, es wird schon wieder werden. Von Else habe ich heute auch Post bekommen. Es ist immer ein herrliches Gefühl, wenn der U.v.D. bei der Verteilung der Post meinen Namen vorliest.

Meine jetzigen Stubenkameraden sind lauter Oberschlesier, 13 an der Zahl. Ein stures Volk kann ich Euch sagen, aber mit der Zeit werde ich schon damit fertig werden.

Liebe Eltern! Was gibt es Neues in Altena? Hier ist alles so einsam, man weiß nicht, was außerhalb der Kaserne vorgeht. Schreibt mir bitte bald wieder.

Grüßt mir auch die alten Brüder Heiermann, Bäcker, Schneider und alle anderen.

Lebt nun wohl! Auf Wiedersehen! Euer Herbert.

Gauting, 01.11.1942

Liebe Eltern und Geschwister!

Heute ist Sonntag, da haben wir zum ersten Mal dienstfrei, also Zeit genug, um etwas an sein Zuhause zu denken. Hoffentlich seid Ihr noch alle gesund. Ich kann dasselbe auch von mir schreiben. Von Else bekam ich gestern auch einen Brief. Schreibt mir doch bitte im nächsten Brief einmal, wie lange die Post von hier bis Altena geht. Von Euch habe ich erst einmal einen Brief bekommen. Ich denke, dass da die Versetzung in eine andere Batterie die Schuld trägt. Doch heute wird auch wohl für mich etwas dabei sein. Gestern habe ich nach Berlin geschrieben. Jetzt, am 1. November, beginnt auch hier das Wetter herbstlich zu werden, denn bisher war es hier noch ganz angenehm warm, sodass wir oftmals geschwitzt haben. Wie lange wir hier in Gauting bleiben, weiß ich nicht.

Gerd Hohage habe ich seit ein paar Tagen nicht mehr gesehen. Was machen die anderen von meinem Jahrgang? Sind sie noch alle zuhause und erwarten mit Sehnsucht der Gestellungsbefehl, oder haben sie auch schon ihre Zivilkleider mit dem feldgrauen Rock vertauscht?

Viel Neues kann ich Euch nicht erzählen, es ist immer dasselbe von morgens bis abends. Interessant auf keinen Fall. Aber die Rekrutenzeit geht vorüber.

So will ich nun schließen, in der Hoffnung auf ein glückliches Wiedersehen in der Heimat.

Euer Herbert.

Herzliche Grüße an Bruder Heiermann, Becker, Schneider und Else.

Kitzingen, 03.11.1942

Liebe Eltern und Geschwister!

Ihr werdet wohl erstaunt sein über meine neue Anschrift. Ja, seit dem 2. November, also auf Deinem Geburtstag liebe Mutter, bin ich der Heimat um einige Kilometer näher gerückt. Wir wurden des Morgens gegen 7:00 Uhr von Gauting aus in Marsch gesetzt und fuhren über München, Treuchtlingen bis Würzburg. Hier hatten wir 2,5 Stunden Aufenthalt und wurden von dem DRK verpflegt. Ihr könnt Euch denken, dass ich das ausgenutzt habe, um meinen Hunger zu stillen. Das war um 20 Uhr. Gegen 22 Uhr fuhren wir weiter und kamen um Mitternacht in der Kaserne an. Aber im Bett lagen wir deshalb noch lange nicht. Ans Schlafen konnten wir erst 2 Stunden später denken. Trotzdem mussten wir um 6 Uhr wieder raus. Hier in Kitzingen bekommen wir unsere Infanterieausbildung und werden mit dem Horchgerät vertraut gemacht. Also bin ich in Kürze vielleicht Horcher von Beruf.

Das Essen ist hier besser als in Gauting, doch wie es mir scheint, gibt es hier mehr „Druck“. Aber es dauert ja nur noch 3 Monate.

Liebe Eltern! Ihr schreibt, ob Gerd Hohage noch bei mir ist. Da muss ich Euch mitteilen, dass das nicht mehr der Fall ist. Ich bin als Einziger von der Einstellungsbatterie nach Kitzingen gekommen. Verschiedene kamen nach Brüssel und wieder andere kamen zum Flieger-Sturmregiment, also zur Infanterie.

Die Gegend hier ist wunderbar. Wenn alles so wäre wie die Landschaft hier am Main, dann wollte ich mit keinem tauschen. Wenn es Euch möglich ist, schickt mir doch bitte eine Landkarte von dieser Gegend, denn ich kann mir nicht recht vorstellen, wie weit ich von Euch entfernt bin.

So will ich schließen und verbleibe mit den herzlichsten Grüßen,

Euer Herbert.

Kitzingen, 06.11.1942

Liebe Eltern und Geschwister!

Ein wenig freudig überrascht erhielt heute Mittag Euren lieben Brief. Ich hatte wirklich noch nicht mit Post gerechnet. Doch noch spannender wurde es, als ich vor einigen Minuten ins U.v.D. Zimmer gerufen wurde, um ein Päckchen abzuholen. Ich kam gerade vom Spieß wieder, dessen Stube ich sauber gemacht hatte. Nebenbei bemerkt, ich bin Bursche bei ihm geworden. Als ich nun auf meine Stube zurückkehrte und die Raritäten im Päckchen sah, ich glaube, dass ich da übers ganze Gesicht gestrahlt habe. Nehmt nun meinen herzlichen Dank dafür entgegen.

Und jetzt will ich Euch einige Fragen beantworten.

Lieber Vater! Du schreibst, dass Euch das mit dem Essen unklar ist. Da kann ich Euch nur schreiben, dass wir hier genug und auch gutes Essen bekommen. In Gauting war das ja nun nicht so. Das Brot war knapp. Wenn man des Abends einmal am Essen war, dann konnte man nicht aufhören, sodass man am Morgen schmachten musste. Doch hier ist es wesentlich anders. Das heißt allerdings nicht, dass Euer Päckchen überflüssig war, nein, ganz im Gegenteil.

Zum Rauchen braucht Ihr mir nichts zu schicken, das Geld könnt Ihr Euch sparen. Ich habe hier eine Raucherkarte bekommen, worauf ich in der Kantine meinen Tabak bekomme. Wir sind hier in der Kaserne mit Jung und Alt zusammen, also von 18 bis 40 Jahren. Ich habe auch erfahren, dass der Herr mich bisher treu bewahrt hat, und ich bin überzeugt, dass er mich auch weiterhin bewahren wird. Eure und meine Gebete waren keine leeren Worte, sie sind alle erhört worden. Auch über das „Altenaer Kreisblatt" habe ich mich sehr gefreut, hier weiß man nicht, was außerhalb der Kaserne geschieht.

Liebe Mutter! Hast Du den Geburtstagsbrief bekommen? Hoffentlich doch!

Lasst mich nun schließen, ich schreibe Euch morgen noch einmal.

Herzliche Grüße,

Euer Herbert.

Kitzingen, 07.11.1942

Liebe Eltern und Geschwister!

Wie ich Euch versprochen habe, will ich Euch heute noch ein paar Zeilen schreiben.

Liebe Mutter, du schreibst von meinen Füßen, da braucht Ihr Euch keine Sorgen zu machen, ich habe noch keine Beschwerden mit den Stiefeln gehabt, die passen sehr gut.

Milchsuppe habe ich noch keine wieder bekommen, solange ich von zuhause weg bin, ich bin mit dem Essen sehr zufrieden.

Heute Vormittag bekam ich Euren Brief vom 1.11., den Ihr wieder von Gauting zurückbekamt. Außer von Euch und Else habe ich noch keine Post bekommen.

Heute wurde unsere Batterie wieder neu eingeteilt. Mit 12 Kameraden, meist ältere, liege ich auf einer Stube, es scheint wieder ganz gemütlich zu werden.

Wie ich schon schrieb, erhalte ich meine Ausbildung am Horchgerät, die wird bis Anfang Januar dauern. Mit Sonntagsurlaub ist allerdings noch nicht zu rechnen.

Bei uns heißt die Parole: „Urlaub gibt es nur in drei Raten, heute nicht, morgen nicht, überhaupt nicht!“

Eine Landkarte braucht Ihr mir nicht zu schicken, denn jetzt weiß ich ungefähr, wo ich bin.

Der Inhalt des Päckchens hat mir sehr gut geschmeckt, nochmals herzlichen Dank dafür. Was machen eigentlich die beiden Wilhelms und der Hermann, habt Ihr schon einmal etwas von ihnen gehört? Sonntag ist bei uns eine Probe für den 9. November.

Brinks will ich heute Abend auch schreiben. Grüßt mir bitte Bruder Voss, Eberling, Heiermann, Bäcker, Schneider und Frau Kissing, sowie Inge Brink und Else.

Nun will ich mir noch eine anstecken und einen neuen Brief schreiben, dann geht es ins Bett.

Seid nun herzlich gegrüßt

von Eurem Herbert.

Kitzingen, 09.11.1942

Lieber Bruder!

Die herzlichsten Grüße aus der Flakkaserne sendet Dir Dein Bruder.

Die Karte, die Du mir schicktest, hat die ganze Stube schon interessiert. Wenn ich einmal horchen kann, kannst Du des Nachts bei Fliegeralarm einmal laut rufen, ich schreibe Dir dann, ob ich es verstanden habe.

Nun will ich schließen mit den herzlichsten Grüßen,

Dein Bruder Herbert.

Kitzingen, 10.11.1942

Liebe Eltern und Geschwister!

Heute am Dienstag erhielt ich Euren Brief, den Ihr am Sonntag geschrieben habt. Jetzt ist es schon erheblich kalt geworden. Mit den Füßen ging es bisher noch, aber trotzdem hätte ich eine Bitte an Dich liebe Mutter. Wenn Ihr mir noch einmal ein Päckchen schickt, dann legt doch bitte, wenn es möglich ist, ein Paar wollene Strümpfe bei. Die kann ich dann, wenn es noch kälter wird, mit einem anderen Paar zusammen anziehen. Im Übrigen kann ich es hier aushalten.

Dann schreibst Du lieber Vater, von einem Feldwebel. Bei der Flack gibt es grundsätzlich nur Wachtmeister. Und dass ich dabei in irgendeiner Hinsicht Vorteile habe, habe ich noch nicht gemerkt. Die Infanterieausbildung wird bei uns nur noch 2 – 3 Wochen dauern, danach folgt die Spezialausbildung.

Lieber Vater! Schreibe doch bitte in jeder Zeitung ein paar Zeilen, irgendetwas Neues oder sonst etwas. Dann schreibst Du noch in dem Brief, dass Du aufhören müstest, da die anderen auch noch schreiben wollten. Aber scheinbar haben sie das vergessen, denn es steht nichts geschrieben. Der Else könnt Ihr sagen, dass Sie sich ruhig am Schreiben halten soll. Ich höre gern des Mittags meinen Namen aufrufen, wenn die Post verteilt wird.

Morgen gibt es schon wieder Geld. Wenn das so weiter geht, werde ich noch reich bei den Preußen.

Was macht eigentlich die Bibelstunde des Sonntagsabends noch, lieber Rudolf? Denkt man da noch an mich oder kennt man mich nicht mehr? Schreib mir doch einmal, was Ihr da noch alles macht.

Wir haben in unserer Batterie einen Sänger (18 Jahre), tatsächlich ein Künstler, der muss uns jeden Abend beim Zapfenstreich vor der Stube das Lied „Heimat deine Sterne..." singen. Das ist immer ein wunderbarer Tagesabschluss. Wir liegen dabei in den Betten und hören uns das an. Bei der Gelegenheit, als wir so andächtig zuhörten, frug mich gestern Abend mein bester Kamerad, ein Volksdeutscher aus Rumänien: „Herbert, wo denkst du jetzt dran?" „Nun", sagte ich ihm, „wo du auch dran denkst, nämlich an zu Hause." Und dann erzählten wir uns noch leise von vergangenen Tagen. Ich kann Euch sagen, das sind immer schöne Augenblicke.

Ihr lieben! Lasst mich nun schließen, indem ich Euch herzlich grüße,

Euer Herbert.

Kitzingen, 14.11.1942

Liebe Eltern und Geschwister!

Heute am Sonnabend erhielt ich Euer liebes Päckchen, wofür ich mich gleich bedanken will. Die Sachen kann ich natürlich gut gebrauchen, vor allen Dingen die Strümpfe. Einen Kopfschützer habe ich vom Kommis bekommen. Es ist ja sehr lieb von Euch, wenn ich meine schmutzige Wäsche schicken kann, aber vorläufig geht das nicht. Wir haben keine Poststelle in der Kaserne und Ausgang bekomme ich noch nicht.

Heute Mittag habe ich auch den Brief von Euch erhalten. Gestern bekam ich Post von Brinks.

Lieber Vater! Du fragst in dem Brief, ob wir auch von den neusten Nachrichten was hörten. Bis wir das gewahr werden, ist längst wieder etwas Neues geschehen. Ohne das Altenaer Kreisblatt wüsste ich nichts. Und dann soll ich Dir schreiben, wie der Spieß ist. Nun, bösartig gerade nicht, aber in Gauting war er besser. Irrtümlich schrieb ich Euch, dass ich Bursche beim Spieß wäre, es ist nur ein Wachtmeister (Feldwebel), den ich zu betreuen habe. Mit dem werde ich gut fertig, doch wieder nicht so, dass ich ihm Weihnachten die Koffer tragen darf.

Lieber Rudolf! Auch über Deine Zeilen habe ich mich gefreut. Ich glaube wohl, dass Du gerne ein Bild von mir hättest, aber erst muss ich einmal Ausgang haben. Über die Ansichtskarte habe ich mich besonders gefreut.

Auch Deine Karte, liebe Irmgard, habe ich gestern erhalten. Schreib mir doch bitte einmal, was die Ida aus Haspe bei Euch wollte, die kenne ich ja gar nicht.

Doch nun will ich schließen. Es grüßt Euch herzlich

Euer Herbert.

Kitzingen, 15.11.1942

Liebe Eltern und Geschwister!

Wieder einmal ist Sonntag. Da haben wir ab Mittag dienstfrei. Aus der Kaserne kommen wir nicht heraus, also bleibt uns nichts übrig, als zu schreiben. Der Kandiszucker aus dem Päckchen tut seine Dienste, den esse ich so zwischen den Mahlzeiten, denn die frische Luft schafft Appetit.

Deshalb wäre ich Euch sehr dankbar für den Kuchen, den Ihr mir schicken wollt. Nun wollt Ihr wissen, wieviel Brot wir bekommen. Eigentlich müsste man ja damit auskommen, denn zu 12 Mann teilen wir uns 4 runde Brote (keine Kommissbrote), also hat jeder 1/3 Brot für morgens und abends, dazu gibt es 30 g Butter oder Margarine und 30 g Wurst. 2 mal in der Woche gibt es noch warmes Essen abends. Heute Mittag gab es Salzkartoffeln, Rosenkohl und

Rindfleisch, sonst gibt es Pellkartoffeln, aber Fleisch gibt es immer.

Gerade brachte man mir die Post, es war ein Brief von Euch. Ihr schreibt darin von 2 Päckchen, leider ist aber nur 1 angekommen. Esswaren gibt es in der Kantine nicht. Ich schreibe Euch noch, wenn Ihr mir einmal Marken schicken könnt. Auch wegen dem Fotoapparat schreibe ich noch. Die Wäsche wird hier jedes Mal abgegeben und gewaschen. Eigene Sachen wasche ich mir selbst. Schreibt mir doch einmal, was Ihr so an Kleinigkeiten gebrauchen könnt, vielleicht bekomme ich die Sachen in der Kantine oder in der Stadt später. Von Weihnachtsurlaub habe ich heute auch was läuten gehört. Aber na, wir müssen abwarten. Gerade höre ich, dass Tabak wieder verloren ist.

Lieber Vater, schreib mir doch im nächsten Brief bitte etwas von der Kriegslage, hier verpasst man tatsächlich den Anschluss. Schreibmaterial brauchst Du mir nicht zu schicken, ich kann hier genug bekommen. Christliche Kameraden gibt es hier genug, aber alle sind katholisch, fast die ganze Kaserne ist schwarz. In der Stadt gibt es auch nur eine katholische Kirche. Wer dahin wollte, wurde heute vom Spieß dahingeführt.

Jetzt will ich schließen in der Hoffnung bald wieder etwas von Euch zu hören.

Es grüßt Euch herzlich

Euer Herbert.

Viele Grüße auch an Else sowie an Brinks.

Kitzingen, 17.11.1942

Liebe Eltern und Geschwister!

Voller Freude erhielt ich gestern Euer liebes Päckchen mit dem Kuchen und den Reibeplätzchen. Es ist ja einige Tage länger unterwegs gewesen als gewöhnlich. Ihr müsst entschuldigen, dass ich erst heute schreibe. Gestern hatte ich wirklich keine Zeit mehr. Den Tag werde ich auch nicht vergessen. Schon lange bin ich nicht mehr so nass gewesen wie da. Und dazu noch die Kälte. Das war alles andere wie schön. Von Opa habe ich auch Post bekommen. Heute sind so viel Pakete hier angekommen, dass die Schreibstube nicht wusste, wo sie die alle lassen sollte. Wenn Ihr mir noch einmal was schicken solltet, dann legt bitte an Stelle des Kuchens ein Brot rein, wenn es geht, das hält länger stand. Leider weiß ich heute nicht viel zu erzählen. Dafür ein anderes Mal mehr.

Deshalb seid nun herzlich gegrüßt von Euerm Herbert.

Kitzingen, 21.11.1942

Liebe Eltern und Geschwister!

Gestern Abend erhielt ich Euer Päckchen mit den Butterbroten und der Girkhäuser Wurst. Gleichzeitig bekam ich auch ein kleines Päckchen von der Firma. Da waren drin: 1.) ein Rasierapparat mit 10 Klingen, 2.) eine Tube Salbe für Verletzungen und noch andere Kleinigkeiten. Euer Päckchen konnte ich gut gebrauchen, so habe ich immer etwas in Reserve. Ihr müsst entschuldigen, dass ich erst heute schreibe, aber ich bekam an manchen Tagen oft so viel Post, dass ich gar nicht weiß, wem ich zuerst schreiben soll. Wenn man abends mehr Zeit hätte, dann ging das. Aber morgen ist ja wieder Sonntag, da will ich alles wieder nachholen. Den Brief von Irmgard habe ich auch gestern bekommen. Ich musste tatsächlich lachen, als ich das mit dem Griesmehlbrei las. Den Zahn, der in dem Paket lag, habe ich mir aufgehoben, das ist ja ein phantastisches Gebilde.

Lieber Vater. Wie aus Deinem Brief hervorgeht, bist Du ja ganz zufrieden mit der Kriegslage. Das Beste wäre ja, wenn der Kampf zu Ende ging. Heute mussten wir vor dem Batteriechef eine Ehrenbezeugung durch Anlegen der rechten Hand an die Kopfbedeckung machen. Wer einen sauberen Gruß hinlegte, kann beim nächsten Ausgang dabei sein. Auch ich werde mitgehen dürfen. Die Infanterieausbildung habe ich mir schlimmer vorgestellt.

Wie ich Else schon schrieb, haben wir nur noch 2 Stunden Putzdienst. Dafür wird aber mein Lieblingsfach hier sehr gepflegt, nämlich Rechnen. Aber trotzdem habe ich noch abends Zeit, ein paar Wörter in der Bibel zu lesen. Hier merkt man erst den Verlust, wenn man nicht mehr in die Versammlung gehen kann. Doch das kommt ja alles wieder.

Lasst mich nun schließen, denn meine Mittagspause ist gleich zu Ende. Dann haben wir Singen von 14 – 15 Uhr. Von 15 – 16 Uhr Revierreinigungen, dann Stubendurchgang vom Leutnant. Zum Schluss noch Putz- und Flickstunde bis 18 Uhr, dann werden wir wohl Feierabend haben.

Herzliche Grüße, Euer Herbert

Entschuldigt bitte die Schrift, es ging eilig her.

Kitzingen, 22.11.1942

Liebe Eltern und Geschwister!

Wieder einmal ist Sonntag, und weil wir noch nicht aus den 4 Wänden herauskommen, hat man Zeit, seine Korrespondenz zu erledigen

Zuerst meinen herzlichsten Dank für das Päckchen mit dem Keks von Rudi. Wenn es geht, dann schickt mir doch bitte den Fotoapparat, ich darf hier Aufnahmen machen. Von Zeit zu Zeit werdet ihr wohl mal einen Rollfilm bekommen.

Lieber Vater! Du schreibst, ob ich jedes Mal die Zeitung bekomme. Bis jetzt habe ich sie noch immer erhalten. Manchmal bekomme ich sie ja nicht, dafür aber den nächsten Tag 2 auf einmal. Dann fragst du noch, wie die „Schwarzen“ politisch eingestellt sind. Als Soldat kennen auch sie nur das Eine, „hoffentlich ist der Krieg bald zu Ende, dass wir wieder nach Hause kommen.“

Von Günter Brink bekam ich heute auch Post, sonst ist noch alles beim Alten. Nur dass es hier auch anfängt zu schneien.

Jetzt Schluss für heute, es grüßt euch herzlich

Euer Herbert.

Viele Grüße an Else, Frau Kissing und die bekannten Brüder der Versammlung.

Kitzingen, 25.11.1942

Liebe Eltern und Geschwister!

Nachdem ich am Montag keine Post bekommen habe, am gestern Abend sofort ein halbes Dutzend Briefe an. Vier Briefe (einschließlich Zeitung) waren von Euch, die beiden anderen von Else und Wilhelm Sassmannshausen.

Es war viel Interessantes, was ich da gelesen habe. In dem Brief vom 21.11. schreibt ihr, dass ihr wieder ein Päckchen fertig gemacht habt, das habe ich nun heute Abend mit Dankbarkeit erhalten. Ich bitte Euch aber schick mir nicht so viel, dass ihr euch selber alles absparen müsst.

Lieber Vater, du fragst, warum die letzten Briefe so kurz waren. Glaub mir, wenn ich nach Feierabend noch schreiben will, dann muss es schnell gehen. Sonnabends und sonntags muss ich das nachholen. Aber ich will mich bessern. Im Brief vom 23.11. schreibst du nun vom Horchgerät. Die Karte, welche du dabei legen wolltest, hast du sicher vergessen. Aber ich kann euch das auch so erklären. Der Sitz links am RRH (Ringtrichter Richtungshörer) ist für den Höhenhorcher, rechts sitzt der Mann für die Seite und der hinter dem Gerät sitzt ist der Verzugsrechner. Der muss die ermittelten Werte an den Scheinwerfer weitergeben.

Ich werde nun an allen 3 Sachen ausgebildet. Nämlich als K7, K8 und K9. (K heiß Kanonier)

Wenn ich mal auf Urlaub komme, erzähle ich Euch mehr.

Der Spieß hat heute verboten, irgendwelche Wünsche nach Hause zu schicken.

Liebe Mutter, Du fragst, ob Opa schon wegen dem Paket geschrieben hat. In der vergangenen Woche hat er das getan. Es war da noch nicht von Gauting zurück. Ich habe ihm gleich wieder geschrieben. Nun hat mich die Partei also doch aufgenommen. Gerd Hohage auch?

Die Rasierklingen lege ich Dir, lieber Vater, bei. Geld brauche ich nicht dafür. Ich habe genug. Die Zeit ist hier so schnell vorüber, wie es noch nie der Fall war. Heute Abend bin ich schon eher angefangen zu schreiben, sonst wäre ich nicht fertig geworden.

Seid nun herzlich gegrüßt

von Eurem Herbert.

Kitzingen, 26.11.1942

Liebe Eltern und Geschwister!

Noch war die Freude über das letzte Päckchen nicht verklungen, als ich heute Abend wieder eins erhielt, Und zwar das mit den Waffeln vom 19.11.. Es war ja ziemlich lange unterwegs aber der Inhalt ist noch gut. Ebenfalls kam ein Brief an, der war auch vom 19.11..

Ich will euch nun einmal schreiben, wie der tägliche Dienst so ist. Nehmen wir zum Beispiel heute.

Da ist zuerst um 05:45 Uhr wecken. Danach waschen wir uns und essen zum Frühstück. (soweit vorhanden, die meisten haben abends den Brotschrank schon geleert.)

Von 7 bis 09:00 Uhr war Infanteriedienst (das ist nicht so schlimm wie Leibesübungen, damit machen sie uns weich). Da draußen im Felde Geländekunde, das ist interessant.

Um 12:00 Uhr ist Mittagessen. Heute gab es Wirsing, Salzkartoffeln, Fleisch, Suppe und Pudding.

Um 02:00 Uhr zogen wir los zum Horchstand, da wurde geübt. Das dauerte bis 05:00 Uhr

nun kam noch Putz und Flickstunde, dann war Feierabend.

So geht ein Tag nach dem anderen zu Ende, und schnell ist wieder eine Woche vorüber.

Das Gerd Hohage ins Lazarett kam habe ich geahnt, denn in Iserlohn wäre er damals schon bald reingekommen. Er hat die ganze Nacht über fantasiert und gebrochen. Auch in Gauting geht es eben nicht ganz gut. Von mir kann ich noch das Beste berichten.

Das Revier habe ich bisher nur von außen gesehen und will auch später nichts damit zu tun haben. Meine Füße sind noch gesund, heute habe ich meine Stiefel umgetauscht, da ist das Leder noch weicher. Auf unserer Stube ist es nun ganz gemütlich. Die Kameradschaft ist auch in Ordnung.

Der 6. Dezember muss wohl schön werden. Ich wäre gern dabei, aber es geht ja nicht.

Liebe Eltern! Könnt ihr mir einen Kopierstift besorgen? Ich muss ihn gebrauchen zum Rechnen.

So will ich schließen, indem wir unseren Vater im Himmel bitten, dass er uns weiter behütet wie bisher.

Nun seid herzlich gegrüßt

von Eurem Herbert.

Entschuldigt die Schrift. Wenn Ihr sie buchstabieren müsst, dann denk immer daran, dass ich wenig Zeit habe.

Kitzingen, 01.12.1942

Liebe Eltern und Geschwister!

Gestern am 30.11. erhielt ich Euer Päckchen mit dem Fotoapparat und den anderen Sachen. Es war alles noch gut und hat mir auch gut geschmeckt. Besonders das Schwarzbrot. Den Käse kann ich auch gut gebrauchen. Jetzt ein Abend kam ein Paket von Opa, das war auch eine Woche unterwegs. Oma hatte Spekulatius gebacken, das war ein ganz schönes Quantum. Sechs dicke Äpfel dabei. Ich werde Ihnen auch sofort wieder schreiben. Heute bekam ich den Kopierstift. Herzlichen Dank dafür. Dass Arthur Ziese tot ist, kam mir etwas plötzlich. Was hat er denn gehabt?

Wenn ich bis Sonntag nicht auffalle, dann kann ich ausgehen. Den Fotoapparat kann ich dabei gut gebrauchen. Die Bilder schicke ich Euch dann.

Liebe Eltern! Meine Freizeit ist jetzt so mit Arbeit ausgefüllt, dass ich meinen Brief beenden muss, zumal heute schon um 09:30 Uhr Zapfenstreich ist. Gleich will ich mich noch rasieren.

Seit nun herzlich gegrüßt und dem Herrn befohlen,

Euer Herbert.

Heute war Löhnung!

Kitzingen, 05.12.1942

Liebe Eltern und Geschwister!

Nun komme ich endlich dazu, mich für Euer Nikolauspaket und den Brief zu bedanken. Die guten Sachen kamen schon am 3.12. hier an. Es war alles gut und hat auch ebenso gut geschmeckt. Den Brief vom 2.12. erhielt ich gestern am 4.12. Darin fragt ihr nun, ob ich Weihnachten auf Urlaub käme. Leider geht das nicht, denn die Schule schickt keinen fort. Aber wenn der Lehrgang beendet ist, wird es wohl klappen. Am 18. Dezember haben wir wahrscheinlich eine Batterie Weihnachtsfeier.

Wie ich gelesen habe, hat sich auf dem Grafting auch vieles geändert? Der Steden wird sich ja noch umsehen.

Liebe Eltern! Mit dem Geld, das ich habe, komme ich gut aus. Wenn ihr schon mal ein paar Marken übrig habt, dann könnt ihr sie mir schicken. Morgen ist wieder Ausgang.

Stopfgarn habe ich noch, aber Seife ist knapp, Jeden Monat bekommen wir ein Stück.

Liebe Eltern! Inzwischen ist wieder ein Tag vergangen, seit seitdem ich den Brief angefangen habe. Heute ist Sonntag, da haben wir wieder Ausgang mit dem Unteroffizier gehabt.

Drei Portionen Abendessen habe ich mir geben lassen, als ich wieder zur Kaserne kam. War ich satt.

Gestern Abend, erhielt ich von Bruder Hollweg einen Brief. Es hat mich sehr gefreut. Rudi kann mir die Jugend der Versammlung und Bruder Hollweg herzlich grüßen. Bei Euch wird jetzt wohl gerade die Zusammenkunft der Jugend sein. Ich habe immer an Euch gedacht.

Doch nun lasst mich schließen, Indem ich euch herzlich Grüße. Euer Herbert.

Kitzingen, 09.12.1942

Lieber Rudolf!

Die herzlichsten Glückwünsche zum Geburtstag sendet dir dein Bruder. Möge der Herr Dich in deinem fernen Leben so segnen und dir beistehen, wie ich es bisher erfahren habe.

Lebt nun wohl und sei herzlich gegrüßt

von Deinem Bruder Herbert.

Kitzingen, 11.12.1942

Liebe Eltern und Geschwister!

Vorgestern Abend erhielt ich wieder einen Brief von Euch. Ihr müsst entschuldigen, dass ich in der letzten Zeit so lange mit der Beantwortung warte. Aber es geht nun mal nicht anders. Hier lässt man uns kaum noch Zeit zum Abendessen. Alle Augenblicke geht die so oft verwünschte

Trillerpfeife. An Beschäftigung fehlt es uns nicht. Am vergangenen Sonntag hatten wir ja Ausgang, Aber zum Schreiben bin ich doch nicht gekommen. Bis Mittag war Dienst, ab 02:00 Uhr Ausgang. Um 07:00 Uhr mussten wir wieder in der Kaserne sein. Kurz darauf war Fliegeralarm bis 09:00 Uhr. Dann blieb uns nur noch eine halbe Stunde übrig, um unsere Sachen in Ordnung zu bringen. Am nächsten Sonntag müssen wir in der Kaserne bleiben. Der Kommandeur hat unsere Batterie mit Stubenarrest bedacht. Wir sollen auf dem Weg zum Horchstand nicht gut gesungen haben. Wie aus Eurem Brief hervorgeht, habt ihr wieder ein Päckchen für mich abgeschickt. Na, wenn ich das bis Sonntag habe, dann halte ich es auch ohne Ausgang aus. Gerade erhielt ich auch den Brief vom 10.12. mit den Brotmarken. Herzlichen Dank dafür.

Dass ich keinen Urlaub bekomme, tut mir ebenso leid wie Euch, aber damit müssen wir uns eben abfinden.

Ich soll Euch schreiben, ob der Volksdeutsche noch bei mir ist. Ja, noch sind wir alle zusammen, und man lernt sich immer besser kennen. Dass unter so vielen Soldaten immer einige sind, die sich nicht der Kameradschaft anpassen wollen, ist ja klar, aber da braucht man sich ja nicht dran stören.

Jetzt will ich euch ein paar Kleinigkeiten erzählen. Wenn des Abends beim Zapfenstreich der Uffz. vom Dienst durch die Stuben geht, dann muss einer von uns melden, dass alles zu Bett ist und dass die Stube sauber ist usw. Meistens fällt derjenige bei auf, also keine schöne Angelegenheit. Gestern Abend war das nun folgendermaßen:

Ein altes Original unserer Stube, welcher nicht gerade das Bild eines Soldaten verkörpert, musste abmelden. Wir lagen in den Betten und stellten uns schlafend, als plötzlich der Wachtmeister mit dem UVD die Stube betritt. Der Kamerad stand da und wusste nicht, was er sagen sollte. Weil aber die beiden „Großen“ gut aufgelegt waren, sagte der Wachtmeister nur: „Erzählen Sie mir einen Witz!“ Aber der hatte nichts zu verkaufen. Nun musste der arme Kerl aufs Spint klettern und sollte singen „Stille Nacht, heilige Nacht“. Doch das verschlug ihm ganz die Stimme. Ihr könnt euch vorstellen, dass wir unter der Bettdecke das Lachen nicht mehr verbeißen konnten, deshalb wurden wir alle rausgeschmissen und mussten ebenfalls auf Spind. Der UVD. gab den Ton an Und sagte: „Drei – Vier“. Dann sangen wir im Nachthemd „Stille Nacht, Heilige Nacht“. Ich kann euch sagen, dass wir vor Lachen nicht vom Spind gefallen sind, ist alles. Also, ein Bild, nein sowas, das wäre für die Wochenschau zu schade gewesen.

Ein anderes Mal geschah folgendes: Abends vom Geländedienst wieder in die Kaserne zurück, da fanden wir unsere Stube als ein wüstes durcheinander vor. Kein Strohsack war mehr im Bett, alles lag mitten in der Stube. Der Inhalt der Spinte lag überall verstreut umher. Seit unserer Abwesenheit hatte nämlich ein Uffz. seine Willkür an uns ausgelassen. Nun mussten wir unsere Klamotten wieder zusammensuchen. Ich habe alles wiedergefunden, bis auf meine Bibel. Die war nirgends zu sehen. Doch als ich einmal auf meinem Bett schaute, da liegt die Bibel an dem Kopfende meines Bettes. Demnach muss der Uffz. die Bibel wieder aufgehoben und sie an Ort und Stelle gelegt haben. Ihr könnt mir glauben, dass ich das nicht als Zufall betrachte, nein, ich wusste sofort, „Der Herr ist bei mir und wird es immer bleiben“.

Liebe Eltern! Heut ist Sonnabend, deshalb ist der Brief auch so lang geworden, denn seit 04:00 Uhr ist dienstfrei. Morgen können wir bis 08:00 Uhr schlafen. Außer 4 Stunden singen wird wohl der Sonntag auch ohne Dienst verlaufen.

Seit nun herzlich gegrüßt

von Eurem Herbert.

Viele Grüße an Else.

Kitzingen, 15.12.1942

Liebe Eltern und Geschwister!

Heute will ich mich wieder einmal bemühen, euch einige Zeilen zu schreiben, fertig werde ich wohl jetzt nicht damit, denn wie Du, lieber Vater, in dem Brief vom 13.12. schreibst, den ich heute erhielt, habe ich auch wirklich keine Zeit mehr, Euch so oft wie früher zu schreiben. Nehmt es mir also nicht übel, es lässt sich nicht anders machen, aber das wird sich schon wieder finden. Gestern bekam ich, auch voller Dankbarkeit, euer liebes Päckchen. Knapp eine Woche war es unterwegs. Eine Karte vom 11.12. kam zugleich an. Auch hier ist das Wetter jetzt wie im Frühling. Wenn es so bleibt, halte ich es aus.

Lieber Vater. Du fragst, ob die Berliner schon geschrieben haben. Nein, bis jetzt noch nicht. Aber von Lieschen bekam ich eine Karte. Auch nach Vollme habe ich geschrieben. Mit den Bildern müsst ihr euch noch etwas gedulden. Ich weiß noch nicht, ob ich sie hier entwickeln lasse oder wie oder was. Am Sonntag hatten wir doch Ausgang, und zwar sogar ganz alleine. Das hat aber seinen guten Grund, denn wir haben vorher eine WHW-Sammlung in der Batterie durchgeführt. Das Ergebnis muss überwältigend gewesen sein. Ihre Korporalschafft, hatte bereits über 300 RM geopfert. (12 Mann)

Nun bitte ich Euch aber, spart euch nicht so viel von Eurer eigenen Verpflegung ab, wenn Ihr mir ein Paket schickt. Ich weiß, dass er es gerne tut. Aber ihr müsst auch leben, so gut es geht. Den Kopfschützer habe ich noch nicht gebraucht. Hier wird nur alles auf Befehl angezogen. Die gold'ne Freiheit ist einem genommen, aber man wird von Tag zu Tag sturer. Vor einigen Tagen hatte ich meine Füße offen, aber laufen konnte ich immer noch. Jetzt ist wieder alles gut. Die Zeitung kommt auch noch immer an. Damit hatte ich immer den Anschluss an das Zeitgeschehen und an das, was in der Heimat geschieht. So will ich doch jetzt schließen, in der Hoffnung, bald auf Urlaub zu kommen. Was ich vorher nicht glaubte, ist mir doch geglückt. Nämlich, dass ich den Brief noch fertig bekommen habe.

Seid nun herzlich gegrüßt

von Eurem Herbert.

Viele Grüße auch an Moldenhauers. Wenn ich noch mal Zeit habe, will ich auch Ihnen einmal schreiben.

Kitzingen, 20.12.1942

Liebe Eltern und Geschwister!

Nachdem ich gestern Euer liebes Päckchen und den Brief erhalten habe, muss ich euch doch heute wieder einmal schreiben. Nun ist der letzte Sonntag vor Weihnachten herangekommen, da haben wir endlich einen ganzen Tag dienstfrei. Gestern hatten wir ja unsere Weihnachtsfeier. Kurz vorher erhielt ich von Tante Else ein Paket mit einem Kuchen, auch das Bild war darin. Ich soll es euch schicken.

Lieber Vater! Du meintest, ich hätte kein Geld mehr. Da irrst du dich aber. Morgen gibt es schon wieder Lohn. Zudem kann ich doch nichts dafür kaufen, wie nur des samstags, mein Stammgericht. Eine Versammlung gibt es hier nicht. Der Wilhelm hat ja bestimmt Glück mit dem Urlaub. Bei uns bekommen auch einige Urlaub, das sind ein paar Verheiratete. Ich will sehen, dass ich den Film nach Hause schicke. Doch nun zur Weihnachtsfeier. Heute noch bin ich satt davon. Es war so gut für uns gesorgt. Um 06:00 Uhr erst die ganze Batterie gemeinschaftlich Kartoffelsalat mit einer Bratwurst dazu. An jedem Tisch saß ein Offizier oder Wachtmeister. Nach dem Abendessen begann die Feier. In einer Gerätehalle, die weihnachtlich geschmückt war, standen auf den Tischen bei jedem Platz ein großer Teller mit Lebkuchengebäck, Bonbons, Äpfel, Bleistifte, Rasierklingen und 20 Zigaretten. Daneben eine Flasche Wein sowie 2 Flaschen Bier. Der erste Teil der Feier verlief sehr schön. Ein Chor sang uns Weihnachtslieder, die Musikkapelle unterhielt uns mit Musik. Dann kam der Weihnachtsmann. Der hatte für jeden Vorgesetzten ein paar passende Worte. Vom Batteriechef bis zum Korporal wurden sie durch den Kakao gezogen. Im zweiten Teil ging es dann aber drunter und drüber. Da hat es mir nicht mehr gefallen. Ich habe bisher noch kein Offizier betrunken gesehen, doch gestern Abend gleich sämtliche Batterie Offiziere und erst die Korporäle, na, aber sprich nicht darüber.

Die Hauptsache ist, dass ich übersatt gewesen bin.

Bei dieser Zeile habe ich heute mit der aufgehört zu schreiben, denn ich wollte noch etwas in die Stadt gehen. Wenn ich nun heute Abend wiederkomme, kann ich mein Weihnachtspaket abholen. Obwohl, darauf stand: „Erst Weihnachten öffnen“, so konnte ich es doch nicht unterlassen, den Bindfaden zu lösen. Es war auch gut so, denn Weihnachten wären die Birnen bestimmt faul gewesen. Ich war glatt erstaunt über die guten Sachen. So etwas konnte uns die Weihnachtsfeier doch nicht bieten.

Bei Brings werde ich mich persönlich bedanken. (Natürlich im Brief)

Wetter ist ja nicht weihnachtlich, denn die Sonne steht noch am Nachmittag am blauen Himmel. Doch des Abends wird es feierlich, wenn wir Zeit zum Nachdenken haben. Unser Opernsänger singt uns des Öfteren Lieder vor, z.B. „Wovon kann der Landser denn schon träumen? Er träumt von seinem Vaterhaus, von den alten, ihm vertrauten Räumen...“ usw., Dann ist die Stimmung schon da. Und ich werde diese Weihnachten auch so verleben wie du, lieber Vater schon schreibst, nämlich im Bewusstsein, dass ihr mit Euren Gedanken und Wünschen bei mir seid.

Liebe Mutter. Du fragst, wo wir hinkommen, wenn meine Schulzeit beendet ist. Nun, ich weiß auch nicht mehr wie ihr. Aber ich denke, wenn ich Glück habe, komme ich ins Heimatkriegsgebiet, sonst vielleicht an die Kanalküste. Doch nun will ich schließen. Ich habe noch etliche Weihnachtskarten zu schreiben.

Also 1000 Dank für eure Weihnachtskarte und viele Herzliche Grüße zu Weihnachten, sendet Euch Euer Herbert.

Kitzingen, 25.12.1942, Erster Weihnachtstag

Liebe Eltern und Geschwister!

Heute, am ersten Weihnachtstag, gehen die Gedanken der Soldaten mehr denn je nach seinen Lieben zu Hause. Zum ersten Mal feiere ich als Soldat beim Weihnachtsfest. Gestern am Heiligen Abend hatten wir nur bis 06:00 Uhr Dienst, dann konnten wir es uns gemütlich machen. Unseren kleinen Weihnachtsbaum haben wir uns geschmückt und ein paar Kerzen dabei angesteckt. Dann kam der Oberleutnant mit dem Spieß auf unsere Stube. Mit den beiden haben wir uns ganz ungezwungen unterhalten. Mitternacht war erst Zapfenstreich. Von Rudi erhielt ich gestern Abend einen Brief. Ich bin ja nun gespannt auf das Weihnachtsgeschenk von dir, lieber Bruder. Auch in deinem neuen Anzug mit der Fliege sehe ich dich mal gerne. Du kannst dich hier einmal zeichnen und mir dann schicken. Ist bei euch denn jetzt auf Weihnachten schon Schnee oder ist das Wetter noch wie bei uns hier im Frühling? Heute Nachmittag will ich mal wieder ausgehen. An allen 3

Feiertagen habe ich zum Glück keinen Wachdienst, was bei vielen anderen doch der Fall ist, Ich bin eben noch nicht oft genug aufgefallen und brauche deshalb über die Tage nicht im Bau bleiben. Schreib mir bitte mal, wie die Weihnacht bei Euch verlaufen ist. Sind von meinem Jahrgang schon welche auf Urlaub gekommen? Von Hellwegs bekam ich heute auch einen Weihnachtsgruß.

Seid nun herzlich gegrüßt

von Eurem Herbert.

Kitzingen, 27.12.1942

Liebe Eltern und Geschwister!

Heute, am Sonntag nach den gemütlichen Feiertagen, muss ich Euch noch schnell eine Reihe schreiben, ehe am Montag der Dienst wieder beginnt. So gut wie der erste Weihnachtstag vorüber ging, so gut ging auch der zweite Tag vorbei. Der einzige Dienst, den wir gestern hatten, war eine Stunde singen von 10 bis 11:00 Uhr. Um 12:00 Uhr wurde zu Mittag gegessen. Dann hatten wir frei. Ich bin aber dieses Mal nicht ausgegangen, sondern habe es mir mit noch einem Kameraden auf der Stube gemütlich gemacht. Wir haben uns den Weihnachtsbaum angesteckt, einen Stuhl neben das Bett gestellt, worauf ein Kuchen und eine Flasche Wein stand, und dazwischen wurde eine Kerze gestellt. Dann legen wir uns aufs Bett und haben Weihnachten gefeiert. So kann man es schon bei den Preußen aushalten. Ich sagte schon: „Wenn es jeden Tag so ist, dann würde ich mich für 12 Jahre verpflichten.“ Aber leider geht es Montag schon wieder anders. Dann heißt es:

„Was? Euch sind die Feiertage wohl nicht bekommen, zwo mal links schwenkt marsch, marsch, hinlegen, auf usw.“ Ja, so geht das zu bei uns.

Lieber Rudolf. Am ersten Weihnachtstag erhielt ich auch das Geschenk von dir. Daran hatte ich wirklich nicht gedacht. Das Bild ist auch bestimmt schön geworden. Doch nun will ich wieder schließen, denn gleich ist Mittag.

Der Aufschwung, bald auf Urlaub zu kommen, grüßt Euch herzlich,

Euer Herbert.

Kitzingen, 29.12.1942

Liebe Eltern und Geschwister!

Kaum bin ich vom Abendessen aufgestanden und schon bringt man mir 2 Briefe von Euch. Der eine ist vom 26. und der andere vom 27.12.

Lieber Vater! Du hast mir eine schöne Schilderung von Eurer Weihnachtsfeier gegeben. Ich war mit meinen Gedanken über die Tage oft bei Euch und kann mir auch vorstellen, dass ihr einen Schimmer Hoffnung hattet, ich wäre auf Urlaub gekommen. Doch Ihr dürft Euch in Eurer Stimmung deshalb nicht beeindrucken lassen. Denn einmal komme ich bestimmt. Wir müssen uns nur etwas gedulden. Heute hatte ich einen guten Tag. Ich war zum Verpflegung holen kommandiert und zwar nach Würzburg. Mit einem LKW haben wir Sauerkraut und Zitronen geholt. Jetzt ist auch hier das Frühlingswetter vorbei. Heute ist schon eine Menge

Schnee gefallen. Die Hände frieren einen am Karabinerhaken fest, aber das wird man auch gewohnt.

Lieber Vater! Du machst dir schon sorgen wegen meinem Urlaub. Ich kann es mir ja vorstellen, aber Dank für deine Bemühungen. Die Strecke Frankfurt – Siegen - Altena haben ich mir auch schon vorgenommen zu fahren, wenn ich einmal komme.

Ich wäre dir sehr dankbar, wenn du mir einmal mitteilen könntest, ob der beschleunigte Personenzug von Frankfurt durchfährt, das wäre sehr günstig für mich. Ein D-zug darf ich für verlängerten Wochen Urlaub (5 Tage) nicht benutzen. Sonst muss ich bis Siegen fahren, da werde ich schon Anschluss bekommen. Wenn der Tag erst einmal da ist, dann werde ich auch schon ankommen. Denn ich habe bei den Preußen gelernt, wie man die Schnauze aufmacht. Ihr kennt mich nicht wieder, wenn ich bei Euch bin.

Doch nun will ich zum Schluss kommen. Bald ist das Jahr schon wieder um, Kinder, wie die Zeit vergeht. Wenn ich vorher nicht mehr zum Schreiben komme, will ich es jetzt nicht versäumen, euch schon ein gesegnetes neues Jahr zu wünschen.

Die herzlichsten Grüße

von Eurem Herbert.

(1943)

Kitzingen, Neujahr 1943

Liebe Eltern und Geschwister!

Ehe man sich versieht, ist das alte Jahr vergangen und ein Neues ist an seine Stelle getreten. Hoffentlich seid auch Ihr gesund und munter, so wie ich im Jahr 1943 gelandet bin. Es ist jetzt 13:00 Uhr. Einige Kameraden sind ebenfalls am Schreiben, die übrigen gehen aus. Ich habe heute keine Lust, es ist mir zu kalt, außerdem schneit es schon wieder, da ziehe ich doch eine warme Stube vor. Gestern auf Silvester erhielt ich Post von Lieschen, Opa und Else, sowie einen Brief von Euch mit den Brotmarken. Opa schreibt, dass sie mir wieder ein Päckchen abgeschickt haben.

Liebe Eltern! Ich glaube, es hat wenig Zweck, euren Weihnachtsbaum so lange zu halten, bis ich komme, denn der Urlaubsschein kam unter Umständen noch lange auf sich warten lassen. Februar bis März wird der Lehrgang beendet sein, Bis dahin fließt noch viel Wasser den Main herunter. Für die Gepäckmarken danke ich Euch recht herzlich. Die beiden 100 Gramm Päckchen habe ich schon lange erhalten. Habe ich euch das denn noch nicht geschrieben? Else schrieb mir bereits von Girkhausen, dass Eduard verwundet ist. Um mich braucht ihr Euch keine Sorgen zu machen. Auf der Stube ist es schön warm, auch des nachts. Brot habe ich im Gegensatz zu früher immer etwas im Voraus. Weihnachten und Silvester gab es Bohnenkaffee, sonst gibt es nur gefärbtes Wasser.

Liebe Eltern, nun will ich schließen, in der Hoffnung, dass Ich heute Abend wieder einen Brief von Euch erhalte.

Herzlichen Gruß

von Eurem Herbert.

Kitzingen, 08.01.1943

Liebe Eltern und Geschwister! Heute will ich Euch schnell noch eine Karte schreiben. Für einen Brief wird die Zeit nicht mehr reichen. Es liegt jetzt hier überall tiefer Schnee, tummeln wir uns von früh bis spät drin herum. Sei es bei Infanteriedienst oder beim Horchen. Die meiste Zeit liegen wir mit dem Gesicht nach unten.

Gestern Abend erhielt ich Euren Brief vom 6.1. Habt ihr das Päckchen von mir schon erhalten? Und noch etwas, als ich in die Partei aufgenommen wurde, ist da der Gerd Hohage auch aufgenommen worden?

Schreib mir doch bitte einmal.

Seid nun für heute Herzlichst gegrüßt

von Eurem Herbert.

Kitzingen, 10.01.1943

Liebe Eltern und Geschwister!

Heute am Sonntag will ich Euch wieder einmal einen Brief schreiben. In der vergangenen Woche war hier allerhand los. Fast jeden Abend konnte man auf der Stube seine Habseligkeiten zusammensuchen. Es war wie bei den Soldaten und wir haben die traurige Hoffnung, dass das Theater in der nächsten Woche fortgesetzt wird. Aber auch eine süße Hoffnung bewegt unsere Herzen, nämlich die, dass die Rekrutenzeit in einigen Wochen zu Ende sein wird. Übrigens hatten wir auch Ausgangssperre, aber heute wird es wahrscheinlich doch etwas geben. Am Donnerstag habe ich zum ersten Mal als Soldat Grießbrei gegessen. Meistens gibt es aber Weißkraut mit Pellkartoffeln oder Pellkartoffeln mit Sauerkraut. Von der Firma Knipping erhielt ich heute ebenfalls einen Brief neben dem von Euch.

Liebe Eltern. Heute am Montag kann ich erst den Brief fertig schreiben. Ich war nämlich gestern ausgegangen und bin erst kurz vor dem Zapfenstreich nach Hause gekommen. Die Verpflegung war jedenfalls wieder mal gut. 3 mal habe ich in der Stadt zu Abend gegessen. Außerdem kann ich Euch heute danken für das Paket, welches ich vorhin bekam. So etwas kann man natürlich gut gebrauchen. Auch über den Füllfederhalter würde ich mich sehr freuen, wenn ihr mir den schicken wollt.

Wie verhalten sich denn nun die von der „blauen Rolle“ Rudi gegenüber? Hier ist es im Augenblick sehr kalt, vor allen Dingen, wenn man so ohne Bewegung am Horchgerät sitzt. Vielleicht ist es möglich, dass sie mir gelegentlich noch einen Pullover schickt. Den Kragen tragen wir als einzigste

Batterie stets offen. Wie hat Mutter denn der Kursus gefallen? Die will mir wohl Konkurrenz machen und dem Tommy mit der Feuerpatsche empfangen. Hier kommt er öfters hin, dann laufen wir aber schnell mit dem Stahlhelm in den Keller.

Doch jetzt will ich wieder schließen. Es ist schon spät geworden.

Seid herzlichst gegrüßt

von Eurem Herbert.

Kitzingen, 14.01.1943

Liebe Eltern und Geschwister!

Heute Abend will ich Euch noch schnell einige Zahlen schreiben. Zugleich schicke ich ein paar Fotografien mit. Anfang Dezember hat ein Kamerad die Bilder gemacht. Gestern und heute Abend erhielt ich einen Brief von Euch, die ich Euch eben beantworten will. Das Päckchen von mir werdet Ihr wohl noch bekommen. Es ist etwas mehr wie eine Woche unterwegs. Das Päckchen mit den Lebensmitteln habe ich ja erhalten, doch das mit den Essbesteck noch nicht. Ihr schreibt auch, dass mir Lülings ein Paket fertig gemacht haben, da bin ich ja mal gespannt, was dabei rauskommt. Auch freue ich mich, dass ist Opa wieder so weit besser geht. Ich will ihm morgen gleich einmal schreiben.

Doch nun für heute genug. Ich habe noch viel Arbeit. Seid also herzlich gegrüßt von Eurem Herbert

Kitzingen, 16.01.1943

Liebe Eltern und Geschwister!

Heute, am Sonnabendnachmittag, nachdem der Dienst für die Woche beendet ist, will ich euch mal wieder einen Brief schreiben und zwar mit dem Füllhalter, den ich am Freitag mit dem Essbesteck zusammen erhielt. Ihr könnt mir glauben, dass ich mich sehr über die beiden Teile gefreut habe. Vor allen Dingen über das Essbesteck. Es ist gerade das richtige und so wie ich es mir immer gewünscht habe. Ebenfalls über das Etui war ich erfreut, welches du, liebe Irmgard mir dazu angefertigt hast. Ich dachte schon, es wäre gekauft.

Liebe Eltern! Heute Abend erhielt ich nur den Brief von Euch, worin Ihr mitteilt, dass das Päckchen endlich angekommen ist. Ich werde Euch nun mal öfter so ein paar Sachen schicken. Und zwar gebe ich das alles auf der Schreibstube ab, denn in die Stadt kommen wir wochentags wohl nicht. Übrigens haben wir morgen, am Sonntag wieder Ausgangssperre, da kann ich mich also am Schreiben halten. Geld braucht Ihr mir aber nicht zu schicken, obwohl ich für jedes Päckchen, was ich bekomme, einen entsprechenden Sold bezahlen muss, habe ich immer genug. Wenn Ihr diesen Brief bekommt, dann werdet Ihr auch wohl die Fotografien erhalten haben. Heute schicke ich nun wieder eine Aufnahme, und zwar wurde diese beim ersten gemeinschaftlichen Ausgang mit dem Korporalschaftsführer gemacht. Dass ihr mich besser erkennt, habe ich ein Kreuz über meinem Kopf gemacht. Die Marken, die er mir mitschickt, werde ich demnächst in diesem Lokal umsetzen, wo ihr uns so gemütlich sitzen seht.

Lieber Vater! Du willst wissen, ob ich noch immer Putzer beim Wachtmeister bin. Nein, seit Weihnachten hat ein anderer Mann posten übernommen. Ich bin auch froh darüber, denn nun habe ich bedeutend mehr Zeit für meine eigenen Aufgaben.

Liebe Eltern! Ich will nun für heute schließen, in der Hoffnung, dass Ihr noch alle so froh und gesund seid, wie ich es bin.

Lebt nun wohl und seid herzlich gegrüßt

von eurem Herbert.

Kitzingen, 21.01.1943

Liebe Eltern und Geschwister!

Heute Abend erhielt ich mit großer Freude Euer Päckchen mit dem Pullover und dem Brotaufstrich. Trotzdem, Ihr das Päckchen per Einschreiben geschickt habt, ist es eine Woche unterwegs gewesen.

Liebe Eltern. Ihr macht euch wahrscheinlich zu viel Sorge um mich. Das ist aber unberechtigt, denn ich bin mit allen jetzt gut versorgt. Nun, den Pullover konnte ich gut gebrauchen. Denn obwohl ich einen von der Wehrmacht habe, (mit Ärmel) war es trotzdem auf dem Horchstand recht kalt. Hosen habe ich vier, auch ebenso viele Hemden. Gestern habe ich auf der Kammer noch 2 Paar zerrissene Strümpfe umgetauscht. Da habe ich neue für bekommen.

Bisher konnten wir auch die Strümpfe mit waschen lassen, dann erhielten wir in der nächsten Woche ein paar andere wieder. Die waren dann natürlich sehr kaputt. Jetzt habe ich wieder vier paar saubere, ohne Löcher in meinem Spind. Einen anderen Pullover braucht Ihr mir dann nicht mehr schicken.

Liebe Eltern und Geschwister!

Ihr wollt nun mal wissen, wie sich nun der Donnerstag bei mir auswirkt. Weil nun gerade wieder Donnerstag ist, kann ich Euch gleich eine Erklärung geben. Heute Morgen hatten wir schießen mit scharfer Munition. Ich schoss als Dritter von unserem Zug.

Mit gemischten Gefühlen bestieg ich den Anschusstisch und dann ging's los. Also das Schwarze ins Visier genommen, dann beide Augen zugedrückt und abgeschossen. Da nun der Rückschlag etwas grösser ist als bei einem Luftgewehr, bekam ich gleich einen verpass, dass mir hören und sehen verging. Das war alles gleich vergessen, als eine 11 als mein erstes Ergebnis angezeigt wurde.

Der Wachtmeister sagte sofort: „Schießen sie so weiter, dann bekommen Sie sofort Urlaub." Als nun der zweite Schuss raus war, war er genauso erstaunt wie ich, denn auch dieser war eine 11. Der Dritte war nicht ganz so gut, aber immerhin noch eine Neun. Also 31 Ringe, das hat nicht jeder erzielt.

Im Übrigen verlief der ganze Tag wider Erwarten sehr ruhig. Infanteriedienst war heute nicht, nur heute Mittag Horchen und dann, nach dem Löhnungsappell noch Karabiner reinigen. Mittwochs soll von nun ab schon um 17:00 Uhr Feierabend sein. Sonnabends können wir wahrscheinlich mal Nachturlaub einreichen, dann können wir wenigstens mal Samstags nachmittags in die Stadt gehen und Einkaufen.

So will ich nun für heute schließen, indem ich Euch herzlich Grüße und Euch bitte die Schrift entschuldigen zu wollen, denn ich musste schnell schreiben, um den Brief fertig zu bekommen.

Also noch einmal herzlichste Grüße,

Euer Herbert.

Viele Grüße auch an Else. Ich habe Ihren Brief mit Freuden erhalten.

Kitzingen, 23.01.1943

Liebe Eltern und Geschwister!

Gestern Abend erhielt die volle Freude Euren lieben Brief vom 20.1. Vor allen Dingen habe ich nicht über die Bilder gefreut, die sieht ja schnell fertig geworden. Von folgenden Aufnahmen lasst mir bitte Abzüge machen: 1 Abzug von den Räumen, 3 Abzüge von mir. Doch von Opa braucht ihr mir kein Bild mehr schicken. Dem will ich morgen ein Bild von mir schicken. Die Fotografie vom ersten Ausgang ist eine Erinnerung an meine Korporalschaft. Das Bild mit dem Namen ist unsere Stubenbelegschaft. Mein bester Kamerad, oder besser gesagt meine besten Kameraden sind der Wickerath, der Terporten und der Küsters. Über die beiden Kalenderblättchen war ich sehr erfreut. Hier, wo man mitten in der Welt von Feinden unseres geliebten Heilandes ist, ist man glücklich, wenn man sich anhand von solchen tröstlichen Zeilen mit dem Herrn beschäftigen kann. Heute Abend bis morgen Mittag habe ich Brandwache und darf also den Bau nicht verlassen. Vielleicht kann ich aber Sonntagnachmittag ausgehen. Heute Früh haben wir einen Ausmarsch ins Gelände gemacht, der war ganz schön, aber fragt nicht, wie wir hinterher aussahen. Doch ich will für heute schließen, sonst weiß ich ein anderes Mal nichts mehr.

Seid herzlich gegrüßt und dem Herrn befohlen,

Euer Herbert.

Es kennt der Herr die Seinen in jedem Volk und Land,

ob sie verlassen scheinen, sie sind von Ihm gekannt.

Er lässt sie nicht verderben, Er führt sie aus und ein.

Im Leben und im Sterben sind sie und bleiben Sein.

Er wird sie sicher leiten durch diese Wüstenei.

Gibt Mut und Kraft zum Streiten, führt selbst den Sieg herbei.

Und wenn ihr Lauf vollendet, so ruh'n sie mit Ihm aus.

Wenn aller Kampf beendet, geh'n sie ins Vaterhaus.

Kitzingen, 30.01.1943

Liebe Eltern und Geschwister!

In der vergangenen Woche werdet ihr wohl vergebens auf ein Lebenszeichen von mir gewartet haben. Aber seid deshalb nicht besorgt, denn mir fehlt nichts anderes, als die Zeit zu schreiben. Heute will ich nun das Versäumte nachholen. Nachdem um 13:00 Uhr der Reichsmarschall zu uns gesprochen hat, konnten wir zum ersten Mal wochentags ausgehen. Dabei sind mir die Marken, welche Ihr mir in dem letzten Brief geschickt habt, sehr zu gut gekommen.

Seit 18:00 Uhr sitzt sie ich aber wieder auf meiner Stube und schreibe Brief auf Brief. Am Montag war ich sehr erstaunt, als ich ein Paket von Tante Emilie empfangen durfte. Darin waren enthalten, 1.) eine Wurst, 2.) ein Kuchen, 3.) ein kräftiges Butterbrot und 4.) 1/4 Pfund Butter.

Bald darauf erhielt ich Euer Päckchen mit den Strümpfen und den Ölsardinen. Also ich kann euch sagen, ich kam mir vor wie im Frieden. Bruder Hermann Schneider bedankte sich ebenfalls in dieser Woche für den Geburtstagsgruß. Den Brief lege ich nach Wunsch bei. Inzwischen werdet Ihr oder vielmehr Lülings meinen Brief erhalten haben. Entschuldigt vielmals, dass ich nicht gleich geschrieben habe. In der letzten Woche begann das Prüfungshorchen, da gab es so viel zu schreiben und zu rechnen, dass wir oft noch lange nach Zapfenstreich am Tisch gesessen haben. Weil es aber dem Ende zugeht, lassen wir uns das ruhig gefallen. In der nächsten Woche schicke ich euch ein kleines Päckchen. Die Schuhcreme werdet ihr wohl gebrauchen können.

Liebe Eltern! Ich hörte kürzlich, dass viele, die mit mir in Gauting waren, schon in Russland bei Charkow liegen. Die haben bestimmt Pech gehabt. Alle Offiziere von unserer Batterie sind auch bereits wieder fort zur Front. In den nächsten Wochen werden wir nicht mehr so viel Infanterieausbildung haben, dafür aber mehr horchen und rechnen.

Lieber Vater!

Wenn ich einmal auf Urlaub komme, dann wirst du doch wohl sicher laufen können, damit wir beide auch mal spazieren gehen können. Deshalb fang beizeiten an zu üben. (Wenn du es nicht kannst, ist es aber auch nicht schlimm.)

> *Zu dieser Zeit hatte die Familie noch die Hoffnung. Dass die Lähmung vom Vater, vorbeigeht. Leider war das nicht der Fall. Und er blieb fortan bis zu seinem Lebensende (1962) querschnittsgelähmt.*

Doch nun für heute genug, wenn es die Zeit erlaubt, schreibe ich heute den nächsten Brief.

Es grüßt Euch herzlich,

Euer Herbert.

Viele Grüße auch an Else und Lieschen, sowie an Bruder Voss und Heiermann.

Kitzingen, 06.02.1943

Liebe Eltern und Geschwister!

Heute am Sonnabend habe ich wieder einmal Zeit, Euch einen Brief zu schreiben. Am Freitag kam das Päckchen mit dem Film an. Ich werde ihn Sonntag gebrauchen können. Auch einen Brief vom 3. Februar erhielt ich in dieser Woche. Das war der mit den Marken, die ich ebenfalls dankbar angenommen habe. Ich freu mich, dass ihr den Brief von Bruder H. Schneider wieder beigelegt habt. Denn der hat mir in manchen Stunden, wie du, lieber Vater, auch schon schreibst, zur Aufmunterung gedient.

Was sagst du nur zum Kriegslage? Ich glaube, dass die Angriffe der Roten die letzten Kraftanstrengungen sind, die sie Unternehmen können. Wenn wir das bis zum Frühjahr aushalten, und das werden wir bestimmt, dann können sie uns kaum noch gefährlich werden.

Lieber Rudolf! Vielleicht kannst du mir einmal die Anschrift von W. Stehen besorgen. Ebenso die neue Adresse von Gerd Hohage hätte ich gern. Viel Neues kann ich Euch im Augenblick nicht erzählen. Wir haben nur den einen Wunsch, dass der Rummel hier in Kitzingen bald zu Ende geht.

Ich will nun schließen in der Hoffnung, dass Ihr noch alle gesund seid.

Es grüßt euch nun herzlich,

Euer Herbert.

Kitzingen, 16.02.1943

Liebe Eltern und Geschwister!

Heute Abend den 16.2. muss ich Euch noch schnell einen Brief schreiben.

Am Sonntagnachmittag bin ich wieder einmal ausgegangen und habe einen guten Tag gelebt. Am Montag ging es wieder rund, und das wird noch einige Zeit anhalten.

Nun will ich Euch noch mitteilen, dass Ihr mir keine Pakete mehr schicken könnt. Ab 20.2.1943 wird nichts mehr angenommen. Außerdem weiß man ja nicht, was die nächsten Tage bringen werden.

Mittwoch, den 17.2.

Liebe Eltern!

Leider war es mir gestern nicht mehr möglich, diesen Brief zu beenden, denn von 19 bis 22:00 Uhr war wieder einmal Rabatz im Hause. So muss ich nun das Versäumte nachholen. Zugleich kann ich mich auch für einige Briefe bedanken, denn 4. Stück erhielt ich vorhin. 3 von Euch und einen von Lieschen.

Lieber Vater! Du wolltest einmal wissen, ob wir noch etwas mit der Ersatzabteilung zu tun haben. Ja, denn wir sind doch nur an diese Schule kommandiert worden. Aber zur Infanterie wird man uns nicht schicken. Vielleicht später einmal zur 8,8. Und nun zum Thema: Brotmarken. Zuerst danke ich Euch für die Marken, die ich heute wieder erhielt. Wenn es Euch nicht zu viel wird, könnt ihr mir jeden Monat ein paar von den Dingern schicken, aber vorläufig habe ich wieder einmal genug. Die Fleisch- und Fettmarken behaltet vorläufig mal für euch, denn 1.) habe ich noch genug davon und weil ich einige Male nicht ausgegangen bin, und zweites habe ich auch ohne die Marken ein sehr schönes Essen am Sonntag. In dem Stammlokal bin ich nämlich schon bekannt. Jedenfalls das Paket schicken hat keinen Zweck mehr. Dann wolltest du noch wissen, wie alt unser Lieutenant ist. Er wird wohl ungefähr 45 haben, aber furchtbar eingebildet ist die Flöte. Heute sind die ersten Rumänen hier angekommen, die lösen uns ab. Lieschen schreibt mir, dass Ihr jeden Tag auf mich wartet, das kann ich mir vorstellen, aber der Spieß hat noch nicht wieder vom Urlaub gesprochen. Aber einmal kommt es ja doch.

So will ich nun für heute schließen.

Seid also herzlich gegrüßt und dem Herrn befohlen,

Euer Herbert.

Liebe Grüße auch an Lieschen. Bei Ihr werde ich mich diese Tage auch in einen Brief bedanken.

Liebe Mutter! An Dich hätte ich nun doch eine Bitte, nämlich die, schick mir, wenn möglich, etwas Wolle in einem Brief, denn meine Strümpfe muss ich mir nun selbst stopfen, weil ich sie, wenn ich die Strümpfe nach Hause schicke, vielleicht nicht rechtzeitig wieder bekomme.

Kitzingen, 23.02.1943

Liebe Eltern und Geschwister!

Ich habe im Augenblick Mittagspause und möchte die Zeit nicht versäumen, Euch einige Zeilen zu schreiben. Am Sonntag war ich wieder einmal in der Stadt und habe meine Marken umgesetzt. Als ich nach Hause kam, lag da ein Brief für mich mit dem Stopfgarn. Ich habe mich sehr darüber gefreut. Von Bruder Heiermann erhielt ich ebenfalls einen schönen Brief. Daraus konnte ich sehen, dass Gerd Hohage nun in Detmold liegt. Gestern haben wir wieder einmal geschossen. Sonst ist der Dienst noch immer derselbe. Heute erhielt ich auch die Karte vom Sonntag mit den vielen Grüßen. Wie lange bleibt denn der Günther bei Euch? Viel weiß ich im Augenblick nicht zu berichten. Wenn Opa kommt, dann grüßt ihn recht herzlich von mir.

Nun will ich für heute schließen, dem Herrn befohlen und recht viele Grüße

von Eurem Herbert.

Kitzingen, 02.03.1943

Liebe Eltern und Geschwister!

Da ich heute am Dienstagabend wieder einmal einen Brief von euch erhalten habe, will ich es nicht unterlassen, diesen gleich zu beantworten. Die Uffz. und Wachtmeister gehen dienstags immer Kegeln, dann haben wir unsere Ruhe.

Dass der Tommy auch nach euch wieder kommt, habe ich mir schon gedacht, denn auch uns besucht er nun des Öfteren. Kürzlich war er ja in Nürnberg, da saßen wir über 2 Stunden im Luftschutzkeller. Anscheinend gefällt es dem Rudi auf seinem neuen Arbeitsplatz gut, sonst könnte er nicht so ausgelassen sein. Else schreibt mir nämlich auch schon davon. Neulich meinte er in einem Brief, ich hätte doch sicher auch eine Gasmaske. Da könnt ihr ihm ruhig sagen, dass ich heute einmal wieder genügend darin geschwitzt habe.

Lieber Vater! Wie du schreibst, müssen sich auch Frau Berg und verschiedene andere zur Arbeit melden. Ich könnte mir aber keine von den Herrschaften an der Werkbank stehend vorstellen.

In der nächsten Woche werde ich Euch wieder einige Aufnahmen schicken. Wenn ihr dann mal wieder einen Film bekommen könnt, wäre ich Euch sehr dankbar. In meiner Beziehung mit dem Herrn braucht ihr euch keine Sorgen zu machen, denn in meiner Soldatenzeit habe ich so oft seine Liebe erfahren, dass ich es als eine Pflicht ansehe, mich stets im Schatten seiner Flügel aufzuhalten. Im Übrigen geht es mir noch gut, was ich auch von Euch hoffe. In dieser Woche haben wir wahrscheinlich Besichtigung und damit wird die Rekrutenzeit beendet sein.

Nun hätte ich noch eine bitte schreibt mir doch einmal die Geburtstage von meinem nächsten Verwandten und Bekannten auf, damit ich denen dann schreiben kann.

So will ich nun für heute schließen. Seit deshalb herzlich gegrüßt von Eurem Herbert.

Kitzingen, 07.03.1943

Liebe Eltern und Geschwister!

Wieder ist eine Woche vergangen, da muss ich Euch schnell noch einen Brief schreiben. Am Donnerstag erhielt ich den letzten Brief von Euch, und zwar den mit den Marken. Ich habe mich sehr darüber gefreut, weil ich heute damit in die Stadt gehen wollte. Nachdem ich mir ein Brot gekauft habe, bin ich beim Fotografen vorbei gegangen und habe meine Aufnahmen abgeholt. Von dem Bild, wo ich alleine drauf bin, schicke ich euch das Negativ mit, dann könnt Ihr eventuell welche nachmachen lassen. Die beiden anderen alleinstehenden Personen sind 2 gute Kameraden.

Ihr wollt nun einmal wissen, warum keine Pakete mehr geschickt werden dürfen? Erstens soll es nicht mehr so gehen wie in Gauting, dass die Post wieder zurückgeschickt werden muss, weil der Empfänger fort ist und zweitens, das ist wohl die Hauptsache, die Herren von der Schreibstube haben zu viel Arbeit, wenn jeden Abend über 50 Pakete ankommen, aber trotzdem kommen immer noch welche an.

Am Donnerstag war bei uns Besichtigung. Es ist alles gut gegangen. Morgen, am Sonntag werde ich auch wieder ausgehen. Dienst haben wir ja nicht. So will ich nun für heute Schließen, in der Hoffnung, dass es Euch noch gut geht.

Also dem Herrn befohlen und recht herzliche Grüße,

Euer Herbert.

Kitzingen, ca. 10.03.1943

Liebe Eltern und Geschwister!

Nachdem ich heute Abend gleich 2 Briefe von Euch erhalten habe, will ich Euch, will ich Euch schnell wieder schreiben. Im Großen und Ganzen geht es mir ja gut, wie ihr sicher auf dem Bild feststellen konntet. Über die Marken habe ich mich wieder gefreut. Gestern, am Mittwoch hatte ich Nachturlaub, da habe ich nach langer, langer Zeit mal wieder Bratkartoffeln gegessen.

Heute hatten wir Prüfung im Flugzeugerkennungsdienst. Weil ich als der Beste daraus hervorging, hatte mir der Chef einen Tag Sonderurlaub gewährt. Von 20 Lichtbildern, die uns gezeigt wurden, und zwar in Abständen von 3 Sekunden, habe ich nur eine Maschine nicht erkannt und das geschieht am Donnerstag. Sowas muss man sich mal überlegen.

Am Montag steigt bei uns eine kleine Feier, wahrscheinlich als Abschied. Der Spieß hat sogar Sekt für uns aufgetrieben. Von Gerd Hohage habe ich noch keine Post erhalten. Aber dass das so einfach gehen soll mit seinem Sonntagsurlaub, finde ich leicht übertrieben. Bei uns gibt es das wenigstens nicht.

Von Rudi seinen Streichen habt ihr mir auch geschrieben. Hier machen das die Uffz. mit uns. (Aber nicht mehr lange.)

Liebe Eltern! Nun will ich schließen, aber nochmals herzlichen Dank für die Marken.

Seid nun dem Herrn befohlen und vielmals gegrüßt von Eurem Herbert.

Kitzingen, 16.03.1943

Liebe Eltern und Geschwister!

Bevor ich zu meinem Ersatztruppenteil zurückkehre, will ich Euch von Kitzingen noch schnell einige Zahlen schreiben. Morgen, also am Mittwoch, werden die ersten die Kaserne verlassen, unter denen befinde auch ich mich. Und zwar nicht nach Gauting, sondern nach Augsburg. Was von da aus geschieht, kann ich Euch nicht sagen, weil ich es selbst nicht weiß. Den Brief von Else und Rudi habe ich auch erhalten. Ich fühlte mich in den letzten Tagen nicht ganz wohl, sonst hätte ich Euch vorher schon mal geschrieben.

Seid nun für heute herzlich gegrüßt. Ich werde wohl bis morgen noch viel zu tun haben. Also nochmals herzliche Grüße

von Eurem Herbert.

Viele Grüße auch an Else.

Lieber Vater! Wenn Du mir die Briefumschläge besorgen kannst, wäre ich Dir sehr dankbar.

Augsburg, ca. 20.03.1943

Liebe Eltern und Geschwister!

Wieder ist eine ereignisreiche Woche zu Ende gegangen. Meinen letzten Brief, den ich von Kitzingen geschrieben habe, werdet ihr wohl erhalten haben. Nun bin ich seit Donnerstag früh in Augsburg. Am Mittwoch sind wir mit 13 Mann von Kitzingen abgefahren, und zwar erst nach

Gauting, wo wir gegen 22:00 Uhr ankamen. Weil aber aus der früheren Kaserne ein Lazarett geworden ist, sind wir noch in derselben Nacht über München nach Augsburg gefahren. München bietet nach den letzten Angriffen einen traurigen Blick. Ich habe die Stadt kaum wiedererkannt. Ebenso ist es mit Nürnberg. Hier in Augsburg bin ich nun bei den richtigen angekommen.

Ein Teil der Batterie besteht aus einem Marschzug und der andere Teil aus einem Genesenen Zug. Ich befinde mich bei den ersteren. Das sind nun alles Gefreite und Obergefreite, also ein ganz stures Volk. Ich war fest überzeugt, dass auch ich in Kitzingen stur geworden wäre., aber das hier hat mir den Rest gegeben. In 14 Tagen habe ich bestimmt alles Soldatische verlernt. So gemütlich geht das hier. Noch am selben Tag, wo ich hier ankam, habe ich mir schon Nachturlaub geholt, um mir Augsburg anzusehen. Die Kaserne liegt ungefähr noch eine Stunde von der Stadt entfernt, also nur mit der Straßenbahn erreichbar.

Die Verpflegung hier ist besser als in Kitzingen, nur das Brot ist etwas knapp. Aber trotzdem halte ich es hier lange aus. Es besteht auch keine Aussicht, von hier wegzukommen. Euer Brief vom 14. d. M. erreichte mich gerade noch in Kitzingen. Ihr fragt darin, ob das Wirklichkeit ist, mit meinem gesunden Aussehen. Ja, vielleicht komme ich in der nächsten Zeit auf Erholungsurlaub nach Euch. Hier kann es geraten, damit denn dieser ganze Haufen besteht fast nur aus Urlaub. Dann könnt ihr sehen, ob es eine optische Täuschung ist oder nicht. Drückt aber den Daumen oder besser gleich alle beide, dass die Sache auch klappt.

Lass mich nun für heute schließen, denn ich will Opa und Oma auch noch schreiben. Von denen habe ich vor kurzem auch Post bekommen, seid also herzlich gegrüßt und dem Herrn befohlen, Euer Herbert.

Meine Anschrift.

Soldat Herb. Schneider

Flak-Scheinw. Ers. Abt.15

Augsburg-Kriegshaber Ers. Batterie

Augsburg, 25.03.1943

Ihr Lieben!

Soeben erhielt die voller Freude Euren lieben Brief Nummer 6. Einen Tag war derselbe nur unterwegs. Das Briefpapier kann ich gut gebrauchen. Die Brotmarken werde ich in der Kantine los. Zudem habe ich jetzt immer etwas im Voraus. Heute Abend gab es Bratkartoffeln mit Ei und Salat. Gestern habe ich meine Arbeit beim Elektrowerk begonnen. Wir legen in einem Dorf eine Lichtleitung. Da komm ich nur das abends in die Kaserne zum Schlafen. Noch ein Nachturlaubsgesuch für morgen geschrieben.

Seid deshalb für heute herzlich gegrüßt,

Euer Herbert.

Augsburg, 27.03.1943

Liebe Eltern und Geschwister!

Nachdem ich Euch vor einer Woche den letzten Brief geschrieben habe, den Ihr doch sicher erhalten habt, will ich Euch heute am Sonnabend wieder ein paar Zeilen zukommen lassen. Leider habe ich hier in Augsburg noch keine Nachricht von Euch bekommen. Na, vielleicht gibt es ja morgen etwas. Hier in Augsburg gefällt es mir ganz gut, wie ich Euch ja schon geschrieben habe. Vor allen Dingen ist die Verpflegung besser. Man kann sich wenigstens manchmal so viel nachholen, wie man will. Seit einigen Tagen bin ich auch wieder Putzer bei dem Unteroffizier. Diese Arbeit ist bedeutend angenehmer wie in Kitzingen.

Der gute Mann bezahlt mir das sogar alles. Die Tage sind bei uns ausgefüllt mit Feld- und Infanterieausbildung. Aber auch das ist alles ganz anders, wie in der Rekruten Zeit. Fliegeralarm haben wir hier auch nicht gehabt. Euch wird man doch sicher auch verschonen. Wie ist es nun mit Rudi seiner Arbeit? Gefällt es ihm noch bei Reinecke? Kürzlich schriebst Du mir mal, dass unsere Versammlung eine andere Bezeichnung erhalten soll. Ist das nun schon raus oder noch nicht? Schreib mir doch bitte einmal wieder.

Augsburg, 29.03.1943

Liebe Eltern und Geschwister!

Vor wenigen Augenblicken erhielt ich voller Freude Euren ersten Brief hier in Augsburg. Der war also 5 Tage unterwegs. Aber manche Neuigkeiten habe ich daraus gelesen. Nun, dass ich vor einigen Tagen krank war, habe ich längst wieder vergessen. Es wird wohl Grippe oder Mandelentzündung gewesen sein. Wie geht es dem Gerd? Ich hätte ihn gern einmal gesehen. Hat er zugenommen oder ist der mager geworden? Der Hermann Wickr. ist bereits einige Wochen vorher nach Augsburg gefahren und zufällig treffe ich ihn hier wieder.

Über die Marken habe ich mich sehr gefreut. Das Kreisblatt braucht Ihr mir vorläufig nicht zu schicken. Auch die Briefumschläge kommen mir sehr passend. Am Sonntag werdet Ihr wohl tüchtig gefeiert haben. Mit dem Kuchen habt ihr mir den Mund wässrig gemacht. Hier gibt es immer Kommissbrot. Aber wenn ich einmal kommen sollte, dann wird alles nachgeholt. Richtet Euch also schon einmal darauf ein.

Morgen zieht unsere Batterie um, und zwar nur in einen anderen Block innerhalb der Kaserne. Meine Anschrift bleibt aber dieselbe, nur die Stubennummer ist 203. Gestern war ich in Augsburg. Von Hans Moldenhauer erhielt ich auch einen Brief. Sonst gibt es bei mir keine Neuigkeiten. Deshalb will ich jetzt schließen.

Seid also herzlich gegrüßt und dem Herrn befohlen,

Eurer Herbert.

Augsburg, 18.04.1943

Liebe Eltern und Geschwister!

Nachdem in dieser Nacht zum ersten Mal wieder auf Holzwolle geschlafen haben, möchte ich Euch auch den ersten Brief schreiben. Fangen mir also von vorne an. Das Erste, was man mir in Frankfurt sagte, war, ich sollte mir beim Bahnhofsoffizier die Genehmigung zum Benutzen des D-Zug holen. Das habe ich dann auch getan oder vielmehr versucht, denn es wurde mir abgeschlagen. Dafür sagte er mir einen DmW-Zug, der erst um 10:00 Uhr abends fuhr. Jetzt stand ich da und hatte 5 Stunden Zeit. Da darf ich mein Gepäck ab und suchte mir eine Straßenbahn, die nach Rödelheim fuhr. Zunächst schlug ich einmal die falsche Richtung ein, doch als ich das merkte, bin ich gleich wieder umgefahren. Schließlich kam ich doch an. Ich musste noch ein Stück laufen, um nach Onkel Herman zu kommen. Er war gerade im Garten. Die Else machte mir die Tür auf. Obgleich sie mich nicht kannte, sagte sie sofort, dass ich nur ein Schneider sein könnte. Auf jeden Fall war es den Abend wunderschön da und sie haben sich alle gefreut, dass ich sie besucht hatte. Der kleine Dieter, der Enkel von Onkel Hermann, meinte, als ich ging: „Onkel Herbert, du musst aber bald noch mal wiederkommen und dann musst du mir von den Soldaten erzählen.“ Onkel Hermann brachte mich wieder zur Straßenbahn. Mein Zug stand schon im Hauptbahnhof, als sich da ankam.

Das war 24:00 Uhr. Da gab es plötzlich Fliegeralarm. Ihr werdet ja gehört haben, dass der Tommy in Süddeutschland war. Wie kam auch so richtig mitten rein. Aber vor Stuttgart mussten wir stehen bleiben. Die Flak schoss nur nicht mehr, aber die Nachtjäger waren hier am Gang. Der schoss wenige 100 Meter über uns ein 4 Motoren Bomber ab und flog brennend direkt auf unseren Fronturlauber Zug zu. Doch zum Glück brach er in etwa 300 Meter glatt in 2 Teile, sodass er von Fall der Bahnlinie senkrecht abstürzte. Mit 3 Stunden Verspätung kamen wir in Stuttgart an, wo es in den Trümmern immer noch brannte. Fahrplanmäßig sollte ich um 06:00 Uhr in Augsburg sein. Doch, oh Schreck, es war schon 09:00 Uhr. Da ging ich zum Bahnhofsoffizier und holte mir eine Bescheinigung wegen der Verspätung. Nun konnte man mir ja nichts mehr tun. Am Mittag bin ich gleich wieder mit den Küsters ausgegangen. Wir haben den Tierpark besucht. Da ist es im Frühling wunderbar und interessant. Obwohl ich die ganze Nacht über nicht geschlafen habe, sondern immer gestanden habe, war ich nicht müde. Aber heute am Sonntagmorgen fiel mir das Aufstehen schwer. Ich war noch nicht ganz in der Kaserne, da hörte ich schon wieder diese elende Pfeife. Das Päckchen von Opa und von Euch habe ich mir gleich abgeholt. Es sind jetzt 10:00 Uhr morgens. Ich sitze mit den Küsters außerhalb der Kaserne in einer Kneipe und schreibe diesen Brief, deshalb ist der mit Bleistift geschrieben. Das Päckchen von der „Kurzen" habe ich bald auf.

Doch für heute will ich schließen, in der Hoffnung, bald auf Urlaub zu kommen. (Das ist natürlich ein Witz.)

Seid also herzlich gegrüßt

von Eurem Herbert.

Lieber Vater, steck Dir eine Zigarre an, wenn Du den Brief liest, Herbert.

Augsburg, 21.04.1943

Liebe Eltern und Geschwister!

Da ich heute wieder einmal viel Zeit habe, will ich es auch nicht versäumen, Euch noch ein paar Zeilen zu schreiben. Das Wetter ist augenblicklich wunderbar und wenn man dabei kein Dienst machen braucht, dann ist das noch schöner. Am Montag habe ich mich nämlich freiwillig zur Kasernenwache gemeldet. Da muss ich nun jeden dritten Tag von 10 bis 13:00 Uhr, viermal in Abständen von 4 Stunden streifenposten machen. Den nächsten Tag habe ich dienstfrei und dann mache ich einen Tag Arbeitsdienst, das ist zum Beispiel auf dem Bahnhof Waggons abladen oder ähnliche Scherze. So ein Dienst ist wirklich eine Erholung. Leider ist der Herr Wickrath nicht mehr hier. Er ist versetzt worden. Auch einige Horcher sind bereits fort. Die Bagage, die ich mir mitgebracht habe, ist fast noch nicht angebrochen. Allerdings sind die Eier weg. Das letzte habe ich heute gegessen. So, nun will ich wieder schließen. Das war so das neuste von hier.

Seid ihr jetzt herzlich gegrüßt

von Eurem Herbert.

Augsburg, 25.04.1943

Liebe Eltern und Geschwister!

Heute, am Ostersonntag, erhielt ich einen Brief vom 21.4., und weil ich gerade wieder Wache habe, will ich Euch gleich wieder schreiben. Es ist bei uns herrliches Osterwetter, aber leider habe ich heute nicht viel davon. Den Fotoapparat hätte ich ja ganz gerne hier, doch schickt ihn bitte vorläufig noch nicht. Wenn ich aber in 14 Tagen noch hier bin, dann könnt ihr es ruhig riskieren. Heute Morgen konnten wir in die Kirche gehen, da bin auch ich in die Stadt gegangen und habe die Versammlung gesucht. Hat ich sie schließlich gefunden hatte, war es bereits 10:00 Uhr, da konnte ich doch nicht mehr hineingehen. Na, ich weiß, aber fürs nächste Mal Bescheid. Am Sonnabend war ich wieder einmal im Tiergarten. Da sind jetzt junge Bären ganz „kurze". Ebenfalls Wildschweine, die sind noch „kürzer". Übrigens heiße ich gar nicht mehr so wie Du, liebe Irmgard, geschrieben hast. Wie ich nun heiße, sag ich dir aber nicht. Habt Ihr schon mal einen anderen Brief und die Osterkarten erhalten? So, nun will ich schließen.

Seid also dem Herrn befohlen und herzlich gegrüßt

von Eurem Herbert.

Heute erhielt ich eine Karte zurück, die ich im Januar d. J. nach Onkel Fritz geschrieben hatte.

Augsburg, 27.04.1943

Liebe Eltern und Geschwister!

Es sind jetzt gerade 10:00 Uhr. Und weil ich im Augenblick Zeit habe, will ich Euch schnell einige Zeilen schreiben. Um 13:00 Uhr fahre ich zum Bahnhof, um einen Waggon auszuladen. Bis dahin brauche ich nichts zu tun. Habt ihr die Ostertage gut verlebt? Wie hat die „Katze" geschmeckt? Ich habe mir euren Kuchen gut schmecken lassen. Wenn ich auf der Wache bin, dann kann ich auch immer so viel essen, wie ich will. Hoffentlich halten die schönen Tage noch an, aber im Augenblick werden wieder viele versetzt. Das Wetter ist immer noch schön. Sonst weiß ich nichts mehr zu berichten. Heute Mittag werde ich doch sicher Post von Euch bekommen.

Seid also herzlich gegrüßt und dem Herrn befohlen,

Euer Herbert.

Augsburg, 01.05.1943

Liebe Eltern und Geschwister!

Heute will ich Euch wieder einmal einen Brief schreiben, damit ihr Euch nicht beklagen könnt. Viel Neues kann ich Euch ja nicht mitteilen, aber für Euren Ostergruß muss ich mich doch noch eben bedanken.

Gestern sind die letzten von Kitzingen nach uns gekommen. Dabei waren u.a. auch der Gantzckow und der Auras. Ich war an diesem Tag in der Geschützbatterie draußen und habe 8,8 Granaten verputzt. So wird hier ein Tag nach dem anderen Krumm geschlagen. Heute habe ich leider Brandwache, aber morgen habe ich wieder Urlaub. Putzer bin ich auch wieder geworden, nachdem ich mich eine Zeitlang so herumgedrückt habe. Euren lieben Brief vom 27.4., mit den Marken habe ich auch dankend erhalten. So will ich also für heute wieder einmal schließen, in der Hoffnung, auch von Euch mal wieder ein Lebenszeichen zu hören.

Seid also herzlich gegrüßt und dem Herrn befohlen,

Euer Herbert.

Viele Grüße an Else.

Augsburg, 03.05.1943

Liebe Eltern und Geschwister!

Heute Abend will ich Euch noch schnell ein Brieflein schreiben und mich gleichzeitig für 2 Briefe von Euch bedanken. Es waren dies der Brief vom 1. Mai von Rudolf mit der ulkigen Malerei und der mit den Bildern. Zu seinem Glück hat Rudi diesmal etwas mehr geschrieben, sonst hätte ich ihn einmal gründlich zurecht gestoßen. Meinen Spitznamen werdet Ihr aber trotzdem nicht erfahren. Erstens, weil der Rudi mich so lächerlich gemalt hat und zweitens, weil, na ja, das ist ja auch egal.

Liebe Irmgard! Das kleine Oster Päckchen habe ich noch nicht erhalten. Es wird aber noch kommen. Die Sache mit dem Fotoapparat wollen wir einmal liegen lassen, bis ich an anderer Stelle bin. Hier ist bis jetzt alles noch so unbestimmt. So, jetzt muss ich für heute wieder einmal schließen, sonst geht mir der ganze Feierabend drauf. Beklagen könnt Ihr Euch aber nicht mehr, denn Ihr bekommt doch jetzt Post genug von mir.

Seid also recht herzlich gegrüßt und dem Herrn befohlen,

Euer Herbert.

Augsburg, 05.05.1943

Liebe Eltern und Geschwister!

Heute Mittag habe ich mir das Oster Päckchen von Euch abgeholt. Also genau 10 Tage nach Ostern gibt's noch Eier. Recht herzlichen Dank dafür. Wenn ihr mir noch einmal so etwas schickt, dann tut auch bitte einige Rauchwaren mit hinein. In Augsburg kann man im Augenblick gar nichts bekommen. Und wenn man den ganzen Tag keinen richtigen Dienst macht, wird es einem langweilig. Für heute will ich wieder einmal schließen, in der Hoffnung, von Euch bald wieder etwas zu hören.

Es grüßt Euch herzlich,

Euer Herbert.

Nebenbei auch viele Grüße an Else.

Augsburg, 09.05.1943

Ihr Lieben!

Obwohl ich gestern keine Post von Euch erhalten habe, wie nur einen Brief von Else, so möchte ich Euch trotzdem wieder einmal etwas schreiben. Wenn Ihr diese Zeilen zu lesen bekommt, dann werde ich nicht mehr in Augsburg sein. Morgen, also Montag, werde ich diese Kaserne verlassen, um mich an einen anderen Ort (auch in der Nähe von Augsburg) niederzulassen.

Wahrscheinlich, aber hoffentlich nicht zu einem neuen Lehrgang. Pfersee heißt dieses Nest. Schreib deshalb vorläufig nicht nach hier, bis ich eine neue Anschrift habe.

Lieber Vater!

Wie steht es übrigens mit der militärischen Lage? Nicht besonders, was? Der Rudi wird doch sicher aus Lüdenscheid wieder zurück sein. Was hat denn das gegeben? An Gerd Hohage habe ich auch gestern geschrieben. Wenn der nicht mehr in Detmold ist, dann bitte ich um seine neue Adresse. Für heute will ich aber schließen, zum Glück ist Mittag.

Seid also für heute Recht herzlich gegrüßt

von Eurem Herbert.

Ihr Lieben. Soeben erhielt ich Euren Brief Nummer 2. Herzlichen Dank für die Marken.

Augsburg, 11.05.1943

Liebe Eltern und Geschwister!

Jetzt bin ich in der neuen Kaserne gelandet und muss mich erst wieder in die Umgebung einleben. Wir liegen hier auf dem Boden, direkt unter dem Dach. Die Verpflegung ist hier sehr gut und vor allem sauber. Das Päckchen mit dem Tabak habe ich am 10.5. noch in Kriegshaber erhalten. Das kam mir sehr zu statten. Die Post, die noch unterwegs ist, wird nach hier überwiesen, sodass nichts verloren geht. Was in Pfersee nun weiter geschieht, muss man erst abwarten. Es wird davon gesprochen, dass wir auch hier nicht lange bleiben.

Das wäre so ziemlich alles, was ich heute zu berichten weiß.

Seid deshalb herzlich gegrüßt und dem Herrn befohlen,

Euer Herbert

Viele Grüße an Else und Lieschen.

Augsburg, 13.05.1943

Meine liebe Mutter!

Zum Muttertag sende ich Dir meine herzlichsten Grüße und wünsche dir für dein fernes Leben das Allerbeste.

Ich weiß, wie gerne Du mich jetzt im engen Familienkreis bei Dir hättest, aber ein hartes Geschick hat uns das nicht vergönnt, so dass ich nur fern von der Heimat, fern Deinem Herzen, Deiner Liebe gedenken kann. Es liegt mir nicht, viele Worte darüber zu machen, aber eines wissen wir, dass wir durch die Gnade unseres Herrn für immer verbunden sind. Gerade jetzt, weilen meine Gedanken stets bei Dir. Es ist so trostreich, wenn wir mit dem Dichter singen können: „Du Herr verlässt mich nicht, auf Dich mein Herz allein vertraut...“

Darum können wir unseren Weg, der uns nun einmal bestimmt ist, ohne Angst und Sorge ruhig und sicher zu Ende gehen. Wünsche ich dir, liebe Mutter, noch einmal alles Gute und Gottes Segen.

Dein lieber Sohn Herbert.

Augsburg, 19.05.1943

Ihr Lieben!

Heute, also am Mittwoch, erhielt ich voller Freude Euren lieben Brief und zugleich das Päckchen vom Muttertag. Meinen herzlichen Dank dafür. Ich bin froh, dass ich Euch mit den Blumen eine kleine Freude bereitet habe. Leider konnte ich am Sonntag nicht ausgehen, da ich draußen in der Stellung arbeiten musste. Das ist jetzt überhaupt so eine Geschichte mit dem Ausgang, denn vorläufig bin ich bei der Alarmbatterie, das heißt, wenn Fliegeralarm ist, muss unsere Batterie, also auch ich, die Geschütze besetzen und wenn notwendig auf den Tommy schießen. Hier ist es jetzt sehr warm.

Liebe Mutter. Wenn du eine Turnhose für mich bekommen kannst, wäre ich Dir sehr dankbar. Lieschen werde ich heute Abend auch schreiben. Gleich ist Appell in Kragenbinden, Schuhe und Strümpfe, da muss ich noch einiges in Ordnung bringen, deshalb will ich jetzt schließen.

Ein anderes Mal schreibe ich wieder mehr.

Es grüßt Euch herzlich,

Euer Herbert.

Augsburg, 20.05.1943

Ihr Lieben!

Nachdem ich heute Mittag Euren Brief erhalten habe, will ich Euch auch gleich wieder schreiben. Das sind ja traurige

Sachen, die da bei Euch geschehen. Auch bei uns war heute Mittag Fliegeralarm. Doch zum Schuss sind wir nicht gekommen. Es war ein Aufklärer, der flog uns zu hoch. Aber heute Nacht werden Sie uns nicht verschonen. Dann wird es wohl Alarm geben. Ich hatte mich schon auf den Pfingsturlaub gefreut, aber leider bin ich nicht bei den Glücklichen. Für heute will ich wieder einmal schließen, in der Hoffnung, dass es Euch auch weiterhin gut geht.

Also dem Herrn befohlen und herzliche Grüße

von Eurem Herbert.

Augsburg, 23.05.1943

Liebe Eltern und Geschwister!

Soeben erhielt ich Euren Brief Nummer 5, wo Ihr mir so einiges über die Katastrophe der Überschwemmung geschrieben habt.

Lieber Vater, du meinst, wenn die Liste und Versetalsperre getroffen würde, müsstet ihr auch flüchten. Ich glaube aber, dass das nicht notwendig ist, denn 1. sind doch die beiden Sperren kleiner und 2. liegen sie so viele Täler dazwischen, dass das Wasser sich bis Altena längst verlaufen hat.

Nun aber zu einem anderen Thema. Ich bin ab morgen zur Standort-Bauleitung kommentiert worden. Damit fällt jeder andere Dienst flach. Gerade heute sollte ich noch einmal Wache schieben, doch der Spieß hat mich davon befreit. Bei diesem Kommando müssen wir nun eine Überland-Lichtleitung legen, die einige Wochen in Anspruch nimmt.

Gestern erhielt ich einen Brief von Gerd Hohage. Dem gefällt es scheinbar jetzt auch ganz gut da. Dass Ihr mir ein Päckchen abgeschickt habt, ist ganz nett. Das wird wohl morgen ankommen.

Augsburg, 27.05.1943

Ihr Lieben!

Jetzt muss ich Euch doch wieder einen Brief schreiben, denn gestern erhielt ich das Päckchen mit der Turnhose und heute kam der Kuchen an. So etwas lässt sich schon essen, wenn man was hat. Die Vitamintabletten habe ich allerdings schon alle, dafür nehme ich aber morgen die Erkältungspillen und den Kandiszucker mit an die Arbeitsstelle. Ich fühle mich jetzt wie ein Zivilist. Allzu viel tue ich ja nicht. Denn wer sich dabei tot arbeitet, ist es selbst in Schuld. Gestern kamen neue Rekruten in die Kaserne. Wenn man dabei zuschaut, dann tun einem die armen Kerle leid. Am Mittwoch waren der Patscha und ich zur Versammlung gegangen. Aber leider ist die Stunde ausgefallen. Die Flieger lassen uns im Augenblick in Ruhe. Das wäre für heute alles.

Lebt nun wohl und seid herzlich gegrüßt

von Eurem Herbert.

Augsburg, 28.05.1943

Ihr Lieben!

Heute Abend kam ich vom Leitungsbau zurück in die Kaserne. Da gab man mir gleich Euren Brief Nummer 7. Ich habe mich sehr gefreut. Deshalb will ich auch sofort das mitgeschickte Schreibpapier dazu benutzen, Euch zu antworten.

Zuerst eine kleine Neuigkeit. Am Montag, den 31.5. werde ich Augsburg verlassen, um nach Mannheim versetzt zu werden. Was dort mit uns weiter geschieht, weiß ich noch nicht. Näheres werde ich vielleicht morgen oder Sonntag schreiben. Also den Fotoapparat braucht ihr mir nun noch nicht zu schicken. Das wäre nun für heute wieder einmal alles. Vielleicht werden die Briefe in Kürze interessanter.

Seid nun heute herzlich gegrüßt

von Eurem Herbert.

Mannheim, 01.06.1943

Ihr Lieben!

Seit gestern Abend bin ich nun in Mannheim und will Euch eben einen Gruß aus dieser schönen Stadt schreiben. Diese Kaserne ist eine Sammelstelle, von wo aus die Batterien und Kompanien zum Weitertransport zusammengestellt werden. Nun haben sie uns verkauft und verraten. Es hat wohl wenig Zweck, dass Ihr mir diesen Brief beantwortet. Wer weiß, ob wir morgen noch hier sind.

Den Brief mit dem Bild und den mit dem Geld, habe ich kurz vor meiner Abreise noch erhalten. Das Päckchen wird nun wieder nach Euch zurückkommen. Von „Heini hinterm Luchen“ erhielt ich auch einen Brief aus Russland. Heute habe ich den ganzen Tag in der Küche Kartoffeln geschält. Sonst sind wir den ganzen Tag auf der Stube. Es ist recht langweilig hier.

Seid nun für heute Recht herzlich gegrüßt und dem Herrn befohlen

von Eurem lieben Herbert.

Wartet also bitte auf meine neue Anschrift. Viele Grüße auch an Else.

Offenbach, 04.06.1943

Ihr Lieben!

Endlich bin ich an Ort und Stelle. Und zwar in der Nähe von Offenbach liege ich in der Stellung als Horcher. Jetzt muss ich mich erst einmal wieder an die neuen Umstände gewöhnen. Für heute genug.

Seid herzlich gegrüßt

von Eurem Herbert.

Offenbach, 07.06.1943

Ihr Lieben!

Heute will ich Euch wieder einmal einige Zeilen zukommen lassen. Sind nun etliche Tage verflossen, seitdem ich schon keine Post mehr erhalten habe. Deshalb muss man so langsam die Verbindung wieder aufnehmen, damit der Nachschub klappt. Deshalb hätte ich auch gleich eine Bitte an Euch. Schick mir bitte den Fotoapparat nach hier. Ich kann ihn jetzt gebrauchen. Filme bekomme ich genug. Der Hans Terporten und ich liegen in der Stellung als Horcher, in der Nähe von Offenbach.

Lieber Vater! Du wirst die Gegend sicher kennen. Mit dem Ausgang ist das nun schon so eine Sache. Hier muss man warten, bis man an der Reihe ist. Aber dafür ist alles andere schöner. Doch von hier gibts schon mal Sonntagsurlaub. Für heute muss ich nur leider schließen, denn gleich müssen wir noch einige Horchübungen machen.

Seid also herzlich gegrüßt

von Eurem Herbert.

Offenbach, 09.06.1943

Ihr Lieben!

Heute am 9.6. erhielt ich mit großer Freude Euren ersten Brief nach langer Zeit. Demnach habt Ihr meine Post alle erhalten. Das Päckchen ist wohl noch nicht wieder zurückgekommen. Und mit dem Urlaub ist das folgendermaßen. In 2 bis 4 Wochen reiche ich

Sonntagsurlaub ein, dann kann ich mal nach Hause fahren. Wie du schreibst, müsste ich um 14:00 Uhr von Frankfurt fahren. Das wäre schon richtig. Aber mit der Rückfahrt müssen wir uns noch erkundigen, denn ich darf, wenn ich nur in Sonntagsurlaub fahre, keinen DmW-Zug. (D-Zug mit Wehrmacht) benutzen. Des Montags um 09:00 Uhr muss ich wieder in der Stellung sein. Das werden wir dann schon hinkriegen. Nach Onkel Hermann komme ich sicher nicht oft hin, denn es ist nämlich so, für einen freien Nachmittag reicht mir die Zeit nicht. 1.) muss ich erst 10 Kilometer nach Offenbach fahren und dann mit der Straßenbahn eine Stunde bis Rödelheim. Und wenn ich alle 5 Wochen Sonntagsurlaub bekomme, dann fahre ich lieber nach Hause. Ihr könnt euch ja mal erkundigen, welche Züge bis Siegen fahren, mit denen ich Anschluss nach Frankfurt habe, so dass ich um 09:00 Uhr in der Stellung bin. Wegen der Tasche werde ich mich mal umsehen. Auf das Päckchen mit dem Fotoapparat müsst ihr allerdings 2 Zulassungsmarken kleben.

Saarbrücken, 15.06.1943

Ihr Lieben!

Ihr werdet nun sicher schon wissen, dass ich jetzt in Saarbrücken bin. Der Hans Hollweg wird es euch schon gesagt haben. Ja, so etwas nennt man Zufall, was? Komme ich in Frankfurt auf den Bahnhof, und wer steht vor mir? Familie Hollweg. Am Sonntag Abend bekam ich plötzlich Bescheid, dass ich mit dem H. Terporten Montag früh nach Saarbrücken fahren soll. Wir sind aber erst nochmal, nachdem ich Hollwegs getroffen hatte, nach Onkel

Hermann gefahren und erst am späten Nachmittag in Frankfurt in den Zug gestiegen. In Rödelheim war zufällig auch der Fritz mit seiner Frau, er ist Uffz., auch die Lotte war da. Ich sollte euch herzlich grüßen. Eine Pfingstkarte von Else erhielt ich gestern noch. Die Post wird mir nachgeschickt. Ich befinde mich im Augenblick in Saarbrücken auf dem Postamt und schreibe diese Karte. Im Lauf des Tages muss ich mich in der Nähe von Neunkirchen beim Regiment melden.

Seid für heute herzliche Grüße

von Eurem Herbert.

Forbach, 17.06.1943

Ihr Lieben!

Heute will ich Euch schnell meine neue Anschrift schreiben, damit der Nachschub wieder ins Rollen kommt. Seit ein paar Tage liege ich in Forbach im Elsass, was die Franzosen im Anfang des Krieges mit ihrer Artillerie beschossen haben. Die Bevölkerung ist ganz in Ordnung. Wenn auch die meisten Leute Franzosen sind. Mir geht es so weit auch noch ganz gut.

Liebe Mutter. Ich könnte noch Fußlappen gebrauchen. Wenn Du ein Paar machen würdest, wäre ich froh. Für heute will ich schließen.

Dem Herrn befohlen und herzliche Grüße,

Euer Herbert.

Feldp. No L55477A

L.G.P.A Frankfurt / M.

Diese Feldpostnummer ist nur eine vorläufige, bis wir wieder versetzt sind.

Forbach, 20.06.1943

Ihr Lieben!

Heute ist Sonntag und ich will Euch auch wieder einen Brief schreiben, damit ihr nicht so einsam dasteht wie wir, die dauernd versetzt werden. Gestern waren der Hans Terporten und ich spazieren, da hätten wir gut den Fotoapparat gebrauchen können. Wenn ihr ihn schon abgeschickt habt, dann werde ich ihn wohl in Kürze nachgeschickt bekommen. Ich sitze hier gerade am Fenster, rechts neben mir auf der anderen Straßenseite ist ein Bäckerladen, gleich anschließend wohnt ein Metzger. Wenn ich also meine Portionen einmal alle habe, dann brauche ich nur aus dem Fenster zu schauen und dann kann ich mich rundum satt sehen. Wenn uns der Spieß heute rauslässt, dann gehen wir wieder auf Tour, es ist nämlich herrliches Wetter draußen.

Seid nun für heute wieder einmal herzlich gegrüßt und dem Herrn befohlen

von Eurem Herbert.

Forbach, 25.06.1943

Ihr Lieben!

Heute erhielt ich voller Freude Euer Päckchen mit den Fußlappen. Wie ich Euch gestern schon schrieb, habe ich Eure Post alle erhalten. Das Geld war ja nicht unbedingt notwendig, denn ich habe noch über 80 Mark. Heute haben wir von der Batterie ein Päckchen Tabak und 300 Gramm Kuchenmarken bekommen.

Rudi ist sicher heute zur Musterung gegangen. Wo ist der denn bei gekommen? Und wie seid ihr an die Zulassungsmarke gekommen? Das Päckchen ist ja ziemlich schnell hier gewesen. Wenn es von hier nicht so weit nach Hause wäre, dann hätte ich heute Wochenendurlaub eingereicht. Der wäre mir auch genehmigt worden, aber das ist ja zwecklos. Nach Frankfurt könnte ich schon mal hinkommen, was ich auch mal versuchen will. So will ich denn für heute wieder Schluss machen.

Seid also herzlich gegrüßt

von Eurem Herbert.

Forbach, 27.06.1943

Ihr Lieben!

Ich hatte heute Nachmittag bereits die Kaserne verlassen, um nach Saarbrücken zu fahren, als mir jemand euren lieben Brief vom 23.6. nachbrachte. Inzwischen werdet auch Ihr wohl wieder Post von mir erhalten haben. Das dauert jetzt immer eine Weile, bis die Feldpost ihren

Bestimmungsort erreicht hat. Deshalb schreibe ich Euch diesen Brief privat. Außerdem kann ich dann etwas öffentlicher erzählen. Für die ersten 14 Tage - 3 Wochen braucht Ihr nicht mit einer Änderung meiner Feldpostnummer zu rechnen. Der Ort, in dem ich zuletzt in Stellung lag, hieß Dietzenbach, was Dich lieber Vater, vielleicht interessieren wird. Du bist sicher schon früher mal in Offenbach gewesen. Etwa 6 Kilometer davon war das oben genannte Dorf. Die Brotmarken, die Ihr mir geschickt habt, kann ich bestimmt gut gebrauchen, aber ich möchte doch nicht, dass ihr Euch das vom Munde abspart, einmal im Monat wäre auch schon genug.

Unsere Kaserne liegt nicht sehr abseits von Forbach. Links und rechts führen zwei Geschäftsstraßen vorbei. Deshalb besteht auch die Möglichkeit, den Bäcker auf dem Ladentisch zu schauen.

Habt Ihr denn schon mit Hollwegs gesprochen betreffs der zufälligen Begegnung auf dem Frankfurter Hauptbahnhof? Wahrscheinlich werde ich, wenn die Batterie vollständig ist, wieder in der Nähe von Neunkirchen (Saar) in Stellung kommen, bestimmt ist allerdings noch nichts.

Lieber Vater! Schreib mir doch im nächsten Brief einmal was von Offenbach, was, wie und wo Du da gewesen bist. So will ich nun für heute einmal Schluss machen.

Seid also herzlich gegrüßt und dem Herrn befohlen,

Euer Herbert.

Forbach, 01.07.1943

Liebe Eltern und Geschwister!

Gestern erhielt ich voller Freude Euren Brief vom 28.6., auf den ich Euch eben antworten will. Zunächst muss ich Euch mitteilen, dass der Fotoapparat noch nicht angekommen ist. Wenn ihr ihn eingeschrieben habt, dann ist es schon besser. Ihr reklamiert auf dem Postamt einmal. Mit Zulassungsmarken kann ich noch nicht dienen. Die Batterie hat noch keine ausgegeben, wie ich Euch schon schrieb, sind wir noch in der Stellung. Mit den Stachelbeeren wird es leider nichts werden. Ihr glaubt ja nicht, wie unnahbar die Menschen hier sind. Wie Soldaten bekommen sogar in den Geschäften nicht mehr die geringste Kleinigkeit ohne Marken, was im Reichsgebiet immer möglich war. In Frankfurt hätte ich Euch bestimmt Obst kaufen können. Hier sagt niemand „Heil Hitler“. Nein, sowas stures gefällt mir nicht. Das Mittagessen erinnert mich wieder an Kitzingen. Nur dass es hier mehr gibt. Wann wird einigermaßen satt? Das wäre wieder einmal alles für heute.

Seid nun herzlich gegrüßt und dem Herrn befohlen,

Euer Herbert.

Der nächste Brief wurde von Rudolf auf französisch geschrieben. Die Übersetzung hat er sich von einem Franzosen, der mit ihm zusammen gearbeitet hat vorschreiben lassen.

Herbert hat auf demselben Brief seine Antworten geschrieben und dann wieder nach Altena zurückgeschickt.

du Rudolf Altena le 2.7.43

Mon bien frère Herbert!

Jé voir, tü parlez déjà entier fran-
cois. ici doir tü la langue briser.
Je suis encore bien portant et alégresse.
,es tu aussi encore bien? Je doir
peut-être dimanche vers Dortmund
maintenant eit finnis!

Bien-Bon jur

Lé frère Rudolf

Je doir un bien salut de la Madam et Papa tou
commande! Dü à grand Fiellü.

<u>Übersetzung:</u>

von Rudolf Altena den 2.7.43

Mein lieber Herbert!

Ich sehe, du sprichst schon vollständig Französisch. Hier musst du Dir die Zunge brechen. Ich bin immer noch gesund und glücklich, geht es Dir auch noch gut? Ich muss vielleicht am Sonntag nach Dortmund, jetzt ist Schluss!

Schönen guten Tag, der Bruder Rudolf

Ich schulde einen Gruß von der Mutter und Papa

<u>Herbert:</u> Du bist ein großer Filou.

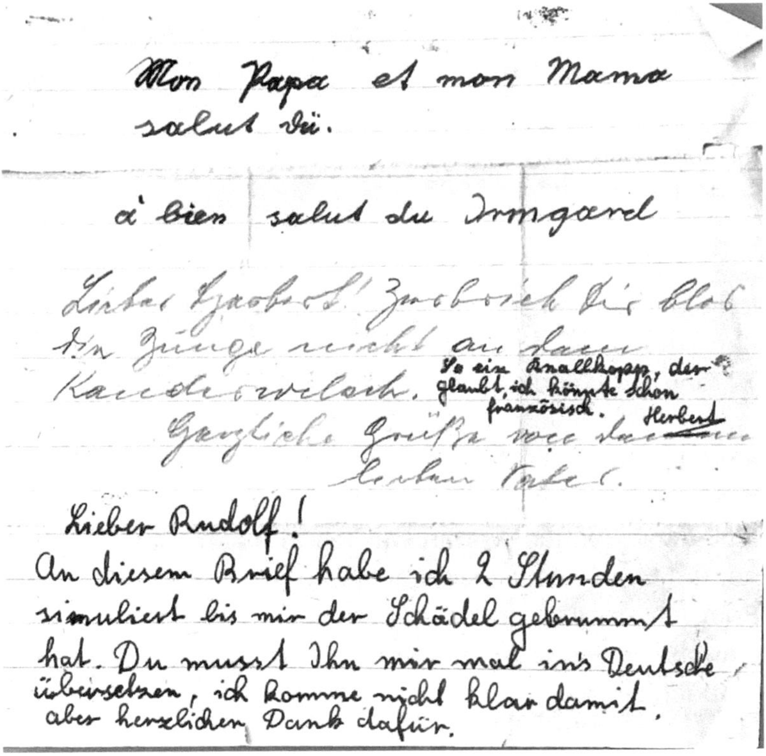

Mon Papa et mon Mama
salut vü.

a bien salut du Irmgard

Lieber Herbert! Zerbrich Dir bloß
die Zunge nicht an dem
Kauderwelsch. So ein Knallkopp, der glaubt, ich könnte schon französisch. Herbert
Herzliche Grüße von Deinem
lieben Vater.

Lieber Rudolf!
An diesem Brief habe ich 2 Stunden
simuliert bis mir der Schädel gebrummt
hat. Du musst Ihn mir mal ins Deutsche
übersetzen, ich komme nicht klar damit,
aber herzlichen Dank dafür.

Mein Papa und meine Mama grüßen Euch. Einen schönen Gruß an Irmgard

<u>Papa Fritz:</u> *Lieber Herbert zerbrich Dir bloß die Zunge nicht an dem Kauderwelsch.*

<u>Herbert:</u> *So ein Knallkopp, der glaubt, ich könnte schon Französisch. Herbert*

Herzliche Grüße von Deinem lieben Vater

<u>Herbert:</u> Lieber Rudolf! An diesem Brief habe ich 2 Stunden simuliert, bis mir der Schädel gebrummt hat. Du musst Ihn mir mal in's Deutsche übersetzen, ich komme nicht klar damit. Aber herzlichen Dank dafür.

Saarbrücken, 02.07.1943

Ihr Lieben!

Ich bin im Augenblick in Saarbrücken und habe mit einem Kameraden die Post für unsere Batterie abgeholt. Dabei worden unter anderem der Brief von Euch vom 26.6. Der ist erst am 29.6. in Altena abgestempelt waren. Ich sitze nun in einem Lokal und schreibe Euch schnell diese Karte. Heute Vormittag waren wir in Kirschweiler zum Impfen. Das zweite Mal gegen Typhus. Vorhin war ich in einem Café, ebenso heute Morgen. Von Else war heute auch Post dabei. Der Brief war am 30.6. abgestempelt. Seid nun für heute wieder einmal herzlich gegrüßt, denn ich muss gleich wieder nach Forbach fahren.

Euer Herbert.

Forbach, 07.07.1943

Ihr Lieben!

Gestern erhielt ich voller Freude Euren Brief vom 2. Juli, den ich nun schnell beantworten will. Es freut mich besonders, dass das Päckchen mit dem Fotoapparat zurückgekommen ist. Wie Du schreibst, ist dieses in Heusenstamm gewesen. Ja, in dem Dorf lag unsere Batteriebefehlsstelle. Bis hierhin ging sowieso alle Post, von da wurde sie weitergeleitet zu den Stellungen.

Den Fotoapparat hole ich mir vielleicht in Kürze an einem Sonntag selbst ab. Die Zigaretten könnt ihr ja in einen Brief tun, damit sie endlich einmal ankommen. Vielleicht schreibt Ihr mir einmal folgendes auf: Welche Züge fahren nach 21:00 Uhr ab Hagen nach Altena? Und mit welchen Zügen kann ich des Sonntags wieder abfahren, um gegen 21:00 Uhr wieder in Köln zu sein? Ich werde mich natürlich hier auch erkundigen, aber Ihr könnt es mir ja mal schreiben.

Am Freitag muss ich wieder fort zum Impfen. Heute habe ich in Saarbrücken Post geholt.

Opa hat mir auch geschrieben, der Brief war aber erst in Frankfurt gewesen. Eine neue Raucherkarte habe ich auch wieder bekommen. Das wären so die Neuigkeiten der letzten Tage.

Seid nun für heute wieder einmal herzlich gegrüßt und dem Herrn befohlen,

Euer Herbert.

Wenn es Dir, liebe Mutter, möglich ist, dann schicke mir doch bitte wieder mal etwas Wolle zum Strümpfe stopfen.

Forbach, 09.07.1943

Liebe Eltern und Geschwister!

Heute Mittag erhielt ich Euren Brief vom Sonntag, den ich Euch gleich beantworten will. Als Du am Sonntag um 20 vor 06:00 Uhr aufgestanden bist, da war ich auch schon auf, denn ich hatte Wache gehabt und die ganze Nacht nicht geschlafen.

Aber jetzt habe ich ein ruhiges Leben. Das kam so. Gestern ist unsere Batterie in einen anderen Bau gezogen. Da mussten auf der Schreibstube in einem Schrank mehrere Fächer gemacht werden. Nun fehlte der nötige Schreiner dazu. Einen haben wir ja, das ist der Terporten, der ist aber in der Tischlerei gewesen. Nun stand ich gerade in der Nähe und frug den Uffz., was denn zu machen sei. Ich wollte nicht gleich sagen, dass ich Schreiner wäre, denn wenn der mir so ein kompliziertes Ding in den Auftrag gegeben hätte, dann wäre ich mit meinen Schreiner-Kenntnissen am Ende gewesen.

Aber so ein paar Fächer habe ich schon zurecht gehobelt. Darüber kam dann der Spieß herein und sah mich wirken. Der frug mich sofort, ob ich da was von verstände. Da sagte ich ihm, das wäre meine Spezialität. „Schön", hat er gesagt. „Dann gehen Sie morgen mit dem Terporten nach Forbach und mieten sich eine Schreinerei. Wo sie für die Batterie die nötigen Arbeiten machen können."

Das haben wir heute Morgen auch gemacht, dazu das notwendige Holz gekauft. Zuerst soll ich einen Briefkasten machen und dann einen kleinen Schrank. Wenn der Terporten nicht bei mir wäre, dann sähe ich schwarz für den

Briefkasten und noch mehr für den Schrank. Ich muss also schwer auf Draht sein, wenn ich dann alleine bin, dass ich dann wenigstens die notwendigen Sachen kann. So gehen wir dann bis morgens vor dem Antreten zur Arbeit und komme des mittags wieder. Am Nachmittag geschieht dasselbe. Wir hören also nichts mehr von dem ganzen Zirkus. So gefällt es mir.

Gestern war wieder Fliegeralarm, aber vom Tommy war nichts zu hören. Mit dem Umzug haben wir auch eine endgültige Feldpostnummer erhalten. Die heißt:

L 11 53717

L.G.P.A. Frankfurt / M.

Nun will ich für heute wieder schließen, dem Herrn befohlen und herzliche Grüße,

Euer Herbert.

Forbach, 11.07.1943

Liebe Eltern und Geschwister!

Heute sollt Ihr auch wieder mal einen Brief von mir erhalten. Unsere Post ist leider heute noch nicht ausgeteilt worden. Na, hoffentlich ist da etwas für mich dabei. Ein schöner Sommertag ist wieder zu Ende gegangen. Ebenso schön war die Arbeit, die ich heute gemacht habe. Dass ich nun Tischler bin, wisst ihr ja. So gut wie ich es jetzt habe, werde ich es nicht wiederbekommen. Aber leider wird der Traum von einem Sonntagsurlaub wohl nicht in Erfüllung gehen, weil die Bahnverbindung zu schlecht ist, nachdem nun Köln zerstört ist. Über Frankfurt wäre es noch ungünstiger. Es kommen ja noch mal andere Zeiten, also warten wir halt noch ein wenig. Aber im Falle des Falles müsst ihr mir die Fernsprechnummer von Moldenhauers gelegentlich mal schreiben, denn die muss auf jedes Urlaubsgesuch drauf.

Doch nun will ich für heute einmal schließen. Es ist jetzt 20:00 Uhr und ich habe schwer Hunger, also ran ans Kommissbrot! Vom Nichtstun kriegt man auch Kohldampf.

Seit nun herzlich gegrüßt und dem Herrn befohlen,

Euer Herbert.

Forbach, 13.07.1943

Ihr Lieben!

Nachdem ich Euch erst gestern noch einen Brief geschrieben habe, will ich Euch auch heute eben ein paar Zeilen schreiben und mich gleichzeitig für das kleine Päckchen bedanken, das ich auch heute mit Freuden erhielt.

Du schreibst in den beiliegenden Brief, dass ich den letzten Brief am Sonntag vor 8 Tagen geschrieben hätte. Das wäre also der 27. Juni gewesen. Mir ist das rätselhaft, denn in der Zeit bis jetzt habe ich mindestens 6, wenn ich 7 mal geschrieben. Aber auch Eure letzte Post ist vom 4.7. Die vorletzte war vom 2., die 3. vom 28. und die vierte vom 26.7. Dann kam noch der Brief von Rudi an.

Das wäre alles gewesen. Ab heute werde ich, soweit es möglich ist, allen zweiten Tag einen Brief schreiben. Ihr könnt dann Eure Post wieder nummerieren wie damals. Wenn es geht, dann hätte ich gerne das Kreisblatt wieder zum Lesen, vielleicht könnt Ihr mir das schicken.

So will ich nun für heute wieder schließen, in der Hoffnung, dass nun die Post regelmäßiger geht und kommt. Also dem Herrn befohlen und herzliche Grüße,

Euer Herbert.

Forbach, 14.07.1943

Liebe Eltern und Geschwister!

Heute erhielt ich Eure erste Post in dieser Woche. Es waren 2 Briefe vom Sonnabend und Sonntag, wo Ihr mir drin mitteilt, dass die Post so lange unterwegs ist und dass ihr das Päckchen abgeschickt habt. Das ist ja bereits angekommen, was ich Euch auch gestern schon geschrieben hatte. Es ist wohl nicht sehr angenehm, wenn jede Nacht Fliegeralarm ist, aber auch bei uns ist das in der letzten Zeit nicht anders.

Gestern Nacht begann der Alarm um 13:00 Uhr. Da bin ich in den Keller gegangen und hab mich auf einen Strohsack in die äußerste Ecke gelegt. Mittlerweile bin ich eingeschlafen und habe die Entwarnung nicht gehört. Als ich wach wurde, war es um mich herum so still, dass ich dachte, soll der Alarm schon zu Ende sein? Aber ich bin wieder eingeschlafen.

Als ich das zweite Mal wach wurde, schimmerte es mir so hell durch das Kellerfenster. Als ich dann auf meine Uhr sah, war es schon 06:00 Uhr. Zum Glück begann der Dienst erst um 07:00. Bei Fliegeralarm können wir 1 Stunde länger schlafen. Das hat dann ja nochmal gutgegangen. Morgen geht der Hans Terporten ins Revier. Er ist krank und hat Angina.

Da muss ich nun sehen, dass ich alleine fertig werde. Hoffentlich mache ich dem Hauptmann alles gut genug. Es ist viel Arbeit da.

Nun will ich für heute wieder schließen. Seid also herzlich gegrüßt. Im Übrigen wird uns der Herr Jesus schon führen und helfen, wie es für uns gut ist.

Euer Herbert.

Forbach, 16.07.1943

Ihr Lieben!

Heute ist Freitag, da sollt Ihr auch wieder einen Brief von mir bekommen. Außerdem möchte ich mich gleich für Euren Brief bedanken, den ich vorhin erhalten habe. Eigentlich wollte ich erst mal meine Strümpfe stopfen, aber das mache ich nachher. Den Zug, den Du mir aufgeschrieben hast, würde ich ja gerne benutzen. Aber das hat wohl keinen Zweck. Die Fahrt ist mir zu unsicher. Gestern Abend musste ich noch spät nach Saarbrücken, zur Abteilung. Als ich zurückkam, war wieder einmal Fliegeralarm. Das geht nun schon die ganze Woche so. Jeden Tag und jede Nacht Alarm. Nun bin ich allein in der Schreinerei. So langsam komme ich schon zurecht. Morgen früh muss ich zum Spieß, der wird mir sicher wieder einen neuen Auftrag geben. Na, mein Dienst macht jedenfalls mehr Spaß als den ganzen Tag die „Christenverfolgung" (sprich: Infanteriedienst) auf dem Kasernenhof mitzumachen. Und dann bei dem schönen Wetter. Sonntag fahre ich mal nach Gersweiler ins Revier und besuche den Hans Terporten.

Eine Versammlung habe ich in Saarbrücken noch nicht ausfindig gemacht. Es wird auch wohl keine geben, die Leute sind in der Mehrzahl katholisch.

Nun will ich aber für heute wieder einmal schließen, sonst kann ich meine Strümpfe nicht mehr stopfen.

Seid also herzlich gegrüßt und dem Herrn befohlen,

Euer Herbert.

Forbach, 19.07.1943

Liebe Eltern und Geschwister!

Heute am Montag muss ich Euch doch mal wieder einen Brief schreiben. Gestern bin ich nicht dazu gekommen. Ich war bereits auf dem Weg nach Italien. Als wir jedoch auf der Sammelstelle ankamen, wo wir eingekleidet wurden, bekam ich plötzlich den Befehl, sofort zur Batterie zurückzukehren. Ich war als Horcher der wichtigste Spezialist bei der neuen Einheit.

Ihr könnt mir glauben, meine Stimmung war alles andere als rosig. Wenn man als einziger von seinen alten Kameraden wieder zurück in die Kaserne muss, da hat man keine Freude mehr am Dienst. Ich bin nun heute Nacht wieder in

Forbach angekommen. Bei der Batterie sind noch 10 Mann, wo ich jetzt als Fernsprecher ausgebildet werde.

Obwohl ich es hier ganz gut habe, aber das hat mich sehr bedrückt. Wer weiß, wie lange ich diese elende Kasernenluft noch einatmen muss. Na, aber da können wir ja nichts dran ändern.

Gerd Hohage hat mir auch mal wieder geschrieben, er liegt ja noch in Detmold. Gleich muss ich noch einmal zur Schreinerei.

Heute Nacht mache ich meinen ersten Vermittlungsdienst. Ich liege als einzigster auf einer Stube. Das wäre nun das Neueste vom Tage.

So will ich jetzt wieder Schluss machen. Seid nun alle herzlich gegrüßt und dem Herrn befohlen,

Euer Herbert.

Forbach, 22.07.1943

Ihr Lieben!

Auch heute sollt Ihr wieder ein Lebenszeichen von mir bekommen.

Ich bin gestern auf Wache gewesen und habe deshalb heute frei. Das ist nun die beste Gelegenheit zum Schreiben. Diese Woche habe ich noch keine Post bekommen.

Habt ihr meine Briefe denn alle erhalten? Am Sonntag wollte ich Euch meine restlichen Brotmarken schicken, aber weil ich ja nicht fortgekommen bin, kann ich sie ja auch hier noch verbrauchen. Das Essen bessert sich hier so langsam.

Wie ich Euch schon geschrieben habe, könnt Ihr mir das Kreisblatt wieder schicken. Fliegeralarm haben wir diese Woche noch nicht gehabt.

Ist der Rudi noch am Drahtziehen bei Reineke an den Maschinen? Wie hoch ist denn jetzt sein Verdienst, wo er allein ist. Heute weiß ich leider nicht viel zu schreiben, zumal wenn man keinen Brief beantworten kann.

Seid daher für heute wieder einmal herzlich gegrüßt und dem Herrn befohlen,

Euer Herbert.

Forbach, 23.07.1943

Liebe Eltern und Geschwister!

Zur späten Abendstunde möchte ich heute am Freitag noch schnell einen Brief schreiben, damit Ihr auch gleich seht, dass Ihr nicht das fünfte Rad am Wagen seid. Es ist noch keine Woche vergangen, wo ich euch nicht 4 Briefe geschrieben habe. Auf Eure Post antworte ich sowieso jedes Mal. Heute erhielt ich wieder mal 2 Briefe von Euch. Der eine war vom 18.7. und der andere von 20.7. Die waren so verhältnismäßig schnell hier. Ich hatte Euch vorher so manchen interessanten Brief geschrieben. Es wäre schade, wenn Ihr die nicht mehr bekommt.

Leider ist es zwecklos, dass ich verlängerten Wochenendurlaub einreiche, denn so ohne jeden Grund gibt es das nicht. Es ist komisch, dass Ihr noch nicht wisst, dass ich das 100 Gramm Päckchen erhalten habe. Zweimal habe ich mich dafür bedankt, ebenso ist es mit dem Stopfgarn, das ist schon bald wieder alle. Dass ich bald versetzt worden wäre, habe ich Euch auch am Montag geschrieben. Den Brief werdet ihr aber noch nicht haben können.

Meinen Erholungsurlaub bekomme ich vielleicht im September – Oktober, wenn alles gut geht. Bis dahin müssen wir uns noch gedulden. Heute waren wir einmal wieder zum Schießen. Das war der erste Dienst nach langen Wochen.

Heute Morgen habe ich Anstreicher gespielt. Wenn das so weitergeht, trete ich vielleicht auch mal als Fabrikant auf. Ja, das ist alles möglich. Ich werde meine Post von heute ab auch nummerieren, dann könnt Ihr Euch von meinem Schreibfleiß überzeugen, ich habe ja weiter nichts zu tun. Und anderweitige Korrespondenz habe ich nur in der Verwandtschaft und das nur in beschränktem Maße. Doch jetzt muss ich schnell Schluss machen, damit ich auch von der Nacht etwas mitbekomme. Entschuldigt bitte die Schrift. Es ging eilig her. Diesen Brief habe ich Ihnen genau 8 Minuten geschrieben. (bitte nachmachen!)

Seid für heute wieder einmal herzlich gegrüßt und dem Herrn befohlen,

Euer Herbert.

No 1

Forbach, 25.07.1943

Ihr Lieben!

Wie ich Euch versprochen habe, so will ich auch Wort halten und Euch allen zweiten Tag einen Brief schreiben.

Viel Neues gibt es ja nicht, aber Ihr sollt doch sehen, dass ich an Euch denke. Ich bekomme in der letzten Zeit sehr wenig Post. Ihr seid die einzigen, die mir schreiben. Ein Brief, wenn es hochkommt, zwei, das ist alles, was so in der Woche ankommt. Aber die meiste Post wird wohl noch unterwegs sein.

Gerade wurde ich zur Poststelle gerufen, da habe ich mir nun Euer kleines 100 Gramm Päckchen abholen dürfen und sogar 2 Zeitungen waren dabei. Ich bin auch sehr erfreut.

Zugleich kann ich Euch auch ein paar Zulassungsmarken schicken, die ich heute Mittag bekommen habe, aber wartet mit dem schicken noch ein Weilchen. Das Päckchen hat ja nur 3 Tage gebraucht, bis nach hier.

In den Zeitungen steht nun auch nicht viel Neues drin, aber etwas findet man immer, was einen interessiert. Was macht der Krieg? Der geht wohl weiter, was? Trotz Italien.

Ein paar Tage war ich nicht in der Schreinerei, aber morgen gehe ich wieder hin. Jetzt will ich schließen. Dass ich den Brief noch zur Post bringen kann.

Seid vielmals gegrüßt und dem Herrn befohlen,

Euer Herbert.

Forbach, ca. 27.07.1943

Die erste Seite dieses Feldpostbriefes ist verloren gegangen. Er antwortet auf die Information, dass ein Freund der Familie gestorben ist. Mehr konnte ich leider nicht herausfinden.

... deshalb habe ich Ihnen gestern erst noch einen Brief geschrieben. Habe aber heute trotzdem die Beileidskarte abgeschickt.

Ist der Hans Hollweg schon bei euch gewesen? Dann hattet Ihr also ernstlich vor, nach Frankfurt zu kommen, um mich zu besuchen. Ja, ich wäre auch lieber dageblieben.

Wenn wir in Lothringen in Stellung kommen, ist es nicht so schön. Die Bevölkerung ist allein schon unnahbar.

Heute sind wir zum ersten Mal geimpft worden. Fliegeralarm haben wir hier schon öfters gehabt. Morgen haben wir Bekleidungsappell, das gibt wieder eine große Pleite.

So, jetzt will ich auch der „Kurzen“ noch ein paar Zeilen schreiben.

Liebe Irmgard!

Deinen Brief habe ich heute erst Empfangen und musste mit Erstaunen feststellen, dass du nun die Haare ab hast. Ich stelle mir das sehr lustig vor, ungefähr so: 

Es ist nicht ganz geraten, der Rudi muss es mir mal richtig machen. So einen kleinen Adressblock brauchst du mir nicht zu kaufen. Denn ich wechsle meine Anschrift ja doch bald alle 14 Tage.

Lieber Rudi!

Auch Dir will ich noch ein paar Wörter schreiben. Wenn du hier wärst, dann könntest du in 8 Tagen französisch sprechen. Ich quatsche mich noch dusselig mit den Brüdern.

Sei also für heute herzlich gegrüßt

von deinem Bruder Herbert.

Liebe Eltern!

So will ich auch Euch noch einige Grüße senden und mich dann ins Bett legen. Also dem Herrn befohlen

Euer Herbert.

Forbach, 28.07.1943

Liebe Eltern und Geschwister!

Auch heute sollt Ihr von mir ein paar Zeilen zu lesen bekommen. Vorhin erhielt ich auch wieder eine Zeitung von Euch, die war vom 23.7., welche Rudi angeblich beschmiert haben soll. Er sollte mir doch übrigens mal die Irmgard malen, wie sie in Ihrer neuen Frisur aussieht.

Gestern habe ich Euch einen eingeschriebenen Brief geschickt, da waren 2 Zulassungsmarken drin. Ist er schon angekommen? Heute war ich wieder in der Schreinerei, da bin ich immer noch allein.

Der Tommy lässt uns in der letzten Zeit in Ruhe. Bei dem schönen Wetter wäre man am liebsten zu Hause auf Urlaub oder für immer. In den Zeitungen kannst du ja wie früher immer ein Zettelchen beilegen und einige Zeilen draufschreiben. Die Briefe laufen ja doch wochenlang. Aber ich will für heute auch wieder einmal schließen, in der Hoffnung, dass Euch diese Zeilen froh und gesund erreichen.

Seid für heute, herzlich gegrüßt und dem Herrn befohlen,

Euer Herbert. **No 3**

In der Stellung, 01.08.1943

Liebe Eltern und Geschwister!

Ihr müsst entschuldigen, dass ich erst heute wieder schreibe, denn ich bin gestern nicht dazu gekommen, weil ich für einige Wochen von Forbach versetzt bin.

Liege nun wieder in Stellung. Mit 2 anderen Kameraden sind wir einer Geschützbatterie zugeteilt. Wir sind in einer Baracke ganz für uns allein. Werden aber wohl zur Batterie zurückkehren. Gestern erhielt ich von Rudi aus Rödelheim einen Brief. Sonst habe ich in der vorigen Woche außerdem 100 Gramm Päckchen keine Post erhalten. Wo ich jetzt bin, ist es wunderschön. Habt Ihr schon den eingeschriebenen Brief mit den Zulassungsmarken erhalten? Aber schick mir auf diese Feldpostnummer noch nichts.

Sie lautet: L50448 L.G.P.A. Frankfurt / M.

So will ich für heute schließen. Morgen schreibe ich Euch mehr. Seid nun wieder einmal herzlich gegrüßt und dem Herrn befohlen,

Euer Herbert.

In der Stellung, 03.08.1943

Liebe Eltern und Geschwister!

Zunächst wünsche ich Euch einen schönen guten Morgen.

Es ist jetzt 09:30 Uhr. Vor einer halben Stunde bin ich aufgestanden und sitze nun in der Sporthose am Tisch, um Euch diesen Brief zu schreiben. Unsere Uniform haben wir seit Sonntag schon nicht mehr angehabt. Dafür ist es viel zu warm. Was wir 3 heute schaffen, wissen wir noch nicht. Jedenfalls ist das nicht viel. Im Höchstfall wird das Horchgerät sauber gemacht, die übrige Zeit legen wir uns in die Sonne. Genau wie in den vergangenen Tagen.

Ich habe soeben meine Batterie in Forbach angerufen, ob für mich Post da ist. Die wird mir alle nachgeschickt, bis meine Kommandierung zu Ende ist. So schön, wie ich es hier habe, werde ich es nicht wiederbekommen. Das ist ja die schönste Erholung. Kein Mensch kümmert sich um uns. Das Einzige, was nicht schön ist, dass wir nicht ins Dorf gehen können, weil wir auch am Tag bei Fliegeralarm gebraucht werden. Denn die Kommandobatterie schießt nicht nur des nachts. Doch zum Glück ist es noch nicht ernst geworden. Auf so eine Kampfstellung im Westwall kann ruhig mal eine drauffliegen, das macht uns gar nichts aus. Von unserem Berg hat man einen wunderschönen Ausblick über die Saar mit ihren Zechen und Hochöfen bis nach Frankreich hinein. Die Sonne brennt schon wieder ganz angenehm, bis zum Mittag werde ich mich noch ins Grüne legen, dann wird gegessen.

Deshalb will ich für heute auch wieder schließen. Seid alle herzlich gegrüßt und dem Herrn befohlen,

Euer Herbert.

In der Stellung, 09.08.1943

Ihr Lieben!

Ich komme soeben von der Geschützbatterie nach Hause und möchte Euch gleich ein paar Zeilen schreiben. Ich danke Euch herzlich für den Einschreibebrief Sophie für das Express Päckchen, welches ich heute abholen konnte. Der Kuchen ist noch gut. Die Seife konnte ich gut gebrauchen.

Von Rudi habe ich immer noch keine Nachricht. Von unserer Beförderung zur Front habe ich noch nichts gehört. Hoffentlich komme ich vorher nochmal nach Hause. Ich will jetzt schließen, um gleich ins Bett gehen zu können.

Seid nun herzlich gegrüßt und dem Herrn befohlen,

Euer Herbert.

Leipzig, 03.09.1943

Meine lieben Eltern, liebe Irmgard!

Heute, am Sonntagabend, will ich Euch schnell ein kleines Brieflein schreiben, denn vorhin habe ich Euer kleines Päckchen erhalten, das mein Geburtstagsgeschenk sein sollte. Was ich da gefunden habe, lässt sich schon essen, aber auch die Bilder sind ganz interessant. Ich danke Euch also recht herzlich für alles, was ihr mir geschenkt habt.

Außer Eurem Päckchen kam noch eine Karte vom 30.8. an, worin Du lieber Vater mitteilst, dass die Post von Buss wieder zurückgekommen ist. Der Hund auf dem Bild ist wohl der von Brinks. Wie ich sehe, hat Mutter auch ein neues Kleid an, jetzt gibt sie aber sicher an.

Auch die Irmgard sitzt so lässig auf der Mauer, wie wenn sie sagen wollte: „Mir kann keener.“ Aber mir kann auch keiner. Gestern habe ich schon wieder Stellungswechsel gemacht, aber nur auf die andere Seite von Leipzig, zum Glück aber nur kommandiert, also komm ich wieder zurück nach Stötteritz. Bei diesem komischen Verein kommt man nicht mehr zum Ausgang. Deshalb konnte ich heute wieder nicht in die Versammlung fahren.

Ich hoffe doch, dass Ihr jetzt auch schon Post von mir erhalten habt. Opa hat mir zum Geburtstag auch gratuliert. Ich soll im Zulassungsmarken schicken, was ich aber nicht tue, denn ich kann nicht erwarten, dass die alten Leute sich etwas absparen, um es mir zukommen zu lassen.

Dem Adolf Lückel werde ich auch einmal schreiben. Von Rudi habe ich bis heute noch keine Post erhalten. In der Stellung, wo ich nun bin, schlafe ich in einem richtigen Bett mit einer Matratze und Federdecken. Die Feldpostnummer hat sich nicht geändert.

Von Gerd Hohage könnt ihr mir einmal die Adresse schreiben.

Damit will ich für heute nun wieder einmal schließen, denn ich freue mich auf das Bett. Seid nun herzlich gegrüßt und dem Herrn befohlen,

Euer Herbert.

Viele Grüße an Brings, an Lieschen, Frau Rissing, Heiermanns, Schneider, Hermann und Else.

Leipzig, 24.09.1943

Meine lieben Eltern, liebe Irmgard!

Gestern erhielt ich voller Freude den ersten Brief von Euch in Leipzig, den ich Euch auch heute gleich beantworten will.

Wie ich Euch schon schrieb, liegen wir auf einem Sportplatz und haben uns in der darauf befindlichen Baracke häuslich niedergelassen. Wir haben auch Glück gehabt, denn manche anderen Stellungen hat nur ein Zelt zur Verfügung. Das ist jetzt im Herbst nicht besonders angenehm. Wir standen vor dem „Nichts", als wir hier herkamen, doch jetzt ist es schon ganz anders geworden. Aber wer weiß, wie lange wir den Lohn unserer Arbeit empfangen dürfen. Bei der Flak ist nämlich mit allem zu rechnen. Das war auch die Ursache meiner schlechten Laune. Bei dem letzten Brief, nämlich das ewige hin und her. Wenn es anfängt schön zu werden, dann muss man wieder fort. Im Übrigen gefällt es mir hier sehr gut, entschieden besser wie in Lothringen.

Vor allen Dingen möchte ich Euch bitten, schickt mir keine Brotmarke, solange ich in Stellung liege, ich bekomme ja doch mehr wie Ihr. Binnen 2 Tagen habe ich allein 3 Hasen gefangen, einen großen und zwei mittlere. (Lieber Vater, wenn ich nochmal in Urlaub komme, dann gehen wir zwei zum „Kicküm", und dann will ich Dir alten Wilddieb mal zeigen, wie man Hasen fängt.

Dass Rudi nun in Frankreich ist, habe ich mir schon gedacht. Habt Ihr denn nicht seine Adresse, weil in dem Brief nichts von zu lesen war?

Die Päckchen Schickerei ist auch so eine Sache für sich. Wenn der Fotoapparat wieder zurück ist, dann werde ich

Euch schreiben, ob es Zweck hat, ihn per Feldpost zu schicken, ich hätte ihn nämlich sehr gerne hier.

Um meinen Geburtstag braucht Ihr Euch keine große Mühe machen. Ich kann Euch ja auch nichts geben. Mit ein paar Zigaretten in einem Brief wäre ich schon vollkommen zufrieden.

Am Sonntag konnte ich leider nicht in die Versammlung gehen, weil den ganzen Tag Stellungsausbau angesetzt war. So will ich es nun diesen Sonntag mal versuchen. Schreib mir doch im nächsten Brief einmal die Fernsprechnummer von Moldenhauers auf. Denn wenn ich mal ein Urlaubsgesuch schreiben sollte, dann muss besagte Nummer darin enthalten sein, damit man mich jederzeit fernmündlich erreichen kann. Doch nun will ich für heute schließen, in der Hoffnung, dass Euch dieser Brief bei bester Gesundheit erreicht.

Seid nun alle herzlich gegrüßt

von Eurem Herbert.

Sonntag, den 26.09.1943

Ihr Lieben!

Gestern hatte ich leider keine Gelegenheit, diesen Brief zur Post zu bringen. Inzwischen ist nun der Brief vom 23. angekommen, den ich gleich mit beantworten will. Ihr schreibt darin von einem Urlaubsgesuch. Ich würde mich sehr freuen, wenn Eure Bemühungen erfolgreich wären. Du musst aber mit deinem Schreiben das Ende des nächsten Monats noch abwarten, also Ende Oktober kannst du es versuchen.

Die Anschrift wird ungefähr so lauten.

An:

Batt. Chef

der Einheit Feldp. No 53717

L.G.P.A. Dresden

Heute war ich in Leipzig und habe eine Versammlung gesucht. Konnte aber da selbst keine finden, worauf ich nach Lindenau....

(leider fehlt die zweite Seite zu diesem Brief)

Leipzig, 30.09.1943

Meine liebe Mutter!

Obwohl ich erst gestern einen Brief nach euch geschrieben habe, so möchte ich es doch nicht unterlassen, Dir heute besonders noch mal ein paar Zeilen zukommen zu lassen, zumal ich vorhin den Brief von Vater vom 28.9. erhalten habe. Leider musste ich in den letzten Briefen lesen, dass Du gesundheitlich nicht ganz auf der Höhe bist, wenn auch der Vater schreibt, ich soll mir deshalb keine Sorgen machen, so beunruhigt mich, dass logischerweise doch etwas.

Jetzt, wo ich diesen Brief schreibe, werdet Ihr wohl schon alle fest am Schlafen sein, wenn nicht gerade Fliegeralarm ist.

Am Tage habe ich wenig Zeit, sodass jetzt die beste Gelegenheit zum Schreiben ist. Elektrisches Licht, haben wir leider nicht. Eine Karbidlampe steht vor mir auf dem kleinen Tisch, an dem ich Dir diese Zeilen schreibe. Meine Kameraden sind auch schon lange am Schlafen und beim Schein der kleinen blauen Flamme wandern meine Gedanken zu Euch in die Heimat, wie immer ich solchen stillen Stunden. Doch noch schöner ist es zu wissen, dass über uns einer steht, der seine Arme ausgebreitet hat, um uns zu empfangen, wenn einst die Stunde der Heimkehr da ist.

Wie Herrlich ist das Gedicht, das mir der Vater in seinem letzten Brief mitgeschickt hat.

Heißt es doch da: „Geliebte, lasst uns wachen und ihm entgegen gehen. Es ist die letzte Stunde, in der wir wartend stehen!“

So will ich nun diesen Brief beenden, mit denselben Worten, wie es der Vater tat: „Deine Güte, Jehova sei über uns, gleich wie wir auf dich geharrt haben.“

Sei nun herzlich gegrüßt

von deinem lieben Herbert, gute Besserung und dem Herrn befohlen.

Entschuldige bitte die Schrift!

Leipzig, 07.10.1943

Meine lieben Eltern, liebe Irmgard!

Heute will ich Euch wieder einen Brief aus Stötteritz schreiben, denn meine Kommandierung hat nur 3 Tage gedauert. Ich bin also wieder in meiner alten Stellung. Jetzt haben wir eine schöne Unterkunft bekommen. Der Sportverein hat uns sein Vereinslokal zur Verfügung gestellt.

Drei schöne, große Räume bewohnen wir nun. Mit allem Komfort eingerichtet, sogar das Klavier fehlt nicht darin, also sehr gemütlich.

Von Rudi erhielt ich gestern einen Brief aus Südfrankreich. Da hat er mir ebenfalls ein Bild von ihm mitgeschickt. Auch Euer 100 Gramm Päckchen ist endlich angekommen, wo ich euch herzlich dafür danke.

Der Fotoapparat ist wohl noch nicht wieder angelangt. Wenn er kommt, dann schick Ihn bitte sofort per Feldpost. Schreibt mir noch bitte auch mal die Adresse von Gerd Hohage.

Wie geht es Dir, liebe Mutter? Die Preiselbeeren, die Du mir geschickt hast, waren sehr gut. Waren die Flieger schon mal wieder in eurer Nähe?

Hier ist es ruhiger wie in Saarbrücken. Nur kalt ist es des nachts bei uns. Sonst wüsste ich heute nichts mehr zu schreiben.

Deshalb will ich auch schließen, seid also für heute herzlich gegrüßt und dem Herrn befohlen,

Herbert.

Leipzig, 09.10.1943

Meine lieben Eltern, liebe Irmgard!

Soeben habe ich meine Wache beendet und mich an diesen Brief gesetzt, um Euch einige Zeilen zu schreiben.

Zunächst danke ich Euch herzlich für den Brief mit den Zigaretten und das Kuvert mit der rückgesendeten Post, welche ich beide heute Abend mit großer Freude erhalten habe. In diesem Brief musste ich nun lesen, dass Euch der Tommy am 1. Oktober besucht hat. Da kann ich mir nur lebhaft vorstellen, dass Euch dabei recht ängstlich geworden ist.

Liebe Eltern! Gestern habe ich leider den Brief unterbrechen müssen, so dass ich ihn heute fertig schreiben will. Zugleich kann ich Euch wieder einen Brief mit beantworten, den ich heute erhalten habe. Schreib mir doch im nächsten Brief einmal, wo die Bomben genau hingefallen sind, damit ich mir davon ein Bild machen kann. Eure Sorge über den Blindgänger kann ich mir vorstellen, was aber bestimmt unberechtigt ist.

Unser Leben steht ja doch in Gottes Hand. Denkt bei jedem Alarm daran, dass wir uns später im Himmel alle wiedersehen. Gewiss, die Sorge um seine Angehörigen ist immer vorhanden, aber der Vater im Himmel wird uns, wenn es schlimm kommt, bestimmt nicht als Waisen in dieser traurigen Welt zurücklassen. Er liebt uns mit einer Liebe, die nicht grösser sein kann. Wie Herrlich war doch dieser heutige Sonntag. Konnte ich doch nach einem halben Jahr einmal wieder im geschwisterlichen Kreis die Majestät und Herrlichkeit unseres Gottes schauen. Ich habe schon manche schönen Stunden hier verlebt, aber dieser Tag stellt alles Geschehene in den Schatten. Rein äußerlich war es ein Tag wie jeder andere. Aber in meinem Herzen war lauter Sonnenschein. Es war wie in einem Märchen, das leider allzu früh ein Ende hatte.

„Wer findet Worte, dir zu danken..." Dieses Lied wurde zu Anfang gesungen. Ich meinte, so schön hätte ich es noch nie gehört. Um 18:00 Uhr musste ich wieder in der Stellung sein. Deshalb konnte ich den zweiten Teil des Nachmittags nicht mehr mit anhören. In Leipzig-Lindental ist nämlich um 15:30 Uhr Brotbrechen und um 16:30 Uhr Vortrag. Es ist eine Stunde mit der Straßenbahn zu fahren.

Heute Abend hatten wir wieder Leuchtübung, so dass es mir schon wieder sehr spät geworden ist. Deshalb will ich auch jetzt Schluss machen. In der Hoffnung, dass wir uns bald im Urlaub wiedersehen und der Herr Euch weiterhin Kraft gibt, das auszuhalten, was der Krieg mit sich bringt, grüßt euch recht herzlich,

Euer Herbert.

(anbei, 2 Zulassungsmarken)

Leipzig, 21.10.1943

Meine lieben Eltern, liebe Irmgard!

Nachdem ich ein paar Tage nichts mehr von mir habe hören lassen, aus dem einfachen Grund, dass ich keine Zeit hatte, will ich heute das Versäumte nachholen.

Wir wollen unserem Vater im Himmel dankbar sein, dass ich diesen Brief noch schreiben kann, denn gestern um diese Zeit war der Tommy bei uns. Na, ich kann Euch sagen, das war eine schöne Feuertaufe am Jahrestag meiner Soldatenzeit. Dass unser Scheinwerfer diese Nacht glücklich überstanden hat, will mir noch nicht in den Kopf. Um 20:00 Uhr war Alarm, und wenig später fielen die ersten Bomben, und zwar so dicht, dass ich vom Luftdruck aus dem Gerät gefallen bin, aber nicht zu meinem Nachteil, denn die Splitter pfiffen im selben Augenblick über uns hinweg, dass sich froh war, auf dem Bauch gelandet zu sein, wenn auch unfreiwillig. Eine Stunde hat der Zauber gedauert. Für mich war das genug.

Heute Morgen, als ich dann zur Batterie fahren musste, bin ich an den Trümmerstätten vorbeigegangen. Da bot sich mir ein trauriges Bild. Das zu schildern, wird sich wohl erübrigen. Eine Stunde lang war rings um uns die Hölle los. Wir haben den Tommy mit unserem Licht logischerweise angelockt, aber der Herr hat es nicht zugelassen, dass etwas passiert ist. Fast in jeder Scheinwerferstellung hat es hineingehauen, nur wir sind verschont geblieben.

Hoffentlich bleibt Euch das erspart, was so mancher bei einem Terrorangriff mitmachen muss.

Liebe Eltern! Entschuldigt, dass ich nun abbrechen muss, denn in 5 Minuten habe ich Wache. Die Schrift sieht auch sehr eilig aus, aber Ihr sollt doch sehen, dass ich an Euch denke. Im nächsten unterhalten wir uns über etwas anderes.

Seid für heute herzlich begrüßt und dem Herrn befohlen, Euer Herbert.

Leipzig, 30.10.1943

Meine liebe Mutter!

Zum zweiten Mal, seitdem ich Soldat bin, wirst du am Dienstag deinen Geburtstag feiern, ohne dass ich Dir persönlich gratulieren kann. So muss dann eben ein kleiner Brief dir meine Glückwünsche übermitteln. Nimm diese Zeilen in Empfang und denk ich stünde selber vor Dir. Möge der Herr Dir in deinem fernen Leben weiterhin treu zur Seite stehen und Dir deine Mühe und Arbeit erleichtern, zumal nun auch Rudi schon eine Zeitlang von Daheim fort ist und Du und Irmgard alleine dem Vater helfen müsst.

So wie Eure Gedanken stets bei mir sind, so sind auch meine nur bei Euch. Heute ist fast die ganze Bedienung ausgeflogen, nur ich habe Wache. Deshalb ist es mir auch möglich, wieder einmal mit Ruhe einen Brief zu schreiben. Ihr seid wohl die einzigen, die in letzter Zeit hin und wieder einen Brief von mir erhalten habt. Ich habe auch zu wenig Zeit, um jeden Brief zu beantworten. Denn wenn abends Dienstschluss ist, dann fängt ja doch der Dienst erst richtig an und zwar in Gestalt von Leuchtübungen oder Fliegeralarm. Im Übrigen kann man es hier schon aushalten. Es ist ja nicht wie in Kitzingen. Hoffentlich glückt es mir morgen, wieder mal in die Versammlung zu fahren.

Die Bevölkerung kann uns seit dem letzten Angriff nicht mehr ausstehen. Die behauptet, wir seien schuld, dass die Bomben gefallen sind, denn nur die Scheinwerfer hätten dem Tommy die Ziele gezeigt. Es ist in der Tat auch schon so, dass keine Stellung unserer Batterie verschont geblieben ist. Lediglich bei uns ist außer den Fensterscheiben und einige Löcher in den Wänden alles heil geblieben. Nun ist es ein Trost zu wissen, dass unser Leben in Gottes Hand steht, er hat es uns gegeben und kann es uns wieder nehmen, deshalb wollen wir ihm vertrauen und mit dem Dichter sprechen: „Ich zage nicht! Du bist's, zu dem ich flehe, mein Auge blickt zu deinen heilgen Höhen, usw. ...

(leider fehlt die zweite Seite zu diesem Brief. Ob er schon auf dem Weg nach Hause verloren ging oder durch diverse Umzüge abhandenkam, konnte ich nicht in Erfahrung bringen.)

Leipzig, 09.11.1943

Meine lieben Eltern, liebe Irmgard!

Heute will ich Euch schnell wieder ein paar Zeilen schreiben. Ich bin gut hier angekommen, wenn auch erst um 08:00 Uhr. Es ist hier noch alles beim Alten. Ich war sehr müde, als ich hier ankam, denn geschlafen habe ich keine Minute auf der Fahrt. In Forbach haben der Terporten und ich ein paar Aufnahmen gemacht, die will ich Euch gleich mitschicken.

Auf dem einen Bild seht ihr mich als Schreiner fungieren. Das andere stammt von einem Spaziergang.

Die Privatadresse von mir heißt:

H. Schneider bei

Familie Kurt Glas

Holzhausen bei Leipzig

Richard-Springer-Weg 3.

Das wäre für heute wieder einmal alles

Seid deshalb herzlich gegrüßt

von Eurem Herbert

Viele Grüße an Lieschen.

Leipzig, 15.11.1943

Meine lieben Eltern, liebe Irmgard!

Heute muss ich Euch doch mal wieder schreiben. Wenn es auch nicht viel ist, so soll es doch wenigstens ein Lebenszeichen sein. Gleich ist wieder Leuchtübung. Deshalb muss ich mich beeilen. Zunächst danke ich Euch für die Briefe vom 7.,10. und 11.! Drei Zeitungen sind auch angekommen. Ebenfalls das 100 Gramm Päckchen habe ich erhalten.

Vom Drahtwerk Knipping bekam ich gestern eine Drucksache mit Feldpostbriefen und sowas ähnliches wie eine Geldscheintasche. Meine Winterbekleidung habe ich nun auch. Nur die Handschuhe waren nicht dabei. Suppenwürfel braucht Ihr mir nicht zu schicken. Die esst lieber selber. Seit ein paar Tagen kocht uns die Frau eines Kameraden, die in der Siedlung schläft und am Tage bei uns ist, was die kocht, kann man schon essen. Uffz. Adolf hat mir auch geschrieben. Mir geht es soweit auch ganz gut. Fliegeralarm gibts hier gar nicht oder nur wenig.

Für heute wieder einmal genug. Seid also herzlich gegrüßt von Eurem Herbert.

Leipzig, 18.11.1943

Ihr Lieben!

Wieder möchte ich Euch nun schnell ein paar Zeilen schreiben und Euch für die Briefe danken, welche ich im Laufe der Woche erhalten habe. Da waren zunächst die Briefe vom 7., vom 10. und 11.11., sowie 4 Zeitungen. Von der Post bekam ich auch einen Brief. Da musste ich lediglich unterschreiben, dass ich bis heute das Päckchen noch nicht erhalten habe.

Vorhin erhielt ich eine Zeitung vom 12.11. und einen Brief von Opa des gleichen Datums. Die Firma Knipping hat mir noch 3 kleine Bücher zu Weihnachten geschickt, mit der eingenhändigen Unterschrift von „Hans“.

Es ist egal, ob Ihr mir die Post privat schickt oder per Feldpost. Mal dauert es lange, mal bloß 2 Tage. Gestern war wieder Fliegeralarm und vorgestern Leuchtübung. Heute ist sie wegen Nebel ausgefallen. Sonst hätte ich wohl heute auch wieder nicht schreiben können.

Es tut mir wirklich immer leid, wenn ich einen Brief erhalten habe und kann ihn nicht gleich beantworten.

Seid nun für heute herzlich gegrüßt

von Eurem Herbert,

dem Herrn befohlen und viele Grüße an Lieschen und Else.

Leipzig, 24.11.1943

Ihr Lieben!

Gestern erhielt ich mit vielen Dank wieder mal 2 Zeitungen vom 15. und 16.11. Genau wie bei Euch, so gibt es auch bei mir nichts Neues.

Nur, dass hier jetzt auch bald jeden Abend um 07:30 Uhr Alarm ist, und dann sind sie aber auch schon da. Bomben schmeißen sie Gott sei Dank nicht mehr, dafür schießt aber die Flak bei uns umso fester.

Gestern Abend zum Beispiel kriegte ich einen Splitter ans Kreuz. Das kam so: Die Bedienung saß im Scheinwerferbunker. Da ging der Scheinwerfer Führer und ich zum Gerät, um Leuchtprobe zu machen. Wir waren eben draußen, da sagte ich zum Scheinwerfer Führer: „Sei doch nicht so grob." Ich hatte gemeint, er schlüg mich mit 'ner Latte ins Kreuz. Dabei war es ein Stück von einer Granate, das Gott sei Dank an meinem Übermantel abgeprallt ist. Sonst läg ich jetzt wahrscheinlich im Lazarett.

Wie gesagt, sonst gibt es nichts Neues. Deshalb will ich auch aufhören. Päckchen sind noch keine angekommen.

Dem Herrn befohlen, der uns so wunderbar bewahrt und herzliche Grüße

von Eurem Herbert.

Leipzig, 26.11.1943

Ihr Lieben in der Heimat!

Heute Abend ist mal keine Leuchtübung. Die Zeit will ich ausnutzen, um Euch mal wieder einen Brief zu schreiben. Seit Montag ist von 17:30 Uhr bis 19:30 Uhr Leuchtübung und anschließend regelmäßig Fliegeralarm gewesen. Dass dabei auch meine Nerven flöten gehen, könnt Ihr lebhaft vorstellen. Seid also nicht besorgt um mich, weil ihr keine Post erhaltet, denn vor 23:00 Uhr komme ich nicht ins Bett. Dazu kommt noch 1,5 Stunden Wache. Dabei wird einem die Nacht länger wie der Tag. Gestern Abend erhielt ich Euer Päckchen vom 11.11. 43. Leider war der Inhalt schon am Gären, aber gegessen wurde es doch.

Bei dieser Zeile bin ich gestern Abend stehengeblieben. Denn von 20:10 Uhr bis 23:00 Uhr war Alarm. Wenn die Tommys nach Berlin gehen, dann kommen sie auch eben für einen Sprung nach uns.

Lieber Vater! Ich bin jetzt auch immer froh, wenn es regnet, so wie heute am Sonntag. Dann ist wenigstens keine Leuchtübung. Heute haben wir von 08:00 Uhr bis um 17:00 Uhr in einer anderen Stellung gearbeitet.

Das ist der 4. Sonntag, wo wir nicht wissen, dass es überhaupt der 7. Tag in der Woche ist. Ich brauch mir keine Hoffnung machen, dass ich in diesem Winter noch einmal nach Leipzig in die Versammlung komme. Das ist bei uns das richtige Zuchthausleben. Wir kommen uns vor, wie Strafgefangene.

Hier gefällt es mir nicht mehr.

Heute Abend kam der Brief an die private Anschrift vom 26.11. an, vorgestern der vom 22.11. und gestern war es der vom 20.11. Ich danke Euch herzlich für die Brotmarken. Ich habe noch keine Zeit gehabt die Dosen zurückzuschicken, werde es aber sobald wie möglich tun.

Lieber Vater! Du fragst an wegen meinem Urlaub. Es ist nur leider nicht so einfach, wie du es in dem Brief schreibst. Ich habe nicht zu bestimmen, wann ich fahren kann. Meinen Kurzurlaub habe ich für 7 Monate schon hinter mir. Wenn ich mit meinem Jahresurlaub dran bin, das weiß niemand.

Es kann noch in diesem Jahr sein. Es kann aber auch noch lange dauern. Obwohl ich mich gerne einmal wieder 14 Tage ausruhen möchte. So bleibt mir doch nichts anderes übrig, als zu warten. Das Du von deiner Seite ein Gesuch einreist, wird dieses Mal völlig zwecklos sein. Denn 1. haben wir einen neuen Leutnant als Chef und zweitens ist der Mensch ein Satan in jeder Beziehung, der sich in solchen Sachen streng nach den Gesetzen hält. Ein anderes Mal wieder weiß er nicht, wie er uns schikanieren soll.

So mussten wir vor 3 Wochen und ganz plötzlich (an einem Sonntag natürlich), wo eigentlich laut Plan Dienstfrei war, eine Arbeit verrichten, die wirklich nicht notwendig war. Um nun den Termin einzuhalten, (am Montag um 10:00 Uhr sollte Vollzug gemeldet werden) haben wir bis nachts um 24:00 Uhr draußen bei strömendem Regen und einer saumäßigen Kälte, zu erfüllen versucht. Der Lohn unserer Arbeit war, dass wir das Ding 3 Tage später wieder einreißen mussten, weil es dem Herrn Leutnant nicht gefiel. Ich glaube, da ist jedes Kommentars überflüssig. Das ist aber nicht ein Einzelfall, sondern sowas erleben wir jeden Tag hier.

Aber nun will ich für heute mal wieder Schluss machen, sonst komme ich mit dem Schlaf zu weit in Rückstand, was ich ohnehin schon bin.

Das du, lieber Vater, in gewissen Dingen, um mich besorgt bist, kann ich nun schon verstehen, aber sei bitte unbesorgt. Ich habe mir deine Bitte zur Pflicht genommen.

Seid also nun herzlich gegrüßt und dem Herrn befohlen,

Euer lieber Herbert.

Leipzig, 04.12.1943

Meine lieben Eltern, liebe Irmgard!

Es ist jetzt 11:00 Uhr vormittags. Vor 7 Stunden glaubten wir kaum noch, dass wir den Sonnenaufgang noch erleben würden. Aber der Herr hat dieses Mal wirklich die Hand über uns gehalten.

Um 04:00 Uhr heute Früh hat der Tommy die Stadt Leipzig mit einigen 100 Flugzeugen angegriffen und eine Stunde lang Tausende von Brandbomben abgeworfen. Eine Anzahl Sprengbomben sind ja immer dabei, die auch zum größten Teil in die Flak Stellungen geflogen sind. Bei verschiedenen Scheinwerfern, unter anderem beim Uffz. Bräu, waren direkte Volltreffer zu verzeichnen. Die leider einigen Kameraden das Leben kosteten.

Bei uns sind zum Glück nur ungefähr ein Dutzend Brandbomben in die Stellung geflogen, die aber weiter keinen Schaden anrichten konnten, da wir sie sofort gelöscht haben. In Leipzig selbst bin ich noch nicht gewesen, aber ich kann mir vorstellen, wie es da aussieht. Der letzte Angriff war ein Kinderspiel gegen diesen. Es hat direkt Phosphor geregnet.

Wie gesagt, um ein Haar hätte es uns auch erwischt. Ein Glück ist, dass wir im Wall sitzen konnten, denn heute Früh haben wir schon eine stattliche Anzahl von Bombensplittern gesammelt.

Wie geht es Euch? Hoffentlich noch gut. Ich habe gleich an Euch gedacht. Glaubt es mir, dass ich froh war, nicht in irgendeinem Luftschutzkeller gesessen zu haben, sondern draußen auf freiem Feld. Es liegt hier alles in Gottes Hand, deshalb wollen wir uns ihm anvertrauen. Seid nun für heute recht herzlich gegrüßt und dem Herrn befohlen,

Euer Herbert.

Leipzig, 19.12.1943

Meine lieben Eltern, liebe Irmgard!

Heute habe ich wieder einmal allen Grund, Euch ein kleines Brieflein zu schreiben. Denn gestern erhielt ich die 2 Briefe vom 10.12. und 6 Zeitungen aus der Zeit von zweiten bis 10.12. Heute Abend, nachdem ich von unserer Weihnachtsfeier wieder zurückkam, konnte ich mir auch voller Freude den Einschreibe-Brief abholen. Da waren ja wunderbar zu gebrauchende Sachen drin. Ich habe mich bestimmt sehr gefreut und danke Euch von Herzen dafür.

Leider musste ich lesen, dass Ihr euch um mich sehr gesorgt habt, was ich auch verstehen kann, aber ich glaube, dass die Post daran schuld war, denn ich habe Euch 1. sofort nach dem Angriff geschrieben und mancher Brief ist in der Zeit nach der Schreckensnacht von mir nach Euch unterwegs, wenn die nicht mehr ankommen, dann sind sie verloren gegangen. Was ich tun konnte, um Euch die Sorgen zu meinem Wohlergehen abzunehmen, ist geschehen.

Sogar anrufen wollte ich Euch, aber es ist ja alles zerstört und es wird auch noch einige Zeit vergehen, bis der Laden wieder klappt. Mir geht es auf jeden Fall gut, und es freut mich, dass Ihr dasselbe von Euch schreibt.

Das Paket mit den Lebensmitteln ist noch nicht da, aber bis zu Weihnachten wird es wohl schon da sein.

Doch nun zum Tagesgeschehen, heute war die Weihnachtsfeier der Batterie. Sie war den Verhältnissen entsprechend noch sehr schön. Es kann ja nicht so sein wie zu Hause, denn was daheim das Weihnachtsfest so traut und gemütlich macht, nämlich das Andenken an die Ankunft des Heilands, an die Geburt unseres Erlösers, das fehlt ja hier vollkommen.

Ihr feiert nun am Sonntagabend ohne Rudi und mich. So schön wie in vergangenen Jahren wird die Stimmung an diesem Tage auch nicht werden, aber Ihr dürft versichert sein, dass ich mit meinen Gedanken bei Euch bin, denn ich weiß, dass Ihr gerade in dieser Zeit auch mit eurem Herzen stets bei mir seid.

So wünsche ich Euch nun schon heute ein recht frohes und gesegnetes Weihnachtsfest. Der Herr möge es zulassen, dass das das letzte ist, was wir getrennt verleben müssen.

Ich will jetzt schließen, denn es ist schon wieder spät geworden.

Seid also herzlich gegrüßt und dem Herrn befohlen,

Euer Herbert.

Weihnachten 1943

Meine lieben Eltern, liebe Irmgard!

Heute ist Weihnachten. Da sind meine Gedanken, mehr wie sonst bei Euch daheim. Wie schön wäre es doch, wenn jetzt Frieden wäre. Aber weil das nicht so ist, müssen wir uns auch damit abfinden. Schlecht geht es mir ja nicht, denn zu essen habe ich reichlich über die Feiertage. Gestern bin ich beim Bäcker, Metzger und im Butterladen gewesen und habe mich mit Euren Marken mit den nötigen Lebensmitteln versorgt.

Übrigens bin ich seit ein paar Tagen wieder sehr fidel. Denn in unserer Stellung ist ein kleiner Wechsel vonstatten gegangen. Wir haben nämlich nun einen 200 cm Scheinwerfer bekommen. Zu diesen Giganten gehört natürlich eine besonders ausgebildete Bedienung. Sämtliche Leute sind deshalb fortgekommen, außer uns Horchern. Der Scheinwerfer-Führer, dieses „Saufviech“ ist vom Leutnant strafversetzt worden, wegen seinem Verkehr mit Frauen. Wir haben förmlich aufgeatmet, als er die

Stellung verließ. Was wir bei dem seelisch ausgestanden haben, könnt Ihr Euch nicht denken. Doch nun ist der Himmel wieder blau.

Der Uffz. Bräu hat diese Stellung übernommen. Der Unterschied zwischen einem herrschsüchtigen Menschen und einem wirklichen Kameraden ist gerade auf diesem Weihnachtsfest zum Ausdruck gekommen.

Von seinem Geld hat der Uffz. für jeden der Bedienung ein Buch als Geschenk gemacht. Eine kleine Weihnachtsstimmung ist sogar aufgekommen, als wir am Heiligen Abend beisammen saßen. Als Widmung hat er in das Buch geschrieben: „Meine Kameraden! Weihnachten 1943, Herbert Bräu, Uffz."

„Ich heiße für dich Herbert", hat er gesagt. Als ich ihn mit Herr Uffz. ansprach. Mit so einem Kerl kann man Pferde stehlen. Ich kenne ihn ja schon von Lothringen her. Das EK 1 hat er von Afrika her, aber an seine Uniform hängt er es nie. Alles in einem gesagt, die Sache geht bei uns wieder aufwärts, man fühlt sich wieder als Soldat.

Das wäre so ziemlich das Neuste. Nehmt nun meine herzlichen Neujahrswünsche in Empfang. Möge uns das neue Jahr den langersehnten Frieden bringen.

Also nun alles Gute und Gottes Segen,

Euer Herbert.

Leipzig, 27.12.1943

Meine lieben Eltern, liebe Irmgard!

Heute, einen Tag nach Weihnachten, habe ich noch einmal Weihnachten gefeiert. Was denkt Ihr, die zwei Pakete von Euch sind angekommen, ach, was habe ich mich gefreut, denn wenn man über die Feiertage nur Kommissbrot mit Käse essen muss, da vermisst man bestimmt die Festtagsstimmung. Aber heute ist es nochmal schön gewesen.

Als ich das eine Paket öffnete, dachte ich, es wäre da ein Paket Schwarzbrot drin gewesen, aber ich war angenehm enttäuscht, als ich mir meinen Käse darauf schmieren wollte.

Auch über die Zigaretten habe ich mich gefreut. Überhaupt, es war alles herrlich.

Ist der Rudi nicht auf Urlaub? Vielleicht gelingt es mir im neuen Jahr, meinen Erholungsurlaub zu bekommen. Viel weiß ich heute nicht.

Vor ein paar Tagen haben wir 21 Kameraden zu Grabe getragen, die bei dem Angriff gefallen sind. Das wäre so ziemlich alles.

Seid also für heute herzlich gegrüßt und dem Herrn befohlen,

Euer Herbert.

Von Januar 1944 bis Anfang April waren keine Feldpostbriefe mehr zu finden. Deshalb geht es erst am 05.04.1944 weiter.

(1944)

Leipzig, 05.04.1944

Meine lieben Eltern, liebe Irmgard!

Heute erhielt ich voller Freude Euren lieben Brief vom 2.4. Ich glaube aber, dass Ihr mich wegen meines Urlaubs falsch verstanden habt. Ich habe damals geschrieben, dass ich den Chef getroffen habe. Dieser sagte mir folgendes: „Wenn in 14 Tagen ihr Horchpartner vom Urlaub zurückkommt, dann sprechen Sie noch einmal bei mir vor, damit ich es nicht vergesse. Ich werde ihnen dann einen Kurzurlaub von 4 Tagen geben, wenn sie wollen auch noch ein paar Tage mehr.“

Jetzt ist der Horchpartner wieder da, aber der Chef ist heute in Urlaub gefahren. Deshalb will ich auch warten, bis der Rudi kommt, dann weiß ich wenigstens bestimmt, dass ich kommen kann. Also meine Lieben, ihr wisst nun Bescheid, wenn der Rudi kommt, dann schickt sofort ein Telegramm, in spätestens 2 Tagen bin ich dann zu Hause. Diese Zeit bis dahin geht ja auch vorüber.

In dieser Nacht war ich mit den Russen fort und habe Kartoffeln gekauft. Das kam so: Seit 3 Tagen hatten wir schon keine Kartoffeln mehr. Auf die Dauer wäre das ja nicht gegangen. Deshalb sagte mir der Leutnant. Ich sollte mich in der Dämmerung auf den Weg machen, da bin ich nun um 08:00 Uhr losgezogen mit einem Wagen und 3 Russen. Viel Deutsch verstehen sie ja nicht, aber wo Kartoffelmieten sind, das wissen Sie schon. Nach 2 Stunden waren wir vor Ort und Stelle. Das war ein Weg von 11 km. Aber es hat sich gelohnt. Gegen 23:00 Uhr machten wir uns wieder auf den Heimweg und kamen um 01:15 Uhr in der Stellung an. Unterwegs standen vor einem Bauernhof einige Milchkannen, in einer waren noch etwa 7 Liter, die wurden auch noch kassiert. Prima Vollmilch war das. Die Hälfte hatten wir schon ausgetrunken, als wir zu Hause waren.

Um 13:30 Uhr hatte ich den Posten bis 03:00 Uhr. Da war ich ziemlich müde. Aber der Leutnant hat angeordnet, dass ich bis um 09:00 Uhr schlafen konnte. Ja, so geht es beim Kommiss. Wenn man noch kein Verbrecher ist, dann muss man es da lernen.

Bei uns ist jetzt richtiges Frühlingswetter. Habt ihr die Ostereier schon gefärbt? Im Übrigen wünsche ich Euch ein gesegnetes Fest. Möge es der Herr zulassen, dass wir das Auferstehungsfest im nächsten Jahr wieder in Frieden feiern können.

Geliebte lasst uns wachsen und ihm entgegen gehen.

Es ist die letzte Stunde, in der wir warten stehen.

Dieser Vers steht auf meinem Kalenderblättchen, das Ihr mir geschickt habt.

Seid nun und für heute herzlich gegrüßt,

von Eurem Herbert.

Leipzig, 15.04.1944

Meine lieben Eltern, liebe Irmgard!

Jetzt hat sich bei mir so viel Post angesammelt, dass ich doch nicht mehr länger warten kann mit dem Beantworten.

Der Tommy hatte uns in der letzten Woche keinen Abend in Ruhe gelassen. Heute ist wieder Leuchtübung gewesen. Es ist jetzt 22:00 Uhr. Neben mir liegen die Briefe vom 8., der Einschreibebrief vom 10. und vom 11. das Päckchen, dessen Inhalt ich leider schon gegessen habe. Für alles danke ich Euch herzlich, vor allen Dingen danke ich für den Schinken, den ihr Euch natürlich wieder abgespart habt.

Liebe Mutter, Du meinst, dass ich die schmutzigen Strümpfe schicken soll, aber, liebe Mutter, bis jetzt sind sie noch ganz, wenn mal ein Loch drin ist, werde ich sie schon schicken.

Das Wetter ist heute herrlich gewesen. Von Opa habe ich heute auch einen Brief erhalten. Eine Fotografie lege ich bei. Das Bild ist nicht schön geworden, mir gefällt es jedenfalls nicht. Soeben meldet der Rundfunk wieder Störflüge gegen Westdeutschland. Da werdet ihr wohl auch bald Alarm haben. Direkt über Leipzig sind die schon lange nicht mehr geflogen. Hoffentlich lassen Sie uns heute Nacht in Ruhe. Ich bin gerade müde genug.

Ich will deshalb auch nicht mehr viel schreiben, den Neuigkeiten gibt es ja doch nicht.

Seid nun für heute herzlich gegrüßt und dem Herrn befohlen,

Euer Herbert.

Oh, leite mich Herr Jesus, stets was du willst zu tun.

Sei's tätig sein, zu wirken. Sei's stille sein und ruh'n!

Ich weiß, ist nicht Wichtig, worin mein Werk besteht,

wenn's nur nach Deinem Willen und Wohlgefallen geht.

Diese Worte standen auf einem Kalenderblättchen, möge uns der Herr stets segnend beiseite stehen.

Leipzig, 01.05.1944

Meine lieben Eltern, liebe Irmgard!

Heute, am 1. Mai möchte ich Euch noch einen kleinen Brief schreiben. Es regnet draußen, daran mag es auch liegen, dass die Stimmung bei mir nicht so ganz rosig ist, zumal ich seit heute früh auch noch zum Abteilungsstab in die Waffenwerkstatt kommandiert bin.

Unser Horchgerät wird überholt und da müssen wir nun wahrscheinlich 8 Tage dran arbeiten. Na, vielleicht wird es noch schön hier. Wenn es klappt, will ich heute noch nach Leipzig fahren, in meine alte Stellung. Euren lieben Brief habe ich zugleich mit der Zeitung dankend erhalten. Am Sonnabend sind die Tommys mal wieder ganz stur bei blauem Himmel über uns hinweg geflogen.

110 Stück haben wir gezählt. Aber Bomben haben sie nicht geworfen.

Das wäre für heute mal wieder alles. Um 14:00 Uhr geht's wieder an die Arbeit.

Seid nun alle recht herzlich gegrüßt und dem Herrn befohlen,

Euer Herbert.

Leipzig, 14.05.1944

Ihr Lieben!

Heute schreibe ich Euch schon wieder von einem anderen Ort aus einem Brief, denn seit Dienstag bin ich nicht mehr in Stötteritz, sondern genau entgegensetzt zwischen Lindenau und Schönau.

Ich habe aber die Hoffnung wieder zurückzukommen. Gestern war ich in Holzhausen und habe mein Päckchen abgeholt, wo ich Euch recht herzlich für danke. Auch Euer Brief vom 9.5. ist gestern angekommen.

Am Freitag war der Tommy wieder über uns. Über 100 Maschinen habe ich gezählt. Sucht auf der Karte einmal Böhlen, dann wisst Ihr, wo sie waren. Bei uns direkt ist nichts Nennenswertes passiert.

Hier wird jetzt so viel von der Invasion gesprochen. Hört man da bei Euch auch was von? Ihr liegt doch noch näher an der Küste wie ich. Heute habe ich Wache, sonst wäre ich einmal zur Versammlung gefahren. Das ist ja gar nicht weit.

Das wäre für heute mal wieder alles. Seid nun alle herzlich gegrüßt

von Eurem Herbert.

Leipzig, 21.05.1944

Meine liebe Mutter!

Aus einem ganz besonderen Anlass schreibe ich Dir heute einen lieben Brief. Denn ich möchte es auch in diesem Jahr nicht verfehlen, Dir an Deinem Tag, dem Muttertag, zu danken.

Ich will Dir Gottes Segen wünschen und zugleich hoffen, dass sich dies noch recht oft tun kann. Gerade in dieser Zeit habe ich es als die schönste Pflicht empfunden, Dir wenigsten in Worten zu danken für all die Mühen und Liebe, die Du für Dein Kind, für mich gebracht hast.

Erst das Erleben hier in der Fremde und das Leben überhaupt in diesem Krieg, haben mich gelehrt, den Wert meiner Mutter ganz zu erkennen.

Mögen uns auch Hunderte von Kilometer trennen, so weiß ich doch, und auch du sollst es wissen, dass wir uns mit unseren Herzen immer nahestehen.

Ich will mich nun kurz (fast) fassen, denn auf der anderen Seite will ich Rudi noch ein paar Zeilen schreiben.

So verbleibe ich nun in der Hoffnung, dass wir uns bald alle wiedersehen,

Dein Herbert.

Leipzig, Mai 1944

Meine lieben!

So lange wie ich auf der Abteilung war, bin ich nicht zum Schreiben gekommen. Deshalb will ich das jetzt nachholen.

Inzwischen ist auch wieder viel Post bei mir angekommen. Besonders über den Einschreibebrief habe ich mich gefreut. Es ist nur gut gewesen, dass gleich 2 Mark dabei waren, sonst hätte ich die Zigaretten gar nicht kaufen können.

Heute erhielt ich den Brief vom 5. Mai., wo die Todesanzeige drin sein sollte. Der H. Schneider bin ich aber nicht, sondern einer vom Bahnhof.

Heute war der Tommy wieder in Berlin. Am letzten Sonnabend sind sie auch über Leipzig geflogen.

Von einer Versetzung habe ich noch nichts wieder gehört. Wenn der Rudi nun in Urlaub kommt, dann schickt das

Telegramm aber an meine Feldpostnummer, die heißt jetzt: 53309.

Ich bin aber trotzdem noch in der alten Stellung. Jetzt werden an unseren Sportplatz eine Reihe von Behelfswohnungen gebaut für die Bombengeschädigten.

Liebe Mutter! Wenn Du ein Stück Seife übrig hast, dann schicke es mir doch bitte.

In der vergangenen Woche erhielt ich auch einen Brief vom N.S.F.K Sturm aus Lüdenscheid. Die wissen wohl gar nicht, dass ich nach dem Krieg meine Ruhe haben will. Ich lege euch den Wisch bei.

Nächsten Sonntag will ich nochmal zur Versammlung gehen oder wenigstens feststellen, wo sie sich jetzt befindet, denn wir können nur bis 21:00 Uhr ausgehen.

Das ist nun mal wieder alles. Aus der Versammlung habe ich noch keine Post erhalten.

Doch jetzt will ich schließen. Seid für heute herzlich gegrüßt und dem Herrn befohlen,

Euer Herbert.

Leipzig, 27.05.1944

Meine lieben Eltern, liebe Irmgard!

Was lange währt, wird endlich gut. Ich kann mich erinnern, dass ich am 14.5. den letzten Brief geschrieben habe. Das ist eine lange Zeit. Aber was in dieser Zeit bei uns vorgegangen ist, dass hat mir die Lust und die Zeit zum

Schreiben genommen. Wenn ich sage, dass ich von morgens bis abends gearbeitet habe, dann ist das nicht übertrieben.

Ihr werdet wissen, dass ich eine Woche in Lindenau war. Dort sollte ich einen Horcher vertreten, der Urlaub hatte. Es war die beste Stellung der Batterie. Den Scheinwerferführer habe ich gut gekannt. Er war auch aus Westfalen, aber trotzdem hat es mir nicht gefallen.

Der Chef meinte es gut mit mir und wollte mich dort lassen, deshalb frug er mich eines Tages: „Wie gefällt es Ihnen hier, wollen Sie hier bleiben?“ Da habe ich ihm gesagt: „Herr Oberleutnant, es gefällt mir ausgezeichnet hier, aber wiederum möchte ich doch zurück nach Stötteritz, denn wenn man von Anfang an in derselben Stellung ist, bei denselben Kameraden, dann fällt es einem schwer, von dort fortzugehen.“

Da war er aber, der Scheinwerferführer, nicht mit einverstanden. Er wollte mich gern dort behalten.

Ich bin dann am nächsten Tag zu unserem Zugführer gefahren. Der hat dann gleich Staub gemacht, und somit bin ich jetzt wieder hier. Am Donnerstag war Besichtigung. Da ging es die ganze Woche drunter und drüber. Als der Rummel vorbei war, hat uns der Kommandeur seine Anerkennung ausgesprochen.

Wir hatten daraufhin von Freitagmorgen an frei bis zum Dienstag. Morgen, am ersten Pfingsttag gehe ich in die Versammlung. Am Freitag erhielt ich auch einen Brief aus der Jugendstunde. Am Sonntagmorgen hatten wir ein besonderes Erlebnis. Es war wunderschönes Wetter und Fliegeralarm. Wir standen draußen am MG-Stand....

(leider fehlt die zweite Seite zu diesem Brief)

Leipzig, 30.05.1944

Ihl Lieben!

Wenn es eben geht, dann schreib ich Euch schnell ein paar Zeilen, denn bei der augenblicklichen Luftlage weiß man nie, wie oft man dies noch tun kann.

Die Pfingsttage standen ganz im Zeichen der Luftinvasion. Die Vororte von Leipzig waren dieses Mal an der Reihe. Besonders Gestern hatten sie es auf uns abgesehen. Der Abstand von Scheinwerfer zur nächsten Bombe betrug nur 45 Meter. Wie da die Brocken flogen, könnt ihr Euch denken, aber die Bunker sind was wert. Da kann es ruhig mal rappeln.

Vor einer Stunde waren wieder etliche Dutzend über uns, aber die Bomben waren weiter fort von hier.

Gestern Mittag haben wir in der Siedlungen die noch lebenden Leute aus den Kellern geholt. Wie ich euch ja schon einmal schrieb, haben Sie bei uns am Sportplatz Behelfsheime gebaut. Auch da sind 2 reingeflogen. Jetzt sind es natürlich mal Behelfsheime gewesen.

Das einzig Schöne bei diesem Tagesangriff sind die Flugzeugabschüsse. Wenn die Flak, so wie am 1. Feiertag, eine Maschine nach der anderen so aus einem Verband herausholt. Und die brennen so lustig, das macht richtig

Spaß. Durch die Tommys bin ich über die Tage keine Stunde aus der Stellung gewesen.

Ich wollte ja in die Versammlung, da weiß ich jetzt wieder eine Adresse von. Übrigens waren das verpflegungsmäßig, auch sehr traurige Feiertage. Kartoffeln haben wir schon 5 Tage keine mehr. Es ist bloß gut, dass wir so viel Brot haben, sonst wäre der Krieg bald aus für uns.

Seit Pfingsten ist es hier sehr heiß, ich bin schon ganz braun geworden.

Das wäre mal wieder alles für heute. Seid nun dem Schutz unseres Herrn befohlen, dem auch ich mich unterstelle, und recht herzlich gegrüßt

von Eurem Herbert.

Leipzig, 31.05.1944

Ihr Lieben!

Inzwischen werdet Ihr wohl einen Brief von mir erhalten haben, der Euch davon überzeugt hat, dass ich nicht, wie Ihr glaubt, im Bau sitze, sondern froh bin, bisher noch viel Glück bei den Bombenangriffen gehabt zu haben.

Also macht Euch um mich doch bitte nicht so komische Gedanken. Wenn ich mal nicht schreibe, dann denk nur an die natürlichen Umstände, die mich daran hindern, Euch regelmäßig Post zukommen zu lassen.

Bei dem Durcheinander, den wir in der vergangenen Woche erlebt haben, dazu die dauernden Angriffe, ist es nun mal nicht zu vermeiden gewesen, dass die Post in den Rückstand geraten ist.

Und nun, liebe Mutter, etwas zum Muttertag. Es tut mir herzlich leid, dass Dich an diesem Tag kein Brief von mir erreicht hat.

Der Grund hierfür ist aber furchtbar einfach. Am 5. Mai 1944 habe ich Dir einen schönen Brief geschrieben, und zwar an Rudis Adresse. Rudi sollte nämlich zu diesem Brief auch noch etwas schreiben und dir dann bis zum 21.5. diese Zeile schicken. Ich glaubte, dass Du Dich dann besonders gefreut hättest.

Leider ist nun aber die Postsperre in Frankreich ausgerufen worden und der Brief liegt allem Anschein nach noch in Rudis Händen.

Verzeih bitte, dass das so gekommen ist. Aber ich wollte nur das Beste.

Liebe Mutter! Wenn der Rudi nicht in Urlaub kommt, dann komme ich in Kürze. Ich bringe dann ein paar Strümpfe mit. Die sehen toll aus, so richtige Invasionssocken, da muss eine neue Sohle drunter, die kannst du mir vielleicht machen.

Jetzt muss ich Schluss machen, soeben ertönen die Sirenen. Es ist das dritte Mal heute.

Seid nun herzlich gegrüßt

von Eurem Herbert.

Leipzig, 05.06.1944

Meine lieben Eltern, liebe Irmgard!

Gestern, am Sonntag den 4.6. erhielt ich voller Freude Euren lieben, vitaminreichen Brief und heute kann ich mir bereits das Geld abholen. Ich danke Euch recht herzlich dafür.

Seit Pfingsten waren die Tommys noch nicht wieder hier. Wenn sie zum Beispiel über Altena fliegen, könnt Ihr sie dann auch sehen?

Ihr fragt in dem Brief an, ob ich das Päckchen mit der Seife schon erhalten habe. Habe ich Euch das denn noch nicht geschrieben? Vor 14 Tagen konnte ich mir das ja schon abholen.

Gestern war ich wieder in Lindenau, um in die Versammlung zu gehen. Aber nirgends ist sie mehr zu finden. Das Gebäude steht wohl noch, doch alles ist verschlossen.

Wenn es klappt, dann bin ich in 14 Tagen wieder zu Hause. Ab heute haben wir bis 19:30 Uhr Dienst. So etwas gibts im 5. Kriegsjahr.

Dass der Rudi nicht nach Hause kommt, ist ja schade. Wenn es feststeht, dass ich komme, schicke ich vorher ein Telegramm. Die Familie, von der ich ein Karnickel zu erwarten hatte, haben sie mir am 2. Pfingsttag totgeschmissen.

Vielleicht bekomme ich von jemand anderes aus der Nachbarschaft eins. Andernfalls knabbern wir uns in 14 Tagen alle an den Fingern.

Für heute will ich wieder einmal schließen. Seid alle herzlich begrüßt und dem Herrn befohlen,

von Eurem Herbert.

Herzliche Grüße auch an Else sowie an Lieschen.

Leipzig, 08.06.1944

Ihr Lieben!

Gestern erhielt ich eine Karte von der Expressgutabfertigung Holzhausen mit dem Vermerk, ein 110 Kilo Paket abholen zu wollen, ich konnte mir das nicht erklären und glaubte schon, es wären böse Buben am Werk, die sich einen Scherz erlauben wollten. Bis ich am Nachmittag Euren Brief erhielt, mit dem sich dann alles aufklärte.

Die Kartoffeln habe ich am selben Tag noch geholt, und heute sind sie in den Topf gewandert. Wir haben uns alle sehr gefreut und danken Euch recht herzlich dafür.

Am Sonnabend können wir uns wieder einige Zentner bei einem Bauern abholen, die wir uns organisiert haben. Bezahlen müssen wir sie allerdings selber. Ich bin froh, dass ich nun Euer Geld habe. Neues gibt es hier nicht. Mit der Invasion, das ist ja schon etwas Altes. Hoffentlich machen die mir keinen Strich durch den Urlaub.

Für heute soll es einmal wieder genug sein. Seid deshalb herzlich gegrüßt und dem Herrn befohlen,

Euer Herbert.

Leipzig, 15.06.1944

Ihr Lieben!

Wenn alles normal verlaufen wäre. Dann säße ich jetzt wahrscheinlich bei Euch zu Hause. Aber die Invasion hat mir einen verpasst, und zwar in der letzten Minute. Gestern Morgen wollte ich meinen Urlaubsschein abholen. Da begegnete mir auf der Treppe schon der Chef und sagte: „Schneider, ihr Urlaub ist ins Wasser gefallen. Vor einer Stunde ist Urlaubssperre für die gesamte Wehrmacht eingetreten."

Da hätt's mich fast umgehauen. Aber da kann man nichts machen. Hoffentlich dauert es nicht lange.

Ihr habt doch das Telegramm erhalten? Wie lange ist es denn gelaufen? Eure 2 Briefe habe ich bekommen. Ich danke Euch recht herzlich dafür.

Was schreibt Rudi? Ich habe lange nichts von Ihm gehört.

Seid nun recht herzlich gegrüßt und dem Herrn befohlen,

Euer Herbert.

Leipzig, 23.06.1944

Meine lieben Eltern, liebe Irmgard!

Ihr werdet sicher schon lange wieder auf Post von mir gewartet haben, deshalb will ich auch schnell wieder einen kleinen Brief schreiben.

Neues gibt es ja doch nicht, aber für ein paar Zeilen reicht es schon. Eure Briefe vom 15.6. und 18.6. habe ich dankend erhalten. Das Expresspäckchen ist aber noch nicht da. Es wird aber wohl noch ankommen, bevor die Urlaubssperre aufgehoben ist. Jedenfalls habe ich meinen Urlaub noch vor mir.

Wenn ich eines morgens komme, (ich schicke natürlich vorher ein Telegramm) dann bitte ich Dich, liebe Mutter, hänge mir doch meinen Anzug schon an den Schrank und ein Sporthemd mit einem schönen Schlips dazu. Oder soll ich eine Fliege umbinden? Na, wir werden ja sehen. Auf jeden Fall steht für mich schon fest, dass ich in den 4 Tagen keine Minute als Soldat herumlaufe.

Vor einigen Tagen habe ich in Stötteritz eine Familie aus dem Sauerland kennengelernt. Die Frau war aus Altena und hat lange bei Schulte-Kornblum, gegenüber Fiedler, gearbeitet. Näheres erzähle ich Euch später.

Was macht Rudi? Ich habe lange nichts mehr gehört. Er hat doch keine neue Anschrift?

Für heute genug. Es ist schon wieder spät, wir kommen jetzt wenig zum Schlafen.

Seid nun recht herzlich gegrüßt und dem Herrn befohlen,

Euer Herbert.

Leipzig, 05.06.1944

Meine lieben Eltern, liebe Irmgard!

Soeben habe ich Euer Invasionspäckchen mit Freude erhalten. Obwohl es aussah, wie wenn es von der Invasionswaffe gestreift wäre, so war der Inhalt noch unbeschädigt. Besonders über den Kuchen habe ich mich gefreut. Denn die trockenen Schnecken oder Hörner, die man beim Bäcker kauft, schmecken alle nach dem 5. Kriegsjahr.

Jeden Tag warte ich auf Post von Rudi, aber der wird wohl nicht schreiben können.

Das Kreisblatt habe ich auch heute erhalten. Ich sehe jedenfalls nicht mehr Schwarz für die Zukunft, obwohl man sich schon über den schwarzen Mann lustig macht. Das sollte nämlich heißen: „Die Sache steht schief, ich sehe schwarz, der Ausgang ist fraglich!“

Dem ist aber nicht so.

Bei uns regnet es jetzt sehr oft. Heute war wieder 3-mal Alarm. Das wird bei Euch auch nicht anders sein. Gerade war der Chef hier. Er sagte: „Machen Sie weiter Schneider, lassen Sie sich nicht stören.“ Feiner Mensch, was? Ja, ist auch mein Freund.

So, das wäre alles für heute. Seid nun herzlich gegrüßt und dem Herrn befohlen,

Euer Herbert.

Leipzig, 04.07.1944

Meine lieben Eltern, liebe Irmgard!

Heute erhielt ich Euren Brief vom 1. Juli. Inzwischen werdet ihr wohl auch von mir Post erhalten haben. Von Lieschen kam kürzlich auch ein Brief an.

Hier ist es im Augenblick sehr warm. Neues gibt es eigentlich nicht hier. Ich bin immer noch derselbe, einmal gehts mir gut, dann geht es mir wieder besser.

Das Neueste wäre vielleicht, dass ich nicht mehr rauchen will. Gestern bin ich damit angefangen. Die Raucherkarte braucht Ihr mir nicht mehr schicken.

Mit dem Urlaub werden wir das schon so drehen. Wenn er nur erst einmal da wäre. Mehr weiß ich heute nicht. Darum will ich jetzt auch schließen.

Seid alle herzlich gegrüßt und dem Herrn befohlen,

Euer Herbert.

Leipzig, 09.07.1944

Meine lieben Eltern, liebe Irmgard!

Laut Wehrmachtsbericht hat uns der Tommy am Freitagvormittag wieder schwer eins ausgewischt. Rund 300 Maschinen waren zu sehen gewesen. Mir ist es Gott sei Dank gut gegangen.

Europas größter Bahnhof war einmal. Ich glaube, es genügt, wenn ich Euch sage, dass die Bunker unter dem Bahnhof rund 2000 Menschen fassen. Diese Bunker laufen direkt unter den Bahnsteigen durch. Und da mitten hinein sind die Bomben gefallen. Man rechnet mit 500 bis 600 Toten allein auf dem Bahnhof. (nicht übertrieben) Auf jeden Fall hat es mir wieder gereicht.

Im Übrigen wollte ich mir ja das Rauchen abgewöhnen. Aber, na ja, Ihr könnt mir die Karte ruhig wieder schicken.

Habt ihr nun von Rudi Post erhalten? Wenn ich dazu komme, werde ich ihm gleich auch noch ein paar Zahlen schreiben.

Und nun noch etwas. Wenn Ihr das Telegramm damals schon um 11:00 Uhr erhalten habt, dann wäre das ja in knapp 2 Stunden bei Euch gewesen. Denn um 09:00 Uhr habe ich das aufgegeben. Doch nun für heute genug. Damit Ihr Euch wenigstens nicht um mich sorgt, habe Ich Euch schnell geschrieben.

Seid nun herzlich gegrüßt und dem Herrn befohlen,

Euer Herbert.

Leipzig, 14.07.1944

Ihr Lieben!

Ich will Euch heute schnell eine Postkarte schreiben und mich bedanken für den Brief, den ich soeben erhalten habe.

Es freut mich, dass Rudi nun endlich geschrieben hat. Am Sonntag wird die Jugend von mir wohl auch Post erhalten haben.

Mit dem Essen ist das nicht besonders. Gestern haben wir allerdings wieder Kartoffeln bekommen, natürlich müssen wir die uns selbst kaufen.

Augenblicklich habe ich wieder Zahnschmerzen. In dieser Nacht habe ich nicht viel geschlafen.

Ihr werdet doch jetzt den Brief von mir nach dem Angriff erhalten haben. Nun sind wir sogar noch auf den Hund gekommen. Einen weißen Terrier haben wir. Der Uffz. Bräu ist seit Sonntag mit noch 30 anderen nach Russland gekommen und zwar als Infanterist.

Seid für heute herzlich gegrüßt

von Eurem Herbert.

Leipzig, 22.07.1944

Ihr Lieben!

Ich habe den Angriff am Donnerstag wieder glücklich überstanden und bin Gott dankbar, dass ich Euch diesen Brief bei bester Gesundheit schreiben darf. Von Rudi habe ich immer noch keine Post. Was schreibt er Euch in seinem letzten Brief?

Bei uns vergeht keine Nacht, wo nicht Fliegeralarm ist. Dazu kommt noch eine Wache. Gestern bin ich vor Müdigkeit im Gerät eingeschlafen. Wenn wir nur einmal wieder durchschlafen können. Am Tage des Angriffs haben wir in einer Stellung vor von uns aufräumungsarbeiten gemacht. Dort sieht es verheerend aus. Der Tommy hatte hier einen Bombenteppich abgeladen. 32 Bomben fiel in unmittelbarer Nähe der Stellung, davon 8 genau in dieselbe. Die Bevölkerung macht schon etliches mit.

Bei uns regnet es im Augenblick sehr stark, das tut den Kartoffeln gut.

Mein Hühnerauge ist verschwunden, auch die Zahnschmerzen sind nicht mehr.

Das wäre alles für heute. Seid nun herzlich begrüßt und der Obhut des Herrn befohlen,

Euer Herbert.

Leipzig, 02.08.1944

Ihr Lieben!

Ich erhielt heute voller Freude Euren Brief vom 29.7. 44 und möchte Euch dies gleich beantworten. In der vergangenen Woche bin ich nicht zum Schreiben gekommen, denn wie überall, so ist auch bei uns der totale Krieg begonnen worden.

Seit dem 23.7. müssen wir jeden Tag zu einer Geschützbatterie gehen. Dort haben wir eine Ausbildung erhalten, um die am Tage arbeitenden Flakwehrmänner abzulösen. Tag für Tag sind wir nun 1,5 Stunden von hier entfernt und warten auf den Tommi. Abends geht dann bei uns der Zirkus los. Zweimal sind wir schon am Tage zum Einsatz gekommen. Und zwar am 27.7., wo uns ein Jagdverband besuchte und am 28.7., als Leuna zusammen geschmissen wurde. Die Luft war erfüllt vom Bersten der explodierenden Benzin- und Gasbehälter.

Ein einziges Flammenmeer war im Westen von Leipzig zu sehen. Das war aber auch kein Wunder, denn 400 Bomben habe ich gezählt, die immer an die gleiche Stelle ihren Segen abwarfen. Zuerst waren 40 bis 50 Jäger in der Luft, die scheinbar den Luftraum freifegen wollten, das war aber nicht nötig. Wenn man so am Geschütz steht, dann macht einem das bisschen Leben in der Heimat noch etwas Laune. Bloß mit der Freizeit haben sie uns schwer drangekriegt. Ich brauche bald einen Krankenschein, damit ich zum Friseur komme.

Liebe Mutter, an Dich hätte ich noch eine bitte, schick mir doch etwas Wolle für die Strümpfe. In dieser Zeit ist es mir zu riskant, Dir diese Socken zu schicken. Im Übrigen geht es mir noch gut, blos der Russe fährt schon auf der Weichsel spazieren.

Ihr müsst vielmals entschuldigen, dass ich mich nicht für den Einschreibebrief bedankt habe. Es ist natürlich alles angekommen.

Es grüßt euch herzlich,

Euer Herbert.

Leipzig, 12.08.1944

Ihr Lieben!

Gerade habe ich Rudi einige Zeilen geschrieben und möchte auch Euch schnell diese Karte schreiben. Bei uns spielt noch immer die alte Platte. Meinen letzten Brief werdet Ihr wohl erhalten haben.

Ich bitte dich, liebe Mutter, nochmal um etwas Wolle. Sonst fehlt mir augenblicklich gar nichts. In der Hoffnung, bald wieder ein Lebenszeichen von Euch zu erhalten, will ich schließen.

Seid herzlich gegrüßt

von Euerm Herbert.

Leipzig, 13.08.1944

Liebe Eltern, liebe Irmgard!

Obwohl ich Euch erst gestern geschrieben habe, so will ich trotzdem auch heute einen kleinen Brief aufsetzen. Den Brief vom 6.8. und die Karte vom 9.8. habe ich soeben dankend erhalten. Euer Herbert hat heute Fernsprechdienst, deshalb muss man eben das Unangenehme mit dem Nützlichen verbinden. Also wird geschrieben.

Eure Frage will ich so gut es geht beantworten. Da wäre zunächst die Sache mit der Privatadresse. Also wir haben vor ein paar Wochen auf unserem Sportplatz, einen Hasen totgeschossen. Infolge des durch die Explosion hervorgerufenen knallt's. muss der alte Glass, der in der Nähe wohnt, erschreckt worden sein, und kam sogleich angerannt mit der Behauptung, der Schuss sei an ihn vorbeigeflitzt. Er würde es dem Batteriechef melden.

Das hat er dann auch gemacht. Der betroffene Schütze blieb nun in Gegenwart der Chefs bei der Behauptung, bei uns sei nicht geschossen worden. Darauf der Chef zum

Glass: „Sehen Sie, was wollen Sie eigentlich? Es ist eben nicht geschossen worden. Und damit ist der Fall geklärt.“ Nun stand der alte Glass da mit seinem dicken Kopf, wir jedenfalls haben uns den Hasen gut schmecken lassen. Der alte Gandhi, so nennen wir den Glass, ist auch ein „150-prozentiger“. Er war schon dabei, als noch keine Hakenkreuze in der Fahne war.

Und nun weiter. Euer Einschreibebrief sowie das Expresspäckchen habe ich erhalten. Ich habe ja nun eine neue Privatadresse, also kann die Nachschubfrage wieder mal als behoben angesehen werden. Ich bin bei der schweren Heimatflakbatterie. Es ist eine russische Kanone, Kaliber 7,65, aufgebohrt auf 8,8. In meiner Eigenschaft als Richtkanonier bin ich natürlich schon Ritterkreuz verdächtig.

Mein lieber, sonst immer verqualmter Vater. Du tust mir leid, wie ich das gelesen habe, bin selbstverständlich sofort längst sämtliche Aschenbecher unsere Kantine gegangen und habe dir den Tabak aus einigen Kippen gesammelt, um sie Dir sofort zu schicken. Ich bin ja großzügig. Außerdem müssen wir zusammenhalten. Wenn Mutter auch lächelt.

Wer zuletzt lacht, lacht am besten. Aber von wegen Kippenstecher usw., das möchte ich überhört haben. Ich rauche im Augenblick „Fla-Fla, das Kilo 12 Mark, sowie 2 schwere Brasil, die ich neben mir liegen habe. Eine Sonderzuteilung vom letzten Angriff, die sogenannten Schreckzigarren.

Doch nun Schluss für heute. Ich will noch Opa und Oma schreiben, seid alle herzlich gegrüßt und dem Herrn befohlen, Euer Herbert.

Leipzig, 20.08.1944

Ihr Lieben!

Heute, am Tag des Herrn, von dem man hier so wenig merkt, erhielt ich den Brief vom 16.8. mit der Raucherkarte. Ich danke euch herzlich.

Wie steht es um Rudi? Die Stadt, in deren Nähe er zuletzt lag, gehört nun schon dem Tommi. Ob Sie sich aus dem Staub gemacht haben, als der Tommi kam?

Lieber Vater! Du schreibst, dass es mit den feindlichen Flugzeugen wieder schlimm wäre. An diesem Tage waren sie auch wieder bei uns. Sie waren aber anständig. Wenn die Masse es auf uns abgesehen hätte, na dann gute Nacht. Euer Wollpäckchen habe ich noch nicht erhalten.

Lieber Vater! Du hast deine Sonderzuteilung von mir schon bekommen.

Für heute will ich schließen. Es war ja nicht viel, aber wenig.

Seid herzlich gegrüßt

von Eurem Herbert.

Leipzig, 23.08.1944

Ihr Lieben!

Gestern erhielt ich Euren Brief und die Zeitung an die neue Adresse. Die Zeitungen sind heutzutage überall gleich, sogar denselben Wehrmachtsbrief habt ihr.

So sehr viel Angst braucht Ihr Euch um die Kriegslage nicht zu machen. Ich glaube nämlich, dass wir eine neue Taktik verfolgen. Ungefähr so: Wir lassen den Russen ruhig zu uns hereinkommen und gehen dabei immer weiter nach Süden zurück, meinetwegen bis Afrika, um dann später den Russen von hinten her aus Asien in den Rücken zu fallen. Dann haben wir das große Russland besetzt und die vielen Russen treten sich in dem kleinen Deutschland gegenseitig auf die Füße.

Nein, aber mal ganz im Ernst gesehen, der Gegner versucht mit aller Gewalt so schnell wie möglich eine Entscheidung herbeizuführen. Warum? Nun, er rechnet genauso gut wie wir mit unseren neuen Waffen. Und davor hat er auch berechtigte Angst. Wir müssen die Kämpfe so lang wie möglich hinausziehen, bis die neuen Sächelchen endgültig das letzte Wort sprechen. Das wäre wieder alles für heute.

Seid nun dem Herrn befohlen und herzlich gegrüßt

von Eurem Herbert.

Leipzig, 09.09.1944

Ihr Lieben!

Nachdem ich jetzt wieder einen Tag gesund bin, will ich gleich einen Brief schreiben.

Ich habe in dieser Woche vereiterte Mandelentzündung gehabt, bin aber in der Stellung geblieben. Eure Post habe ich alle erhalten. Heute kam noch eine Karte an. (6.9.) Das

Päckchen mit der Wolle kam auch diese Woche an. Ebenso der Brief mit dem Kriminalroman.

Bei uns ist jetzt auch der Sommer zu Ende. Wir bekommen jetzt unsere Löhnung auch monatlich, ebenso die Rauchwaren. Da muss man sich schon die Sachen einteilen.

Soeben erhalte ich voller Freude den Brief mit der glücklichen Nachricht von Rudi. Wenn jetzt keine Urlaubssperre wäre, käme er gewiss nach Hause.

Ich bin nur noch der einzige in der Stellung, die seit September vorigen Jahres hier sind. Fast jede Woche kommen jetzt andere Kameraden zur SS oder Infanterie. Von uns sind es nun schon fünf. Bis Oktober muss auch ich damit rechnen.

Jetzt habe ich noch eine ganz dumme Frage. Lebt die Wwe. Henriette Jochum, geb. Schneloch eigentlich noch? Ich glaube, dass Ihr mir mal etwas davon geschrieben habt, genau weiß ich das nicht mehr.

Opa hat mir kürzlich 900 gr. Kuchenmarken geschickt. Ihr müsst einmal mit ihm schimpfen.

Wie ich gerade höre, werden morgen die Leute aus Ostpreußen zur Verteidigung ihrer Heimat nach dort geschickt. Ebenso die aus Saarbrücken und Umgegend.

Das wäre das Neueste vom Tage. So will ich heute schließen.

Seid recht herzlich gegrüßt und dem Herrn befohlen,

Euer Herbert

Leipzig, 20.09.1944

Liebe Eltern, liebe Irmgard!

Heute erhielt ich Gott sei Dank Euren lieben Brief vom 18.9. 44 mit den Kuchenmarken und der Raucherkarte. Ich danke Euch recht herzlich dafür, wenn das Paket nun auch noch rechtzeitig ankommt, dann ist ja alles in Ordnung.

Mit einer gewissen Sorge denke ich jetzt auch immer an Euch, wenn der Amerikaner tatsächlich nach Euch kommt. Aber da ist es schon das Beste, wie Du, lieber Vater schon schreibst, dass wir das alles Gott anheimstellen. Wenn ich hier fort komme, dann brauche ich nicht mehr viel mitnehmen. Gestern mussten wir ein Hemd, eine Unterhose, ein Handtuch und ein Taschentuch sowie die Stiefel abgeben. Allerdings haben die vom Jahrgang 06 und jünger die Stiefel wieder bekommen.

Am Freitag sollen 70 Flakwaffenhelferinnen zu dieser Batterie kommen.

In der Nacht vom Montag zum Dienstag waren nach langer Zeit die Tommis über Leipzig. Es sah gerade so aus, als wenn es wieder ein 4. Dezember geben würde. Es sind aber Gott sei Dank nur wenige Bomben geworfen worden. Zum ersten Mal, seit wir in Leipzig sind, haben wir in dieser Nacht eine Maschine erfasst. Zum Abschied wenigstens ein kleiner Erfolg.

Für heute wieder Schluss. Seid nun herzlich gegrüßt und dem Herrn befohlen,

Euer Herbert.

Leipzig, 26.09.1944

Ihr Lieben!

Endlich habe ich Ruhe und Zeit genug, um Euch ein paar Zeilen zu schreiben.

Es hat sich einiges bei mir geändert. Seit Sonntag bin ich nicht mehr in Stötteritz in der Stellung, in der ich nun ein Jahr 7 Tage gewesen bin, sondern auf der Rennbahn Leipzig. Ich sage Euch, die Ruhe hier tut einem direkt gut, man sieht den ganzen Tag keine Menschenseele. Einen feinen Uffz. haben wir hier als Scheinwerfer-Führer. Wahrscheinlich sind wir hierhergekommen, um die in Kürze eintreffenden Flakwaffenhelferinnen auszubilden. Wo wäre ich heute, wenn ich nicht Horcher wäre?

Wir wollen alles weiter in Gottes Hand legen. Heute erhielt ich auch den Einschreibebrief. An meine Privatadresse könnt ihr nun nicht mehr schreiben.

Es grüßt Euch herzlich,

Euer Herbert.

Leipzig, 29.09.1944

Liebe Eltern, Irmgard, lieber Rudi!

Ich komme gerade von meiner Batterieschaft nach Hause. Da empfängt mich der Posten mit den Worten: „Herbert, für Dich liegt ein Telegramm auf der Batterie, dessen Inhalt vorhin fernmündlich durchgegeben wurde.“

Darauf sagte ich: „Jetzt musst Du mir nur noch sagen, dass mein Bruder gefallen ist, dann brauchst Du heute nicht mehr mit mir zu rechnen!“

Er hat mir dann erzählt, was los ist. Trotz der Freude, die bestimmt augenblicklich bei Euch herrscht, ist es für mich eine bittere Enttäuschung gewesen, denn als Abschluss des Telegramms standen da 3 Wörter: „Unmöglich, Wiefert, Oberleutnant“

Der Chef ist betreffs Urlaubsgenehmigung nicht kleinlich und hätte mir bestimmt ein paar Tage gegeben, wenn da nicht eine Lage wäre, da man stündlich damit rechnen könnte, zum Fronteinsatz abgerufen zu werden. Ja, meine Lieben, das ist Paul.

Ich habe förmlich noch die Gelegenheit, nach meiner kurzfristigen Ausbildung, die ich ja bestimmt noch machen muss, einen Ersatzurlaub zu bekommen.

Aber dann wird der Rudi sicher wieder fort sein.

Lieber Rudi! Wenn es mir möglich ist, dann rufe ich im Laufe der nächsten Tage einmal bei Gieraub an.

Gestern wollte mir scheinbar der Tommi Deine Glückwünsche zu meinem Geburtstag bringen. Er war wieder einmal da. Wir sind mit meinen blauen Augen davongekommen.

Für heute wünsche ich Euch alles Gute und Dir lieber Rudi, ein paar schöne Urlaubstage.

Seid nun herzlich gegrüßt und dem Herrn befohlen,

Euer Herbert

Leipzig, 06.10.1944

Ihr Lieben! Heute Abend erhielt ich endlich einen langersehnten Brief von Euch, ebenso den von Rudi. Es hat mir leidgetan, dass ich nicht da sein konnte, wie der Rudi zu Hause war. Wer weiß, wann wir uns nochmal wiedersehen. Inzwischen werdet Ihr wohl den Brief von mir erhalten haben.

Es sieht jetzt nirgends so rosig aus und so langsam kann man das Gruseln lernen.

Lieber Vater! Wegen Rudis Rückfahrt mach Dir nun keine Kopfschmerzen. Der wird sich schon seinen Zug aussuchen.

Gestern sind wir zum Impfen gewesen, einmal gegen Typhus und das zweite Mal gegen Pocken. Am Sonntag ist in Leipzig Wehrkampf-Schießen der NSDAP. Da hat unsere Batterie auch einige Leute zu stellen, darunter bin auch ich. Wir hatten in der vergangenen Woche ein Auswahl-Schießen veranstaltet, wobei ich gleich wieder für den nächsten Sonntag bestimmt worden bin.

Im Übrigen geht es mir noch sehr gut.

Liebe Mutter! Wenn Du etwas schwarzen Zwirn übrig hast, dann kannst Du mir welchen schicken.

Ich will jetzt schließen, in einer Viertelstunde habe ich Wache, die Nacht wird wahrscheinlich kalt werden. Der Tommi war um 21:00 Uhr schon wieder in unsere Nähe. Er wird wohl erst morgen wieder kommen.

Seid nun für heute recht herzlich gegrüßt

von Eurem Herbert.

Dem Herrn befohlen!

Leipzig, 13.10.1944

Ihr Lieben!

Anbei diese überflüssigen Klamotten. Werde wahrscheinlich heute noch in Marsch gesetzt. Näheres später.

Euer Herbert.

Wünsdorf, 14.10.1944

Ihr Lieben!

Auch heute sollt Ihr wieder ein Lebenszeichen von mir erhalten.

Ich befinde mich zurzeit in der Nähe von Berlin in einem Auffanglager. Am Montag geht es wahrscheinlich nach Stendal, und zwar zur Fallschirmjägerausbildung. Es sind alles junge Soldaten im Alter von 24 Jahren und jünger. Der Leutnant ist so alt wie ich, aber ein fabelhafter Kerl. Wenn wir so zusammenbleiben wie jetzt, dann wird auch an der Front alles gut werden. Die meisten, die mit mir von Leipzig kommen, waren ja alte Bekannte aus meiner Batterie und hauptsächlich aus Westfalen.

Unser Abschied in Leipzig war folgendermaßen: Um 12:00 Uhr mussten wir 10 Mann bei der Batterie sein, wo wir noch einiges zu regeln hatten.

Um 14:00 Uhr war die Verabschiedung vom Chef. Als Auftakt sangen uns die Flakwaffenhelferinnen ein rührendes Abschiedslied, dann drückte der Chef einem jeden die Hand und schließlich wollten sich auch die Mädel noch verabschieden, indem sie jedem eine Blume ins Knopfloch steckten und uns in herzlichen Worten „auf Wiedersehen" sagten.

Ich hätte Schwein gehabt, denn das Mädel, das zu mir kam, musste wohl schon eine Raucherkarte haben. So fuhr ich dann mit einer Blume im Knopfloch und einem wohlgefüllten Zigarettenetui nach Berlin.

Vorher jedoch hatte ich noch ein schönes Erlebnis. Als ich nochmal zur Bekleidungskammer musste, saßen da zwei Fw.-Helferinen, deren Dialekt mir gleich auffiel. Im Laufe eines Gesprächs stellte sich dann heraus, dass diese beiden aus dem Sauerland waren. Und zwar von Lüdenscheid und Olpe. Gleich habe ich meinem besten Kameraden gerufen. (es ist ein Uffz., ebenfalls aus Westfalen), und schon haben wir uns wunderbar auf Plattdeutsch unterhalten.

Ich kann Euch sagen, wenn man Heimatklänge hört, dann wird einem das Herz weich. Der Abschied von Leipzig war also wunderschön gewesen.

Ich will für heute schließen. Seid herzlich gegrüßt und dem Herrn befohlen,

Euer Herbert.

Wünsdorf, 18.10.1944

Liebe Eltern, liebe Irmgard!

Wie Ihr seht, bin ich auch heute am Mittwoch noch in Wünsdorf. Ein Tag ist langweiliger, wie der andere. Wir leben hier wie bessere Russen. Dienst kennt man hier nicht. Bloß morgens und mittags wird angetreten, damit der Spieß uns sagt, ob es weitergeht oder nicht.

Wenn es heute noch nicht so weit ist, dann will ich sehen, dass ich nach Berlin fahren kann. Hoffentlich finde ich die Finkmanns, sonst weiß ich nichts Neues.

Seid herzlich gegrüßt und dem Herrn befohlen,

Euer Herbert.

Berlin, 21.10.1944

Ihr Lieben Alle!

Von einem kurzen Besuch Herberts in Berlin sprechen wir heute am frühen Morgen euren herzlichen Gruß aus Berlin.

Anne und Gundi.

Ihr müsst entschuldigen, dass ich meinen Urlaub in Berlin anstatt bei euch verbringe. Aber für den einen Tag hätte das sich das nicht gelohnt. Mir geht es so weit noch gut. Ich hoffe, dass ihr meine letzte Post erhalten habt. Ich muss schließen, den Gundi will sich auch noch an dieser Karte beteiligen. Gruß Herbert

Herbert ist jetzt am Kaffee trinken. Brief folgt! Gruß, Gundi.

Wünsdorf, 21.10.1944

Liebe Vater!

Zunächst gratuliere ich Dir recht herzlich zu Deinem Geburtstag und wünsche Dir Gottes Segen. Möge er uns bald wieder einmal alle zusammenführen und uns die Schrecken des Krieges vergessen lassen. Ich selbst liege zurzeit noch in Wünsdorf mit der nicht gerade schönen Hoffnung, im Laufe der nächsten Tage Fallschirmjäger zu werden. Erst sollten wir nach Stendal kommen zur Ausbildung, doch diese Parole hat sich insofern geändert, dass wir mit 3 Tagen Marschverpflegung mit einem Sammeltransport einem uns unbekannten Ziel entgegenfahren. Es wird deshalb noch einige Zeit dauern, bis ich Post von Euch bekomme.

Doch nun etwas anderes. Gestern hatte ich Nachturlaub. Diesen hatte ich dazu ausgenutzt, um nach Berlin zu fahren. Zunächst habe ich mir die Karte angesehen. Der Adresse nach mussten Finkmanns im Südwesten wohnen, der nächste Bahnhof in dieser Gegend war der Anhalter. Also darauf bin ich zunächst losgesteuert. Hier angekommen, bin ich mit der Straßenbahn Richtung Tempelhof bis zum Halleschen Tor gefahren. Dort stand ein Schupo, der mir dann weiterhelfen konnte. So habe ich mich bis nach Finkmans durchgeschmuggelt. Gundi kam an die Tür und kannte mich sofort. Sie waren natürlich sehr erstaunt, als ich plötzlich da war. Weil Onkel Ewald ja in Berlin in einer Kaserne liegt, konnte ich ihn mit Gundi noch am selben Abend besuchen.

Er ist auch Gefreiter und saß gerade am Tisch in seiner Stube, und als ein Stück trockenen Barras mit Marmelade drauf. Es ist ein komisches Bild, wenn man den Onkel in Uniform sieht. Er hatte leider Wache am Abend und konnte keinen Urlaub bekommen.

Bei Tante Anna gab es Rehbraten, Pfirsich und Erdbeerkompott und Pudding. Ich habe in dieser Nacht mal wieder in einem anständigen Bett geschlafen.

Heute Morgen um 05:00 Uhr bin ich aufgestanden und nach einem kräftigen Frühstück, welches aus Bratkartoffeln und Brötchen bestand, haben mich Tante Anna und Gundi um 06:00 Uhr zur S-Bahn gebracht. Mit soldatischer Pünktlichkeit passierte ich um 2 Min. vor 8:00 das Kasernentor in Wünsdorf.

(leider fehlt die zweite Seite zu diesem Brief)

Wünsdorf, 22.10.1944

Ihr Lieben!

Ich möchte Euch kurz mitteilen, dass ich morgen Wünsdorf wieder verlassen werde. Das Ziel ist noch unbekannt. Mit 38 Mann müssen wir uns einen Güterwagen teilen.

Heute gab es für 3 Tage Marschverpflegung. Was sie mit uns vorhaben, ist noch unbekannt. Ich will für heute schließen. Es verbleibt mit vielen herzlichen Grüßen, Euer Herbert.

Wenn Ihr den ersten Brief wieder schreibt, dann legt bitte 2 Zigaretten dabei, seit Leipzig habe ich nichts mehr zu heizen.

Nochmals herzliche Grüße, Euer dankbarer Herbert.

Berlin, 26.10.1944

Meine Lieben!

Vielen Dank für Euren Brief. Eben habe ich 2 Briefe geschrieben, nun kommt noch der Dritte. Unsere Karte habt ihr sicher inzwischen erhalten. Das war uns am letzten Freitag eine rechte Überraschung, als Herbert in die Stube trat. Ich war gerade dabei, einen Mantel zu nähen. Nach dem Kaffeetrinken machte Herbert und Gundi einen Besuch bei Ewald. Er war zwar nur kurz, aber beide hatten sich doch gesehen. Als Sie dann wieder nach Hause kamen, war das Abendbrot fertig.

Herbert hat sich wieder einmal satt gegessen. Junge Leute haben doch immer Hunger. Er könnte etwas dicker sein. Leider soll er ja nun an die Front kommen. Es wäre schön gewesen, wenn Ihr hättet, können die paar Stunden auch hier sein.

In Gedanken waren wir auch bei Euch. Wo es hingehen soll, weiß Herbert noch nicht. Sie bekommen auf 3 Tage Marschverpflegung.

Uns geht es noch gut, was wir auch von Euch annehmen. Gundi schläft noch.

Ewald war gestern auf Nachturlaub hier. Opa hat uns auch geschrieben, wie der Angriff auf Kierspe war. Nur gut, dass Gundi hier ist.

Für heute herzliche Grüße und Gott befohlen, Eure Berliner

Ewald, Anna und Gundi.

(dieser Brief beschreibt aus Sicht der Finkmanns den Besuch von Herbert auf seinem Nachturlaub.)

Berlin, 27.10.1944

Meine Lieben!

Soeben habe ich von Herbert einen Brief bekommen, aber nicht Feldpost.

Er teilt uns darin mit, dass er am 23.10. 44. Wünsdorf bei Zossen (ein vor Ort in Berlin) verlässt. Ich sagte ihm, er soll den Brief auf irgendeinem Bahnhof in den Kasten stecken und das hat er auch getan. Der Brief ist am Dienstag den 24.10. abgestempelt in Bentheim.

Aber so wissen wir, wo er zu suchen ist. Wir hoffen, dass alles gut geht und er gesund wieder in Eure Mitte zurückkehrt.

Urlaub gibt es vor Kriegsende nicht mehr. Wir müssen nun weitere Post abwarten.

Hat Rudi schon geschrieben? Das ist ja nun eine recht große Sorge für Euch, beide Söhne an der Front zu wissen. Wir wollen mit Euch helfen tragen und täglich für Sie beten.

Herzliche Grüße und Gott befohlen

Ewald, Anne und Gundi.

Solltet Ihr noch keine Post erhalten haben, wird Euch diese Nachricht sicher interessieren.

(auch dieser Brief ist von den Finkmanns)

Im Westen, 29.10.1944

Meine liebe Mutter!

Zum dritten Mal, seit ich Soldat bin, kann ich nicht persönlich zu Hause sein, um Dir zu deinem Geburtstag zu gratulieren. Da muss nun leider nur ein Feldpostbrief Dir meine Glückwünsche übermitteln. Diese sollen aber umso herzlicher sein. Möge Dir der Herr auch im neuen Lebensjahr stets ein Trost und ein Segen sein.

Mir persönlich geht es soweit noch gut. Wenn mir auch der Dienst zurzeit noch schwer fällt, weil ich die körperliche Arbeit noch nicht gewohnt bin, die man von einem Pionier verlangt.

Heute, am Sonntag zum Beispiel haben wir Schleppkähne entladen, da war Holz drauf zum Brückenbau. Der leichteste Balken wog 5 Zentner.

Morgen geht es wieder ins Gelände mit Panzerfaust und Panzerschreck, sowie mit Mienen, MG‘s und sonstigen Infanteriewaffen.

In dieser Form wird das etliche Wochen so weitergehen. Aber der Herr wird mir dabei helfen.

Ich will jetzt schließen, in der Hoffnung, dass ich von euch bald ein Lebenszeichen erhalte.

Grüßt Euch recht herzlich, Euer Herbert.

Gefallen ist Herbert am 13.12.1944 in Lothringen. Er wurde nur 20 Jahre alt!

Dieses Bild entstand Anfang der 60-er Jahre auf einem Soldatenfriedhof in Lothringen.

Es zeigt die Mutter Herta und den Bruder Rudolf an Herberts Grab.

Hiermit endet die gedankliche Reise mitten in das Kriegsgeschehen. Ich denke, ich konnte den Leser ein Stück mit hineinnehmen in die seelische Anspannung der Soldaten, die den Krieg nie gewollt haben, aber sich nicht dagegen wehren konnten.

Die Feldpostbriefe sind für das Verständnis aus meiner Sicht deshalb so gut für den Einblick geeignet, weil hier banale Kleinigkeiten neben Sorgen und Nöten Platz gefunden haben und auch der Tagesablauf eines Soldaten im zweiten Weltkrieg genau beschrieben wurde.

Aus den Briefen gehen die Gräueltaten nicht hervor, da diese bei Strafe nicht nach Hause geschrieben werden durften.

In der heutigen Zeit, in der in Europa der Krieg zwischen Russland und der Ukraine schon seit 2 Jahren andauert, wird einem klar, was in den Köpfen der Soldaten vor geht.

Ich wünsche der Ukraine, dass der Krieg bald ein Ende findet!

Es sollte nie wieder Krieg geben, aber die aktuelle Geschichte lehrt uns leider etwas anderes!

Anhang A)

Im Anhang ist noch ein Briefsegment (der Anfang fehlt), das ich keinem Datum oder genauen Ort zuzuordnen konnte, das ich aber dennoch nicht weglassen wollte.

Vermutlich 1942 aus Gauting oder Kitzingen bei der Grundausbildung:

... Hier bekomme ich nur einen Teil meiner Infanterieausbildung.

An welches Gerät ich dann komme, weiß ich nicht. Jedenfalls heißt mein Dienstgrad Kanonier, wie bei der richtigen Artillerie auch jeder Soldat Kanonier heißt.

Wie ich schon schrieb, ist das Essen verhältnismäßig gut. Wenn auch ziemlich viel Krümmel drin sind, aber Ihr glaubt gar nicht wie gut das schmeckt, wenn man des mittags vom Fußdienst zurückkommt.

Über die Vorgesetzten kann ich nicht klagen, wenn es auch manchmal nur so hagelt von Soldatenflüchen, das geht dann in ein Ohr rein und aus dem anderen wieder heraus.

Noch eine Frage, liebe Eltern und Geschwister, haben Brinks schon den Brief von mir bekommen, oder geht er auch noch in der Gegend umher?

Das Schicken von Päckchen unterlasst bitte noch, bis ich eine neue Adresse habe.

Das könnt ihr vielleicht einmal machen, wenn ich in Frankreich bin.

Lebt nun wohl und grüßt mir alle meine Bekannten und Verwandten. Herzliche Grüße auch an Else und sagt Ihr, dass ich auch von Ihr Post erwarte.

Also noch einmal einen herzlichen Gruß von Eurem Herbert.

Anhang B)

Was ist aus den anderen Familienmitgliedern geworden?

Der Vater Fritz starb im September 1960, im Alter von fast 63 Jahre. Er war somit 19 Jahre an den Rollstuhl gefesselt. Seine Tochter wohnte mit ihrer Familie im selben Haus.

Die Mutter Herta hatte 3 ältere Brüder aus der ersten Ehe ihres Vaters, von denen 2 nach Berlin zogen. Aus der zweiten Ehe des Vaters kamen noch ein Halbbruder und eine Halbschwester hervor.

Herta zog ein paar Jahre nachdem ihr Mann Fritz gestorben war, in das Haus ihrer Tochter Irmgard und ihres Schwiegersohnes Walter. Sie starb im April 1992 im Alter von 91 Jahren.

Irmgard hatte mit ihrem Mann 4 Kinder und starb im Januar 2019, zwei Tage vor ihrem 90. Geburtstag.

In Gedenken an meinen Vater und meinen Onkel, die eine schreckliche Zeit voller Ungewissheit in einem mörderischen Krieg verbringen mussten.

Hamburg
Messe + Congress
Die ideale Verbindung aus Erlebnis und Erfolg.
Mit jährlich über 40 nationalen und internationalen Veranstaltungen ist die Hamburg Messe und Congress GmbH ein Motor der Hamburger Wirtschaft und Garant für Messe-, Kongress- und Eventerlebnisse in bester Citylage.

Stefan Luppold (Hrsg.)

DEEP LEARNING, ARTIFICIAL INTELLIGENCE, TARGET GROUP IDENTIFICATION, INDOOR ANALYTICS

MANAGEMENT-ANSÄTZE FÜR DIE LIVE-KOMMUNIKATION

Stefan Luppold (Hrsg.)

DEEP LEARNING, ARTIFICIAL INTELLIGENCE, TARGET GROUP IDENTIFICATION, INDOOR ANALYTICS

MANAGEMENT-ANSÄTZE FÜR DIE LIVE-KOMMUNIKATION

WFA MEDIEN VERLAG

Bibliografische Information der Deutschen Nationalbibliothek
Die Deutsche Nationalbibliothek verzeichnet diese Publikation in der Deutschen Nationalbibliografie; detaillierte bibliografische Daten sind im Internet über http://dnb.dnb.de abrufbar.

ISBN Paperback: 978-3-946589-24-2
ISBN Hardcover: 978-3-946589-25-9
ISBN E-Book: 978-3-946589-26-6

WFA Medien Verlag | Patrick Haag, Uhlandstr. 65, 71299 Wimsheim
Herstellung und Druck: tredition GmbH, Halenreie 42, 22359 Hamburg

www.wfa-medien-verlag.de

Vorwort des Herausgebers

Dieser fünfte Band der Studienreihe Messemanagement ist erneut mit dem Anspruch versehen, eine Quelle der Inspiration, der Anregung, des Weiterdenkens zu sein. Ich lade Sie deshalb herzlich ein, alle vier – ausgezeichneten – Beiträge zu nutzen, als Update des eigenen Wissens und als Impuls für den kritischen Blick auf das eigene Tun. Insbesondere das in die Zukunft gerichtete!

Die Frage darf gestellt werden, woher denn Veränderungen kommen. Ich erinnere mich an die Dualität, die mir mein Professor für Fertigungstechnik einmal erläutert hat:
Entweder haben wir neue Werkzeuge zur Verfügung, die uns weitere Möglichkeiten eröffnen; oder wir haben neue Konzepte erarbeitet, für die wir dann noch die erforderlichen Werkzeuge entwickeln müssen. Das Eine treibt das Andere – und umgekehrt.

Die vier Beiträge der jungen Akademiker mit Messe-, Kongress- und Event-Expertise bewegen sich in beiden Ansätzen. Sie nehmen technologische Innovationen auf und übertragen die Anwendung auf die Veranstaltungswirtschaft. Erfrischend ist dabei, dass sie die gelernten Grenzen überschreiten, tradiertes Verhalten in Frage stellen. Damit tauschen sie nicht einfach das Werkzeug aus, sondern denken wirklich neu.

Beispielhaft zu lesen ist das in dem Beitrag von Sofia Zindler: Indoor Analytics. Sie überlegt, inwieweit die – nun ziemlich exakt messbare – Besucherfrequenz einen Einfluss auf die Quadratmeterpreise haben kann. Für viele Branchen-Experten ein No-Go, nun aber neu in die Diskussion gebracht. Was in einem anderen Kontext – Standorte in Shopping Malls etwa – schon lange üblich ist, kann auch für die Veranstaltungswirtschaft neu gedacht werden.

Das gilt synonym für die Beiträge von Doreen Richter und Marie-Christin Gerken. Wir sollten nicht nur, sondern müssen die Rolle von Künstlicher Intelligenz (KI) in eine Langfrist-Perspektive aufnehmen. Auch wenn das heute noch utopisch anmuten mag: natürlichsprachliche Systeme und Biometrie-Tools wandern aus der Science-Fiction-Schublade in den Reality-Container!

In einem meiner ersten Bücher, das ich gemeinsam mit Florian Bernard geschrieben haben, thematisierten wir das mobile Marketing auf Messen – entlang der Frage, wie die zunehmende Zahl an digitalen Endgeräten (insbesondere Mobiltelefone) sinnvoll genutzt werden kann. Wir zeigten auf, dass Navigation und Terminmanagement möglich sind, ebenso eine spielerische Nutzung mit Exponaten bzw. Informationsdisplays am Messestand. Zu jener Zeit waren diese Gedanken so weit weg von dem traditionellen Bild eines Besuchers, der über eine Messe schlendert und sich mehr zufällig als geplant für den einen oder anderen Aussteller interessiert, dass wir heftig von der „herrschenden Meinung" kritisiert wurden. Nur wenige Jahre später hatte man die Notwendigkeit erkannt, solche mobilen Strategien umzusetzen, im Sinne einer weiteren Steigerung des Messe-Erfolgs.

Felix Urban hat, ebenfalls mit einem strategischen Blick, ein Modell entwickelt. Die Gewinnung von Besucherzielgruppen bleibt ein wesentliches Ziel, das in Zeiten von raschen Veränderungen ein wenig Konstanz schaffen kann. Übertragbar, daher wie die anderen drei Beiträge auch, auf andere Situationen, nutzbar in einem anderen Kontext.

Den vier Autorinnen und Autoren danke ich herzlich dafür, dass sie uns ihre Erkenntnisse zur Verfügung stellen. Dies gilt auch für die Unternehmen, die in gewisser Art und Weise die Laborumgebung der jungen Forscher waren; sie haben dazu beigetragen, die theoretischen Bausteine mit wertiger Praxis zu verbinden. Neben den eigentlichen Inhalten der Beiträge lohnt immer ein Blick auf die Struktur, den Aufbau. Für weiterführende Details selbstverständlich auch auf die aufgeführte, verwendete Literatur.

Erneut nutze ich das Vorwort – wie schon bei den Bänden 1 bis 4 – um dem FAMA Fachverband Messen und Ausstellungen e.V. zu danken. Durch den im Jahr 2013 zum ersten Mal ausgelobten Messe-Impuls-Preis entstand die Idee, die ausgezeichneten Einreichungen den Fach- und Führungskräften der Messewirtschaft und vielen weiteren Interessierten zugänglich zu machen; dies schuf so ein Potpourri aus inzwischen rund 25 Fachbeiträgen, die man im vorliegenden Band sowie den bereits erschienenen *Strategischer Erfolg durch User Experience und Mixed Reality*, *Stakeholder im Fokus*, *Innovation und Change* sowie *Agilität und Transformation* nachlesen kann. In vorbildlicher Konstanz zeigen sich Vorstand und Geschäftsführung damit als dem Branchen-Nachwuchs verpflichtet!

Danke auch an die Hamburg Messe und Congress GmbH, deren Unterstützung die Veröffentlichung dieses Bandes ermöglicht hat.

Und schließlich ein Dankeschön an den Verlag, der mit seinem Support die Autorinnen und Autoren vorbildlich begleitet hat.

Johann Wolfgang von Goethe hat gesagt:

Mit dem Wissen wächst der Zweifel.

Begreift man Zweifel als Anstoß für Weiterentwicklung, Verbesserung und Fortschritt, dann hilft der Wissenserwerb aus diesem Buch sicherlich zum Erkenntnisgewinn!

Prof. Stefan Luppold
IMKEM Institut für Messe-, Kongress- und Eventmanagement

Inhaltsübersicht

Kurzfassungen

Einsatzmöglichkeiten von Deep-Learning zur Verbesserung des Besuchererlebnisses auf Messen

Künstliche Intelligenz wirkt aktuell in nahezu allen Branchen als Treiber für Entwicklung und Innovation. Möglich gemacht hat diesen Hype eine besondere Facette der Künstlichen Intelligenz: Das Deep Learning. Anwendung findet Deep Learning etwa bei Smart Speakern, dem autonomen Fahren oder in der medizinischen Diagnostik von Krankheiten – Technologien, die erst durch diese Art der Künstlichen Intelligenz möglich sind.

Die Autorin stellt daher die Frage, welche Anwendungsmöglichkeiten von Deep Learning es bei Messegesellschaften gibt. Unter Berücksichtigung von Voraussetzungen und Herausforderungen betrachtet sie speziell, wie das Besuchererlebnis auf Messen durch Deep Learning verbessert werden kann und führt in diesem Rahmen Experteninterviews durch. Als Ergebnis werden mehr als zehn konkrete Anwendungsmöglichkeiten entlang der gesamten Customer Journey eines Messebesuchers erkannt und erläutert. Des Weiteren werden Voraussetzungen und Herausforderungen beleuchtet, mit denen sich Messeveranstalter auseinandersetzen sollten, die über eine Anwendung von Deep Learning nachdenken.

Die Autorin

Marie-Christin Gerken erlangte 2019 mit ihrer Abschlussarbeit den Bachelor of Arts im Studiengang Messe-, Kongress- und Eventmangement an der DHBW Ravensburg. Mit dieser Arbeit wurde sie für den Deutschen Forschungspreis für Live Communication 2019 nominiert, mit dem der Kommunikationsverband FAMAB und die TU Chemnitz jährlich exzellente studentische Abschlussarbeiten im Bereich der Live Communication auszeichnen.

An analysis of the influences of Artificial Intelligence and its potential for application in the event sector
Development of recommendations for action

Alle reden über Künstliche Intelligenz, die Zeitungen und Magazine überschlagen sich mit Artikeln zu diesem Thema. Aber was genau ist Künstliche Intelligenz und welche Anwendungsformen vereinen sich unter dem Begriff? Welche Vorteile und Hürden werden in diesem Zusammenhang diskutiert? Wenn es wahr ist, dass KI Auswirkungen auf alle Wirtschaftssektoren haben wird, wie kann und sollte sich die Veranstaltungsbranche darauf vorbereiten und das Potenzial dieser Technologie nutzen? Um die Chance nicht zu verpassen und für die Zukunft gut vorbereitet zu sein sowie den sich verändernden Bedingungen und Erwartungen anzupassen, prüft diese Master Thesis das Themengebiet der Künstlichen Intelligenz und deren Anwendbarkeit, Stärken und Schwächen speziell für die Veranstaltungsbranche und deren Hauptakteure. Diese Untersuchung soll die Branche ermutigen, sich mit KI auseinanderzusetzen und sie als Komponente der zukünftigen Geschäftsmodelle zu verstehen. Weiterhin soll die Befürchtung genommen werden, dass KI als Bedrohung der Menschheit gesehen wird, sondern vielmehr Möglichkeiten sowie Handlungsempfehlungen in Bezug auf die Implementierung von Künstlicher Intelligenz als effiziente Zusammenarbeit von Menschen und Maschinen aufzeigen.

Die Autorin

Doreen Richter hat mit dieser Arbeit ihr Masterstudium mit dem Schwerpunkt Business Administration an der Fernuniversität IUBH abgeschlossen und erhielt dafür den zweiten Platz beim Messe-Impuls-Preis 2019.

Modellentwicklung zur strategischen Gewinnung relevanter Besucherzielgruppen für Investitionsgütermessen

Ein marketingbezogener Ansatz aus Veranstaltersicht am Beispiel der Hannover Messe

Die Besucherzahlen überregionaler Messeveranstaltungen in Deutschland stagnieren seit Jahren, ehemalige Riesen ächzen unter dem Gewicht des Wettbewerbs außer- und innerhalb der Branche und dennoch liegt, führt man ein tiefgreifenderes Gespräch mit den zentralen Playern der Messewirtschaft, zumeist keine wirklich strategische Verankerung des Themas Besuchergewinnung vor – ganz zu schweigen von einer eigenen Lobby dieser doch so wichtigen Gruppe im Unternehmen. Dies verwundert, da doch eigentlich das Kernziel von Messen sein sollte, die relevanten Aussteller- und Besucherzielgruppen zusammenzubringen, oder?

Der Autor hat durch die Zusammenführung einer quantitativen sowie einer qualitativen Erhebung einige wesentliche Punkte zur grundsätzlichen Verankerung bzw. Optimierung des Besuchermarketings innerhalb einer Messegesellschaft geliefert und diese in Form eines Modells visualisiert.

Der Autor

Mit seiner Abschlussarbeit an der DHBW Ravensburg, Studiengang Messe-, Kongress- und Eventmanagement, gewann Felix Urban den Deutschen Forschungspreis für Live Communication, ausgelobt von FAMAB und der TU Chemnitz.

Der Einsatz von Indoor Analytics bei Messegesellschaften in Deutschland
Entwicklung von Use-Cases und deren Bewertung unter Bezugnahme von Expertengesprächen und Befragungen

Der digitale Wandel, die digitale Transformation und die Digitalisierung sind in unserer Wirtschaft längst keine leeren Worthülsen mehr. Neue digitale Geschäftsmodelle durch digitale Technologien spielen im Hinblick auf die Wettbewerbsfähigkeit auch in Messegesellschaften eine immer relevantere Rolle. Nicht nur für die digitale Vernetzung von Aussteller und Besucher, sondern auch für den Aufbau digitaler Kompetenzen der Messeveranstalter, muss „Big Data“ zu „Smart Data“ verarbeitet werden.

Mithilfe von Indoor Analytics können an einem geschäftigen Messetag Daten wie Sand am Meer gesammelt, erfasst, verarbeitet und analysiert werden. Wie diese Daten von Messegesellschaften ausgewertet und so genutzt werden können, dass ein Mehrwert für Besucher, Aussteller und Messegesellschaft entsteht, untersucht die Autorin in ihrer Arbeit. In der Erarbeitung von drei konkreten Use-Cases berücksichtigt die Autorin messespezifische Gegebenheiten und unterzieht diese einer anschließenden Bewertung durch zwei unterschiedliche Marktforschungsmethoden. Durch qualitative Datenerhebungen in deutschen Messegesellschaften und Technologie-Unternehmen prüft sie die Einsatzmöglichkeiten und formuliert Implikationen für die datengetriebene Zukunft von Messegesellschaften.

Die Autorin

Mit ihrer Abschlussarbeit an der DHBW Ravensburg im Studiengang BWL Messe-, Kongress- und Eventmanagement erhielt Sofia Zindler den ersten Platz des FAMA Messe-Impuls-Preis 2019 und die Nominierung für den Deutschen Forschungspreis für Live Communication 2019 des FAMAB und der TU Chemnitz.

EINSATZMÖGLICHKEITEN VON DEEP-LEARNING ZUR VERBESSERUNG DES BESUCHERERLEBNISSES AUF MESSEN

Marie-Christin Gerken

Inhaltsverzeichnis

Abbildungsverzeichnis

Abkürzungsverzeichnis

CIO	Chief Information Officer
CPU	Central Processing Unit
CRM	Customer-Relationship-Management
DL	Deep Learning
DSGVO	Datenschutz-Grundverordnung
GPU	Graphic Processing Unit
KI	Künstliche Intelligenz
KNN	künstliche neuronale Netze
ML	Machine Learning

1 Einführung

Künstliche Intelligenz. Dieser Begriff ist derzeit in aller Munde.

Wirtschaftsminister Peter Altmaier bezeichnet sie als „Schlüsseltechnologie für die gesamte Wirtschaft" (Güßgen, 2019, S. 57). Google-Chef Sundar Pichai meint: „Künstliche Intelligenz ist eines der wichtigsten Dinge, an denen Menschen arbeiten. Ihre Bedeutung ist grundlegender als Elektrizität oder das Feuer" und Microsoft-Chef Satya Nadella sagt: „Künstliche Intelligenz ist nicht einfach nur eine weitere Technologie, es könnte eine der wirklich grundlegenden Technologien sein, die Menschen jemals entwickelt haben" (Vgl. Thielecke, 2019, S. 5).

Die Bedeutung von Künstlicher Intelligenz (KI) zeigt sich auch in den Investitionssteigerungen der letzten Jahre. Von 2013 bis 2017 haben sich die Investitionen in KI weltweit um den Faktor acht vervielfacht (Vgl. CAICT/Statsita estimates, 2018, o.S.). Maßgeblich haben zu dieser Entwicklung China (60%), die USA (29,1%) und Indien (4,7%) beigetragen, wobei Deutschland mit 0,2% eines der Schlusslichter darstellt (Vgl. CAICT/Gartner, 2018, o.S.). Nicht nur die Regierungen, auch Unternehmen begreifen KI als die nächste Basistechnologie, die „[…] flinke Start-ups in Weltmarktführer und […] Platzhirsche zu abgehängten Dinosauriern [degradieren]" (Schmidt, 2019, o.S) könnte.

In der Automobil- oder Versicherungsbranche sowie in der Medizin wird KI bereits in vielen Bereichen angewendet und treibt die Entwicklung in großen Schritten voran. So können medizinische Programme Muttermale auf Hautkrebsrisiko überprüfen und erzielen damit eine höhere Erfolgsquote als der Mensch (Vgl. Buck, 2019, o.S.). Autos lernen ohne Aktion des Fahrzeugführers autonom zu fahren. Die Risikoeinschätzung bei der Erstellung von Versicherungsverträgen wird durch einen Algorithmus übernommen (Vgl. Krempl, 2018, o.S.). Auch im privaten Bereich begegnet uns KI im alltäglichen Leben, beispielsweise in Form von Smart-Speakern wie Alexa von Amazon.

Die Technologie, die zum aktuellen KI-Hype und den Durchbrüchen der letzten Jahre führte, nennt sich Deep Learning (DL) und ist eine Facette der KI. Unter Deep Learning versteht man Programme, die durch Algorithmen die Netzstrukturen von Nervenzellen nachbilden und so lernfähig sind (Vgl. Kirste/

Schürholz, 2019, S. 29). Aufgabe von DL ist das autonome Erkennen von Mustern (Vgl. Buxmann/Schmidt, 2019, S. 12). Dies ermöglicht das eigenständige Verarbeiten und Auswerten von vorab gesammelten Informationen.

Mit Betrachtung der Entwicklungen anderer Branchen, stellt sich die Frage, ob DL auch für die Messebranche ein Treiber sein könnte.

Der Messemarkt in Deutschland gilt als gesättigt (Vgl. Schwefer, 2017, S. 888). Seit dem Jahr 2000 haben außerdem viele Messegesellschaften mit sinkenden Besucherzahlen zu kämpfen, was insbesondere durch die fortschreitende Entwicklung des Internets zu begründen ist (Vgl. Erbel, 2017, S. 244). Umfassende Informationen zu diversen Themen lassen sich im World Wide Web finden. Der Online-Handel stellt sowohl für Verbraucher als auch für Händler eine unkomplizierte und schnelle Möglichkeit dar und die Kommunikation wird durch Instrumente wie Videokonferenzen auch bei großen Distanzen deutlich persönlicher. Abwärtstrends von Besucherzahlen wirken sich auch auf die Ausstellerzahl aus. Denn Aussteller und Besucher bedingen sich gegenseitig (Vgl. Hochheim/Neven, 2015, S. 10; von Baerle/Brandl, 2017, S. 668). Messeveranstalter sehen sich daher mit der Herausforderung konfrontiert, ein Gleichgewicht zwischen Ausstellern und Besucher zu schaffen, das für beide Seiten einen Besuch lohnenswert macht. Um eine weitere Abnahme der Besucherzahlen zu vermeiden, ist es von Nöten, zusätzliche Mehrwerte für die Besucher einer Messe zu schaffen. In anderen Branchen hat DL bereits neue Mehrwerte generiert und als Treiber funktioniert. Auch in der Messebranche gilt es, Potenziale zu erkennen. Welche Einsatzmöglichkeiten DL bietet, um das Besuchererlebnis auf Messen zu verbessern, zeigt dieser Beitrag auf. Dabei wird ebenfalls verdeutlicht, mit welchen Voraussetzungen und Herausforderungen sich Messegesellschaften bei der Anwendung dieser noch eher unbekannten Technologie auseinandersetzen sollten.

2 Künstliche Intelligenz

2.1 Begriff

Bereits seit Entstehung des Begriffes „künstliche Intelligenz" im Jahre 1965 auf der Konferenz „Summer Research Project on Artifical Intelligence" besteht Uneinigkeit über eine genaue Definition (Vgl. Buxmann/Schmidt, 2019, S.3 f.). Dies liegt insbesondere daran, dass verschiedene Definitionen zum Begriff Intelligenz vorherrschen, da Forscher unterschiedlich auffassen, welche Fähigkeiten zur Intelligenz zählen. Betrachtet man die Überschneidungen von Expertendefinitionen, wird Intelligenz insbesondere durch folgende Kompetenzen des Menschen definiert: Treffen logischer Schlussfolgerungen, Problemlösungs- und Urteilsvermögen, Wahrnehmung und Empfindung sowie das Ansammeln von Wissen (Vgl. Funke/Vatterrodt, 2004, S.10).

Insbesondere das Ansammeln oder auch Lernen von Wissen, das Treffen logischer Schlussfolgerungen und das Lösen von Problemen finden sich oftmals auch in Definitionen Künstlicher Intelligenz wieder (Vgl. Mainzer, 2019, S.3; van de Gevel/Noussair, 2013, S.9; bitkom/DFKI, 2017, S. 29). Trotz unterschiedlicher Auffassungen von Künstlicher Intelligenz, sind sich Forscher einig, dass es sich um ein Teilgebiet der Informatik handelt, das sich mit der Erforschung und Entwicklung von Programmen beschäftigt, die menschenähnliche kognitive Fähigkeiten besitzen. Zu diesen zählen Lernen, Problemlösung und Mustererkennung (Vgl. Amazon, o.J., o.S.; Buxmann/Schmidt,2019, S. 6.; Van de Gevel/Noussair, 2013, S. 9).

2.2 Deep Learning: Leistungsstarke KI

2.2.1 Funktionsweise

Während der Anfänge der KI „[...] brachten Programmierer Computern bei, Daten zu nutzen, indem sie komplexe Kommandostrings erstellten" (Handcock, 2019, o.S.). Beim heutigen Datenaufkommen würde diese Lernmethode einen nicht realisierbaren Aufwand bedeuten, der mit dem Verfassen von Milliarden von Codezeilen verbunden wäre (Vgl. Handcock, 2019, o.S.). Stattdessen wird größtenteils Machine Learning (ML) angewendet, das seit den 80er Jahren als die dominierende Lernmethode in der KI vorherrscht.

Laut dem Bundesverband Informationswirtschaft, Telekommunikation und neue Medien und dem Deutschen Forschungszentrum für Künstliche Intelligenz definiert sich ML als „[...]Verfahren, bei denen Computer-Algorithmen aus Daten lernen, beispielsweise Muster zu erkennen oder gewünschte Verhaltensweisen zu zeigen, ohne dass jeder Einzelfall explizit programmiert wurde" (bitkom/ DFKI, 2017, S. 27). Dies bedeutet, dass die Algorithmen Erfahrungswerte nutzen, um die Entscheidungsregeln, auf deren Grundlage sie handeln, eigenständig anzupassen. So wird einem Algorithmus etwa eine Vielzahl von Hundebildern gezeigt und anstatt, dass der Programmierer definiert, was die Merkmale eines Hundes sind (vier Pfoten, ein Schwanz, Fell etc.) erkennt der Algorithmus selbst bezeichnende Merkmale (Vgl. Buxmann/Schmidt, 2019, S. 8).

Deep Learning hat als Facette des ML in den letzten Jahren die Entwicklung der künstlichen Intelligenz stark beschleunigt. So ist die Umsetzung von Technologien wie Smart Speakern oder Chatbots ermöglicht worden – auch wenn es noch Verbesserungspotenziale gibt.

DL nutzt zum Lernen künstliche neuronale Netze (KNN), die den Netzstrukturen des menschlichen Gehirns nachempfunden sind. Im Gegensatz zu der komplexen Anordnung von Neuronen im Gehirn des Menschen sind die künstlichen Neuronen dabei allerdings linear angeordnet (Vgl. Statista, 2019, S. 23). Ein KNN besteht aus Neuronen (Knoten) und Synapsen (Kanten), die gemeinsam ein Netz bilden (Vgl. Buxmann/Schmidt, 2019, S. 13). Die Verarbeitung von Input zu Output geschieht durch die Programmierung der Neuronen, die der Computer eigenständig vornimmt (Vgl. Statista, 2019, S. 23). Es gibt drei unterschiedliche Neuronen-Typen (Vgl. im Folgenden Rey/Wender, 2018, o.S. zitiert nach Buxmann/Schmidt, 2019, S. 13 ff.):

Die Eingabe-Neuronen werden mit den Eingangsdaten gespeist. Dies können beispielsweise Blutwerte bei einem Programm zur Diagnose von Blutkrankheiten sein.

Die versteckten Neuronen bezeichnen die inneren Schichten des KNN, die sich zwischen den Eingabe- und Ausgabe-Neuronen befinden. Hier werden die

Eingangsdaten in einer Vielzahl von Schichten verarbeitet. Dabei kommen in einer nachgelagerten Schicht mehrere Werte unterschiedlicher vorgelagerter Neuronen an, die anschließend verarbeitet werden und im nächsten Schritt an Neuronen der nächsten Schicht gegeben werden (Vgl. Kirste/Schürholz, 2019, S.31. f.). Die Synapsen zwischen den Neuronen erfüllen die Funktion von Gewichten, die als Parameter Einfluss auf Entscheidung des Algorithmus nehmen (Vgl. Selle, 2018, S. 10).

Die Ausgabe-Neuronen enthalten die Ausgangsdaten, wie zum Beispiel eine Diagnose. Sie sind das Ergebnis der Verarbeitung der Eingabe-Neuronen.

Die Synapsen, die die einzelnen Neuronen miteinander verbinden, repräsentieren das Wissen des Netzes. Ihre Gewichte werden durch Lernregeln bestimmt, die das Netz mit Hilfe von Trainingsdaten eigenständig entwickelt (Vgl. Buxmann/Schmidt, 2019, S. 14 f.). Bevor also eine Nutzung des KNN möglich ist, muss es gefüllt und angelernt werden. Ist die Fehlerquote unter einer vorab definierten Grenze angelangt, ist die Trainingsphase abgeschlossen und das KNN ist einsatzbereit (Vgl. Schürholz/Spitzner, 2019, S. 37). Im weiteren Verlauf passt das Netz die Parameter ständig an und nutzt hierzu die Daten, die es zur Bearbeitung erhält (Vgl. bitkom/DFKI, 2017, S. 17).

Frühere Formen von KNN nutzten meist drei Schichten, wohingegen beim DL oftmals zehn oder mehr Schichten zum Einsatz kommen (Vgl. Statista, 2019, S. 23). Die Vielzahl der Schichten ermöglicht eine größere Parallelität bei der Verarbeitung von Daten, was das Netz gegenüber anderen Formen des ML deutlich leistungsfähiger macht (Vgl. Kirste/Schürholz, 2019, S. 31). Darüber hinaus passt das Netz durch die kontinuierliche Verarbeitung der Eingabe-Werte ständig seine Lernregeln an, wohingegen andere Methoden bereits zu einem früheren Zeitpunkt ein Optimierungsplateau erreichen (Vgl. Statista, 2019, S. 23).

Sowohl beim Deep-Learning als auch bei anderen Formen des ML erstellt der Algorithmus die Regeln für die Verarbeitung von Input zu Output eigenständig, ohne dass der Mensch die Parameter des Verarbeitungsprozesses kennt. Daher wird oftmals der Vergleich zu einer Black Box gezogen, da nicht ersichtlich ist, wie genau der Computer Daten verarbeitet und warum er zu einem bestimmten Ergebnis kommt (Vgl. Buxmann/Schmidt, 2019, S. 17; Seller, 2018, S. 12, Mainzer, 2019, 245 f.). Die Muster, die der Algorithmus erkennt, müssen in der

Realität nicht in Zusammenhang mit dem eigentlichen Ergebnis stehen. Ist das Ziel eines Algorithmus beispielsweise anhand von bisherigem Buchungsverhalten eine Vorhersage über die Ausstellerzahl zur Messe treffen, so macht er dies an Kriterien fest, die er als Eingabe erhalten hat und versucht, eine Korrelation dieser zu erschließen. Kriterien wie die Schuhgröße oder die Haarfarbe des Ausstellers, sollten diese Inhalte abgefragt werden, würde der Algorithmus in seine Entscheidung einbeziehen, auch wenn erkannte Muster Zufallswerte wären und nicht in Verbindung zum Anmeldeverhalten zu stellen sind.

Die Unwissenheit über die erlernten Parameter macht die Klärung der Verantwortungsfrage, insbesondere bei sensiblen Themen wie medizinischen Diagnosen, autonomen Fahren oder Bewerbungsprozessen problematisch (Vgl. Mainzer, 2019, S. 245). Wenn dem Menschen verborgen bleibt, wie ein Algorithmus Lösungen berechnet, bietet dies ein Potenzial für unerkannte Fehlentscheidungen.

2.2.2 Technische Voraussetzungen

Sowohl beim DL als auch bei anderen Formen des ML muss das Programm zunächst mit großen Datenmengen gespeist werden, die es analysieren und auswerten kann, um Lernregeln zu generieren. Bilderkennungsprogramme werden mit tausenden oder zehntausenden Bildern versorgt, um die benötigten Strukturen zu begreifen und entsprechende Algorithmen zu entwickeln (Vgl. bitkom/DFKI, 2017, S. 27). Bei der jährlichen ImageNet Large Scale Visual Recognition Challenge, bei der Teams ihre Programme zur Bilderkennung präsentieren, wurden insgesamt rund 1,2 Millionen Bilder in 100 Kategorien zum Anlernen der Programme genutzt (Vgl. Statista, 2019, S. 37).

Neben der Quantität spielt auch die Datenqualität eine zentrale Rolle. Da der Algorithmus aus den Daten lernt, ist es wichtig, dass die Daten korrekt und vollständig sind, damit keine falschen Lernregeln aus ihnen abgeleitet werden. Da die Verarbeitung der Daten wie in einer Black Box geschieht, ist im Nachhinein nicht ersichtlich, auf Grundlage welcher Daten welche Parameter festgesetzt wurden. Zur Verringerung der Fehlerquote ist daher von Anfang an darauf zu achten, dass die eingespielten Daten korrekt und vollständig sind (Vgl. Teich, 2018, o.S.).

Wie bereits erwähnt, können KNN bedingt durch ihre Vielschichtigkeit parallel große Datenmengen verarbeiten. Der hohe Grad der Parallelisierung ist dadurch begründet, dass zur Berechnung größtenteils Matrixmultiplikationen und Vektoradditionen verwendet werden. Die Ergebniselemente der Matrix weisen keine Abhängigkeit untereinander auf und auch die Berechnung der Elemente der Ausgangsmatrizen erfolgen unabhängig voneinander. Dies bedeutet, dass die Matrixmultiplikation sich in vier einfache Rechnungen gliedert, die nicht aufeinander aufbauen. In der Folge können die Rechnungen gleichzeitig ausgeführt werden, ohne auf ein Zwischenergebnis zu warten.

Die starke Parallelisierung der Berechnungen verursacht die Inanspruchnahme einer großen Rechenleistung, die eine entsprechend leistungsfähige Hardware benötigt. Außerdem lässt sich folgendes feststellen: Je mehr Schichten ein KNN besitzt und je mehr Daten es verarbeitet, desto mehr Rechenleistung nimmt es in Anspruch (Vgl. Schürholz/Spitzner, 2019, S.36 ff.). Insbesondere für die Trainingsphase des neuronalen Netzes wird eine große Rechenleistung benötigt, da in dieser Phase das Netz erschaffen wird (Vgl. Kirste/Schürholz, 2019, S. 32).

Die normalerweise in Computern, Mobilgeräten und Servern verbauten Universalprozessoren (CPUs) wurden ursprünglich dafür konzipiert, schnell Arbeitsschritte hintereinander getaktet auszuführen, wobei sie auf einen zentralen Speicher für Daten und Instruktionen zurückgreifen. Für parallel ausgeführte Aufgaben eignen sich solche Prozessoren allerdings nicht, da der Grad der Parallelisierung begrenzt ist (Vgl. Schürholz/Spitzner, 2019, S. 38 f.). Stattdessen wird Hardware genutzt, die ursprünglich geschaffen wurde, um für Computerspiele mittels aufwändiger mathematischer Funktionen möglichst realistische Grafiken zu generieren: Graphic Processing Units (GPUs). Zur Darstellung einer hohen Bildfrequenz bei Computerspielen führen GPUs parallel tausende Matrizen- und Vektoroperatoren aus – ähnlich wie DL auch. Die Anwendung von GPUs reduzierte die Erstellungsdauer von KNN von mehreren Monaten auf Wochen oder gar Tage. Zählten früher zu den Nutzern von GPUs vor allem Gamer und Grafiker, so wird heute ein großer Teil der Prozessoren an Unternehmen sowie die Wissenschaft und Forschung verkauft (Vgl. Gentsch, 2018, S. 21 f.).

Sind die Daten in richtiger Menge und Qualität vorhanden und steht die benötigte Hardware zur Verfügung, so braucht es noch eine Software, die die Daten verarbeitet. Es gibt eine Vielzahl an Programmiersprachen, wobei Python mit einem Anteil von knapp 41% die meistgenutzte ist (Vgl. Selle, 2018, S. 53).

Als Open-Source-Software ist die Nutzung kostenfrei und das Programm wird ständig von Community-Mitgliedern weltweit verbessert (Vgl. Pilgrim, 2010, S. 5).

2.2.3 Normierung und Standardisierung

Das neuronale Netz und seine Algorithmen, das DL zur Verarbeitung von Eingabe- zu Ausgabewerten schafft, wurden bereits mit einer Blackbox verglichen. Eine wichtige Frage, ergibt sich daher in Bezug auf die Verantwortung. Wer übernimmt die Verantwortung für eine durch KI berechnete Lösung? Stellen wir uns vor, dass beispielsweise beim autonomen Fahren ein krabbelndes Baby mit einem Hasen verwechselt und überfahren wird. Oder dass bei der Auswahl von Bewerbern zu einem Gespräch der Algorithmus bestimmte Nationalitäten oder Religionen diskriminiert. Wer ist in solchen Fällen zur Rechenschaft zu ziehen? Der Anwender? Oder der Entwickler? Juristische oder natürliche Personen? Eine weitere Frage ist, welche Daten wie verarbeitet werden dürfen und wie weit die Verwendung dieser Daten gehen darf.

In Peking sind bereits in Bahnhöfen, Einkaufszentren und belebten Straßen intelligente Kameras installiert, die alles filmen, was sie vor die Linse bekommen. Die Daten werden an zentrale Rechenzentren geschickt, analysiert und daraufhin werden in Echtzeit Profile von jeder durch die Kameras erfassten Person erstellt (Vgl. im Folgenden Lee, 2018, o.S.; Erling, 2019, o.S.). Ab 2020 soll in China außerdem das sogenannte Social-Scoring eingeführt werden. Hierbei handelt es sich um ein System, mit dem die Verhaltensweisen der Bürger bewertet werden. Zu Beginn hat jeder Bürger gleich viele Punkte. Je nach Verhalten werden Punkte abgezogen oder hinzugegeben. Fährt beispielsweise ein Bürger über eine rote Ampel, spielt viele Computerspiele oder sieht sich Pornos an, verliert er Punkte. Kauft er hingegen gesunde Babynahrung oder spendet Blut, so gewinnt er Punkte hinzu. Bürger mit einem hohen Score erhalten etwa vergünstigte Kredite, eine gute Krankenversicherung oder Zugang zu besseren Universitäten für ihre Kinder, wohingegen Bürger mit besonders niedrigen Scores sogar befürchten müssen, ihren Job zu verlieren. Möglich gemacht wird diese Überwachung neben der Gesichtserkennung auch durch die Weitergabe der Nutzerdaten von privatwirtschaftlichen Unternehmen an die Regierungsbehörde. So fließt beispielsweise das Surf- oder Kaufverhalten in die Bewertung ein.

In Deutschland und Europa haben wir Datenschutzverordnungen, die einen derartigen Eingriff in die Privatsphäre nicht zulassen würden. Dennoch ist das Beispiel nennenswert, da es die Wichtigkeit einer Regulierung beim Sammeln und Verarbeiten von Daten aufzeigt.

Im Mai 2018 trat die DSGVO für alle Unternehmen in Kraft, die ihren Sitz in der EU haben oder Daten von dort ansässigen Personen nutzen. Zweck der EU-Verordnung ist das Schaffen einer einheitlichen Rechtsgrundlage zum Umgang mit personenbezogenen Daten in Europa (Vgl. Siebert, 2019, o.S.).

Als Reaktion auf die offenen Fragen von Unternehmen, Verbänden, und Verbrauchern richtete die EU im Jahr 2018 eine Kommission aus 52 Experten ein, die sich mit der Erarbeitung ethischer Leitlinien befasste. Ziel der Kommission ist es, bei der Implementierung einer europäischen KI-Strategie beratend zu unterstützen, die ethische Rahmenbedingungen setzt und der Industrie ermöglicht, KI zu entwickeln. So soll auch Europa von dem wirtschaftlichen Potenzial profitieren können, ohne dass die Rechte der Bevölkerung eingeschränkt werden (Vgl. European Commission, 2019a, o.S.; Hegemann, 2019, S. 1). Im April 2019 veröffentlichte die Kommission sieben Voraussetzungen für eine vertrauenswürdige KI (Vgl. European Comission, 2019b, S. 14 ff.).

Nicht nur die Europäische Kommission setzt sich mit Richtlinien für die Anwendung von KI auseinander. Auch Verbände, Unternehmen und Institute stellen Ansätze für den Umgang mit KI vor, darunter der Bundesverband Digitale Wirtschaft (BVDW), das Institut für Normung (DIN), SAP und die Deutsche Telekom (Vgl. BVDW e.V., 2019, S. 3 ff.; Fulde, 2018, o.S.; Machmeier, 2018, o.S.).

Sich öffentlich zum Einhalten von Richtlinien zu bekennen, die ethische und moralische Aspekte berücksichtigen, schafft Transparenz für Außenstehende. So können Unternehmen zeigen, dass sie sich der Verantwortung beim Umgang mit KI und der Daten ihrer Nutzer bewusst sind. Verbindlich sind solche Richtlinien allerdings nicht, sodass nicht erwartet werden sollte, dass das Vertrauen von Kunden, Mitarbeitern und anderen Interessensgruppen leicht zu gewinnen ist.

3 Profile von Messebesuchern

Ist das Ziel einer Messegesellschaft einen Mehrwert für ihre Besucher zu schaffen, so stellt sich zunächst die Frage, worin diese einen Mehrwert sehen und wie dieser an sie kommuniziert werden könnte. Im Folgenden wird daher das Profil eines Messebesuchers genauer beschrieben. Eine grundlegende Unterscheidung wird zwischen Fachmessebesuchern und Besuchern von Publikumsmessen gemacht, da sie unterschiedliche Bedürfnisse aufweisen und daher eine differenzierte Betrachtung sinnvoll ist.

Fachmessebesucher nutzen Messen vornehmlich, um sich zu informieren. So ergab eine Studie des Ausstellungs- und Messeausschusses AUMA, die Besucherbefragungen von 187 Messen unterschiedlicher deutscher Messeveranstalter, analysierte, dass die drei wichtigsten Ziele von Fachbesuchern „Informationen über Neuheiten/Trends" (67%), „Informationsbeschaffung" (64%) und „Erfahrungs-/Informationsaustausch" (56%) sind. Für ca. die Hälfte der Besucher sind auch die Weiterbildung und die Pflege von Geschäftsbeziehungen sehr wichtig. Transaktionsziele wie das Vorbereiten des Einkaufs (32%) oder das Abschließen von Geschäften (26%) hingegen sind für den Großteil der Besucher weniger bedeutsam (Vgl. Hochheim/Neven, 2015a, S. 9).

Damit ist die Zielpriorisierung von Messebesuchern und Ausstellern nicht deckungsgleich. 67% der Aussteller verfolgen mit einer Messebeteiligung das Ziel, Vertragsabschlüsse auf der Messe oder im Anschluss an diese umzusetzen. 89% der Aussteller wollen Neukunden gewinnen (Vgl. Hochheim/Neven, 2019, S. 28). Die Ziele der Besucher bestimmen deren Verhalten auf der Messe (Vgl. Meffert, 2017, S. 1016). Daher ist es für den Messeveranstalter von großer Bedeutung, sich die unterschiedlichen Ziele von Besuchern und Ausstellern bewusst zu machen, um Mehrwerte für die beiden unterschiedlichen Zielgruppen zu schaffen.

Über die letzten Jahre hat sich die Verweildauer auf Messen sowie die Anzahl der Mitarbeiter, die ein Unternehmen zu einem Messebesuch entsendet, vermindert. Fachmessebesucher verfügen daher heute über weniger Ressourcen in Form von Zeit und Personal. In der Folge versuchen sie sich bereits vor der Messe vorzubereiten, indem sie Gesprächstermine vereinbaren oder festlegen, welche

Aussteller sie besuchen wollen. Sie erwarten daher die Bereitstellung umfangreicher Information im Internet (Vgl. Erbel, 2017, S. 247 ff.).

64% der Besucher haben die jeweilige Messe in der Vergangenheit bereits besucht und 36% der Besucher sind Erstbesucher (Vgl. im Folgenden Hochheim/Neven, 2015b, S. 7 ff.). Damit besteht für die Messegesellschaft und die Aussteller ein bedeutendes Potenzial in der Bindung neuer Kunden sowie in der Haltung der bereits bestehenden Stammkunden. Zwei Drittel der Messebesucher nutzen auch andere Branchenmessen als Plattform. Dies bedeutet gleichzeitig, dass ein Drittel der Besucher nur auf einer bestimmten Messe präsent ist, was den Ausstellern und der Messegesellschaft eine exklusivere Ansprache ermöglicht. Schaut man sich die Wiederbesuchsabsicht an, so wird deutlich, dass Wiederholungsbesucher mit 79% deutlich öfter sagen, dass sie die Messe wahrscheinlich oder sicher wieder besuchen werden. Bei den Erstbesuchern sind es lediglich 60%. Der Grund hierfür liegt vermutlich darin, dass Erstbesucher erst nach der Auswertung des Messebesuches dessen Erfolg bewerten können.

Über Messebesucher von Publikumsmessen liegen weniger detaillierte Informationen vor. Dies liegt wahrscheinlich daran, dass seit Ende der 90er Jahre die durchschnittlichen Besucherzahlen je Publikumsveranstaltung zurückgehen und die Relevanz von Publikumsmessen daher sinkt (Vgl. von Bearle/Brandl, S. 672). Des Weiteren liegt der Schwerpunkt der strategischen Messemarkforschung auf Fachmessen, was eine größere Datengrundlage zu Fachmessebesuchern erklärt (Vgl. Hochheim/Riemann, 2017, S. 228). Die Gründe für die sinkenden Besucherzahlen sind komplex. Eine Begründung liegt darin, dass Informationen heute schnell und komfortabel im Internet gesucht werden können und auch das Einkaufen von Produkten jeglicher Art und Herkunft stark erleichtert wurde. Ein Fernbleiben von Publikumsmessen begründen Personen primär mit einem Mangel an ansprechenden Themen (Vgl. Kirchgeorg/Wiedmann/Ermer, 2017, S. 214). Verbraucher empfinden den Besuch einer Messe zugleich oftmals als stressig, da es aufgrund der Vielzahl der Angebote und einer nur bedingten Transparenz zu Informationsüberlastung kommt. Auch im Hinblick auf den Zeitaufwand lässt sich feststellen, dass Besucher zunehmend nach Kanälen suchen, die ihnen das Finden von Produkten und Informationen in kurzer Zeit ermöglichen. In der Folge planen Messebesucher weniger Zeit für ihren Besuch ein oder suchen nach effizienteren Kanälen, wenngleich der persönliche Kontakt zu Ausstellern geschätzt wird (Vgl. Kirchgeorg/Wiedmann/Ermer, 2017, S. 220). Die Motivation von Besuchern auf eine Publikumsmesse zu gehen liegt heute weniger in der Informationsbeschaffung oder dem Kauf von Produkten. Vielmehr sucht der Messebesucher nach einer Erlebniswelt, in der er neue Trends und Informationen interaktiv entdecken kann und dabei selbst im Mittelpunkt der Veranstaltung steht (Vgl. Buhl-Wagner, 2017, S. 69). Er legt Wert auf eine emotionale Erfahrung und eine angenehme Atmosphäre, wobei ein attraktives Angebot der Aussteller nach wie vor als wichtig erachtet wird.

Betrachtet man die beiden Profile von Messebesuchern, werden Bereiche deutlich, in denen die Messegesellschaft einen Mehrwert für den Besucher schaffen kann:

- Unterstützung bei der Informationsbeschaffung vor, während und nach der Messe
- Unterstützung bei der Vorbereitung des Messebesuches
  - Im Hinblick auf die Teilnahme an der Messe z.B. Information über Aussteller, Sonderschauen und Rahmenprogramm, Erleichterung der Kontaktaufnahme zwischen Aussteller und Besucher
  - Im Hinblick auf Anreise, Unterkunft, Verpflegung, touristische Aktivitäten etc.
- Schaffen von Orientierungshilfen zur Stressminimierung und effizienten Gestaltung während des Messebesuchs
- Unterstützung bei der Nachbereitung der Messe durch einfacheres Nachvollziehen des individuellen Besuchspfades, das Verfügbarmachen ergänzender relevanter Informationen und die unkomplizierte Kontaktaufnahme zu relevanten Ausstellern
- Schaffen von emotionalen Erlebnissen, z.B. durch eine multisensuale Ansprache und partizipative Formate
- Erstbesuchern vor, während und nach der Messe eine besondere Fürsorge zukommen lassen, um sie dabei zu unterstützen, herauszufinden, ob die Messe für sie auch in Zukunft ein sinnvolles Instrument darstellt

- Personalisierte Kommunikation vor, während und nach der Messe, um dem Besucher für ihn relevante Informationen zur Verfügung zu stellen und die Informationsflut zu verringern

Zu erkennen, an welchen Stellen ein Mehrwert für den Besucher geschaffen werden kann, bildet die Grundlage für eine Zieldefinition. Darauf aufbauend ist zu prüfen, welche Instrumente zur Realisierung in Frage kommen. DL-Modelle in unterschiedlicher Form können zielführend sein. Es sollte aber stets umfänglich geprüft werden, welche Instrumente die beste Zielerreichung gewährleisten.

4 Analyse von Einsatzmöglichkeiten von Deep Learning bei Messegesellschaften

4.1 Methodische Vorgehensweise: Experteninterview

Da die Anzahl der Anwendungsbeispiele von DL in der Messebranche noch sehr begrenzt ist, es keine Fachlektüre für die Anwendung von DL bei Messeveranstaltern gibt und auch nur wenige Aufsätze oder Artikel zu diesem Themengebiet existieren, wurde nach einem explorativen Verfahren gesucht, das den bisher noch sehr begrenzten Wissensstand erfassen und kontextualisieren kann. Bei dem Vergleich unterschiedlicher Forschungsmethoden fiel die Entscheidung auf die qualitative Methode des Experteninterviews, da es sich ideal eignet, um einen exklusiven Wissensstand zu rekonstruieren und als Instrument zur „Exploration des Unbekannten" dient (Behnke/Meuser, 1999, S. 13; Vgl. Pfadenhauer, 2009, S. 459).

Um umfassende Erkenntnisse durch die Interviews zu gewinnen, wurden Experten ausgewählt, die unterschiedliche Sichtweisen auf die Themen Messe und DL besitzen. Ziel dieser sogenannten Kontrastierung ist, gemeinsame Erklärungsansätze unter den Experten aufzudecken und dadurch ausgewählten Aussagen zu generalisieren (Vgl. Bittkau-Schmidt, 2009, S. 180).

Bei der Auswahl der Experten wurden folgende Kriterien berücksichtigt:

- Mindestens grundlegende Kenntnisse über die Funktionsweise von DL. Dies begründet sich dadurch, dass ohne Kenntnisse über die Funktionsweise auch keine verlässlichen Aussagen über Anwendungsmöglichkeiten von DL in der Messebranche gemacht werden können und so ein Beantworten der Forschungsfrage nicht möglich wäre.
- Ein gutes Verständnis der Customer Journey und der Bedürfnisse eines Messebesuchers

- Ein gutes Verständnis über die informationstechnologischen Prozesse und den Umgang mit Daten bei Messegesellschaften
- Ein gutes Verständnis von branchentypischen Dynamiken innerhalb der Messebranche

Final wurden vier Experten ausgewählt, wobei die Berührungspunkte zu den Themen Messe und DL unterschiedlich ausfielen. Zwei der Experten weisen ein gutes Verständnis beider Themengebiete vor, während zwei andere Experten eher speziell zu einem der Themen aussagefähig sind. So agieren zwei der Experten als Dienstleister in der Messebranche. Dadurch haben sie bereits mit einer Vielzahl von Messegesellschaften zusammengearbeitet und kennen folglich typische Merkmale der Branche. Ein anderer Experte ist bei einer Messgesellschaft angestellt und tritt als Vertreter dieser auf. Er verfügt dementsprechend über detaillierte Kenntnisse zu Prozessen, Strukturen und Dynamiken von Messegesellschaften. Die Expertise des vierten Experten liegt beim Thema DL, da er eine akademische Ausbildung im Bereich KI absolviert hat und nun in der Forschung tätig ist. Berührungspunkte mit der Messebranche weist er nicht vor, allerdings verfügt er über Erfahrungen zur Anwendung von DL in anderen Branchen. Mit der Auswahl dieses Experten wurde erhofft, einen Transfer von bereits erfahreneren Branchen auf die Messebranche zu ermöglichen.

Nachfolgende Übersicht zeigt kurz auf, aus welchen Gründen die einzelnen Experten für die Interviews ausgewählt wurden.

Name Position, Firma	**Expertise**
Gunnar Heinrich Geschäftsführer, adventics GmbH	• Mitglied bei der Digital Innovation Working Group des Weltmesseverbandes UFI, die das Entdecken digitaler Trends und Innovationen in der Messebranche unterstützt • Jury-Mitglied bei dem jährlichen Digital Innovations Award der Digital Innovation Working Group – dadurch Kenntnisse über Innovationen auch im Bereich KI • Teilnahme an zahlreichen Podiumsdiskussionen zum Einsatz von KI in der Messebranche. Darunter die UFI Asia-Pacific Conference in Tokyo • Anbieter von Scan2Lead – einer Lead-Tracking-Lösung, die zahlreiche Messegesellschaften anwenden. Daher gute Kenntnisse über IT-Strukturen und Datenhandling unterschiedlicher Messegesellschaften
Christoph Sedlmeir Geschäftsführer, doo GmbH	• Anbieter von KI-basierter Teilnehmermanagement-Software für Messen, Events und Kongresse. Zu seinen Kunden zählen unter anderem die Messe Frankfurt, die Messe Berlin, die Messe Düsseldorf, die Messe München und die Messe Dortmund. Daher gute Kenntnisse zu digitalen Prozessen und Herausforderungen bei Messegesellschaften sowie sehr gute Kenntnisse zu Anwendungsmöglichkeiten von KI entlang der Customer Journey des Besuchers • Speaker zum Thema „Personalisierung auf Events“ auf Branchenveranstaltungen wie der Best of Events International in Dortmund, der IMEX in Frankfurt oder der IBTM in Barcelona. In diesem Rahmen häufig Vorstellung von ML und seinen Potenzialen

Name Position, Firma	**Expertise**
Christian Grodau Leiter Zentralbereich IT/CIO, Messe München GmbH	• Umfangreiche Erfahrungen im Aufbau von Daten-Pools, die wichtige Grundlage für den Einsatz von DL bieten (2013: 3. Platz als CIO des Jahres für den Aufbau eines Data Warehouses) • Sehr gute Kenntnisse über IT-Infrastruktur einer Messegesellschaft • Repräsentant der IT-Bereichsleiter der deutschen Messegesellschaften • Bisher keine Berührungspunkte mit DL im Messegeschäft – ähnlich wie bei den meisten Messegesellschaften
Dr. Robert Remus Senior Researcher, ExB Group	• Promotion mit Schwerpunkt auf ML und Natural Language Processing • Forscht bei einem Unternehmen, was sich insbesondere mit der Text- und Bilderkennung beschäftigt, wobei DL-Modelle sowie andere ML-Modelle zum Einsatz kommen • Veröffentlichung von mehr als zehn Publikationen in den Bereichen ML und Natural Language Processing • Keine bisherigen Berührungspunkte mit der Messebranche. Stattdessen Erfahrungen in Branchen, in denen DL bereits viel zum Einsatz kommt wie Medizin, Automobil oder Verlagswesen. Es wurde auf Erkenntnisse gehofft, die einen Transfer auf die Messebranche zulassen

Abb. 1: Übersicht der ausgewählten Experten

Die Experten wurden im Rahmen eines leitfadengestützten Einzelinterviews zu folgenden Punkten befragt:

- Einsatzmöglichkeiten von DL zur Verbesserung des Besuchererlebnisses entlang der Customer Journey eines Messebesuchers
- Voraussetzungen für die Anwendung von DL bei Messegesellschaften
- Herausforderungen bei der Anwendung von DL bei Messegesellschaften
- Ausblick auf die Entwicklung der Messebranche im Hinblick auf DL

Im Anschluss an die Interviews wurden alle Gespräche transkribiert, codiert, kategorisiert und auf inhaltliche Gemeinsamkeiten und Unterschiede untersucht.

4.2 Voraussetzungen für die Anwendung von Deep Learning bei Messegesellschaften

Während der Interviews sind unterschiedliche Voraussetzungen für die Anwendung von DL bei Messegesellschaften genannt worden. Häufige Überschneidungen bestanden insbesondere in den Punkten Daten, Infrastruktur, Kultur, Personal und Ziele.

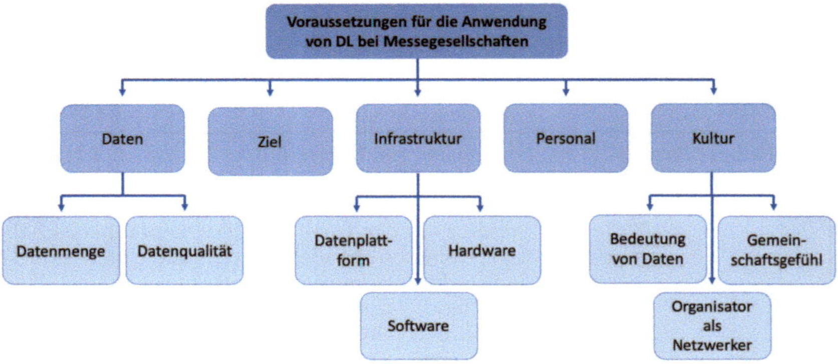

Abb. 2: Voraussetzungen für die Anwendung von DL bei Messegesellschaften

Ziele

Grundlage jeder betriebswirtschaftlichen Entscheidung sind Ziele. Sie dienen als Richtungsweiser und werden durch unterschiedlichste Aktivitäten erreicht (Vgl. Thommen et al, 2017, S. 44 f.). Auch bei der Anwendung von DL sollte daher laut zwei Experten zunächst betrachtet werden, welche Ziele eine Messegesellschaft hat, um anschließend zu beurteilen, ob und wie DL bei der Erreichung dieser unterstützen kann. Die Festlegung der Ziele ist daher ein wichtiges Entscheidungskriterium über die Verwendung von DL.

Daten

Wie die Fachlektüre nannten auch die Experten eine große Datenmenge und eine hohe Datenqualität als grundlegende Voraussetzungen. Dabei wurde von zwei Experten positiv bewertet, dass Messegesellschaften bereits Daten von guter Qualität über ihre Besucher erheben, welche bei der Registrierung abgefragt werden. Ein anderer Experte hingegen schätzt sowohl die Datenmenge als auch die Datenqualität bei Messegesellschaften als sehr schlecht ein. Grund für diese unterschiedliche Einschätzung ist vermutlich, dass die beiden Experten sich bei ihrer Bewertung vornehmlich auf die bei der Registrierung erhobenen Daten beziehen, während der andere Experte darüber hinaus von Daten über das Nutzerverhalten auf Social Media oder die Reaktion auf Kommunikationsmaßnahmen sowie Bewegungsdaten während der Messe spricht. Wichtig für eine gute Datenqualität sei insbesondere, dass Profile von Personen nur einmal existieren und eindeutig identifizierbare Rollen haben. Auch wenn eine Person gleichzeitig Aussteller und Besucher ist, sollte sich ihr Profil nicht doppeln.

Infrastruktur

Als weitere technische Voraussetzung wurde von den Experten die Infrastruktur genannt. Die Experten aus der Messebranche nannten eine zentrale Datenplattform, auf der alle Daten zusammengeführt werden, als Voraussetzung. Oftmals seien in der Messewelt Daten noch siloartig nach Veranstaltung organisiert, sodass meist nur das zuständige Projektteam Zugriff auf diese Daten habe. Auch die Tatsache, dass häufig mit unterschiedlichen Systemen gearbeitet wird, um etwa das Ticketing, die Abrechnung oder den Webshop zu organisieren, führt zu einer dezentralen Speicherung von Daten. Um eine Auswertung von Daten zu ermöglichen und Korrelationen durch DL aufzuzeigen, braucht es allerdings eine umfassende Datenbasis, beispielsweise in Form eines Datalakes (Ein Datalake ist ein sehr großer Datenspeicher, der Daten in ihrem ursprünglichen Rohformat beinhaltet, die er aus verschiedensten Quellen innerhalb des Unternehmens bezieht. Die Verwendung der Daten ist bei Anlage des Data Lakes teils noch unklar. Es gelingt eine zentrale Verortung aller Daten, die dann durch unterschiedliche Verfahren, beispielsweise unter der Anwendung von DL, ausgewertet werden können. Vgl. Freiknetcht, 2014, S. 21; Wierse/Riedel, 2017, S. 250). Die Anreicherung der eigenen Daten mit externen Daten, wie z.B. Informationen aus sozialen Netzwerken oder dem Wetterbericht, vergrößern die Datenbasis zusätzlich und können bei einigen Programmen wie dem CRM-Programm Salesforce (Salesforce ist eine CRM-Plattform, die Kundeninformationen aus unterschiedlichen Kanälen zusammenführt und für unterschiedliche Anwendungsgebiete wie

Marketing, Vertrieb, Commerce oder Kundenservice auswertet und bereitstellt. Dabei benutzt das Programm DL, um einen hohen Grad an Personalisierung bei der Kundenansprache zu ermöglichen. Vgl. Salesforce.com Germany GmbH, o.J., o.S.) über Plug-Ins integriert werden. Ein Experte erläuterte, dass die passende Hardware in Form von GPU's zur Verfügung stehen sollte. Diese verbrauche, laut seiner Aussage, viel Strom und produzieren eine sehr große Abhitze. Daher müssen sie in geeigneten Kühlräumen platziert werden. Des Weiteren sei es möglich, die Hardware outzusourcen. So gebe es von Amazon und Google Cloud-Services, die ein Mieten von Rechenleistung ermöglichen. Diese Möglichkeit existiere, sei allerdings nicht günstig.

Personal

Als weitere Voraussetzungen wurden von den Experten unterschiedliche Beiträge geleistet, die unter der Kategorie Personal zusammengefasst wurden. So sind sich zwei Experten einig, dass es Mitarbeiter im Unternehmen braucht, die sich mit DL auskennen. Als Begründung wurde genannt, dass das Thema DL „noch so neu und nicht gut verstanden" sei und das bestehende Geschäft von Messegesellschaften „nicht zwingenderweise Datenjunkies hervorbringt". Eine Lösung sehen die Experten im Outsourcen von Softwareherstellern und -dienstleistern. Erfahrungsgemäß greifen Messegesellschaften häufig auf die Kompetenz externer Softwaredienstleister zurück, um sich auf ihr Kerngeschäft konzentrieren zu können. Dabei braucht es im Unternehmen dennoch Mitarbeiter, die infrage kommende Modelle verstehen und anwenden können. Aspekte wie Datenschutz und Datensicherheit spielen in diesem Zusammenhang eine wichtige Rolle. So wird kritisiert, dass bei Messegesellschaften oftmals niemand zentral den Umgang mit Daten verantwortet und eine Datenstrategie entwirft. Insbesondere für die Themen Datenschutz und Datensicherheit sollte laut den Experten Personal bereitgestellt werden. Ein Experte sieht darüber hinaus die Gefahr, dass Messegesellschaften Probleme haben könnten, „Digital Talents" zu halten, da die hierarchischen Strukturen und die Konzentration auf andere Geschäftsfelder dazu führen, dass sie weniger dynamisch sind und Fortschritte Zeit in Anspruch nehmen. Die Folge könnte die Frustration der Mitarbeiter sein, sodass sie nach einer Anstellung suchen, in der sie ihre Ideen schneller umsetzen können. Abgesehen von diesem Charakteristikum der Messebranche fällt der Fachkräftemangel insbesondere im Bereich der KI ins Gewicht. Nicht nur aufgrund des demographischen Wandels in Deutschland, sondern auch, da das Thema in sehr kurzer Zeit eine große Relevanz erhielt und Bildungseinrichtungen wie Hochschulen oder Berufsschulen oftmals gerade erst anfangen, KI-spezifische Themen in ihre Lehrpläne zu integrieren. Ohne das richtige Personal könnte die Integration von DL-Methoden problematisch sein. Laut einer Studie des Marktforschungs- und Beratungsunternehmens IDC aus dem Jahr 2019 sehen deutsche Unternehmen die größte Hürde für KI-Aktivitäten in dem Mangel an Fachkräften. Für die Studie wurden in Deutschland IT- und Fachentscheider aus 305 Organisationen befragt (Vgl. IDC, 2019, o.S.).

Kultur

Insbesondere die Experten mit Messe-Hintergrund sprachen unterschiedliche Aspekte an, welche die Bedeutung und Vielschichtigkeit der Kultur innerhalb der Messegesellschaft untermauerten. Für einen Experten ist die Schaffung der richtigen Kultur sogar die wichtigste Voraussetzung, die es vor allen anderen zu erfüllen gilt. In diesem Zusammenhang findet er, dass Messemanager sich ihrer Verantwortung mehr bewusstwerden müssen, als Netzwerker zwischen Ausstellern und Besuchern zu fungieren. Dies funktioniere nicht mehr nur über den Verkauf der Standfläche vor der Messe. Auch während der Messe solle die Messegesellschaft dabei unterstützen, dass sich Aussteller und Besucher in Mitten der Massen von Menschen finden. Das gelinge durch Services wie Matchmaking. Ein weiterer Experte sieht die Bedeutung der Leadvermittlung an Aussteller als zentrale Aufgabe von Messegesellschaften, der er eine wachsende Bedeutung zuspricht. Neben der Selbstwahrnehmung als Netzwerker sehen die Experten eine kulturelle Voraussetzung in dem Bewusstsein über die Bedeutung von Daten. Die Offenheit gegenüber dem Thema Daten ist grundlegend für die Auseinandersetzung mit ihrer Anwendung oder der Etablierung neuer Strukturen, um künftig mehr Daten sammeln und auswerten zu können. Laut Einschätzung der Experten erkennen immer mehr Messegesellschaften, welches Potenzial das Sammeln und Auswerten von Daten mit sich bringt. Zum aktuellen Zeitpunkt sei dieses Verständnis allerdings von Messegesellschaft zu Messegesellschaft und auch innerhalb der Unternehmen sehr unterschiedlich. Dass ein übergreifender Kulturwechsel über alle Hierarchieebenen hinweg wichtig ist, zeigt eine weitere Erfahrung, die einer der Experten gemacht hat. Nach der Einführung des CRM-Systems Salesforce, das mit DL-Algorithmen arbeitet, nahmen die Mitarbeiter einer Messegesellschaft das Tool nur begrenzt an und nutzten die zahlreichen Funktionen, die einen Mehrwert schaffen sollten, nicht.

Ein weiterer Kulturaspekt wird in dem Bewusstsein gesehen, dass Kundendaten nicht von dem Projektteam beansprucht werden. Eine Offenheit im Haus und ein Gemeinschaftsgefühl unter Projektteams wird daher als wichtig bewertet. Zusammenfassend betrachtet lässt sich zur Kultur festhalten, dass bei Messegesellschaften die Bedeutung von Daten klar verankert sein muss, sodass alle Mitarbeiter die Erhebung und Verarbeitung dieser unterstützen und den Mehrwert für anschließende Aktionen erkennen. Dabei trägt ein Wir-Gefühl unter den Projektteams dazu bei, dass Kundendaten nicht als „eigene Daten" beansprucht werden. Sich selbst sollte ein Messemanager zudem als Netzwerker sehen, der vor, während und nach der Messe unterschiedliche Wege findet, um Aussteller und Besucher zusammenzubringen.

4.3 Einsatzmöglichkeiten von Deep Learning zur Verbesserung des Besuchererlebnisses auf Messen

Entlang der Customer Journey nannten die Experten unterschiedliche Möglichkeiten, wie der Einsatz von DL-Methoden das Besuchererlebnis verbessern kann. Außerdem geben die Interviews Aufschluss darüber, über welche digitalen Touchpoints Daten generiert werden können, die entsprechende Anwendungen ermöglichen.

Bevor auf die einzelnen Phasen und Anwendungsbeispiele eingegangen wird, kann festgehalten werden, dass die Experten durch die Anwendung von DL und anderen ML-Methoden ein bedeutendes Potenzial in der Personalisierung der Besuchererfahrung entlang der gesamten Customer-Journey sehen. Hierzu benötigen die Algorithmen Daten, die Aufschluss über das Profil eines Besuchers geben, damit sie ihn auf Grundlage dessen segmentieren können. Basierend auf der Einordnung in ein bestimmtes Segment können dem Besucher in der Folge

Inhalte angezeigt werden, die speziell für ihn von Relevanz sind. Für den Besucher liegt der Mehrwert in dieser personalisierten Ansprache darin, dass er selbst weniger Aktion zeigen muss, um für ihn relevante Themen aus einer Menge an Informationen zu filtern. Tatsächlich erwarten bereits ca. die Hälfte der Internet-Nutzer personalisierte Angebote. Unter den 19 bis 37-Jährigen sind es sogar zwei Drittel der Nutzer (Vgl. emarketer, 2018, o.S.). Die Bedeutung der Personalisierung wird daher in den nächsten Jahren vermutlich zunehmen.

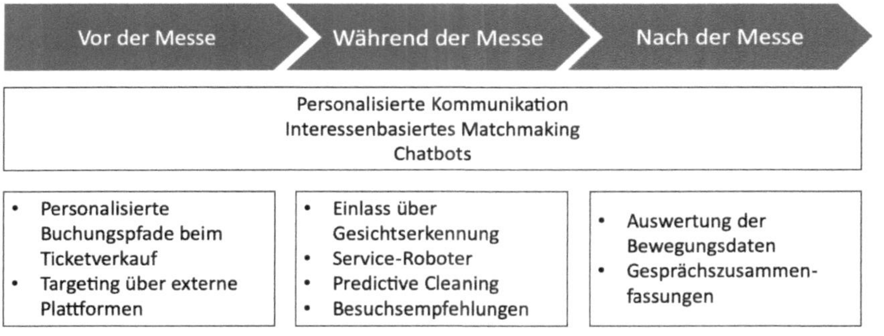

Abb. 3: Anwendungsbeispiele von DL entlang der Customer Journey eines Messebesuchers

Vor der Messe

Um Besucher vorab aufmerksam auf eine Messe zu machen, nannten die Experten DL- und ML-Modelle, die von externen Anbietern betrieben werden. So kann Budget bereitgestellt werden, um gezielt Nutzer eines bestimmten Profils auf Facebook, LinkedIn, XingEvents oder ähnlichen Social-Media-Plattformen durch Kommunikationsmaßnahmen, wie Anzeigen, anzusprechen. Begibt sich der Besucher dann auf die Website des Veranstalters, gibt es zwei Möglichkeiten, ein Profil über ihn zu erstellen, um ihn einem bestimmten Segment zuzuordnen:

- Der Nutzer bleibt anonym und legt kein Profil an. Über die Analyse des Klickverhaltens oder das Setzen von Cookies können dennoch Rückschlüsse auf seine Interessen gezogen werden.
- Der Nutzer registriert sich über ein Benutzerkonto auf der Website oder in einer App.

Das Klickverhalten eines Besuchers kann dazu beitragen, Interessen zu erkennen. Dazu werden die Daten der Klickwege gesammelt und ausgewertet. Informationen werden beispielsweise daraus gezogen, auf welche Themen er klickt, wie lange er sich auf welcher Seite aufhält und in welcher Reihenfolge seine Klickwege beschaffen sind. Sieht er sich allgemeine Informationen zur Messe an, kann man etwa davon ausgehen, dass er sich zunächst grob informiert. Klickt er aber in einem bestimmten Themenfeld unterschiedliche Unterpunkte an und hat längere Verweildauern auf jeder Seite, kann davon ausgegangen werden, dass er sich für dieses Themenfeld stärker interessiert. Sucht er Informationen zu Hotels und Anfahrt, scheint er einer Entscheidung für die Messeteilnahme schon recht nah zu sein und prüft die Rahmenbedingungen zur Umsetzung eines Messebesuches. Über Cookies kann der Browser eines Nutzers zudem Informationen zum Nutzerverhalten auf der Website lokal speichern. Besucht derselbe Nutzer nach einigen Tagen erneut die Website, weiß der Browser noch, nach welchen Themen er gesucht hatte.

Lässt man die gesammelten Daten über Algorithmen auswerten und segmentieren, ist es möglich, das Layout der Website an das erstellte Nutzerprofil anzupassen. Angenommen, ein Besucher interessiert sich für die Leipziger Buchmesse und hat insbesondere zu dem Thema Kinder- und Jugendbücher Recherche auf der Website betrieben, dann könnte beim nächsten Aufruf einer Seite beispielsweise ein Hinweis integriert werden, dass es Vorlesungen zu diesem Thema gibt. Informiert sich ein Besucher bereits über die Anreise oder die Unterkunft, könnten ihm überzeugende Argumente angezeigt werden, um ihn zum Kauf eines Tickets zu motivieren. Entscheidet sich der Besucher dann für den Ticketkauf, könnte die Reihenfolge der Tickets im Ticketshop nach Relevanz geordnet sein. Neben der Eintrittskarte könnten auch Tickets für Zusatzveranstaltungen oder Workshops zum Thema Kinder- und Jugendbuch weiter oben im Ticketbaum angezeigt werden. Auch die Gestaltung der Website kann sich den Interessen des Besuchers anpassen, sodass er beispielsweise im Ticketshop ein Bild von lesenden Kindern sieht, wodurch er sich mehr angesprochen fühlt.

Verfügt die Messe über eine Online-Plattform oder eine App, kann ein Besucher unter Verwendung seiner E-Mail-Adresse einen Account anlegen. Dabei sind die Daten nicht anonymisiert, sondern einer E-Mail-Adresse zugeordnet und werden entsprechend im CRM-System der Messegesellschaft integriert. Die Informationen über das Nutzerverhalten während des Logins werden daher nicht nur in dem Browser des Nutzers gespeichert, sondern an seinen Account geknüpft. Auch wenn sich der Benutzer von einem anderen Endgerät oder einem anderen Browser einloggt, werden Informationen weiterhin seinem Profil zugeordnet. Dadurch gelingt die Erstellung eines klareren Profils. Außerdem erfolgt die Datenspeicherung nicht auf dem Gerät des Nutzers, sondern auf Servern der Messegesellschaft. Daher erhält die Messegesellschaft die Möglichkeit, die gewonnen Daten auszuwerten. Im Anschluss an das Tracken des Nutzungsverhaltens können zudem Interessen abgefragt werden, was eine Segmentierung verlässlicher und einfacher macht.

Abgesehen von der Anpassung einer dynamischen Website kann die Messegesellschaft nun über Push-Nachrichten in der App oder E-Mails personalisierte Inhalte senden. Je nachdem, welche Informationen bei der Registrierung vom Besucher abgefragt werden, ist laut den Experten auch eine Integration von externen Daten über Plug-Ins denkbar. Sie weisen darauf hin, dass es bereits Meta-Plattformen gibt, die die Integration von externen öffentlichen Informationen in das CRM der Messegesellschaft ermöglichen. Werden etwa Informationen wie Name, Position und Arbeitgeber bei der Registrierung abgefragt, so könnte in Netzwerken wie Xing und LinkedIn nach passenden Profilen gesucht werden, die automatisch integriert werden und den bereits bestehenden Datenpool zu einer Person anreichern. Bei den beschriebenen Prozessen ist die Aufgabe von DL, die unterschiedlichen Informationen eines Besuchers so einzuordnen, dass ein klares Profil entsteht. Im Anschluss können ihm dann personalisierte Empfehlungen zum Beispiel zu Ausstellern, Veranstaltungen oder Ticketarten kommuniziert werden. Der Besucher erhält dadurch Unterstützung bei der Orientierung, was in der Folge zu besseren Buchungszahlen führen könnte. In Online-Shops wird bereits sehr häufig die Website entsprechend des individuellen Profils angepasst, was etwa beim deutschen Online-Shop computeruniverse zu Umsatzsteigerungen von 18,5% geführt hat (Vgl. Web Arts AG, 2017, o.S.).

Ein weiteres DL-basiertes Tool, das häufig von den Experten zur Anwendung vor der Messe genannt wurde, ist das Matchmaking. Auch hierzu ist die Registrierung des Besuchers notwendig, sodass passend zu seinem Interessenprofil andere

Aussteller oder Besucher empfohlen werden können. Ob bei Matchmaking-Tools die Anwendung von DL wirklich sinnvoll und notwendig ist, kommt auf die Komplexität der Informationen an, die miteinander korreliert werden sollen. Denkbar ist bei Matchmakings auch die Anwendung anderer ML-Methoden.

Ein Experte nannte als aktuelles Beispiel für die Nutzung von DL Chatbots als Unterstützung der Kommunikation. Dabei gibt er zu bedenken, dass derzeitige Chatbot-Lösungen noch nicht auf komplexe Fragestellungen antworten können und nach einem ersten Kontakt den Kunden eventuell an einen Mitarbeiter verweisen müssten. Besonders kurz vor und während der Messe kommt es allerdings häufig zu wiederkehrenden Fragen, die der Chatbot daher in kurzer Zeit erlernen und beantworten kann. So müsste der Besucher nicht nach einem Informationsstand oder Personal des Veranstalters Ausschau halten, sondern könnte einfach über sein Smartphone den Chatbot fragen und direkt eine Antwort erhalten.

Während der Messe

Während der Messe bewegt sich der Besucher auf dem Messegelände, um unter anderem mit unterschiedlichen Ausstellern zu sprechen, Workshops oder Vorträge zu besuchen und einen Überblick über das Angebot auf dem Markt zu erhalten. Verglichen mit den Bewegungsdaten, die ein Besucher auf einer Website hinterlässt, ist das Verfolgen seiner Bewegung auf dem Messegelände schwieriger, da nicht jeder Schritt automatisch aufgezeichnet wird. Die Erfassung und Verarbeitung von Bewegungsdaten würde allerdings das Profil des Besuchers schärfen und eine personalisiertere Kommunikation auch während und nach der Messe gewährleisten. Als Mittel zur Erfassung der Bewegungsdaten von Besuchern nannten die Experten Bar Codes, QR-Codes oder Beacons (Beacons sind Minifunksender, die an unterschiedlichen Orten angebracht werden. Über Bluetooth ermöglichen Beacons die genaue Positionsbestimmung einer Person über ihr Smartphone, Vgl. Gast, 2014, S. 9). Würden Daten in Echtzeit verarbeitet werden, könnten einem Besucher, der gerade in einer Halle unterwegs ist, beispielsweise Empfehlungen auf Grundlage seines bereits erstellten Interessensprofils und dem aktuellen Standort gegeben werden. Befindet sich der an Kinder- und Jugendbüchern interessierte Besucher zur Leipziger Buchmesse zum Beispiel in der Halle, in der sich internationale Verlage präsentieren, könnte er eine Empfehlung zu einem englischen Kinderbuchverlag erhalten. Auch in das Matchmaking könnten Bewegungsdaten einfließen, um darauf hinzuweisen, dass ein interessanter Gesprächspartner sich gerade in der Nähe aufhält. Laut dem Experten aus der KI-Forschung wäre es auch denkbar, dass Matchmaking-Modelle Gespräche über das Smartphone mithören, sodass die Inhalte mitverarbeitet werden können. Das Mithören der Gespräche könnte allerdings bei dem Besucher auf Ablehnung treffen, der ein Abhören als Eingriff in sein Persönlichkeitsrecht sehen könnte.

Ein anderer Experte schlägt vor, während der Messe die Besucherströme zu messen, um davon Prognosen abzuleiten. So könnten Sensoren in den WCs angebracht werden, um aufzuzeichnen, wie stark diese frequentiert sind, damit DL diese Daten verarbeiten und eine Reinigungsempfehlung aussprechen kann. Erste Experimente macht die Messe München derzeit mit dem Serviceroboter Pepper, um zu prüfen, wie dieser im Besucherservice unterstützen könnte. Insbesondere bei internationalen Veranstaltungen könnte Pepper im Service eingesetzt werden, da er 20 Sprachen beherrscht (Vgl. Wilkens, 2016, o.S.). Ähnlich wie Chatbots könnte der Roboter auf aufkommende Fragen der Besucher reagieren. Der Vorteil liegt dabei darin, dass Pepper durch Video- und Tonsensorik auch die Emotionen des Gegenübers begreifen und darauf reagieren kann. Interessant wäre im Anschluss an die Messe zu betrachten, bei welchen Themen die Besucher negativ gestimmt waren oder sich beschwert haben, sodass gezielt eine Optimierung dieser angestrebt werden kann.

Eine Technologie, die durch DL starken Aufwind bekommen hat ist die Gesichtserkennung. Die doo GmbH hat hiermit durch eine Kooperation mit Fastlane bereits Erfahrungen in der Einlasssituation gesammelt. Besucher, die vorab ein Portraitfoto oder Selfie von sich bei der Online-Registrierung hochladen, haben die Möglichkeit statt eines Tickets ihr Gesicht bei der Einlasskontrolle scannen zu lassen. Dies ermöglicht einen schnelleren Einlass. Insbesondere bei Veranstaltung mit hohen Sicherheitsanforderungen kann außerdem gewährleistet werden, dass die Person am Einlass auch wirklich die angemeldete Person ist (Vgl. Habenicht, 2018, o.S.). Aktuell wird diese Form der Gesichtserkennung von ca. 10% der Messebesucher auf Fachmessen genutzt, auf denen dieser Service angeboten wird. Der Grund für die begrenzte Inanspruchnahme könnte sein, dass Besuchern der Mehrwert nicht klar ist, oder sie nicht gewillt sind, ihr Gesicht scannen zu lassen.

Nach der Messe

Wie auch der Aussteller, wertet der Besucher nach der Messe seine Erfahrung aus. Dabei erwartet er, dass er von Ausstellern, deren Bekanntschaft er gemacht hat, im Anschluss an die Messe kontaktiert wird (Vgl. Hochheim/Neven, 2008, S. 24 ff.; Zimmermann, 2008, S. 6). 15% der Besucher hören allerdings von den getroffenen Ausstellern im Nachhinein der Messe nichts (Vgl. Hocheim/Neven, 2015, S. 34). Ein Experte merkt an, dass Messegesellschaften die Besucher nach der Messe oftmals mit einem Mailing kontaktieren, das die Besucher lediglich nach Teilnehmern oder Nicht-Teilnehmern segmentiert. Während das Teilnehmer-Mailing oftmals dazu genutzt wird, den Dank über die Messeteilnahme auszusprechen und die Highlights sowie einige Kennzahlen zusammenzufassen, gibt das Mailing an Nicht-Teilnehmer einen Eindruck, was die Besucher verpasst haben und warum sich ein Besuch der Messe beim nächsten Mal lohnt. Stattdessen könnte eine personalisiertere Ansprache ermöglicht werden, indem die Daten, die vor und während der Messe zur Profilerstellung eines Besuchers geniert wurden, zu einer interessen- und erfahrungsorientierten Segmentierung genutzt werden. Entsprechend der Segmente könnten dann Mailings verfasst und versandt werden. Weiß man über den Besucher, für welche Bereiche er sich interessiert und mit welchen Ausstellern er auf der Messe gesprochen hat, kann man ihm beispielsweise Ausstellermaterialen oder Kontaktdaten über einen Link, die App oder ein Messeportal zur Verfügung stellen. So stellt der Messeveranstalter auch nach der Messe eine Brücke zwischen Aussteller und Besucher her. Des Weiteren könnten Aussteller empfohlen werden, die dem Interessenprofil des Besuchers entsprechen, mit denen er aber laut seinen Bewegungsdaten nicht gesprochen hat. Dieser Ansatz wird von einem anderen Experten unterstrichen. Er ergänzt, dass dem Besucher im Anschluss an die Messe chronologisch aufgeführt werden sollte, mit welchen Ausstellern er gesprochen und welche Programmpunkte er besucht habe. Neben Informationen zu den Ausstellern sieht er auch ergänzende Informationen zu den Speakern als mehrwertstiftend. So könnten dem Besucher die Kontaktdaten, die Vita oder ein Whitepaper des Speakers zur Verfügung gestellt werden. Würden geführte Gespräche, wie vorgeschlagen, während der Messe durch eine App mitgehört, könnte diese die Inhalte im Anschluss verschriftlichen und zusammenfassen. Dabei wird zu bedenken gegeben, dass das Forschungsfeld der Textzusammenfassung recht komplex sei und es derzeit noch wenige Produkte gebe, die anwendungsbereit sind.

Eine weitere Möglichkeit, das Besuchererlebnis zu verbessern, liegt in der Abfrage von Feedback im Anschluss an die Messe. So erhält der Besucher die Möglichkeit, Kritik zu äußern und die Messegesellschaft gewinnt Anhaltspunkte für Optimierungsansätze. Dabei könnte auch der Feedback-Bogen an das Besucherprofil angepasst werden. Ist etwa bekannt, dass sich sein Besucher hauptsächlich in zwei Hallen aufgehalten hat, so könnten Fragen insbesondere auf diesen Bereich der Messe eingehen. Auch die Auswertung der Bewegungsdaten selbst könnten der Messegesellschaft als Reflexionsansatz dienen. Wurde ein besonders geringes Besucheraufkommen in einer Halle gemessen, sollte geprüft werden, woran das lag. War die Kommunikation ungenügend, sodass die Besucher den Bereich nicht gefunden haben? Hat die Wegeführung nicht in diesen Bereich geleitet? Oder handelt es sich um ein Themengebiet, dass die Besucher weniger interessiert? Über das Besucheraufkommen können nicht nur Ausstellungsbereiche, sondern auch das Rahmenprogramm bewertet werden. Dabei sollte allerdings nicht außer Acht gelassen werden, dass die quantitative Analyse von Besuchern keine Aussage über die Qualität gibt. Für Aussteller und Besucher kann eine Messe durchaus ein sehr guter Erfolg sein, wenn sie mit einigen wenigen Gesprächspartnern in Kontakt kommen, die genau dem gesuchten Profil entsprechen. Vor einer Eliminierung eines Ausstellungsbereiches oder einer Vortragsreihe sollten daher neben dem Besucheraufkommen auch qualitative Faktoren betrachtet werden.

Ein häufig verwendeter Spruch in der Messebranche besagt: „Nach der Messe ist vor der Messe“. Denn mit Abschluss der Nachbereitung einer Messe beginnt die Vorbereitung der nächsten Messe. Alle Daten, die vor, während und nach einer Messe über den Besucher gesammelt wurden und zu seiner Profilerstellung beigetragen haben, bieten eine Grundlage für die personalisierte Kommunikation im Hinblick auf die nächste Messe. Werden auch bei künftigen Messen Daten über den Besucher erhoben, wird sein Profil weiter geschärft und eventuelle Interessenverschiebungen werden erkannt.

4.4 Herausforderungen beim Einsatz von Deep Learning bei Messegesellschaften

Aus den Gesprächen mit den Experten gingen unterschiedliche Herausforderungen hervor, denen sich insbesondere Messegesellschaften bei der Anwendung von DL-Modellen stellen müssen. Dabei erhielten die folgenden sechs Herausforderungen Mehrfachnennungen von unterschiedlichen Experten und werden deshalb näher betrachtet: Ethik/Verantwortung, Datensilos, Gesellschafter, Datenschutz und Besucherakzeptanz.

Abb. 4: Herausforderungen beim Einsatz von DL bei Messegesellschaften

Ethik/Verantwortung

Unter dem Begriff der Ethik versteht man die Reflexion von Moral. Dabei beschreibt die Reflexion das Nachdenken oder Überdenken und die Moral das, was allgemein als richtig oder gut anerkannt wird (Vgl. Düwell/Hübenthal/Werner,2011, S. 2.; Fischer/Gruden/Imhof, 2007, S. 83 ff.). Unter einem ethischen Umgang mit DL im Speziellen und KI im Allgemeinen versteht man also den Umgang, bei dem darüber nachgedacht wird, ob das Handeln allgemein als gut oder richtig anerkannt wird.

Ein Experte sieht im Bereich der Ethik eine bedeutende Herausforderung, der Messegesellschaften bei der Nutzung von DL begegnen. Dabei stellt er die Frage nach Entscheidungsmechanismen und Einflussfaktoren auf das Ergebnis, das ein Algorithmus errechnet. Entscheidungen, die ein Algorithmus trifft, beruhen auf der Erkennung von Mustern und Wahrscheinlichkeiten – Menschen folgen diesen Mustern aber nicht immer, sondern weichen aus unterschiedlichen Gründen von ihnen ab. Die gestellte Frage nach den Entscheidungsmechanismen stellt bei DL aufgrund der Black Box einen wichtigen Aspekt dar. Messegesellschaften sollten sich fragen, wie viel Transparenz unterschiedliche Entscheidungen erfordern.

Durch die fehlende Nachvollziehbarkeit von DL-Algorithmen wird ein Stück der Entscheidungsgewalt an den Algorithmus abgegeben. Je nach Anwendungsfall kann das unproblematisch sein. So wendet ein Experte in seinem eigenen Unternehmen DL-Algorithmen an, um Prognosen über Buchungszahlen zu treffen und darauf basierend zu reagieren. Dies hat zu einer Steigerung der Verkaufszahlen geführt und hatte somit einen positiven Effekt. Wie genau der Algorithmus zu den Prognosen kommt, ist dabei zunächst einmal nicht von Bedeutung – viel mehr zählt das Ergebnis. Bei sensiblen Entscheidungen, die etwa die Veranstaltungssicherheit betreffen, wird die Frage nach einem ethischen Umgang, schon schwieriger zu beantworten sein.

In diesem Zusammenhang stellt ein weiterer Experte die Frage, inwiefern die Entscheidung des Besuchers aufgrund von personalisierter Kommunikation manipuliert wird. Durch die interessenbasierte Information und das Leiten zu bestimmten Ausstellern oder Vorträgen könnte das zufällige Entdecken von Inhalten auf der Messe eingeschränkt werden. Statt einer umfassenden Marktübersicht würde der Besucher auf Basis seines erstellten Profils einen eingeschränkten Überblick erhalten. Eine Personalisierung der Kommunikation sollte daher nur so weit gehen, dass der Besucher sich weder manipuliert, noch in seinem Entdecken oder seiner Entscheidungsfreiheit eingeschränkt fühlt.

Datensilos

Eine bereits kurz erwähnte Herausforderung liegt darin, dass Projektteams bei Messegesellschaften die Daten zu den von ihnen betreuten Messen oft selbst verwalten. Anstatt Daten zentral zu sammeln, werden sie oftmals „siloartig“ organisiert, was eine umfangreiche Auswertung unmöglich macht. Das Anspruchsdenken an Daten, die im Rahmen einer bestimmten Veranstaltung erhoben werden, gilt es zu durchbrechen. So kann eine umfassende Datenbasis für die Segmentierung und Auswertung bereitgestellt werden. Ein Experte merkt in diesem Zusammenhang an, dass auch das „Kontextwissen“, das Projektleiter im Kopf haben, dem Programm zur Verfügung gestellt werden muss, damit es im Algorithmus verarbeitet wird. Damit die Datensilos aufgelöst werden können, ist zunächst die Schaffung einer zentralen Datenplattform nötig.

Gesellschafter

Bei dem Großteil der deutschen Messegesellschaften sind die Gesellschafter der öffentlichen Hand zuzuordnen. Als Rechtsform sind insbesondere die GmbH und die AG präsent (Vgl. Kirchgeorg, 2017, S. 40). Zu den Pflichten der Gesellschafter zählt unter anderem die Überwachung der Geschäftsführung (Vgl. Thommen, 2017, S. 28). Da durch die Veranstaltungen von Messegesellschaften die Wirtschaft in der Region profitiert, indem Aussteller und Besucher beispielsweise den Tourismus beleben, werden sie als wirtschaftsfördernde Unternehmen betrachtet. Daher erhalten sie in den meisten Fällen finanzielle Unterstützung durch ihre Gesellschafter. Die Gesellschafter spielen bei Messegesellschaften entsprechend eine zentrale Rolle und nehmen Einfluss auf die Handlungen der Messegesellschaften.

Dieser Einfluss wird von einem Experten als problematisch bezeichnet. Der Handlungsauftrag von Messegesellschaften sei das Beleben der Wirtschaft in der Region durch die Veranstaltung von Messen – die Realisierung von Digital Business-Modellen sähen die Gesellschafter darin nicht enthalten. Seiner Erfahrung nach stellen sie sich daher teilweise gegen die Entwicklung von digitalen Geschäftsmodellen. Selbst wenn die Gesellschafter nicht direkt gegen eine Einführung solcher Modelle stimmen, haben sie indirekt dennoch Einfluss auf die Entscheidungen der Geschäftsführung. So beschreibt der Experte die Geschäftsführer von Messen als risikoscheu im Vergleich zu denen von privaten Messeveranstaltern. Den Grund sieht er dabei in ihren Arbeitsverträgen, in welchen ein Handlungsauftrag definiert werde, der sich auf die Organisation von Messen fokussiert. Ein neues Business-Modell einzuführen, bringe zwar die Chance zusätzlicher Umsätze, aber auch ein Risiko des Misserfolges mit sich. Aufgrund der fehlenden Rückendeckung durch die Gesellschafter entschieden sich daher viele Geschäftsführer gegen die Erschaffung derartiger digitaler Geschäftsmodelle. Ein Blick in die Pressemitteilungen der großen Messegesellschaften zeigt, dass sich dieser Trend zu ändern scheint. Die Messe Frankfurt gründete im April 2018 mit dem Digital Advisory Board einen Digitalbeirat, um zukünftig auf die Bedürfnisse der Besucher durch Digitalangebote eingehen zu können (Vgl. Messe Frankfurt GmbH, 2018, o.S.). Die Leipziger Messe hat im Jahr 2019 den neuen Zentralbereich „Digitale Services/Systeme“ geschaffen, der gezielt zum Ausbau digitaler Geschäftsmodelle implementiert wurde (Vgl. Leipziger Messe GmbH,

2019a, o.S.). Ein Beispiel für ein digitales, umsatzgenerierendes Produkt liefert die Messe München. Mit „Trusted Targeting" führt die Messe München ein Produkt im Portfolio, was die Buchung von zielgruppenspezifischer Werbung ermöglicht. Hierbei können Unternehmen von den Kontakten der Messe München zu Besuchern und Ausstellern profitieren, um ihre Zielgruppe anzusprechen (Messe München GmbH, o.J., o.S.).

Datenschutz

Die Tatsache, dass die öffentliche Hand als Gesellschafter bei Messegesellschaften agiert, sehen die Experten im Hinblick auf den Datenschutz als Herausforderung. Sie bewerten die Einhaltung von Datenschutzgesetzen und den verantwortungsvollen Umgang mit Daten als besonders wichtig, da Messegesellschaften aufgrund der politischen Verknüpfung zu einer besonders strengen Handhabung verpflichtet sind. Plant eine Messegesellschaft künftig mehr Daten über ihre Kunden zu erheben, so trägt sie auch eine größere Verantwortung für den Umgang mit diesen. In diesem Zusammenhang wird angemerkt, dass der verantwortungsvolle Umgang sehr wichtig sei, um das Vertrauen der Kunden nicht zu verspielen wobei ein Experte auf Datenlecks verweist, die in der Vergangenheit bei anderen Unternehmen wie Siemens und Facebook aufgetreten sind. Mit einer wachsenden Datenbasis wird das Unternehmen für einen Hacker-Angriff immer attraktiver. Gleichzeitig sind mittelständische Unternehmen beliebte Ziele für Cyberangriffe, da eine geringere Stufe unternehmensinterner Sicherheit vermutet wird und sie oftmals mehr Daten verwalten, als große Unternehmen (Vgl. Staff, 2017, o.S.). Das Einführen von internen Richtlinien und Standards sowie die Ernennung von Datenschutz- und Datensicherheitsbeauftragten können dazu beitragen, den Datenschutz zu erhöhen. Einer der Experten warnt bei der Betrachtung des Themas Datenschutz allerdings davor, die Auseinandersetzung mit Themen wie DL oder ML auf die Zukunft zu schieben, aus Angst dem Datenschutz nicht gerecht zu werden.

Besucherakzeptanz

Eng verknüpft mit dem Datenschutz ist das Thema Besucherakzeptanz. Definiert wird Akzeptanz als „positive Annahmeentscheidung einer Innovation durch den Anwender" (Kummer, 2010, S. 54). Egal ob es sich um die Einführung einer

App, die Gesichtserkennung am Einlass oder die Verfolgung der Bewegungsdaten handelt: Betrifft eine Neuerung die Besucher entlang ihrer Customer Journey, wirkt ihre Akzeptanz in der Umsetzung unterstützend. Dagegen kann eine ablehnende Haltung zu einem Hindernis werden, da Besucher beispielsweise versuchen könnten, die Innovation zu verhindern oder zu verzögern (Kummer, 2010, S. 54).

Von den Experten wird die Besucherakzeptanz als wichtig erachtet, vor allem, da sie oftmals mit der Bereitschaft einhergeht, personenbezogene Daten zur Verfügung zu stellen. Am Beispiel der Fachbesucherregistrierung bei Messen zeigt ein Experte auf, dass Besucher teilweise nicht bereit sind, ihre Daten preiszugeben. So habe er die Erfahrung gemacht, dass sich Besucher unter Namen wie „Mickey" registrieren, um nicht ihre wahre Identität preisgeben zu müssen. Diese Datensätze sind für die Messegesellschaft nutzlos, weshalb er bevorzugt, dass Besucher, die ihre Daten nicht angeben wollen, hierzu die Möglichkeit erhalten. So würde ein Faktor eliminiert werden, der die Datenqualität negativ beeinflusst. Ein weiterer Experte bewertet das Erlangen der Besucherakzeptanz als „sehr einfach" und sieht eine gute Kommunikation als Schlüssel zu dieser. So könnte dem Besucher klar kommuniziert werden, warum seine Daten erhoben werden und wie sie verarbeitet werden. Bei der Frage nach dem „Warum" sehen zwei andere Experten es als zielführend an, dem Besucher den Nutzen aufzuzeigen, den er aus der Bekanntgabe seiner Daten erhält. Ähnlich wie in anderen Branchen solle der Besucher den Mehrwert mit seinen Daten bezahlen. Langfristig betrachtet gehen die Experten davon aus, dass die Bedeutung der Besucherakzeptanz als Herausforderung abnehmen wird, da die jüngeren Generationen eine größere Bereitschaft aufweisen, ihre Daten preiszugeben und zunehmend der Mehrwert einer personalisierten Ansprache erkannt werden wird.

4.5 Fazit

DL ist eine Technologie, die zahlreiche neue Möglichkeiten schafft und als Treiber von Innovation in vielen Branchen fungiert. Auch in der Messebranche gibt es erste Akteure, die sich mit den Potenzialen von DL beschäftigen und Lösungen für konkrete Problemstellungen entwickeln. Oftmals liegt der Fokus dieser auf der Kreation eines Mehrwertes für den Messebesucher.

Die Experteninterviews haben multiple Anwendungsmöglichkeiten von DL vor, während und nach der Messe aufgezeigt. Neben anderen Faktoren stellen dabei die Gewinnung sowie die zentrale Bereitstellung von Daten über den Besucher, eine zentrale Voraussetzung dar. Ein Anwendungsfall, der sich über die gesamte Customer Journey als sehr präsent gezeigt hat, ist die personalisierte Kommunikation auf Grundlage von Besucherprofilen. Je mehr Informationen über den Besucher vorhanden sind, desto klarer kann dieser mithilfe von DL kategorisiert werden, sodass anschließend eine auf sein Profil zugeschnittene Kommunikation erfolgen kann. Abgesehen von der interessensbasierten, personalisierten Kommunikation gibt es weitere Anwendungsbeispiele, wie die Gesichtserkennung, Chatbots oder humanoide Roboter, die DL nutzen und einen Mehrwert für den Besucher schaffen.

Insbesondere konnten die Interviews aufzeigen, dass es branchenspezifische Voraussetzungen und Herausforderungen gibt, mit denen sich Messegesellschaften auseinandersetzen sollten, wenn sie den Einsatz von DL in Erwägung zieht.

DL ist noch eine recht junge Technologie, die sich in den nächsten Jahren maßgeblich weiterentwickeln wird. Es ist zu erwarten, dass in naher Zukunft weitere attraktive Möglichkeiten geschaffen werden, die das Besuchererlebnis durch den Einsatz von DL-Modellen verbessern können. Dies gilt es zu erkennen und zu nutzen. Je eher Messegesellschaften beginnen, die Voraussetzungen für einen Einsatz von DL zu schaffen, desto eher können sie von den Potenzialen profitieren.

Aus den Erkenntnissen, die aus den Experteninterviews und Recherchearbeiten im Rahmen dieser Arbeit gewonnen wurden, wird im folgenden Kapitel eine Möglichkeit der Anwendung von DL vorgestellt. Dabei handelt es sich um ein Beispiel, dessen Umsetzung realistisch, allerdings aufgrund von unterschiedlichen Faktoren wie der Infrastruktur, dem Entwicklungsstand von DL in der Messebranche oder bisher begrenzten Anbietern derzeit noch nicht vollumfänglich umsetzbar ist.

5 Ableitung von Einsatzmöglichkeiten von Deep Learning zur Verbesserung des Besuchererlebnisses: Die Gesichtserkennung als Zahlungsmittel

Sowohl die Analyse von aktuellen Schwerpunkten in Forschung und Entwicklung als auch die Expertengespräche haben gezeigt, dass das Thema Gesichtserkennung in Zukunft eine große Bedeutung haben wird. Zunehmend nutzen auch App-Anbieter oder Mobiltelefonhersteller wie Apple diese Technologie, was dazu führt, dass Verbraucher vermehrt mit ihr in Kontakt kommen und Hemmschwellen abgebaut werden. Das iPhone X wird etwa nicht mehr durch ein Passwort oder einen Fingerabdruck-Scan entsperrt, sondern der Nutzer braucht es lediglich anzusehen. Dabei wird sein Gesicht gescannt und mit den bereits gespeicherten biometrischen Daten seiner Person abgeglichen, sodass er identifiziert werden kann (Vgl. Horbelt, 2019, o.S.).

Ein ticketloser Eintritt durch die Gesichtserkennung ist bereits möglich. Denkbar wäre auch, den Besucher an anderen Stellen mit seinem Gesicht zu identifizieren. Dabei stellt sich die Frage, an welchen Punkten das sinnvoll wäre.

Eine Möglichkeit wäre, dass der Besucher Zahlungen während des Messebesuches mit seinem Gesicht autorisiert. Entlang seiner Kundenreise gibt es unterschiedliche Punkte, an denen er zusätzlich zum Eintrittsgeld ein Entgelt entrichten könnte:

- Beim Parkplatz, wenn er mit dem PKW anreist
- Bei der Garderobe
- Beim Kauf von bestimmten Informationsmaterialien wie dem Messeguide
- Bei einer spontanen Teilnahme an kostenpflichtigen Programmpunkten wie Workshops oder Vorträgen
- Beim Kauf von Speisen und Getränken der messeeigenen Gastronomie
- Ggf. beim Kauf von Merchandise (Beispielsweise bei Publikumsmessen, bei dem der Besucher eine hohe Identifikation mit der Veranstaltung aufweist)

Angenommen ein Besucher tätigt bei seinem Messebesuch alle genannten Transaktionen, so muss er derzeit an jeder Station einzeln zahlen. Das bedeutet, dass er jedes Mal seinen Geldbeutel herausziehen muss, nach einem passenden Zahlungsmittel sucht, eventuell auf sein Wechselgeld wartet und im Anschluss seine Geldbörse verstaut. Ein Prozess, der Zeit kostet. Insbesondere im Bereich der Parkplätze, der Garderoben oder der Gastronomie bilden sich zu Stoßzeiten daher oftmals Schlangen, sodass der Besucher Wartezeit einplanen muss, um von diesen Services zu profitieren. Da er aber heutzutage weniger Zeit auf der Messe verbringt, wäre es sowohl für den Besucher als auch für den Aussteller von Vorteil, wenn die Wartezeit verkürzt werden könnte. So könnte er besser von der begrenzten Zeit auf der Messe profitieren. Kann ein Besucher in der Folge mehr oder ausführlichere Gespräche führen, kommt dies nicht nur ihm zu Gute – auch die Aussteller profitieren davon. Im Anschluss an die Messe könnte der Besucher dann alle Verbindlichkeiten gegenüber der Messegesellschaft mit einer einzigen Zahlung begleichen. Hierbei sind unterschiedliche Zahlungsmodelle denkbar. An den Ausgängen von Messehallen könnten Automaten installiert werden, bei denen der Besucher vor Verlassen des Geländes durch erneuten Gesichtsscan alle Kostenpunkte angezeigt bekommt, die er anschließend bar, mit Kredit- oder EC-Karte bezahlt. Es wäre auch denkbar, dass der Besucher der Messegesellschaft das Recht zu einem Bankeinzug erteilt, so wie es bei Online-Shopping oftmals angeboten wird. Geht man von einer vollumfänglichen Realisierung dieses Beispiels aus, bei der alle Besucher ausnahmslos über die Gesichtserkennung bezahlen, so wäre es nicht mehr nötig, die oben genannten Stationen mit Bargeld auszustatten. Ein großer Verwaltungsapparat würde entfallen, was zu einer bedeutenden Kosteneinsparung bei der Messegesellschaft führen würde. Das Beispiel zeigt, dass sowohl der Besucher sowie der Aussteller als auch die Messegesellschaft ihre Effizienz steigern könnten.

Die Voraussetzung für die Anwendung einer solchen Gesichtserkennung ist zunächst das Einverständnis des Besuchers, seine Daten für diesen Zweck verarbeiten zu dürfen. Laut der Datenschutzgrundverordnung bedarf die Verarbeitung biometrischer Daten zur eindeutigen Identifikation einer natürlichen Person des Einverständnisses für einen oder mehrere festgelegte Zwecke (Vgl. Art. 9 DS-GVO). Das vorgestellte Konzept steht und fällt daher mit dem Einverständnis des

Besuchers. Des Weiteren wird eine entsprechende Infrastruktur benötigt. Hierzu zählt eine Plattform, die das Sammeln aller Daten ermöglich, sowie eine Software, die die Gesichtserkennung mit dem Zahlungsprozess verbindet. Hardwareseitig werden Kameras an den betroffenen Stationen benötigt, die das Gesicht des Kunden erkennen. Die Datenverarbeitung muss außerdem in Echtzeit geschehen, sodass unmittelbar nach dem Kauf das Besucherkonto mit dem zu zahlenden Preis belastet wird. Für die Zahlung der Verbindlichkeiten am Ende des Messebesuchs müssen entweder Kassen oder Automaten eingerichtet werden. Selbstverständlich müssen sowohl das Personal als auch die Besucher selbst zunächst an ein solches System herangeführt werden und durch das Schaffen von Transparenz und Kommunikation sind Hemmschwellen abzubauen. Um die Daten des Besuchers ausreichend zu schützen, sind darüber hinaus Sicherheitsmaßnahmen zu treffen.

Literaturverzeichnis

Amazon (o.J.). Was ist künstliche Intelligenz?. https://aws.amazon.com/de/machine-learning/what-is-ai/?nc1=f_ls, Einstelldatum unbekannt, abgerufen am 17.06.2019.

BDV e.V. (2019). Acht Leitlinien für künstliche Intelligenz. https://www.bvdw.org/fileadmin/bvdw/upload/publikationen/KI/RZ_BVDW_KI_8Prinzipien_ES_20190122.pdf, eingestellt am 23.01.2019, abgerufen am 25.05.2019.

Behnke, C./Meuser, M. (1999). Geschlechterforschung und qualitative Methoden. Opladen, Springer.

Bitkom/DFKI (2017). Künstliche Intelligenz. Positionspapier.

Bittkau-Schmidt, S. (2009). Wissen und Handeln in virtuellen sozialen Welten. Wiesbaden, VS Verlag für Sozialwissenschaften.

Buck, C.(2019). Dr. Algorithmus. https://www.welt.de/wirtschaft/bilanz/article189418949/Dr-Algorithmus-Kuenstliche-Intelligenz-in-der-Medizin.html, eingestellt am 26.02.2019, abgerufen am 23.06.2019.

Buhl-Wagner, M. (2017). Integrierte Messeveranstalter: Das Ganze ist mehr als die Summe seiner Teile. in: Kirchgeorg, M./Dornscheidt, W. M./Stoeck, N. (Hrsg.), Handbuch Messemanagement. 2. Auflage, Wiesbaden, Springer Gabler, S. 67-79.

Buxmann, P./Schmidt, H. (2019). Künstliche Intelligenz – Mit Algorithmen zum wirtschaftlichen Erfolg. Berlin, Springer Gabler

CAICT/Gartner (2018). Share of global artificial intelligence (AI) investment and financing by country from 2013 to 1Q'18. https://www.statista.com/statistics/941446/ai-investment-and-funding-share-by-country/, Einstelldatum unbekannt, abgerufen am 23.06.2019.

CAICT/Statista estimates (2018). Global artificial intelligence (AI) investment and financing from 2013 to Q1 2018 (in billion U.S. dollars). https://www.statista.com/statistics/941137/ai-investment-and-funding-worldwide/, Einstelldatum unbekannt, abgerufen am 23.06.2019.

Datenschutzgrundverordnung (DSGVO). Artikel 9 Verarbeitung besonderer Kategorien personenbezogener Daten. https://www.jusline.at/gesetz/dsgvo/paragraf/9, Einstelldatum unbekannt, abgerufen am 16.06.2019.

Düwell, M./Hübenthal, C./Werner, M. H. (2011). Handbuch Ethik. 3. Auflage, Stuttgart/Weimar, J.B. Metzler.

emarketer (2018). Global Internet User Feelings about Companies Using Data and Personalization as of April 2018, by Age Group. in: Statista, https://www.statista.com/statistics/917812/internet-users-feelings-company-use-data-personalization/, eingestellt im September 2018, abgerufen am 05.06.2019.

Erbel, H.-J. (2017). Besucherquantität und -qualität als zentrale Werttreiber von Messen. in: Kirchgeorg, M./Dornscheidt, W. M./Stoeck, N. (Hrsg.), Handbuch Messemanagement. 2. Auflage, Wiesbaden, Springer Gabler, S. 224-253.

European Commission (2019a): Künstliche Intelligenz: Kommission treibt Arbeit an Ethikleitlinien weiter voran. Pressemitteilung, http://europa.eu/rapid/press-release_IP-19-1893_de.htm?fbclid=IwAR2eFuS2BoFVoT70tlpMehEuFX0lwWOmyiskydbPZLjeJ52qFyoa_ep4TQg, eingestellt am 08.04.2019, abgerufen am 25.05.2019.

European Commission (2019b). Ethics Guidelines for Trustworthy AI. Leitfaden der Europäi-schen Kommission, Brüssel.

Fischer, J./Gruden, S./Imhof, E. (2007). Grundkurs Ethik: Grundbegriffe philosophischer und theologischer Ethik. 2. Auflage, Stuttgart, Kohlhammer.

Freiknecht, Jonas (2014): Big Data in der Praxis, München (Car Hanser)

Funke, J./Vaterrodt, B. (2009). Was ist Intelligenz?. 3. Auflage, München, C.H. Beck.

Gast, M. S. (2014). Building Applications with iBeacon: Proximity and Location Services with Bluetooth Low Energy. Peking, O'Reilly and Associates.

Gentsch, P. (2018). Künstliche Intelligenz für Sales, Marketing und Service. Wiesbaden, Springer Gabler.

Grodau, G. (2019). Leiter Zentralbereich IT/CIO. Telefonisches Interview, Leipzig/München, 22.05.2019, 10:00 Uhr.

Güßgen, F. (2019). Sillicon Valley auf Schwäbisch. in: Stern, 03.01.2019, S. 56-62.

Habenicht, A. (2018). Automatische Gesichtserkennung bei der Einlasskontrolle. https://www.events-magazin.de/event-trends/automatische-gesichtserkennung-bei-der-einlasskontrolle/, eingestellt am 17.09.2018, abgerufen am 19.06.2019.

Handcock, A. (2019). Der Unterschied zwischen Künstlicher Intelligenz und Maschinellem Lernen. https://www.marconomy.de/der-unterschied-zwischen-kuenstlicher-intelligenz-und-maschinellem-lernen-a-817567/, eingestellt am 08.04.2019, abgerufen am 04.07.2019.

Hegemann, L. (2019). Eine Frage der Ethik. https://www.zeit.de/digital/internet/2019-04/kuenstliche-intelligenz-eu-kommission-richtlinien-moral-kodex-maschinen-ethik, ein-gestellt am 08.04.2019, abgerufen am 24.05.2019.

Heinrich, G. (2019). Geschäftsführer der adventics GmbH. Telefonisches Interview, Leipzig/München, 13.05.2019, 11:00 Uhr.

Hochheim, H./Riemann, V. (2017). Messeforschung als Basis für strategische Entscheidungen. in: Kirchgeorg, M./Dornscheidt, W. M./Stoeck, N. (Hrsg.), Handbuch Messemanagement. 2. Auflage, Wiesbaden, Springer Gabler, S. 227-241.

Hochheim, H./Neven, P. (2008). Einstellungen von Entscheidern zum Messebesuch: Befragung von messebesuchenden und nicht-messebesuchenden Entscheidern aus deutschen Unternehmen zur Messe als Informationsbeschaffungs- und Kommunikationsinstrument. 28. Auflage, Berlin, Institut der Deutschen Messewirtschaft.

Hochheim, H./Neven, P. (2015a). Verhalten und Struktur der Fachbesucher auf deutschen Messen. Auflage 41, Berlin, Institut der Deutschen Messewirtschaft.

Hochheim, H./Neven, P. (2015b). Informations- und Beschaffungsverhalten von Entscheidern. 43. Auflage, Berlin, Institut der Deutschen Messewirtschaft.

Horbelt, A. (2019). Gesichtserkennung für Marketing und Events: The next big thing?. https://www.event-partner.de/business/gesichtserkennung-fuer-marketing-und-events-the-next-big-thing/, eingestellt am 02.01.2019, abgerufen am 07.06.2019.

Kirchgeorg, M. (2017): Funktionen und Erscheinungsformen von Messen. in: Kirchgeorg, M./Dornscheidt, W. M./Stoeck, N. (Hrsg.), Handbuch Messemanagement. 2. Auflage, Wiesbaden Springer Gable, S. 31-50.

Kirchgeorg, M./Wiedmann, M./Ermer, B. (2017). Zukunftsperspektiven und strategische Herausforderungen von Publikumsmessen. in: Kirchgeorg, M./Dornscheidt, W. M./Stoeck, N. (Hrsg.), Handbuch Messemanagement. 2. Auflage, Wiesbaden, Springer Gabler, S. 207-224.

Kirste, M./Schürholz, M. (2019). Einleitung. Entwicklungswege zur KI. in: Wittpahl, Volker (Hrsg.): Künstliche Intelligenz – Technologie, Anwendung, Gesellschaft. Berlin/Heidelberg, Springer, S. 21-35.

Krempl, S. (2018). KI und Big Data: 34 Versicherungen nutzen automatisierte Entscheidungsprozesse. https://www.heise.de/newsticker/meldung/KI-und-Big-Data-34-Versicherungen-nutzen-automatisierte-Entscheidungsprozesse-4256900.html, eingestellt am 19.12.2018, abgerufen am 23.06.2019.

Kummer, T.-F. (2010). Akzeptanz von Ambient Intelligence in Krankenhäusern. Lohmar/Köln, Josef Eul.

Lee, F. (2018). Social Scoring in China - Im Reich der überwachten Schritte. http://www.taz.de/Social-Scoring-in-China/!5480926/, eingestellt am 10.02.2018, abgerufen am 22.05.2019.

Leipziger Messe GmbH (2019a). Leipziger Messe stärkt Kompetenzen für digitale und infrastrukturelle Services. https://www.leipziger-messe.de/pressemitteilungen/leipziger-messe-staerkt-kompetenzen-fuer-digitale-und-infrastrukturelle-services/925646, eingestellt am 04.02.2019, abgerufen am 12.06.2019.

Mainzer, K. (2019). Künstliche Intelligenz - Wann übernehmen die Maschinen?. 2. Auflage, Berlin/Heidelberg, Springer.

Messe Frankfurt GmbH (2018). Messe Frankfurt gründet Digitalbeirat. https://www.messefrankfurt.com/frankfurt/de/presse/presseliste/2018/digitalbeirat-presse.html, eingestellt am 18.04.2018, abgerufen am 12.06.2019.

Messe München GmbH (o.J.). Trusted Targeting. https://messe-muenchen.de/de/digital/digital-solutions/trustedtargeting/, Einstelldatum unbekannt, abgerufen am 14.06.2019.

Pilgrim, M. (2010). Python 3 Intensivkurs: Projekte erfolgreich realisieren. Berlin/Heidelberg, Springer

Remus, R. (2019). Senior Researcher bei ExB Group. Forschung im Bereich Natural Language Processing. persönliches Interview, Leipzig, 17.05.2019, 17:00 Uhr.

Schmidt, H. (2019). Selbst deutsche Politiker können beim Thema KI nichts mehr schönreden. https://www.handelsblatt.com/meinung/kolumnen/expertenrat/schmidt/expertenrat-holger-schmidt-selbst-deutsche-politiker-koennen-beim-thema-ki-nichts-mehr-schoenreden/24364366.html, eingestellt am 21.05.2019, abgerufen am 23.06.2019.

Schürholz, M./Spitzner, E.-C. (2019). Hardware für KI. in: Wittpahl, Volker (Hrsg.). Künstliche Intelligenz – Technologie, Anwendung, Gesellschaft. Berlin/Heidelberg, Springer, S. 36– 47.

Schwefer, C. (2017). Unternehmensbewertung im Messewesen. in: in: Kirchgeorg, M./Dornscheidt, W. M./Stoeck, N. (Hrsg.). Handbuch Messemanagement.2. Auflage, Wiesbaden, Springer Gabler, S.887-906.

Sedlmeir, C. (2019), Geschäftsführer der doo GmbH. Telefonisches Interview. Leipzig/München, 16.05.2019, 14:00 Uhr.

Selle, S. (2018). Künstliche Neuronale Netzwerke und Deep Learning. Forschungsbericht, Hochschule für Technik und Wirtschaft des Saarlandes, Saarbrücken.

Siebert, S. (2019). DSGVO: Das müssen Webseitenbetreiber und Unternehmer über die Datenschutz-Grundverordnung wissen!. https://www.e-recht24.de/datenschutzgrundverordnung.html, eingestellt am 11.03.2019, abgerufen am 24.05.2019.

Staff, T. (2017). 35 Statistiken zum Thema Internetsicherheit, die jeder IT-Manager 2017 kennen sollte. https://www.hpbusinessnow.de/index.php/2017/06/29/35-statistiken-zum-thema-internetsicherheit-die-jeder-manager-2017-kennen-sollte/, eingestellt am 29.06.2017, abgerufen am 12.06.2019.

Statista (2019). In-depth: Artificial Intelligence 2019. Studie, Hamburg.

Teich, D. A. (2018). Gute Datenqualität ist ein Muss für Machine Learning. https://www.computerweekly.com/de/tipp/Gute-Datenqualitaet-ist-ein-Muss-fuer-Machine-Learning, eingestellt im Oktober 2018, abgerufen am 08.05.2019.

Thommen, J.-P./Achleitner, A.-K./ Gilbert, D./ Hachmeister, D./ Kaiser, G. (2017). Allgemeine Betriebswirtschaftslehre. 8. Auflage, Wiesbaden ,Springer.

Tielicke, R. (2019). Gleitwort. in: Wittpahl, Volker (Hrsg.), Künstliche Intelligenz - Technologie, Anwendung, Gesellschaft. Berlin/Heidelberg, Springer, S. 5-6.

Van de Gevel, A. J. W./Noussair, C. N. (2013). The nexus between artificial intelligence and economics. Berlin/Heidelberg, Springer.

Von Baerle, U. Kromer/Brandl, T. (2017). Instrumente der Besucherakquisition. in: Kirchgeorg, Manfred/Dornscheidt, Werner M./Stoeck, Norbert (Hrsg.), Handbuch Messemanagement, 2. Auflage, Wiesbaden, Springer Gabler, S. 667-675.

Web Arts AG (2017). Der Personalisierte Onlineshop. Case Study, file:///C:/Users/fabien/Desktop/Casestudy-computeruniverse-2017.pdf , Einstelldatum unbekannt, abgerufen am 06.06.2019.

Wierse, A./Riedel, T. (2017). Smart Data Analytics. Berlin/Boston, Walter de Gruyter.

Wilkens, A. (2016). MWC 2016: Assistenzroboter "Pepper" kommt nach Europa. https://www.heise.de/newsticker/meldung/MWC-2016-Assistenzroboter-Pepper-kommt-nach-Europa-3117718.html, eingestellt am 25.02.2016, abgerufen am 07.06.2019.

Zimmermann, D. (2008). Erfolgreiches Messe-Management: Wie die konsequente Serviceorien-tierung zur Kundenloyalität beiträgt!. https://www.brainguide.de/upload/publication/b0/jhd9/416ea2ba61 2b0a3c7f3de13246f82319_1311535324.pdf., Einstelldatum unbekannt, abgerufen am 11.06.2019.

AN ANALYSIS OF THE INFLUENCES OF ARTIFICIAL INTELLIGENCE AND ITS POTENTIAL FOR APPLICATION IN THE EVENT SECTOR

DEVELOPMENT OF RECOMMENDATIONS FOR ACTION

Doreen Richter

Table of Contents

List of diagrams

1 Introduction

1.1 Rationale and motivation

> *"... The advent of super-intelligent AI would be either the best or the worst thing ever to happen to humanity. We cannot know if we will be infinitely helped by AI, or ignored by it and sidelined, or conceivably destroyed by it (Hawking et al., 2018, no page).*

Artificial Intelligence (AI) is a term that has been dominating the areas of research and development for a long time. A lot of humans' daily experiences and interactions already involve machines and devices implying Artificial Intelligence – knowingly and unknowingly. When asking 'Siri' or 'Alexa' how the weather will be tomorrow, humans are probably aware of using some kind of AI. But the fact that robots are already performing parts of surgery much more precisely than a surgeon is only known by a few. Actually, 100 trillion decisions are made by Artificial Intelligence per day (see Gams et al., 2019, p. 73).

Technological progress has often been underestimated

Technological progress naturally evokes predictions, worries, and opportunities. Especially, forecasts about the future have always been and still remain really difficult. "No machine will ever be able to perform what even the worst horses can – the service of carrying people and goods through the bustle and throng of a great city" (Say, 1828, p. 800). J.-B. Say would be stunned if he knew that today's discussions are not about simple cars anymore but deal with autonomous, driverless vehicles interconnected to each other. "There is no reason for any individual to have a computer in his home" (Strohmeyer, 2008, no page). It would have sounded like science fiction 25 years ago if anyone had proclaimed the ease of assessing and downloading nearly every information on one's own personal computers.

Which impacts will Artificial Intelligence have in the future?

Many experts discuss the impacts AI might have in the future, how the way of working together could change, whether humans are to be replaced by robots, and which consequences should be expected when this technology is spread to all areas of life.

Chatbots in call centres are no longer exceptional and customertargeted purchase recommendations due to former search inquiries are nothing unusual anymore. These few examples show that AI has already arrived in many branches. This goes along with a huge economic impact which is forecasted in connection with the further development of this technology. The German gross domestic product may increase by 11.3 percent until 2030 due to the use of Artificial Intelligence only, which equates a value added of around 430 billion euros (PricewaterhouseCoopers GmbH Wirtschaftsprüfungsgesellschaft, 2018a, no page).

Events feel the pulse of the markets

Via exhibitions, congresses, meetings, and personal encounters, the event industry provides a platform for discussing future trends, new innovations, technological progresses as well as their potential for application in general and, with regards to Artificial Intelligence, also in particular. But does it need to remain solely a platform for exchanging knowledge about AI or does the event industry itself has the potential to implement and incorporate Artificial Intelligence along the value chain of events. At least, AI is defined as a future trend for the event sector (see Ebner Media Group GmbH & Co. KG, 2016, no page).

Everybody is talking about Artificial Intelligence – but what exactly describes this term and which forms of application belong to it? Which benefits and challenges are proclaimed to come along with this technology? And if it is true that these innovations will have an impact on all industries, how can and should the event sector adapt and adopt to the potential it might incur? In order to not miss out on opportunities in this area, to be well-prepared for the future as well as to align transforming conditions and expectations, this master thesis scrutinizes the topic of Artificial Intelligence in terms of its applicability and its strengths as well as weaknesses, particularly for the event industry.

1.2 Objectives and methodology

Within the scope of this thesis, the event industry will be looked at with regards to the potential of applying Artificial Intelligence. The industry and its main actors should be prepared with respect to changing circumstances resulting from AI that might affect their way of conducting business. This topic facilitates various approaches and different viewing angles for further investigation. Therefore, the report is addressed to all parties that are involved in the planning and preparation process, the ultimate creation and realization phase as well as the follow-up of an event. The following objectives will be pursued throughout the report.

Under-standing	o Artificial Intelligence is a **multifarious term with different subsections**, each having specific functions and goals. o In order to spot potential application forms for the event industry, the technology and its subsections will be explained.
Different perspectives	o The event industry is comprised of different actors. The event itself is a result of certain parties working together. o Each stakeholder could have **varying fields of application for AI** which should be analysed and raised within this report.
Impacts	o Events are marked by personal encounters between humans. o This relationship is characteristic to the event industry and poses the question whether **AI might redefine the basic intention of events**. o It will be explored if and to which extend this technological progress impacts this people-specific business.
Recommen-dations	o This consulting report will finally develop recommendations for action in the form of two approaches for the main actors of the event industry. o Firstly, **use cases** for the potential application of AI along the event management process will be defined and secondly, **strategic guidelines** for implementing this technology into daily business will be provided.

Diagram 1: Objectives of this consulting report

A qualitative two-step analysis

The previously-defined objectives are examined with the help of two different methodological approaches: a focused industry comparison and guided expert interviews.

- An industry comparison on the use of Artificial Intelligence in different sectors and the accompanying considerations of several application examples already incorporating AI is done by means of a self-developed matrix.
- Additionally, to precisely focus on the potential influences of AI on the event sector, guided expert interviews with representatives of the event industry as well as of the technology and research sector are conducted. This reactive evaluation process benefits from an open communication allowing for an insight to the background of the experts as well as the elicitation of valuable findings.

After this introductory chapter, the following part deals with Artificial Intelligence in general in order to create the basis of knowledge needed for the ensuing analysis. Furthermore, the event management process is summarized to allow for the definition of tasks that might be adjusted, complemented, or replaced by AI and to create use cases presenting potential application forms for the event sector. Strategic guidelines are provided to assist in implementing AI. A conclusion wraps up the main findings and provides an outlook. This overall qualitative two-step analysis with differing survey methods will explore the topic holistically and allows for the development of a recommendation catalogue.

2 Insights: Artificial Intelligence

2.1 Terminologies

> *"An attempt will be made to find how to make machines use language, form abstractions and concepts, solve kinds of problems now reserved for humans, and improve themselves. We think that a significant advance can be made in one or more of these problems if a carefully selected group of scientists work on it together for a summer" (Russell, et al., 2016, p. 17).*

This ambitious statement goes back to year 1955 in which the American mathematician John McCarthy applied for aid money in order to organize a workshop dealing with AI. The workshop took place in 1956 which is officially recognized as the birth year of Artificial Intelligence. Considered in retrospect, the scientists had overestimated themselves as well as the technology excessively. Nevertheless, since then Artificial Intelligence has become an own discipline and is, henceforth, a topic that arouses the interests of many researchers and scientists (see Armbruster, 2019, p. 16).

Artificial Intelligence is not equal to Artificial Intelligence

Basically, the field of research relating to AI is an approach to technically emulate the human brain and its functions. Experts of computer sciences, neurology, psychologies, and linguistics jointly work on this objective. It is the study of how to equip machines with capabilities enabling them to exhibit human-like intelligence (see McKinsey&Company, 2018b, no page). Artificial Intelligence can be clustered into different maturity levels (see in the following Hildesheim and Michelsen, 2019, p. 121).

Narrow AI	o **Narrow AI** or also known as **weak Artificial Intelligence** is trained for a specific use case. o It has a clearly defined area of application constituting a particular purpose which is set by humans feeding the system with appropriate data. o Since its capability to learn is **limited to the particular use case**, this technology can only handle events happening within these boundaries.
Strong AI	o **General Artificial Intelligence**, respectively **strong AI**, is the next level and up to now it remains a dream of the future. o This type of AI means that "a machine will have the **same cognitive capabilities as a human being"** (Ackermann, 2018, no page). General AI can dynamically adapt itself to new situations in order to better cope with a changing environment. It is not just reactive anymore but acts on its own accord. o Consequently, this technology would have the potential of completely replacing Human Intelligence which is still unique due to its manifold abilities so far.
Super-intelligence	o Although, general Artificial Intelligence has not yet been developed, researchers are already predicting the next but one level of AI, called **superintelligence**. o In this scenario, "machines will be smarter than humans" (Ackermann, 2018, no page.), which means that the cognitive capability of a machine surpasses that of humans. o The vision is to establish a type of AI that is able to develop an **autonomous conscience** and an own will by itself.

Diagram 2: Types of Artificial Intelligence

2.2 Delimitation to Human Intelligence

What is the difference between Artificial Intelligence and Human Intelligence and is AI really intelligent? It is not that easy to find answers to these questions because there is no shared definition about what intelligence actually is. Relating to several definitions, intelligence is the ability to think abstractly and rationally in order to act purposefully. It is the skill of effectively dealing with changes (see Armbruster, 2019, p. 18).

What makes humans unique?

The uniqueness of Human Intelligence might be the management of multiple, sometimes conflicting goals, which have to be prioritized in order to focus on relevant tasks. The combination of cognitive, sensomotorical, emotional, and social intelligence as parts of the Human Intelligence are the reasons for its diversity compared to Artificial Intelligence, at least when talking about its current state of narrow AI (see Fraunhofer-Gesellschaft e.V., 2018, no page). The human brain is particularly bad at tasks narrow AI performs very well and vice versa. The strength of Artificial Intelligence is tracking patterns in large amounts of data. In comparison, humans are more inaccurate and forgetful when dealing with huge data sets. AI is good at one specific task instead of transferring learnings and results from one task to another in succession. Humans are able to use their intelligence in order to actively plan the future and critically think of what-if scenarios. They are not only able to, but they even sometimes have to break rules instead of stubbornly following them (see Voss, 2017, no page).

2.3 Subsections

The aims of AI can be described as, firstly, the imitation of Human Intelligence and, secondly, the attempt to augment Human Intelligence via the exploitation of computer power (see Markoff, 2016, p. 18).

AI is not a single solution but has to be understood as a set of technologies and sub-disciplines. It is basically a generic term for the technology which applies different performance functions imitating intelligence. In the literature, the subsections of AI are oftentimes either mixed together or only rudimentarily and vaguely distinguished.

Artificial Intelligence is more than just two words

In every second of humans' daily lives, senses play an important role, observations are done, and a myriad of decisions are made from which actions are resulting. Furthermore, interpretations and evaluations are determining the way of thinking. These steps can be categorized with the following key words in a superordinate manner: sense, think, act. This principle also applies to AI's various technical subsections.

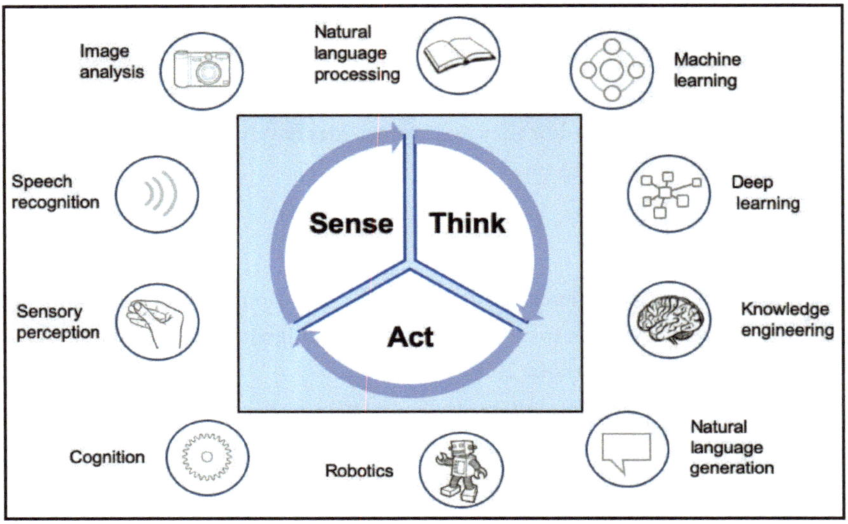

Diagram 3: Subsections of Artificial Intelligence
Source: Adopted from Bergmann, 2017, no page.

The functionality of these applications forms will not be further examined. As already explained previously, these individual parts only master single tasks and fulfil individual roles. By combining and interconnecting these disciplines, a system is created that is able to solve more complex problems by itself – Artificial Intelligence is exerted. Up to now, robotics and machine learning are the most commonly deployed AI applications. (see McKinsey&Company, 2018a, no page).

Machine learning makes the difference

Actually, machine learning is an integral component of AI. Although it is also one discipline among the others, it can and should be highlighted with regards to its valuable contribution to the current success of AI (see Ackermann, 2018, no page). In comparison to traditional computer systems, machine learning "deals with algorithms that learn from and make predictions on data without needing to be explicitly programmed" (Daugherty and Wilson, 2018, p. 60). Still on a narrow AI basis, machine learning enables systems to store information and experiences, to further develop themselves, and transmit these learnings to subsequent tasks in order to improve their performance (see Kirste and Schürholz, 2019, p. 24). These systems are rather trained than programmed since they develop predictions as well as recommendations based on learning data.

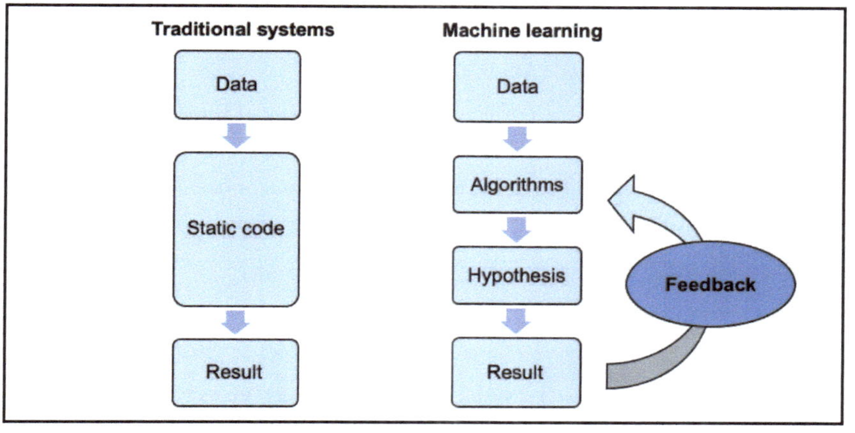

Diagram 4: Traditional systems vs. Machine learning
Source: Adopted from Kirste and Schürholz, 2019, p. 25.

This master thesis does not at all focus on the operating principles of Artificial Intelligence with regards to mathematical and informatics structures making AI work. For the purpose of this paper, it is more important to get to know how interwoven AI is to other topics and which advantages as well as disadvantages might come along with this technology.

2.4 Benefits and risks

"Our predictions will suffer if we neglect to remember that technological change is exponential rather than linear. This is clearly a vitally important consideration to keep in mind when thinking about the possible directions that AI may move into" (Makridakis, 2018a, p. 7).

There are various proponents and opponents of Artificial Intelligence defending different benefits and risks that occur together with this rising technology. The following table provides a general overview of the most commonly discussed fears and courageous forecasts as well as benefits and risks related to AI.

Benefits and chances	Risks and challenges
• **enhancement of productivity** – AI is good at tasks for which humans need a long period of time and therefore, cost savings can boost the productivity • **diversification of the world of work** – the creation of new jobs and the development of new products and services with the support of AI might change the way of working significantly • **reduction of social problems** – challenges like sustaining biodiversity, combating the depletion of natural resources and pushing the climate change can be successfully supported with the help of AI technologies • **applicability in different industries** – AI is flexible and thriving with its numerous, innovative solutions and can therefore be implemented for various causes, problems, and industries	• **loss of control** – if machines get smarter than humans, an increase of dependency and a rising subordination of humans to technologies might be a consequence • **uncertainty causes fear** – new technologies come along with concerns, especially when there are various, exaggerated scenarios not representing the current state of development • **increasing gaps between countries** – AI might widen the differences in performance between countries and economies and there is a rising risk that the AI market will be dominated by USA and China only • **non-excludability of misuse** – AI might be a component for autonomous weapon systems which are only rudimentarily controllable or even not at all

Diagram 5: Benefits and risks related to Artificial Intelligence

"Technological progress is always usable for both sides, for the good and the evil ones. Consequently, it is not enough to admire the achievements of AI with open mouth. We are dealing with an unleashed industry [...]" (Wolf Infomar Faecks in Scharrer, 2017, no page). A generalization of AI being good or bad does not cover the topic and would be a premature conclusion.

3 Insights: Event industry

The following chart provides an overview of the event formats that this thesis is focusing on when it refers to the event sector. This overview is not intended to be an exhaustive list of event types but in order to not exceed the framework of this paper, Business-to-Business (B2B) formats are selected and all events with regards to leisure activities are neglected.

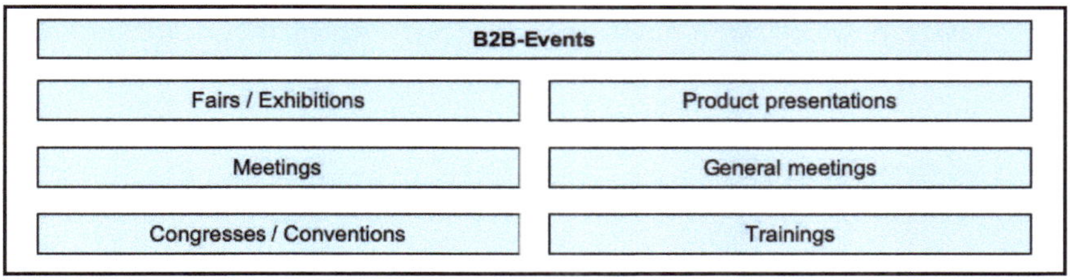

Diagram 6: Relevant event formats for consulting report at hand

3.1 Key players

There are several companies, organizations, and associations that are part of the event industry but belonging to and working for many other sectors as well. They cannot be categorized solely to the event industry. In order to define the main players that are relevant for the analysis of AI and the potential for application in the event industry as well as to keep their different perspectives in mind, the following part shortly presents the involved actors (see in the following Jäger, 2017, pp. 78-85).

Event providers, component suppliers and event demanders are the key players

- Event providers:
  The term event provider refers to all organizers of events that are planning and realizing events on their own or with the help of further service suppliers. Consequently, all companies or agencies, institutions, non-profit organizations, associations as well as the public sector can appear as event providers.

- Component suppliers:
  In the event industry, service providers are innumerable. This category includes all services which are necessary for executing an event. The most important ones with regards to the purpose of this report are the venues, technical event equipment, food and beverages, transport as well as logistics, security, and further personnel service providers.
- Event demanders:
  Event demanders can be equated with the appropriate target group of the event providers, who finally constitute the event participants. These can be representatives of companies belonging to the predefined target group, institutions, associations, universities as well as the public sector or agents of media and press.

This categorization should not be seen as a stringent delimitation since, as the examples have already indicated, an event demander can also be an event provider and vice versa.

3.2 Event management process

Generally, the event management process can be defined as a specific form of project management because all characteristics of a project are transferable to an event. Its target orientation refers to the successful realization of an event (see Sakschewski and Paul, 2017, p. 87).

An event needs to be planned, realized and followed-up

The creation of an event follows different steps out of the event management process. The event management itself contains all planning, organizing, monitoring, and controlling functions which are necessary in order to fulfil the tasks before, during and after an event (see Holzbaur, et al., 2010, pp. 24-26). All key players within this process contribute significant components to the success of the final product – the event itself.

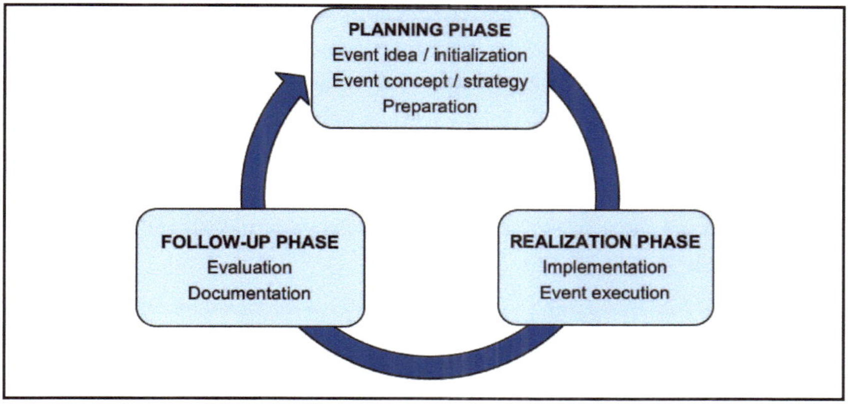

Diagram 7: Event management process

3.3 Trends

B2B-events generally depict markets and are, consequently, influenced by the developments of the branches' environment. Furthermore, the event industry is a platform for exchanging knowledge, innovations, and experiences. It acts as an impulse generator for political, economic, scientific, and social processes. Thus, the event industry itself is impacted by nearly every mega trend, consequently by the digitalization as well.

An analogue method in a digitalized world

The digital conversion of analogue information and communication is the main intention of digitalization processes. For the event industry, this means the advancement as well as the application of technologies along the event management process in order to add value to the key players involved. The encounters of people are one of the most analogue communication methods that exist. Via face-to-face meetings, communication is perceptible with all senses and emotions do play an important role in creating a memorable event. And this analogue world is getting more and more supplemented by digital applications. With regards to the results of a study (see XING Events GmbH, 2016, no page), digitalization improves not only the event management process in general but also the experiences of participants due to rising information transparency. The digitalization in the event industry takes many forms: event management via software tools, communication via apps and social media, live streams and hybrid events which enable the demanders of events to participate without being on-site, and many more. For all key players, an increased efficiency by using digital instruments is the driving force for this trend. Nevertheless, technologies are tools and not an end in themselves to improve the success of events. The challenge actually is the beneficial use of digital tools.

Artificial Intelligence imparts a new momentum to the digital transformation

Discussions about Artificial Intelligence have risen digitalization to the next level. With this technological trend, further application potentials are emerging which promise unlimited possibilities for optimization and efficiency improvement. However, the question remains, which impact will these new technologies really have on the event industry? Does this mean a big change and upheaval of former business models as well as operation structures? Or is the event industry not yet ready for implementing AI applications?

After the previous introductions into the broadly-based topic of Artificial Intelligence in general and briefly presenting the event industry, the subsequent chapter will combine these two issues.

4 Analysis: Artificial Intelligence in the event industry

4.1 Status quo

> *"A major change is coming, over unknown timescales but across every segment of society, and the people playing a part in that transition have a huge responsibility and opportunity to shape it for the best. What will trigger this change? Artificial intelligence" (Gams et al., 2019, p. 75).*

AI is supposed to influence all areas of life as well as the way of working. The question that cannot be fully answered yet is how and in which way things will change by the technology "that combines the speed and efficiency of a machine with the creativity and agency of a human" (Bruun and Duka, 2018, p. 4). But as a definite prediction into the future is not possible and all forecasts remain theoretical until they are proven, one can only apprise oneself about the possibilities coming along with innovations and how they might improve certain processes, strategies, and procedures.

Changes are done by humans

This thesis aims at providing the event industry and especially its actors with some proposals for creating their future regarding the potential implementation and application of AI technologies. Important to mention is, that the analysis is looking into the future and will create scenarios which not necessarily have to occur. Changes are always shaped by the actors accompanying the process. Without actively guiding and pushing trends, nothing would change. Ultimately, developments are impelled or blocked by humans. With this paper, a first touchpoint of the event industry with the technology of AI is created. This investigation does not intend to encourage the event sector to change the way of conducting business rapidly and hastily but to prepare the industry for the future. Chances should be exploited in order to keep pace with technological innovations.

4.2 Data analysis: Industry comparison

Generally, Artificial Intelligence is recognized by nearly every industry. Looking at the German economy as a whole, AI adoption is greatest in sectors that are already pioneers in the digital transformation altogether. (see McKinsey&Company, 2018b, p. 18).

But how does the current AI adoption in Germany really look like? To assess this question a little bit further, an industry comparison has been conducted. Since the event industry itself is not a pioneer with regards to the application of Artificial Intelligence, other branches are looked at to explore their adaptability of AI and to potentially find analogies that can be transferred to the event industry as well as to the underlying business processes of the actors within this sector.

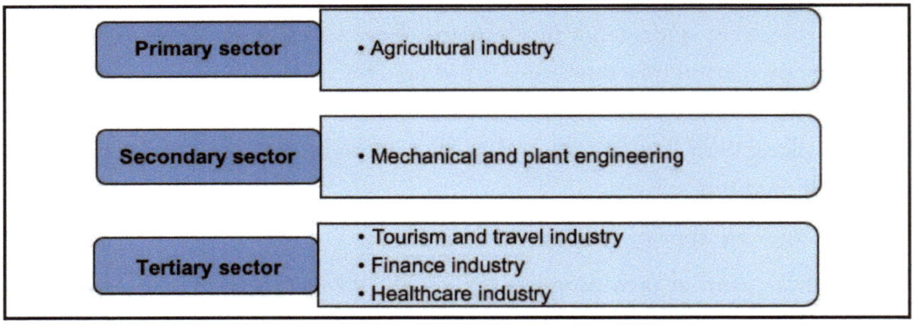

Diagram 8: Industry comparison

All observed industries are quite different compared to each other, which only makes the comparison more interesting and provides a more holistic reflection of the German economy. The key findings of the comparison and the resulting conclusions will now be further examined.

4.2.1 Key findings

All selected industries are already using AI in some ways, even though the potential is not at all yet exhausted. Individual solutions based on AI are implemented in order to solve certain problems, to support specific processes, or to assist along the value chain of products. This reaches from robots helping farmers to milk their cows over to chatbots answering questions about bank accounts to predictive maintenance of manufacturing facilities.

The AI revolution is about to start now

With regards to the Digital (R)Evolution, one often reads that especially AI will revolutionize the way of working as well as the way people interact with each other (see Bitkom e.V. and DFKI, 2017, p. 13; p. 80). Revolution is often referred to as a quick and prompt change but regarding AI, it is more a gradual change process including a lot of experimenting and trying out. It definitely changes the way tasks are conducted and opens up new possibilities. AI applications encourage companies to rethink their processes in order to maximize their effectiveness and efficiency.

How Artificial Intelligence is applied in the German economy so far

The most critical aim of AI is to improve processes and create optimal results. These enhancements are achieved with the help of analysing huge data sets. The various application forms, which are highlighted within the fact sheets of the industry comparison (not part of this version of the thesis at hand), confirm that AI is implemented to support administrative processes and operational flows as well as to improve the product itself.

- In the farming industry, for example, Artificial Intelligence is used in order to maximize the output of the harvest. With the help of sensors and machine learning systems as enablers of processing the collected data, a farmer can act and especially react more precisely and in a more sustainable way to environmental conditions than ever before. AI is applied as a tool for the purpose of optimizing the final product.
- Adaptive control for process automatization uses AI application forms to define the most efficient sequence of steps, which is a key element used in the mechanical and plant engineering. The consideration of various influential factors and the appropriate processing of this data improve the operational flows along the value chain of a product.
- The finance industry is exemplary for shifting administrative tasks to AI application forms in order to save time. The advantages of AI being fast in analysing data and processing the content out of certain documents

are used and exploited to free up manpower that can be allocated to more complex tasks in order to not bind employees to monotonous work.

- Especially, the service sector is using AI for individualizing and personalizing products or services. Via the processing of immense data from and about the clients, companies are enabled to offer tailor-made solutions. The hotel room of a traveller is adjusted to the favourite temperature, clients are addressed with customized products supporting them in their actual state of life, or a simple fitness band can save a human's life because it has tracked numerous health indicators which shortens the time for a diagnosis to facilitate immediate and correct treatment.

All industries implement AI into their way of conducting business. But most industries are just starting to strategically adopt to AI applications.

4.2.2 Conclusions

In order to be able to transfer analogies to the event industry, the following part will draw some conclusions that specifically deepen the previously gained findings from the industry comparison. It will dive into the investigation of which kind of tasks can be performed by AI.

Labour categories with different substitution and complementarity potentials

Generally, tasks are distinguishable by the degree to which they are repetitive and done in the same way over and over again – represented in the following diagram by the y-axis – as well as by the degree of manual or cognitive work needed – represented in the following diagram by the x-axis (see Bruun and Duka, 2018, p.4). Each of the four categories of labour have more or less potential to be performed by AI applications due to their probability of being substituted or complemented by narrow AI (see Autor et al., 2003, p. 1286). General Artificial Intelligence would rise totally different possibilities and shape the substitution potential extensively.

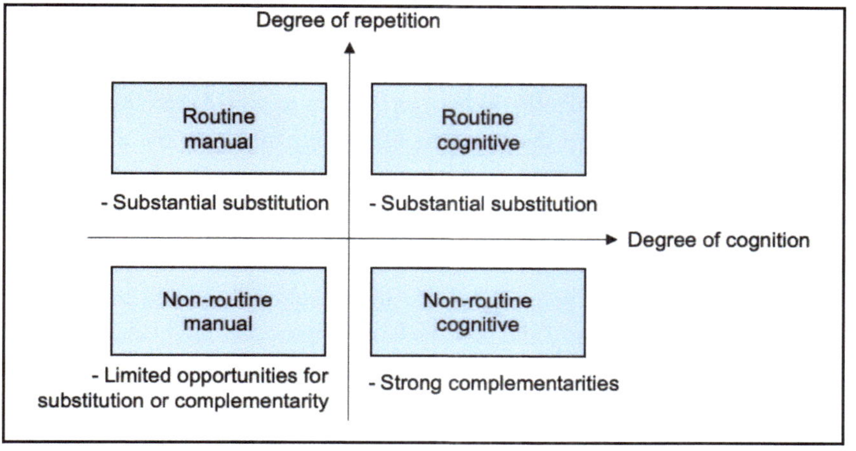

Diagram 9: Labour categories
Source: Adopted from Bruun and Duka, 2018, p. 4; Autor et al., 2003, p. 1286.

AI levels are combinable to labour categories

This classification of labour closely correlates to different levels of AI being able to perform specific types of tasks. "We don't need machines that simulate people. We need machines that do things that people can't do, won't do, or don't do well" (Parnas, 2017, p. 31). To prepare the identification of use cases within the event industry, it is important to clearly understand which tasks can be transferred to and finally be performed by AI systems. A distinction can be made between the tasks for which AI can assist (assisted AI), the tasks that can be automated (automation), the tasks which can be augmented through AI (augmented AI) and the tasks that might potentially be done autonomously by AI (autonomous AI).

4.3 Data analysis: Expert interviews

This master thesis is not concerned with presenting figures of how AI might affect the event industry quantitatively. It rather tries to provide recommendations for action with regards to the emerging technology of AI. As the introductory quote to this analytical chapter confirms, finally, the actors of each branch themselves are the ones driving innovation and pushing trends.

The focus is laid on the actors of the event industry

Therefore, experts of the event branch are consulted to discuss the potential effects, the way the industry and how the business processes might change as well as the application possibilities arising in order to improve the final product of this industry: a successful and memorable event. In order to gain holistic findings, not only experts from the event industry itself but also AI specialists and experts from the research and development sector as well as from a completely different branch have been interviewed.

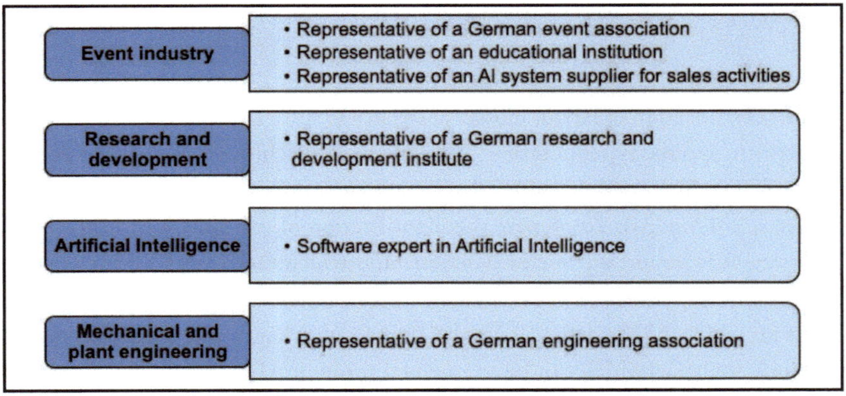

Diagram 10: Experts' interviews

A self-developed guideline has been used for the conduct of the interviews. The guideline examines a pre-defined research question and focuses on two dimension of questions – Artificial Intelligence in general as well as the application of AI in the event industry. The key findings of the interviews and the consequential conclusions will now be further examined.

4.3.1 Key findings

The following diagram briefly highlights the most valuable findings out of the experts' interviews.

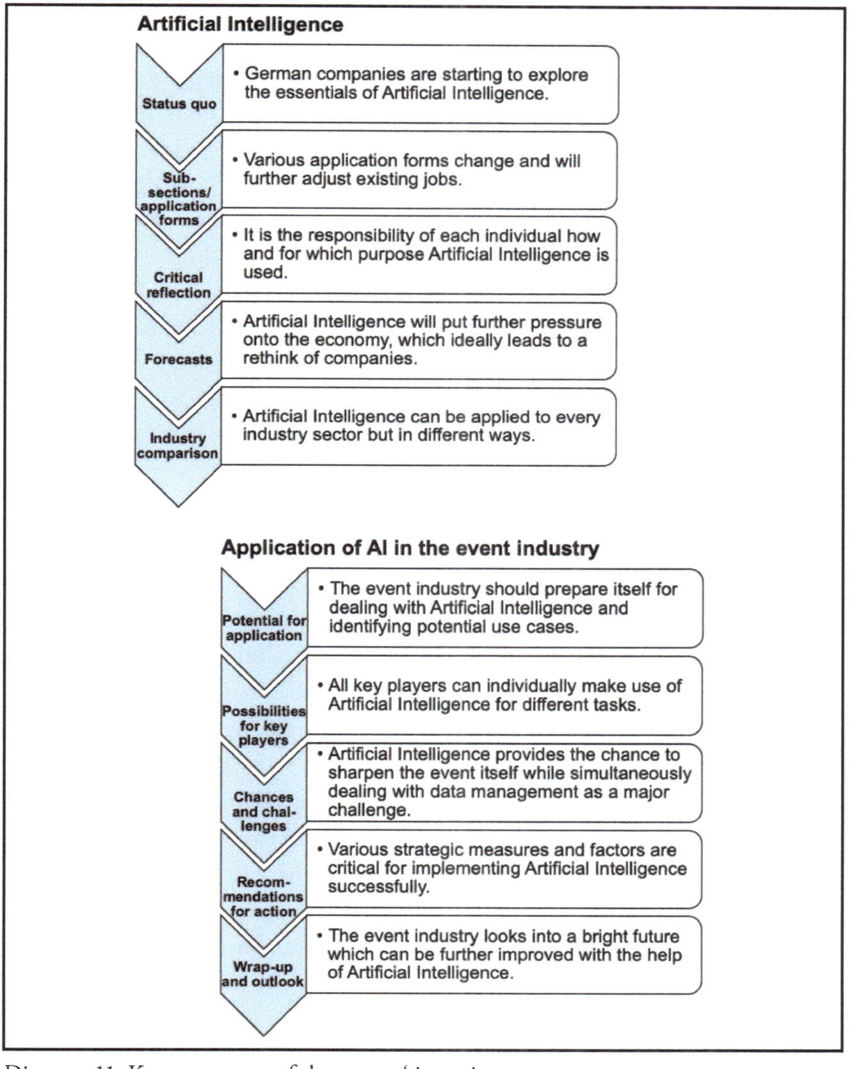

Diagram 11: Key statements of the experts' interviews

4.3.2 Conclusions

> *"Instead of just fretting about how robots and AI will eliminate jobs, we should explore new ways for humans and machines to collaborate" (Makridakis, 2018b, p. 8).*

The industry comparison and the key findings of the interviews likewise rise the impression that humans and machines are more and more interacting together. Especially in the service sector, it does not seem that systems based on AI are rapidly substituting humans from work. The Human's Intelligence is extended by Artificial Intelligence to "actively enhance each other's complementary strengths: the leadership, teamwork, creativity, and social skills for the former, and the speed, scalability, and quantitative capabilities for the latter" (Wilson and Daugherty, 2018, p. 117). All business operations normally require both types of capabilities. The collaboration is not intended to be unilateral. Thereby, "humans and machines aren't adversaries, fighting for each other's jobs. Instead, they are symbiotic partners, each pushing the other to higher levels of performance" (Daugherty and Wilson, 2018, p. 8).

Humans >> Machines

Humans are essential for machines and need to comply three crucial tasks: Systems based on AI must be fed with huge sets of training data to learn how to perform the work they are designated to do. This data has to be made available by humans. Furthermore, the way systems are interacting with humans is also part of the training need. AI applications are able to process large amounts of data sets and to provide appropriate results in a very short period of time. Humans are needed in order to understand and explain the findings gained by the systems, especially when further recommendations have to be derived. To ensure the former mentioned interactions, AI systems have to function properly, safely, and responsibly which needs to be supervised by humans, too (see Wilson and Daugherty, 2018, pp. 117-118).

Machines >> Humans

AI applications can help humans to expand their abilities in three ways: The analytic and decision-making abilities of humans are amplified by AI applications providing the right information at the right time. More personalized and individual customer-tailored decisions are possible increasing the overall quality of products and services. Another feature of human-machine collaboration is the ability of AI systems interacting with customers and colleagues. Chatbots and speech assistants can perform routine customer services to a large number of people simultaneously. A lot of AI applications exist as digital entities, but there are also applications in which the intelligence is embodied in a robot in order to augment a human worker, for example in factories, warehouses, and laboratories. With highly sensitive sensors and motors, a close and safe collaboration of humans and machines is ensured (see Wilson and Daugherty, 2018, pp. 118-119).

Collaboratively applied AI can improve the overall business operation

The consulted experts have uniformly agreed on the chance that AI allows for obtaining and sustaining a competitive advantage. A study conducted by PwC (see PricewaterhouseCoopers GmbH Wirtschaftsprüfungsgesellschaft, 2018b, p. 3) confirms this thesis by saying that over 70 % of consulted deciders assess AI as the most crucial factor in gaining business advantages in the future. But this is just one reason among others for AI adoption. In the following diagram, further chances based on the findings of the interviews are briefly summarized that specifically apply to the service industry in general and to the event sector in particular.

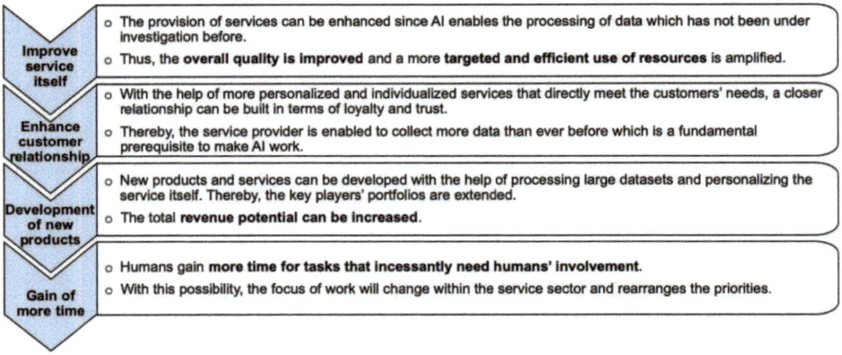

Diagram 12: Benefits and chances for the service and event sector

Overcoming challenges accompanied with AI will push the process forward

On the way to reach these chances, there are challenges or boundaries that have to be kept in mind and to find solutions for. The following list constitutes a more targeted overview of the specifically occurring risks and challenges in the industry under investigation. The findings from the expert interviews as well as from the industry comparison are equally taken into account.

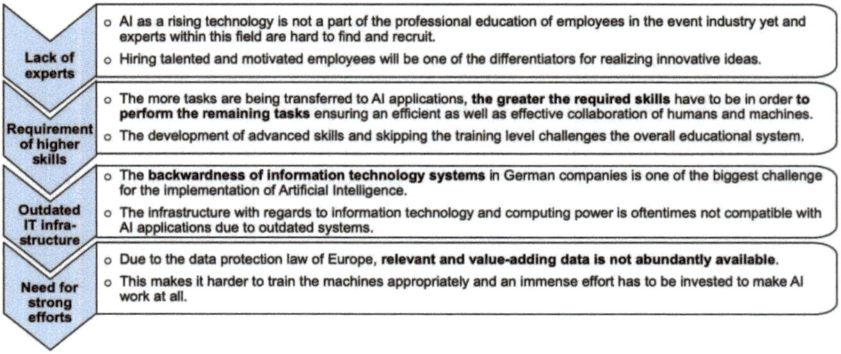

Diagram 13: Risks and challenges for the service and event sector

5 Recommendations for action: Application of Artificial Intelligence in the event industry

5.1 Potential for the application of Artificial Intelligence – use cases

The subsequent identification of use cases is oriented towards the steps of the event management process (for this version of the thesis, only a few use cases are explained). Since AI has not yet been applied in the event industry extensively, it is more about gaining ideas of which steps might be transferable to AI and where AI could help improving the overall event management process as well as the final output – the event itself. Analogies from the findings of the industry comparison will be drawn and the conclusions from the expert interviews are processed accordingly.

Use cases along the planning phase – how AI can improve the preparation:

Use case #1: Providers – Development of an event program

Introduction: The event's content is the most important factor for the success of an event, especially with regards to events in the B2B sector like a conference for instance. To exactly meet the requirements and needs of the respective target group, is the event provider's most important target during the planning phase. The famous statement by Bill Gates 'content is king' does not only fit to the online marketing guidelines (see Evans, 2017, no page) but is equally applicable to the conception of an event as well. The event itself is generally only beneficial for demanders if the content provides an added value from their individual points of perspective.

The content makes the event special

Task: The composition of a conference program derives from the overall event idea and the vision that is set by the event provider. A lot of research has to be done as well as numerous experts have to be consulted in order to get an impression of which speakers might be important and value-adding for reaching the event's targets. Similar and competitive events need to be looked at in order to differentiate the own event from various other formats. The task of a provider to compose the event's program by exploiting its respective industry expertise does definitely belong to the category of non-routine cognitive tasks and takes a lot of time. It requires not only an initial input given by humans who define the vision of an event but it also includes creative work.

Enhancements by AI: AI is able to reinforce the strengths of humans being creative by processing and analysing more event-related data than humans would ever be able to do. AI augments the human's capability by investigating data about topics that are of the target group's interest or by matching representatives and experts both improving the event's content. The event provider gains much more input for the overall program composition in terms of quantity than without the help of AI. Thereby, the quality of the content itself can be improved by a more aimed alignment of the content with the event's pre-defined target group.

AI applications: Machine learning and knowledge engineering are application forms of AI that can be used to master this task.

Use case #2: Providers – Selection of an appropriate event location

Introduction: For the final realization of an event, it is not only important to gain the right speakers and participants and to provide them with the expected content. An event consists on the personal interaction of these groups on-site as well.

Task: During the planning phase, an appropriate event location has to be found by the event provider. Traditionally, they have specific preferences when it comes to choosing a location and there are historical or thematical reasons why one city or location fits better to an event than another. But due to the rising topics of sustainability as well as efficiency and the overall cost reduction policies of companies, this procedure should be questioned. This task, which is based on the evaluation of data, can be assigned to non-routine, sometimes even routine cognitive work.

How the selection of venues can be influenced by AI

Enhancements by AI: Would it not be better to choose a location which is easily accessible by all participants? Would it not make sense to define indicators influencing the choice of a location like the reduction of CO2-emmissions or the saving of time? The analysis and evaluation of this data is quite time-intensive. What seems impossible to humans is oftentimes easy to process by AI applications, especially when the task deals with the evaluation of data. The operational flow along the event management process can be improved for the event provider as well as for the event demanders who both profit from the consideration of different factors with regards to time and budget.

AI applications: With the help of machine learning and knowledge engineering, this step along the value chain of an event can be assisted by AI.

Use case #3: Providers – Communication and interaction with potential event demanders

Introduction: Chatbots and language assistants are already quite present and belong to a category of AI applications of which the final user is most of the times aware of using an intelligent system. The finance as well as the travel and tourism industry have already successfully adopted to these types of communication.

Task: During the planning process, a lot of interactions take place between the event provider and the demanders as well as potential exhibitors, sponsors and partners. Basic questions as well as more complex inquiries are forwarded, to which the event provider has to react. In order to fulfil these tasks, cognitive activities are necessary – routinely and non-routinely.

Enhancements by AI: From the perspective of an event provider, chatbots and language assistants allow for an interaction with customers, at least for basic queries and, consequently, leave free time for the provider itself to deal with more complex questions. Simultaneously, the demander gains the possibility to interact with the provider in order to receive immediate answers to general event-related questions within only a few seconds, 24 hours a day. A consistent and accurate level of support is maintained throughout the whole planning process. In case of any more specific requests, the provider stays at the disposal for the demander and can invest more time to these cases. Furthermore, such a system can learn from all question and answering sessions. By doing so, more detailed insights about the information the demander requires are provided in order to optimize the material which is made available to the demander. Surely, chatbots and language assistants can be offered by the event provider for the whole event management process and not only during the preparation of an event.

Chatbots are highly complex systems

AI applications: Natural language processing and generation as well as speech recognition are the appropriate technological tools to implement these forms of assisted AI. Furthermore, machine learning is applied. The programming of chatbots is quite complicated due to the fact that the answers should not always be the same with regards to the wording as humans do also not answer each question in the same way.

Use case #4: Providers – Meeting assistance along the event management process

Introduction: It is conceivable that not only modular solutions are implemented but also a kind of meeting assistance accompanying the whole event management process. Even today, event providers use management tools in order to monitor the overall processes. But it can definitely be an added value if these systems are getting more intelligent as they are nowadays.

Task: Project management tools help the event provider performing various routine and non-routine cognitive tasks during the planning process as well as during the realization and the follow-up phase. The provider puts different characteristics of the event as well as its target, overall vision, and a timeline into an AI-based system and it autonomously searches for appropriate speakers, suitable sponsors, narrows down the choices of possible event locations, provides first offers of component suppliers and pre-formulates information regarding the arrival and departure for event demanders.

Cognitive strengths of humans are supplemented by AI

Enhancements by AI: Intelligent systems would enable event providers to better react to the trend of meetings being planned at short notice as more and more events take place spontaneously due to specific occasions. With the intensive and time-consuming processes of how an event is managed today, these types of events are challenging for all involved actors. AI can streamline the whole event management process and make it more efficient to the needs of future event formats (see Expert interview C). Thinking one step further, an integrated and jointly used system by the provider and suppliers equally offering an interface to the demanders as well, would be the most holistic solution, which further improves not only the efficiency but also the interconnectedness of all key players within the event industry.

AI applications: The human's cognitive strengths and its creativity are enhanced by the preparatory work of machine learning, knowledge engineering, and computer cognition systems.

Use case #5: Suppliers – Simplifying logistical processes

Introduction: For suppliers of the event industry, like catering and technical equipment companies, especially logistics play an important role. Autonomous AI will elevate logistics to the next level. Companies operating large warehouses, like Amazon for example, have already set a high standard but can act as role models illustrating the efficient use of AI simultaneously (see Behrend, 2019, no page). In the event industry, materials are transported from one event to another across Germany but also abroad.

Task: Certainly, each component supplier can use AI for enhancing its individual core business operations as well but logistical processes are handled by all of them. The accompanying tasks in this field can be categorized as both routine and non-routine manual and cognitive tasks each.

AI improves logistical processes massively

Enhancements by AI: Logistical processes can be assisted by AI in terms of planning, disposition, and controlling or guidance of transports (see Bitkom e.V. and DFKI, 2017, p. 46). AI in form of intelligent routing systems which are autonomously planning the flow of materials taking multiple events into consideration and overviewing more data than before can improve the operational flow along the overall supply chain, thereby, reducing costs and time. A more efficient and sustainable way of business is reached.

AI applications: Robotics, image analysis in form of drones, and machine learning are only a few of AI's subsections that can be applied in terms of logistics.

Use case #6: Demanders – Search for suitable event formats

Introduction: With regards to the assessment of events that might fulfil the demanders' expectations, these key players constitute the counterpart for the activities the event provider initiates.

Task: Among multiple event formats and topics, an event demander has to find the most suitable and finally value-adding event, which exactly meets the own requirements.

Demanders profit from the use of AI by different key players

Enhancements by AI: By sharing their individual interests and making them available to event providers, demanders simultaneously benefit from individual addressing and personalized offers. The search for and the final decision on a suitable event gets easier than ever before. Additionally, the event demander can actively take part in the development and design of an event as well as provide relevant input with regards to the program composition, from the beginning on.

AI applications: The single event demander does not necessarily use AI applications himself but definitely takes advantage of them due to the overall improvements that come along with this technology during the planning phase of an event.

Use cases along the realization phase – how AI can improve the on-site experiences:

Use case #7: Suppliers – Registration process on-site

Introduction: Face recognition in general is already known from smartphones. This application form is controversially discussed whether it provides an actual added value. Nevertheless, it might become a standard procedure in the future (see Expert interview C). Already today, this technology is applied to various other use cases. With regards to security systems at public places, the great potential implied in image analysis in general and face recognition in particular can be shown.

Task: The event location might provide the appropriate infrastructure enabling that registration processes are done autonomously by AI in the future. The entrance area will be equipped with cameras and systems recognizing faces in order to register participants. Manual tasks can be substituted.

Image analysis is variously applicable

Enhancements by AI: Once the delegates arrive at the entrance area, the system automatically scans their faces and compares these to the data of the pre-registered persons. In case one person is entering who is not yet registered, the AI announces a signal to the person supervising the registration process. This works quite similar to badge scanning but without the necessity of printing out a badge and the manual work of actively scanning. Scanning is performed by AI within a few milliseconds. Therefore, long queues in front of registration desks will be abolished by the possibilities autonomous AI technologies create.

AI applications: With the help of image analysis, on-site registration processes are ready to change.

Use case #8: Suppliers – Guidance of visitor streams

Introduction: The way intelligent navigation systems are used for the smooth management of traffic during rush hours, they can be applied to the event industry and the management of visitor flows likewise – especially with regards to big trade fairs with thousands of participants arriving at the same time.

Task: Each visitor can be navigated across the fairground taking the streams of participants into account while live-tracking the traffic within the hall. The visitor is guided in the most efficient way.

Intelligent navigation of visitors

Enhancements by AI: Real time information is available showing how crowded it is in special areas or suggesting the best time to take a break and relax in some of the restaurants, which are providing a live-tracking of waiting time likewise. Such services might need to be implemented by the supplier of the location since infrastructural installations are necessary but, nevertheless, it can also be a combined offer by suppliers and event providers. Demanders again benefit from these services by actively using it during their stay on-site. The overall customer experience can be improved and the operational flow optimized. Furthermore, additional data can be generated in terms of heatmaps illustrating the people flow and the respective traffic actions on-site. This can be forwarded to the event provider in order to use this data for negotiations with exhibitors or sponsors.

AI applications: Different forms of AI play a role for implementing such intelligent navigation systems. Sensors, knowledge engineering, and machine learning are all part of this solution.

Use case #9: Demanders – Matchmaking and networking with participants and speakers

Introduction: As mentioned earlier, the event industry is characterized by personal encounters. Even in a digitalized world, live-experiences while participating an event are still fundamental.

Task: For an event demander in the context of B2B-events, personal encounters as well as dealing with the provided content are the two most important factors for the on-site experiences and for a judgement whether an event had been successful or not. Out of these two components, an event demander can gain an added value.

Interaction between all key players on-site

Enhancements by AI: In most cases, the time of demanders being on-site is short and limited, which requires preparations in advance. In order to enhance the discussions and the respective exchange of knowledge during an event, AI can be applied. Background information of delegates, speakers, and potential exhibitors are processed to specifically use the chance of face-to-face meetings in the most effective way (see Expert interviews C and D). This kind of assisted AI for event demanders enables them to get the most out of an event referring to their personal and individual points of perspective. Going one step further, AI can help to specifically align the content of a workshop session to the participants joining the room and vice versa. An event demander is suggested by AI which workshop session and format fits best to his individual requirements and personal expectations. If the speaker is able to retrieve a short summary of the participants sitting in front of him, he can choose targeted examples and information fitting to the audience accordingly.

AI applications: Due to the processing of background information, these enhancements can be achieved. Therefore, knowledge engineering as well as machine learning are applied.

Use cases along the follow-up phase – how AI can have effect beyond the event:

Use case #10: Providers – Feedback and evaluation after the event

Introduction: Feedback is as essential for events as it is for each communication process. In order to improve the event itself and the overall performance, wrap-ups and collecting feedback are indispensable. All interactions taking place between the provider and demanders as well as between the provider and the component suppliers benefit from valuable findings out of feedback.

Task: Gaining feedback can take on two forms in the future. Traditional feedback forms, which are actively filled in by the counterpart, will still be valuable in order to receive direct feedback. Additionally, AI is able to track event-related feedback, statements, or comments that are shared by the event demander in online networking platforms or social media channels and include this information in the overall assessment.

To get more out of evaluations by applying AI systems

Enhancements by AI: The processing and evaluation of the gained data can be performed by AI respectively. Reports and statistical evaluations are ready within a few seconds. Conclusions for future events can be drawn and the overall event management process as well as the event format itself can be enhanced. A more holistic feedback structure considering as many perspectives as possible can be achieved.

AI applications: For the evaluation process itself, image analysis can be used to collect the data provided by demanders or suppliers. Machine learning and knowledge engineering process the gained findings accordingly.

Use case #11: Providers, Suppliers and Demanders – Support for administrative activities

Introduction: As the industry comparison has shown, a lot of sectors already use AI for streamlining their administrative processes and for freeing up employees from routine cognitive tasks, which are well-transferable to AI applications. This can definitely be applied to the event industry and to all key players likewise.

Task: To only name a few examples, tasks of the accounting, procurement, controlling but also inventory and maintenance activities are applicable to AI (see Expert interview B).

AI is influencing administrative processes to improve efficiency

Enhancements by AI: Administrative tasks oftentimes follow standardized processes with clearly formulized rules and decision matrices, which make them quite easily feasible by AI applications. In case of any irregularities, the system forwards these cases to the respective responsible employees within the company. Referring to a study of an international consulting company called A.T. Kearney, more than half of all backoffice activities will be taken over by robot-controlled process automation within the next ten years (see Dickgreber, 2018, no page). It is likely that this will come true for the event industry as well. Humans will jointly work together with machines, each doing what they do best – the routine and monotonous tasks belong to the machines and the creative work is intensively done by humans.

AI applications: Administrative tasks can already be performed by applying image analysis, speech recognition, machine and deep learning, knowledge engineering, and cognition.

Event demanders are profiting from the use of AI by the other key players

There are several use cases for an event provider as well as for the multiple component suppliers along the value chain of an event. While they are able to actively implement the technologies of Artificial Intelligence in their business operation processes in order to improve their individual aims and tasks, the demander is rather a user of the services that are made available by the providers' or suppliers' adoption to AI. Machines in form of AI applications are deployable in multiple ways for various processes within the event industry, especially during the planning phase of an event.

AI can be applied along the whole event management process

The event itself is and still remains a place for personal encounters. "During an event, people are interacting with each other" (see Expert interview E). Therefore, the possibilities of AI during the realization phase are rather limited. On-site, empathy, confidence, and emotions are created, which are not yet transferable to AI applications. What is taking place on-site is not expressible via algorithms since humans are not predictable. This will take quite a long time and a lot more of research as well as development work to finally enable AI to perform human skills resulting from personal, face-to-face interaction – if it will be possible at all. For the providers, improvisation and flexibility remain the most important abilities during the creation of an event which are not yet applicable by AI and which rather should not be transferred since these are decisive strengths of the human beings.

Event demanders play key roles with regards to data

However, the event demanders are somehow the most important actors referring to the provision of data. All AI applications do not work without appropriate data. That is the reason why the event demander is certainly not the one actively using AI and programming its own application tools. But this group of players definitively enables and pushes the trend forward by providing data and, thereby, making these innovations possible. Thereby, confidence does play an important role. One is always more likely to share personal data with someone who is trustworthy and when value is visibly added. An event serves as a perfect surrounding for collecting data.

5.2 Implementation of Artificial Intelligence – strategic guidelines

The personal encounters as its most important good make the industry special, not only in comparison to other service industries but to other sectors as well. Nevertheless, with the help of AI, decision-making can be performed more precisely with regards to the event's program composition, flexibility can be increased when it comes to the preparational work of events, speed can be improved referring to the overall service delivery, and with an aimed personalization, the event itself can be more sharpened and especially geared towards the target group.

Therefore, AI is a technological trend that should not be neglected but offensively dealt with by the involved actors to gain advantages that might decide on the future of their business.

Strategic guidelines to a successful AI implementation

To successfully use AI and implement this technology to daily business operations, some important guidelines should be taken into account. These are quite similar for all companies starting to adopt AI since they specifically focus on a more strategic approach towards the matter. However, the particularities of the event industry with regards to AI implementation are considered and highlighted respectively.

In total, eight strategic guidelines have been developed, from which only some will be further examined in this version of the thesis at hand.

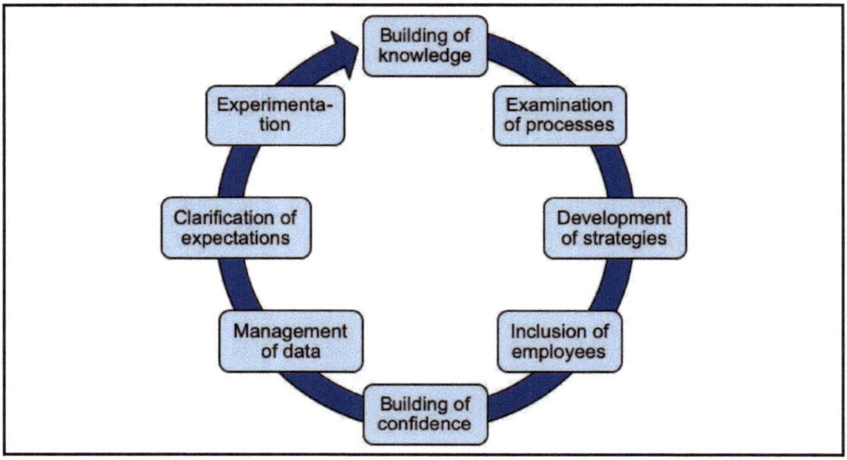

Diagram 14: Strategic guidelines

Building of knowledge

Artificial Intelligence is a very complex and difficult technology which requires certain skills and specific knowledge. In order to be able to think of AI implementations to a company's own business operation, knowledge about AI has to be built as a fundamental first step. The actors of the event industry are neither experts on information technology in general nor on AI in particular. This has not been part of their education. Nowadays, at least the digital transformation is a topic within the curriculum of prospective event experts, but nevertheless AI is not yet anchored in the industry's mindset (see Luppold, 2018, p. 19).

Understanding is the key

"By far the greatest danger of Artificial Intelligence is that people conclude too early that they understand it" (Makridakis, 2018a, p. 7). Understanding AI is one of the most important prerequisites for every company dealing with it. The decision, whether AI is important to consider, might be made by the market itself and companies have to exploit the advantages of it in order to remain competitive. The initial state of awareness should take place within the leadership of the company. Without the management being a driver of AI technologies, the whole process is doomed to fail.

A core team should be built

Depending on the size of the company, the employees of the IT department are the first who are specifically trained on AI. Furthermore, employees from operational teams should be taught as well in order to establish a core AI team, which is pushing the next steps. If a company does not employ any experts with regards to IT, a core team needs to be grouped among those employees who are interested in AI and engaged in exploring this technological trend. With the core team ready and the basic knowledge about AI in mind, further actions along the implementation can commence.

Examination of processes

AI should enhance the efficiency as well as the effectiveness of the operational processes and, thereby, strengthen the overall business results as well as the competitiveness of a company within the market. It is to be defined how AI can be implemented into business processes, which routine and non-routine manual and cognitive tasks can be performed by AI in order to improve the efficiency, and where AI can be implemented as an assisting tool to enhance the quality of the overall product or service with regards to the effectiveness. Therefore, the company's own processes need to be examined respectively. Ideally, the own strengths and weaknesses can be aligned with the chances and challenges of AI (see PricewaterhouseCoopers GmbH Wirtschaftsprüfungsgesellschaft, 2018a, p. 4). Additionally, an investigation of the company's own value-adding processes is helpful in order to identify these tasks which can only be executed by humans (see Expert interview E).

AI implementation should be well thought out

Personal encounters as the key element of the event industry are not transferable to AI applications. "The biggest advantage could be to design certain processes by AI, which today are highly resource- and personnel-intensive in order to gain more time to focus on the actual provision of the services on-site" (see Expert interview A). The identification of these processes is relevant to define a clear application case. Of course, the use of AI should cause a benefit but, simultaneously, it should not exceed a pre-defined budget. The consideration of potential costs and benefits is important, although both are challenging to identify right at the beginning of the process. Weighing up the costs for performing specific tasks by humans and the costs of humans developing and implementing AI systems is critical (see Expert interview F).

AI might fundamentally redefine the event management process

For the event sector, inspecting current operational and administrative processes in terms of digitalization and standardization might be the first measures on the way to AI implementation. Potentially, the event management process will change in the future as a consequence of spotting improvements through the efficient implementation of AI application systems. In order to apply AI efficiently and effectively, the event industry might need to rethink its standard ways of conducting business. This has to be examined from the individual perspective of each key player. The clue is to move "beyond the traditional thinking of simply digitalizing the old static maps" (Daugherty and Wilson, 2018, p. 13). This step on the way of implementing AI should not be underestimated. It is about creating new patterns of thinking and adjusted ways of acting.

Inclusion of employees

The implementation of AI into daily business operations changes the way of working. With this implementation, tasks are re-allocated, processes are adjusted, and the content of work might be modified. A change process takes place. And as with all change processes, the employees of a company play an important role. If they are not included into the change process, they will not support the altered conditions. As a result, AI will not be implemented successfully.

Inclusion of employees is a decisive factor for success or failure

Besides the core team, which contains the necessary knowledge, it is relevant to emphasize the message to all employees of a company, that AI is neither supposed to replace employees nor a war between humans and machines is to be expected. The added value, and this is particularly true for the event industry, can only be achieved by a collaboration of both. "Humans are needed now more than ever" (Daugherty and Wilson, 2018, p. 15). Therefore, investing in people should be a fundamental part of a company's AI strategy. Employees are more easily convinced of changes and adjust their previous way of working when the new one offers an obvious, recognizable, and additional benefit not only for the company as a whole but for each individual employee as well. Especially when humans were just presented with a fait accompli, these improvements are oftentimes not seen and neglected. Employees have to understand AI and be aware of all chances but challenges as well. If this is achieved, it does ultimately not matter whether a system is based on AI or any other pattern. The system is accepted as an assisting tool providing an added value.

Psychological factors should be exploited

From the perspective of psychology, it is essential to keep humans in the loop and enable them to control and adjust AI applications (see Expert interview F). Furthermore, and due to changing conditions, employees' profiles need to be identified and modified in order to adjust these to the new tasks in collaboration with AI.

Building of confidence

In order to successfully implement and use AI, it further needs to be guaranteed that the way AI applications work and the decision-making processes underlying this technology are made as transparent and controllable as possible. Humans should be able to understand AI systems in terms of knowing the criteria that guide the algorithms and having control options to shape the results and, thereby, preclude the risk of statistical biases (see Scharrer, 2017, no page). Confidence should be a guideline, which needs to be part of any AI application as well as during the whole process of implementing and finally operating AI solutions.

Internal and external perspectives need to be considered

Transparency, verifiability, and accountability of AI applications are prerequisites to pursue and achieve the goal of building confidence in Artificial Intelligence. This considers an internal as well as an external perspective. Internally, employees have to trust AI in order to make use of it with regards to efficiency and effectiveness and finally anchor adjusted ways of working into their daily business. Externally, trust in a company's provision of services, which is an output from a collaborative work with AI, is crucial since any customer is more likely engaged to share information and data when a relationship is based on confidence (see Expert interview A). Therefore, in order to overcome the barrier of not having enough data, transparency has to be guaranteed. With regards to both perspectives – internally and externally – "humans have to understand what AI essentially is. Only if this is achieved, fears and worries can be eliminated" (Expert interview A).

Ethics and confidence are interwoven topics

Ethical considerations deal with a trustworthy AI and are therefore convoluted with transparency and confidence. When humans are not able to explain the steps, which are accomplished by AI's algorithms, it cannot be ensured that ethical guidelines, laws, and regulations are met. Building confidence by making the work of AI transparent is inevitable. Especially with regards to autonomous AI applications, the question of who is responsible for the decisions taken by systems is extensively discussed. Ethic committees are trying to find answers. Ultimately, any decisions must be made by humans already in advance before it is forwarded to systems in form of learning data (see Expert interview E).

Management of data

Without large amounts of data fuelling the system, AI applications will not work properly and the results are not generally utilizable. Only data which meets quantitative and qualitative requirements makes the systems finally work. The infrastructure of information technology systems in German companies is oftentimes quite old-fashioned and not compatible with AI. Even though, some companies do have huge databases, the information is not always processible by AI due to several reasons. Therefore, data preparations need to be done beforehand which sometimes claims more than 60 percent of the time that is dealt with AI solutions anyway (see Expert interview B).

Data – boon and bane

The management of data is one of the biggest challenges for companies. For the event industry, this might be the greatest barrier for deploying AI applications (see Expert interview E). An event provider organizing a small number of events per year and gaining data out of these events does not create Big Data. Basically, too little data is generated in order to successfully feed AI applications with. On the one hand, events can and especially should be used more extensively as a touchpoint to gain various data of the target group. On the other hand, the behavioural patterns, which can be observed at one specific event, are not always generalizable to several events since each event is unique and only hardly comparable amongst others.

Overcoming individual data silos should be achieved

A possible solution with regards to data generation for the event industry could be the establishment and making use of platforms which are storing event related information of hundreds or thousands of events. Key players of the branch can access this data but add new data to the platform as well. Thereby, Big Data is created that can be further processed by AI applications. Event providers, suppliers, and demanders should overcome individual data silos in order to establish value-adding platforms of shared data (see XING Events GmbH, 2018, p. 11). This is a highly discussed and sensitive topic. For one thing, data is the decisive factor in making AI work. Having appropriate data decides about the competitiveness of companies. It finally expresses power and money. But then again, coopetition could empower not only some companies but would boost the whole industry. It will be important to keep track on how this contradictory issue is about to move on. Furthermore, data protection regulations need to be fulfilled. If demanders see an advantage in processing data, resulting into improved event formats, they will simultaneously recognize the importance of sharing data to further and further enhance the output. This output is generated by a collaborative work of AI and employees while exploiting their individual strengths and weaknesses respectively.

Experimentation

With regards to the digital transformation and the fast pace of today's time, companies are more and more forced to reinvent processes and their standard ways of conducting business in order to adopt to changing environments and circumstances. That is the reason why experimentation and trying-out become more and more crucial. This especially applies to AI since there are not enough experiences and best practices yet that can simply be transferred to nearly all kind of businesses. Trial and error is necessary to identify tasks that should be done by humans, tasks that could easily be performed by AI, and tasks whose results can be improved by a collaborative work of both.

It is time to start now, rather sooner than later

For the key players of the event industry, it is important to start as soon as possible. The preparations referring to establishing an infrastructure, which allows for the use of AI applications and the final technological development of AI solutions, are longlasting and resourceintensive projects (see Expert interview E). These companies which are offensively experimenting with AI and drawing conclusions on the most efficient and effective way of using this technology will have more success in the longterm than those which do not try to deal with AI (see Expert interview D). There is no reason why one key player should start first compared to the others. Each individual company has to find its own way. "It is time to make the transition from talking to action, starting with small elements" (see Expert interview A).

AI implementation is a neverending process

With regards to a survey, the biggest challenges and the most often cited reasons for AI failure are a lack of a clear strategy, lack of appropriate talents, functional silos as well as a lack of leaders demonstrating commitment to AI. Concurrently, a company's progress on its path to digitalizing its core business processes is a critical enabler of AI implementation (see McKinsey&Company, 2018a, no page). An AI implementation project as well as the sequence of the presented strategic guidelines are not a completed process. It rather starts again and again. The field of AI contains extensive potential and both the research and development are not at an end at all – they have barely started. Constantly monitoring the processes within a company, gaining new knowledge, adjusting the strategy, further strengthening a company's position by building confidence and trying out new things is the secret recipe. It will help to successfully exploit the various chances and advantages of AI and simultaneously enable the companies to deal with its challenges and barriers.

6 Conclusion: Summary and outlook

Within this thesis, the potential for the application of Artificial Intelligence in the event industry has been examined while creating recommendations for action. These include several use cases as well as strategic guidelines supporting companies within the event industry during the process of implementing AI.

Artificial Intelligence is a buzzword everybody is talking about. But to really understand what AI is about and which chances and challenges are coming along with this technological trend, a deeper dive is inevitable.

AI within the event industry

For the event industry and its main actors – event providers, component suppliers and event demanders – Artificial Intelligence is a more or less unknown field. Up to now, the key players are only dealing with this technology to some extent but it has not yet been anchored within the industry. AI can be most effectively used when humans and machines are working together complementing each other's strengths and weaknesses. The principle objective of applying AI in the event industry should be the enhancement of the overall product – the event itself. This can be achieved by gaining more time for personal encounters and for the things that characterize human relations – empathy, confidence and emotions.

Use cases as recommendations for action

Various use cases for the application of AI along the event management process have been defined, taking the key players of the branch into account. Event providers benefit from AI especially during the preparation and the follow-up phase of an event while component suppliers can mainly make use of AI during the realization phase. The event demanders are taking on a special role since they do not use AI themselves actively but benefit from the application of AI by the other key players in form of enhanced operation processes, specified event contents and more targeted networking possibilities. In particular this means, that AI is good at improving the overall product of this branch: sharpening the personal encounters between humans.

Strategic guidelines as recommendations for action

In order to successfully adopt to Artificial Intelligence, the key players should be aware of some strategic guidelines. These reach from building of knowledge and confidence, defining a clear AI strategy including the inspection of business processes as well as the management of data to the clarification of expectations and the need to start experimenting with AI. For all steps and, therefore, for the success of AI implementation, the inclusion of the employees is a decisive factor.

The personal encounters will remain

For the event industry, this thesis forecasts that AI applications can make the event an even more unique experience – which is getting more important than it is today – and are, thereby, a decisive contribution to the future success of the event industry's key players. Via the exploitation of AI's strengths of processing large amounts of data and the streamlining of resourceintensive tasks, this technology will become a deciding competitive factor within the industry in the future. The main strength of events is and remains the personal contact which cannot be digitalized at all. Therefore, in the age of digitalization, the equilibrium of real and virtual as well as on- and offline communication is more important for the event industry than ever before.

To conclude, just start dealing with AI

This consulting report should encourage the actors of the event industry to start thinking of AI as a component of future business conduction, take the fear away of seeing AI as a threat to human beings, and provide recommendations for action with regards to the implementation of AI. And with the following statement of Stephan Hawking in mind, obviously nothing can go wrong.

"Why are we so worried about Artificial Intelligence? Surely, humans are always able to pull the plug" (Hawking et al., 2018, no page).

Bibliography

Ackermann, N. (2018). Artificial Intelligence Framework: A Visual Introduction to Machine Learning and AI. Retrieved from https://towardsdatascience.com/artificial-intelligence-framework-a-visual-introduction-to-machine-learning-and-ai-d7e36b304f87.

Armbruster, A. (2019). Die Ära der Maschinen. Frankfurter Allgemeine Woche. (13), 15–19.

Autor, D. H., Levy, F., & Murnane, R. J. (2003). The skill of content of recent technological change: An empirical exploration. The Quarterly Journal of Economic, 118(4), 1279–1333.

Behrend, C. (2019). Wie Amazon KI im Lager einsetzt. Retrieved from https://www.dvz.de/rubriken/xing-news/detail/news/wie-amazon-ki-im-lager-einsetzt.html.

Bergmann, M. (2017): Die Bausteine künstlicher Intelligenz: Mehr als die Summe ihrer Teile. Retrieved from https://www.capgemini.com/de-de/2017/09/die-bausteine-kuenstlicher-intelligenz/ [accessed on 2019, May 19].

Bitkom e.V., & DFKI (2017). Künstliche Intelligenz: Wirtschaftliche Bedeutung, gesellschaftliche Herausforderungen, menschliche Verantwortung. Retrieved from https://www.dfki.de/fileadmin/user_upload/import/9744_171012-KI-Gipfelpapier-online.pdf.

Bruun, E. P.G., & Duka, A. (2018). Artificial Intelligence, Jobs and the Future of Work: Racing with the Machines. Basic Income Studies, 13(2), 1–15. https://doi.org/10.1515/bis-2018-0018.

Daugherty, P. R., & Wilson, H. J. (2018). Human + Machine: Reimagining Work in the Age of AI. La Vergne: Harvard Business Review Press. Retrieved from https://ebookcentral.proquest.com/lib/gbv/detail.action?docID=5180063.

Dickgreber, F. (2018). Roboter erobern die Dienstleistungen. Retrieved from https://www.it-daily.net/analysen/18899-roboter-erobern-die-dienstleistungen.

Ebner Media Group GmbH & Co. KG (2016). Von Roboter bis Hologramm: Ein Ausblick auf die Arbeitswelt der Zukunft. Retrieved from https://www.event-partner.de/business/von-roboter-bis-hologramm-ein-ausblick-auf-die-arbeitswelt-der-zukunft.

Evans, H. (2017). "Content is King" — Essay by Bill Gates 1996 - Heath Evans - Medium. Retrieved from https://medium.com/@HeathEvans/content-is-king-essay-by-bill-gates-1996-df74552f80d9.

Fraunhofer-Gesellschaft e.V. (2018). Trends in Artificial Intelligence. Retrieved from https://www.fraunhofer.de/content/dam/zv/en/Publications/Trends-in-artificial-intelligence.pdf.

Gams, M., Gu, I. Y.-H., Härmä, A., Muñoz, A., & Tam, V. (2019). Artificial intelligence and ambient intelligence. Journal of Ambient Intelligence and Smart Environments, 11(1), 71–86. https://doi.org/10.3233/AIS-180508.

Hawking, S. W., Redmayne, E., & Held, S. (2018). Brief answers to the big questions. London: John Murray.

Hildesheim, W., & Michelsen, D. (2019). Künstliche Intelligenz im Jahr 2018 - Aktueller Stand von branchenübergreifenden KI-Lösungen: Was ist möglich? Was nicht? Beispiele und Empfehlungen. In P. Buxmann & H. Schmidt (Eds.), Künstliche Intelligenz: Mit Algorithmen zum wirtschaftlichen Erfolg (pp. 119–141). Berlin, Heidelberg: Springer Gabler.

Holzbaur, U., Jettinger, E., Knauß, B., Moser, R., & Zeller, M. (2010). Eventmanagement: Veranstaltungen professionell zum Erfolg führen (4. Aufl.). Berlin, Heidelberg: Springer-Verlag. Retrieved from http://gbv.eblib.com/patron/FullRecord.aspx?p=602797.

Jäger, D. (2017). Grundwissen Eventmanagement (2. überarbeitete Auflage). UTB Tourismus, Wirtschafts- und Kommunikationswissenschaften: Vol.

4321. Konstanz, München: UVK Verlagsgesellschaft mbH. Retrieved from http://www.utb-studi-e-book.de/9783838547992.

Kirste, M., & Schürholz, M. (2019). Einleitung: Entwicklungswege zur KI. In V. Wittpahl (Ed.), Künstliche Intelligenz: Technologien - Anwendung - Gesellschaft (pp. 21–35). Berlin, Heidelberg: Springer Vieweg.

Luppold, S. (2018). Ganzheitlich und pragmatisch: Digitale Transformation in der MICE-Branche. In S. Luppold (Ed.), Digitale Transformation in der MICE-Branche: Messe-, Kongress- und Eventmanagement im Wandel (1st ed., pp. 17–24). Stuttgart: WFA Medien Verlag.

Makridakis, S. (2018a). Forecasting the Impact of Artificial Intelligence (AI), Part 2 of 4: Examining Four Scenarios of Possibility. Foresight: The International Journal of Applied Forecasting. (48), 7–12.

Makridakis, S. (2018b). Forecasting the Impact of Artificial Intelligence: Part 4 of 5: Blockchain (BC) Technology, the Integration of BC and AI, and the Road to Intelligence Augmentation (IA). Foresight: The International Journal of Applied Forecasting. (50), 4–9.

Markoff, J. (2016). Machines of loving grace: The quest for common ground between humans and robots (First Ecco paperback edition). New York: Harper Collins.

McKinsey&Company (2018a). AI adoption advances, but foundational barriers remain. Retrieved from https://www.mckinsey.com/featured-insights/artificial-intelligence/ai-adoption-advances-but-foundational-barriers-remain.

McKinsey&Company (2018b). Crossing the frontier: How to apply AI for impact. Retrieved from https://www.mckinsey.com/~/media/McKinsey/Business%20Functions/McKinsey%20Analytics/Our%20Insights/Crossing%20the%20frontier%20How%20to%20apply%20AI%20for%20impact/Crossing-the-frontier-collection.ashx.

Parnas, D. L. (2017). Inside Risks: The Real Risks of Artificial Intelligence. Communications of the ACM, 60(10), 27–31. https://doi.org/10.1145/3132724.

PricewaterhouseCoopers GmbH Wirtschaftsprüfungsgesellschaft (2018a). Auswirkungen der Nutzung von künstlicher Intelligenz in Deutschland. Retrieved from https://www.pwc.de/de/business-analytics/sizing-the-price-final-juni-2018.pdf.

PricewaterhouseCoopers GmbH Wirtschaftsprüfungsgesellschaft (2018b). Künstliche Intelligenz als Innovationsbeschleuniger im Unternehmen: Zuversicht und Vertrauen in Künstliche Intelligenz. Retrieved from https://www.pwc.de/de/digitale-transformation/ki-als-innovationsbeschleuniger-in-unternehmen-whitepaper.pdf.

Russell, S. J., Norvig, P., Davis, E., & Edwards, D. (2016). Artificial intelligence: A modern approach (Third edition, Global edition). Always learning. Boston, Columbus, Indianapolis, New York, San Francisco, Upper Saddle River, Amsterdam, Cape Town, Dubai, London, Madrid, Milan, Munich, Paris, Montreal, Toronto, Delhi, Mexico City, Sao Paulo, Sydney, Hong Kong, Seoul, Singapore, Taipei, Tokyo: Pearson. Retrieved from https://www-dawsonera-com.pxz.iubh.de:8443/readonline/9781292153971/startPage/180/1.

Sakschewski, T., & Paul, S. (2017). Veranstaltungsmanagement: Märkte, Aufgaben und Akteure. Lehrbuch. Wiesbaden: Springer Gabler. Retrieved from http://dx.doi.org/10.1007/978-3-658-16899-5 https://doi.org/10.1007/978-3-658-16899-5.

Say, J.-B. (1828). Cours complet d'economie politique. Paris: Rapilly.

Scharrer, J. (2017). Die großen Gefahren von Künstlicher Intelligenz. Retrieved from https://www.horizont.net/agenturen/nachrichten/SapientRazorfish-Chef-Wolf-Ingomar-Faecks-Die-grossen-Gefahren-von-Kuenstlicher-Intelligenz-161789.

Strohmeyer, R. (2008). The 7 Worst Tech Predictions of All Time. Retrieved from https://www.pcworld.com/article/155984/worst_tech_predictions.html.

Voss, P. (2017). From Narrow to General AI – Intuition Machine – Medium. Retrieved from https://medium.com/intuitionmachine/from-narrow-to-general-ai-e21b568155b9.

Wilson, H. J., & Daugherty, P. R. (2018). Collaborative Intelligence: Humans and AI are Joining Forces. Harvard Business Review, 96(4), 114–123.

XING Events GmbH (2016). Die digitale Transformation in der Eventbranche: Chancen und Handlungsempfehlungen für Veranstalter. Retrieved from https://www.xing-events.com/info-material/reports-white-papers/digitalisierung-in-der-eventbranche.

XING Events GmbH (2018). Trendreport: Der Einfluss von KI, Big Data und Machine Learning auf die Eventbranche. Retrieved from https://www.xing-events.com/de/ressourcen/downloads/detail/die-zukunft-der-eventbranche.

MODELLENTWICKLUNG ZUR STRATEGISCHEN GEWINNUNG RELEVANTER BESUCHERZIELGRUPPEN FÜR INVESTITIONSGÜTERMESSEN

EIN MARKETINGBEZOGENER ANSATZ AUS VERANSTALTERSICHT AM BEISPIEL DER HANNOVER MESSE

Felix Urban

Inhaltsverzeichnis

Abbildungsverzeichnis

Abkürzungsverzeichnis

3Rs	Recruitment, Retention, Recovery
4Ps	Product, Price, Place, Promotion
AIDA	Attention, Interest, Desire, Action
AUMA	Ausstellungs- und Messeausschuss der deutschen Wirtschaft
B2B	Business to Business
B2C	Business to Consumer
CRM	Customer Relationship Management
DSGVO	Datenschutzgrundverordnung
FKM	Gesellschaft zur freiwilligen Kontrolle von Messe- und Ausstellungszahlen
HM	Hannover Messe
KPI	Key Performance Indicator
NPS	Net Promoter Score
SWOT	Strengths, Weaknesses, Opportunities, Threats

1 Strategische Besuchergewinnung – Notwendigkeit für Messegesellschaften

„Der Mensch ist ja nicht der, der er ist, sondern der, der er sein will. Wer ihn an seinen Wünschen packt, hat ihn.“(Martin Walser, 1995, S. 40)

Bis zur letzten Jahrtausendwende hatten die Messemärkte allgemein einen anbietergetriebenen Charakter, was die Verantwortlichen häufig dazu verleitete, anzunehmen, dass die Besucher im Grunde genommen von allein zur Messe kommen, mindestens solange ein akzeptables Angebot vorliegt. Jedoch stagnieren oder sinken sogar die Besucherzahlen seitdem, wie in Abbildung 1 zu sehen ist. Vor allem der Anteil inländischer Besucher schrumpft, während die Zahl ausländischer Besucher noch einen leichten Anstieg zu verzeichnen hat (vgl. Peters, 1992, S. 203; vgl. Erbel, 2017, S. 243f.; vgl. Statista, 2018b, S. 36; vgl. Statista 2018b, S. 38). Das Bild von der Genügsamkeit des Besuchers hat sich seit der Jahrtausendwende zwar allmählich verändert, dennoch macht es den Eindruck, dass sich erheblich bessere Ergebnisse erreichen ließen, wenn sich mehr Gestalter im Messewesen das oben angeführte Zitat zu Herzen nähmen (vgl. Erbel, 2017, S. 243ff.).

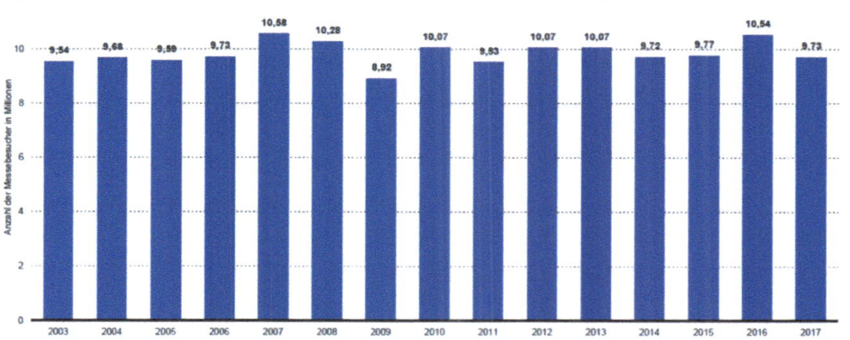

Abb. 1: Besucher überregionaler Messen in Deutschland, 2003 bis 2017 (in Mio.)
Quelle: Statista, 2018b, S. 39.

Kennzeichnend für das Messegeschehen ist die duale Positionierung von Messedienstleistungen, was bedeutet, dass es die zentrale Aufgabe des Messeveranstalters ist, Aussteller und Besucher am richtigen Ort zur richtigen Zeit zusammenzuführen. Beide Seiten, Aussteller wie auch Besucher, erwarten nutzbringende Akteure auf der jeweils anderen Seite. Deswegen ist es angemessen, wenn in der Literatur von einer triadischen Geschäftsbeziehung zwischen Messeveranstalter, Aussteller und Besucher gesprochen wird, deren Ausgestaltung für den Erfolg der jeweiligen Messe entscheidend ist (vgl. Peters, 1992, S. 199f.; vgl. Witt, 2005, S. 10; vgl. Arzt, 2006, S. 29).

Der eingetrübten Besucherstatistik zum Trotz sind die „Messen made in Germany" weiterhin Weltmarktführer. Deutsche Messen genießen einen „Ruf wie Gold" (Mattauch/Steiner, 2009, S. 148, in: Jung, 2010, S. 1), wobei sich vor allem auf asiatischen Wachstumsmärkten Konkurrenz bildet (vgl. Wutzlhofer, 2017, S. 126f.; vgl. Kirchgeorg/Ermer/Wiedmann, 2017, S. 145; vgl. Terpitz, 2019, o.S.). Die deutsche Messebranche ist zwischen 2013 und 2018 von 3,25 auf 4 Mrd. Euro angewachsen, was einem jährlichen Anstieg von etwa vier Prozent entspricht. Messen nehmen bei den in Deutschland ausstellenden Unternehmen als Kommunikationsinstrument direkt hinter der eigenen Website Platz zwei ein, zudem haben fünf der zehn umsatzstärksten Messeveranstalter ihren Sitz in Deutschland (vgl. Zimmermann, 2017, S. 54ff.; vgl. AUMA, 2018a, S. 124; vgl. AUMA, 2018b, o.S.; vgl. AUMA, 2018c, S. 16ff.; Statista, 2019, o.S.).

Es liegt vor allem am intra- und intermedialen Wettbewerb, dass sich die Messeleitungen weiterhin der triadischen Geschäftsbeziehung im Messewesen annehmen sollten (vgl. Delfmann/Arzt, 2005, S. 109ff.; vgl. Jung, 2010, S. 2f.).

Mit dem Begriff des intramedialen Wettbewerbs ist die Konkurrenz der Messegesellschaften untereinander gemeint. Der Wettbewerb um vor allem namhafte Aussteller ist groß, da es generell allen Wettbewerbern schwerfällt, ihre vorhandenen Flächen auszulasten. Zusätzlich lässt sich von einer Art von „konzeptionellem Wettbewerb" sprechen, denn „gegenwärtig existiert beinahe zu jedem Thema eine eigene Messe" (Witt, 2005, S. 15). Der Mangel an neuen Themen wirkt sich dadurch aus, dass sogenannte „Me-too"-Formate, also themengleiche Veranstaltungen, kreiert werden, was den Wettbewerb um Aussteller und Besucher jedoch weiter verschärft (vgl. Witt, 2005, S. 14f.; vgl. Jung, 2010, S. 7). Weiter erhöht wird der Konkurrenzdruck durch Veranstalter, die ohne eigenes Messegelände, also mit äußerst niedrigen Fixkosten, weltweit flexibel agieren können (vgl. Jung, 2010, S. 7).

Bei dem Begriff des intermedialen Wettbewerbs geht es dem demgegenüber darum, inwiefern aus Nachfragersicht eine Messe überhaupt die Existenzberechtigung behält (vgl. Kirchgeorg/Springer, 2006, S. 28; vgl. Jung, 2010, S. 5). Zunächst lässt es sich nicht ausschließen, dass Messen durch andere Instrumente der Live Communication wie z. B. Events verdrängt werden. Hinzu kommen virtuelle Formate, die vor allem aufgrund der Flexibilität und der vergleichsweise geringen Kosten vorteilhaft erscheinen können (vgl. Kirchgeorg/Ermer/Wiedmann, 2017, S. 134f.). Witt zufolge gelingt es Veranstaltungen mit Leitmesse-Charakter besser, sich von negativen Einflüssen abzuschirmen (vgl. Witt, 2005, S. 10f.). Eine Leitmesse stellt einen weltweiten Branchentreff von besonderer Qualität dar, der hinsichtlich seiner Besucher- und Ausstellerzahlen sowie seines Internationalisierungsgrades als in der Branche führend angesehen wird (vgl. Kirchgeorg/Klante/Jung, 2007, S. 28). Demzufolge kann Witts Einschätzung aktuell anhand der Hannover Messe 2019, der „weltweit wichtigsten Industriemesse", in Frage gestellt werden. Die Veranstaltung ist insgesamt als zufriedenstellend bewertet worden, obwohl sie im Vergleich zur ähnlich ausgerichteten Veranstaltung im Jahr 2017 von etwa 8.000 Menschen weniger besucht worden ist (vgl. Hannover Messe, 2019, o.S.; vgl. AUMA, o.J., o.S.). Die Besucherzahl wurde in Analysen des Messeverbands AUMA durch FKM-Zertifikate als wesentlicher Qualitätsindikator von Messen etabliert, weshalb ein Besucherrückgang als Warnsignal eingestuft werden sollte (vgl. Grimm, 2004, S. 72). Auch wenn Blach feststellt, weder „die Zahl der Aussteller noch die Zahl der Besucher lässt sich steigern. Besucher und Aussteller werden sich umverteilen [...]. Es ist keine Krise, es ist Alltag" (Blach, 2010, S. 3, in: Erbel, 2017, S. 245), bleibt diese Thematik ein wichtiger Untersuchungsgegenstand.

In diesem Beitrag wird der Fokus auf die Ergebnisse der Erhebungen gerichtet, während Grundlagenteil und Forschungsdesign eher ausgespart werden.

Relevanz für die gesamte Messebranche hat die strategische Betrachtung des Besuchermarketings und dessen modellhafte Bearbeitung insofern, als dass zwar in der Theorie schon ein allgemeiner Messe-Marketingprozess vorliegt, dieser jedoch kaum speziell für das Besuchermarketing näher untersucht worden ist. Diese gesamtmessewirtschaftliche Betrachtung bildet einen zusätzlichen Beweggrund für diesen Beitrag (vgl. Kirchgeorg/Klante, 2017, S. 369).

Aufbauend auf grundlegenden Erkenntnissen aus der Fachliteratur bezüglich des Besuchermarketings von Messeveranstaltungen sowie einer die Machbarkeit der entworfenen Methode belegenden quantitativen Erhebung, wird angestrebt, ein Modell zur Gewinnung relevanter Besucherzielgruppen zu schaffen. Die Erkenntnisse wurden durch leitfadengestützte Experteninterviews mit Marketingspezialisten aus dem Messewesen erweitert und auf Anwendbarkeit untersucht (vgl. Liebold/Trinczek, 2009, S. 32). Die Erhebungen sind explorativ, weshalb sie ohne Ex-ante-Hypothesen durchgeführt wurden.

Gerade in Hinblick auf den demografischen Wandel und die sich damit verändernden Bedürfnisse ist die Zukunftsorientierung des Modells ein zentraler Aspekt (vgl. K&A Brand Research, 2016, S. 2ff.; vgl. Statista, 2018a, S. 10). Der Großteil der Entscheider im B2B-Bereich ist derzeit 40 Jahre und älter, was zunächst keine Besonderheit darstellt. Die demografische Zusammensetzung der Personen, die im Jahr 2014 auf Google nach B2B-Produkten gesucht haben, zeigt jedoch, dass fast die Hälfte im Bereich der sogenannten „Generation Y", also innerhalb der Altersspanne von 18-34, lokalisiert sind (vgl. Priesmann, 2013, S. 6f.; vgl. Snyder/Hilal, 2015, o.S.). Dieser Zielgruppe wird eine hohe Technologieaffinität sowie ein multipler Zugang zu Informationsquellen zugeschrieben (vgl. Klaffke/Parment, 2011, S. 15). Deswegen ist es dringend erforderlich, deutlich genauere Vorstellungen von den Profilen der Fachbesucher zu entwickeln. Je detaillierter die Kenntnisse über möglichst kleine Besuchersegmente, aber auch bestimmte Aggregate sind, desto besser (vgl. Jahn/Pfeiffer, 2014, S. 83; vgl. Erbel, 2017, S. 244).

Damit lässt sich die Fragestellung mit ihrem veranstaltungsbezogenen Hintergrund wie folgt umreißen:

> *„Welche Schritte sind im Bereich des strategischen Marketings notwendig, um relevante Besucherzielgruppen im Zeitalter der Digitalisierung für Investitionsgütermessen zu gewinnen?"*

Zur Veröffentlichung in diesem Werk wird im Weiteren nur die Beantwortung dieser in der ursprünglichen Arbeit übergeordneten Frage Beachtung geschenkt. Dafür ist es jedoch vor allem wichtig zu wissen, wann Besuchergruppen überhaupt als relevant bezeichnet werden können – eine Fragestellung, mit der sich sowohl in der Theorie, als auch in der Praxis schwergetan wird.

Innerhalb dieses Werkes wird vorwiegend auf die Ergebnisse der zweistufigen Erhebung eingegangen, während weitgehende Teile des Grundlagenteils, das Forschungsdesign sowie die anschließende Güteprüfung ausgespart werden. Eine vollständige Ausgabe dieser Arbeit kann in der AUMA-Messebibliothek eingesehen werden.

1.1 Definitorische Abgrenzung relevanter Begriffe

Folgende Begriffe werden in diesem Unterkapitel definiert: „Strategische Besuchergewinnung“, „relevante Besucherzielgruppen“ sowie „digitaler Reifegrad“.

Strategische Besuchergewinnung

Das strategische Marketing beschäftigt sich mit der Definition mittel- bis langfristiger Rahmenvorgaben für das Handeln in der Zukunft, wodurch es das Bindeglied zwischen den Zielen und den tatsächlichen operativen Maßnahmen darstellt (vgl. Backhaus/Schneider, 2007, S. 16). Die strategische Besuchergewinnung beschreibt somit alle Prozesse im strategischen Marketing, die die Basis jener operativen Maßnahmen bilden, die dazu dienen, Besucher für die Messeveranstaltung zu akquirieren oder zu binden. Ist in diesem Beitrag von Besuchermarketing die Rede, ist dies gleichzusetzen mit Maßnahmen der Besuchergewinnung. Diese kann somit aufbauend auf den Ansätzen der Kundenstrategien des Dienstleistungsmarketings Besucher betreffen, die neu akquiriert, gebunden oder zurückgewonnen werden sollen (vgl. Meffert/Bruhn/Hadwich, 2018, S. 150ff.). Ziel soll es sein, den Anteil der Stamm- und Neukunden aus der Gesamtheit der relevanten potenziellen Kunden stets zu vergrößern (vgl. Peters, 1992, S. 211; vgl. Grimm, 2004, S. 84).

Relevante Besucherzielgruppen

Unter relevanten Besucherzielgruppen wird in diesem Beitrag die Gesamtheit der Besucher verstanden, die aktiv oder passiv zur Erfüllung sowohl der Veranstalter-, als auch der Ausstellerziele beitragen. Dies beruht auf der Wechselbeziehung zwischen Besucher und Aussteller, die über den Erfolg der Messe entscheidet. Wenn also die „richtigen Besucher" auf der Messe waren und dort auf die „richtigen Aussteller" trafen, ist ein Wiederholungsbesuch von beiden Seiten als wahrscheinlich einzustufen. Fehlt eine dieser Komponenten, kann es zu einer Art Domino-Effekt kommen, wobei ein Wegbrechen des „Platzhirsches" sogar zum Scheitern der gesamten Veranstaltung führen kann (vgl. Kalka, 2005a, S. 346; vgl. Stoeck, 2017a, S. 658; vgl. Kromer von Baerle/Brandl, 2017, S. 668; vgl. AUMA, 2019, S. 28). Deswegen ist eine Relevanzprüfung der Besucherzielgruppen grundlegend für den Erfolg, weshalb die anwesenden Besucher entweder direkt oder indirekt die Kommunikations-, Informations- oder auch Transaktionsziele der Aussteller erfüllen sollten. Die Qualität und Quantität von Besuchern ist ein entscheidender Erfolgsfaktor im Messewesen. Während die Operationalisierung der Quantität durch die Messung und Strukturierung der Besucherzahlen naheliegt, ist die Operationalisierung der Qualität schwieriger. Groth führt diesbezüglich die Variablen Herkunft, Wirtschaftszweig, Unternehmensgröße, berufliche Stellung, Aufgabenbereich und Kompetenz bei Einkaufsentscheidungen auf (vgl. Groth, 1992, S. 169; vgl. Grimm, 2004, S. 69). Je nach Messetypologie und Ausstellerzielen kann die Bezeichnung als relevante Zielgruppe variieren. Um in diesem Spannungsfeld eine Lösung zu finden, ist die Einrichtung eines Besucherwert-Konzepts denkbar. Dieses wird in Unterkapitel 2.2.2 behandelt (vgl. Peters, 1992, S. 80; vgl. Grimm, 2004, S. 223ff.). Ist in den folgenden Ausführungen von Besuchern die Rede, sind darunter stets Fachbesucher zu implizieren.

Digitaler Reifegrad

Zu diesem Begriff gibt es keine eindeutige und allgemein anerkannte Definition. Reifegrade sind jedoch als aufeinander aufbauende Entwicklungsstufen vom Beginn bis zur vollständigen Reife innerhalb eines Entwicklungsprozesses zu definieren (vgl. Becker/Knackstedt/Pöppelbuß, 2009, S. 249). Alternative

Bezeichnungen für ähnliche Verfahren tragen u. a. die Namen Digital Competence, Digital Readiness oder Digital Health (vgl. Skov, 2016, o.S.; vgl. Buisman, 2018, S. 1; vgl. Tiemeyer, 2018, S. 732). Appelfeller und Feldmann zufolge kann der digitale Reifegrad als Instrument zur Analyse des maximalen Digitalisierungsgrades der Schnittstelle zwischen Unternehmen und Zielgruppe genutzt werden. Das bedeutet, dass er Auskunft darüber gibt, wie digital die Schnittstelle in Hinblick auf die Befriedigung der Kundenbedürfnisse sein darf, um den Kunden adäquat in den Marketingprozess integrieren zu können. Die beschriebenen Schnittstellen zum Kunden liegen im Marketing vor allem im Kaufentscheidungsprozess oder auch der Customer Journey, also der Reise des Kunden, vor und werden auch als Touchpoints bezeichnet. Eine grundlegende Veranschaulichung der Customer Journey bietet das AIDA-Modell (Attention, Interest, Desire, Action), das innerhalb der Customer Journey vor allem noch um die Betrachtung der Nachkaufphase erweitert wird (vgl. Kotler/Kartajaya/Setiawan, 2017, S. 81ff.; vgl. Appelfeller/Feldmann, 2018, S. 36ff.).

Die Customer Journey basiert auf Personas. Personas sind Personifizierungen von Kundensegmenten und wurden aufgrund des Bedürfnisses entworfen, die klassischen Segmentierungen nach demografischen Merkmalen zu überarbeiten. Im erneuerten Ansatz werden eher Bedürfnisse, Motive und Nutzungsverhalten in den Vordergrund gestellt (vgl. Keller, 2017, S. 32ff.; vgl. Duda, 2018, S. 174). Eine Operationalisierung des digitalen Reifegrads wurde durch die quantitative Erhebung getätigt.

1.2 Grundlagen zum Marketing von Messeveranstaltungen

Messeveranstalter vermarkten innerhalb ihres Marketingprozesses das Versprechen, die Veranstaltung zum angegebenen Zeitpunkt in der angegebenen Ausprägung stattfinden zu lassen (vgl. Kalka, 2005a, S. 346; vgl. Weiss, 2017, S. 1004). Die relevanten Akteure und Stakeholder der Messewirtschaft lassen sich in zwei Gruppen unterteilen. Die primären Akteure sind Messeveranstalter, Besucher und Aussteller. Die sekundären Akteure ermöglichen und fördern das Handeln der primären Akteure, worunter z. B. Wirtschaftsverbände, Messestädte und Messedienstleister gefasst werden (vgl. Zygojannis, 2005, S. 31ff.).

Da es sich bei einer Messeveranstaltung um eine Dienstleistung des Messeveranstalters handelt und „Messemanagement als spezifische Form des Dienstleistungsmanagement verstanden werden“ (Kirchgeorg, 2017, S. 41) kann, sei kurz auf die Besonderheiten des Dienstleistungsmarketings eingegangen. In Abgrenzung zum Marketing physischer Produkte sind bei Dienstleistungen zusätzlich die konstitutiven Merkmale zu betrachten. Diese untergliedern sich zunächst in die Potenzialorientierung, also die Fähigkeit zur Durchführung, die Prozessorientierung, also die tatsächliche Durchführung unter Integration des externen Faktors, sowie die Ergebnisorientierung, also das tatsächliche Ergebnis (vgl. Meffert/Bruhn/Hadwich, 2018, S. 14). Zusätzlich machen sie folgende Merkmale in erster Linie von Sachleistungen unterscheidbar (vgl. Bruhn, 2000, S. 23):

- Immaterialität
- Nichtlager- und Nichttransportfähigkeit
- Simultaneität von Produktion und Konsumption
- direkter Kontakt zwischen Anbieter und Nachfrager
- Standortgebundenheit
- Individualität

Aufgrund der notwendigen Integration des externen Faktors, also der Unumgänglichkeit des Vorhandenseins des Kunden oder dessen Eigentums, sind Dienstleistungen nicht frei disponierbar. In Betrachtung des informationsökonomischen Dreiecks, resultiert im Vergleich zu physischen Produkten eine hohe Kaufunsicherheit, weshalb im Dienstleistungsmarketing ein besonderer Wert auf äußerlich wahrnehmbare, sichtbare und fühlbare Merkmale der Dienstleistung gelegt werden sollte, um so die Perzeption der Vertrauenseigenschaften positiv zu beeinflussen. Deren klare Bewertung ist bei Dienstleistungen prinzipiell unmöglich. Die Sucheigenschaften von Dienstleistungen sind im Grunde genommen nicht gegeben, da die Güte der Leistung erst nach der Teilnahme erkenntlich wird. Die Erfahrungseigenschaften treten ebenfalls erst während oder nach der Leistungserstellung zutage (vgl. Bieberstein, 2006, S. 53ff.; vgl. Meffert/Bruhn/Hadwich, 2018, S. 52).

Darüber hinaus nehmen Messen eine Sonderrolle ein, da sie als einmalige und untypische Dienstleistung gelten (vgl. Selinski, 1983, S. 31; vgl. von Grega, 2013, S. 41). Das Messemarketing unterscheidet sich vom allgemeinen Dienstleistungsmarketing, da eine doppelte Integration des externen Faktors gewährleistet werden muss. Besucher und Aussteller sind also einerseits Bestandteil und andererseits auch gleichzeitig Adressaten des Messemarketings (vgl. Peters, 1992, S. 38; vgl. Grimm, 2004, S. 4ff.; vgl. Reger-Wagner/Kirchgeorg, 2017, S. 420). Weitere Besonderheiten des Messemarketings in Abgrenzung zum Dienstleistungsmarketing lassen sich folgendermaßen in anbieter-, nachfrager- und leistungsbündelbezogener Ausprägung darstellen (vgl. Peters, 1992, S. 199ff.; vgl. Reger-Wagner/Kirchgeorg, 2017, S. 420):

- Erforderlichkeit der gleichmäßigen dualen Positionierung
- hoher Einfluss fremder Beteiligter in Abgrenzung zu anderen Dienstleistungen
- keine Güte- und Nutzenprüfung durch den Kunden im Voraus möglich
- große Zeitabstände zwischen den Veranstaltungen und turnusmäßiger Rhythmus
- Vielzahl heterogener Zielgruppensegmente
- Beteiligung öffentlicher Anteilseigner und Messen als Kollektivproduktion,
- hohes Maß an Orts- und Zeitgebundenheit

Der Begriff des Messemarketings ist bisemantisch. Der erste Bedeutungsinhalt bezieht sich auf die Nutzung der Messeveranstaltung als Marketinginstrument durch den Aussteller. Der zweite bezieht sich auf das Vermarkten der Veranstaltungen selbst durch die Messegesellschaft. Dies ist die Auslegung in diesem Beitrag (vgl. Taeger, 1993, S. 35f.; vgl. Clausen, 2010, S. 9ff.). Beachtung finden muss in diesem Zusammenhang, dass eine Messemarke auf die Messegesellschaft, die Veranstaltung oder den Standort bezogen werden kann. In diesem Beitrag steht die Veranstaltungsmarke im Vordergrund (vgl. Sasserath/Daly/Wenhart, 2003, S. 532). Nach Kirchgeorg und Klante kann das Messemarketing als „Planung, Koordination und Kontrolle aller auf die aktuellen und potenziellen Märkte ausgerichteten Aktivitäten einer Messegesellschaft verstanden werden, durch die eine dauerhafte Befriedigung der Bedürfnisse der Messekunden (Aussteller und Besucher) und die Unternehmensziele unter Berücksichtigung der Anforderungen relevanter Stakeholder verwirklicht werden sollen" (Kirchgeorg/Klante, 2017, S. 292).

1.3 Implikationen für das Fachbesuchermarketing

Der Besucher stellt innerhalb der triadischen Geschäftsbeziehung im Messewesen eine konstitutive Figur zum Zustandekommen sowie in Hinblick auf die duale Positionierung und die Wechselwirkung zwischen den Besuchern und Ausstellern auch einen erheblichen Faktor für den Erfolg der Veranstaltung dar (vgl. Peters, 1992, S. 199f.; vgl. Witt, 2005, S. 10; vgl. Zygojannis, 2005, S. 39). Die auf vielen Messen wahrgenommene abnehmende Anzahl der Besucher pro Aussteller führt zu einer Gefährdung des Formats Messe, da dies den Return on Investment der Aussteller beeinträchtigen könnte (vgl. Erbel, 2017, S. 245).

Bei Messen wird in Abgrenzung zur Ausstellung von Fachbesuchern gesprochen, wobei diese in der Regel in Unternehmen tätig sind, die Handelswaren, Investitionsgüter, Hilfs- und Betriebsstoffe sowie Dienstleistungen einkaufen oder sich einen Überblick über das Angebot verschaffen wollen. Eine weitere Unterscheidung ist dadurch möglich, dass auf Konsumgütermessen eher Facheinkäufer des Groß- und Einzelhandels anzutreffen sind, während Investitionsgütermessen eher von den jeweiligen Unternehmensverantwortlichen zur Beschaffung von Produkten und Dienstleistungen sowie den tatsächlichen Anwendern besucht werden. Die Interessen der Fachbesucher unterscheiden sich je nach Position und Entscheidungskompetenz im Unternehmen. Für Investitionsgütermessen sind Fachbesucher anders als Privat- oder Handelsbesucher als wesentlich einzustufen (vgl. Peters, 1992, S. 66ff.; vgl. Kresse, 2003, S. 107).

Die drei derzeit wichtigsten Besucherziele auf Messen stellen die Information über Neuheiten und Trends, die generelle Informationsbeschaffung sowie der Erfahrungs- und Informationsaustausch dar. Die Zielsetzungen von Fachbesuchern werden von Haeberle als Informations-, Beschaffungs- und Kaufmotive zusammengefasst (vgl. Haeberle, 1967, S. 68f.; vgl. AUMA, 2015, S. 11).

Als hauptsächliche Informationsgrundlagen für die Relevanz einer Messe dienen potenziellen Fachbesuchern vor allem Medienberichte, Ausstellerinformationen sowie persönliche Empfehlungen. Ein spezieller Fokus sollte im Besuchermarketing auch auf ausländische Besucher gelegt werden, deren Anteil seit der Jahrtausendwende stetig steigt (vgl. Fuchslocher/Hochheimer, 2000, S. 141; vgl. AUMA, 2015, S. 35). Das Verhalten der Besucher hat sich in den letzten Jahren deutlich verändert (vgl. Diederichs, 2003, S. 425ff.; vgl. Jung, 2010, S. 2f.). Erbel benennt acht Trends, weshalb auf sein Schaubild im Folgenden eingegangen wird.

Abb. 2: Veränderungen des Besucherverhaltens
Quelle: Erbel, 2017, S. 246.

Die hohe Volatilität bzw. Flüchtigkeit der Besucher resultiert aus der steigenden Anzahl vergleichbarer Veranstaltungen im Ausland sowie einem Überangebot an Veranstaltungen im Inland, sodass die Notwendigkeit der Teilnahme an den etablierten Veranstaltungen nicht mehr zwingend ist. Nicht nur andere Messen stellen eine Konkurrenz dar, sondern vor allem auch spezialisierte Formate wie Hausmessen, Konferenzen oder Kongresse. Die Volatilität ist auch daran zu erkennen, dass die Retention Rate (Anteil der Wiederkehrer) im Besucherbereich einem Abwärtstrend unterliegt. Hieraus wird erkennbar, dass ein Messebesuch möglicherweise auch von Faktoren abhängig ist, die der Veranstalter nicht beeinflussen kann. Da auch die Entscheidung über den Besuch beim Großteil der Besucher erst vier bis sechs Wochen vor der Veranstaltung gefällt wird, fordert Erbel die Überarbeitung der alten Denkweisen und Marketingpläne (vgl. Erbel, 2017, S. 247; vgl. Ottmann/Fleck, 2017, S. 333; vgl. Penzkofer, 2018, S. 44ff.). Außerdem verringert sich während der Veranstaltung sowohl die Aufenthaltsdauer als auch die Anzahl der Besucher aus jeweils einem Unternehmen, da vor allem Übernachtung und Reisekosten erhebliche Kosten nach sich ziehen (26 und 21 Prozent der Gesamtausgaben) (vgl. Erbel, 2017, S. 247; vgl. Ottmann/Fleck, 2017, S. 333f.; vgl. AUMA, 2018d, S. 14ff.).

Des Weiteren steigt vor allem in Folge des Überangebotes an Veranstaltungen die allgemeine Erwartungshaltung an Messen. Der Besuch muss sich insofern lohnen, als dass der Besucher möglichst einen Querschnitt des gesamten Marktes in übersichtlicher Aufbereitung in möglichst kurzer Zeit bekommen kann, woraus für die Messeveranstalter eine der derzeit größten Herausforderungen erwächst. Um den Messebesuch zeitlich und budgetär möglichst effizient zu gestalten, geht diesem häufig eine detaillierte Vorbereitung im Internet und auf anderen Kanälen voraus, sodass die Veranstaltungswebsite als primäres Aushängeschild so ansprechend und intuitiv wie möglich zu gestalten ist. Es sollte der Anspruch gelten, dem Messebesucher an allen Berührungspunkten eine passende Hilfestellung anzubieten (vgl. Bruhn, 2014, S. 967; vgl. Erbel, 2017, S. 248; vgl. Ottmann/Fleck, 2017, S. 334).

Bei der Gestaltung und Planung von Messeveranstaltungen sind folgende Eigenschaften der Umstände für Besucher und Aussteller hervorzuheben (vgl. Diederichs, 2003, S. 425ff.; vgl. Erbel, 2017, 249f.):

- Mangel an Zeit; rasche Verschiebung der Prioritäten
- hohe Anzahl an anderen themengleichen Messeveranstaltungen
- alternative Informationsmöglichkeiten
- Kostendruck beim Besucher
- Kostendruck beim Aussteller
- steigende Ansprüche

Zu beachten ist ferner, dass die Kaufentscheidungen von Buying Centern gefällt werden. Ein Buying Center ist die organisationale Zusammenfassung von Personen, die an einer betrieblichen Kaufentscheidung beteiligt sind. Dies bedeutet, dass manche potenziellen und aktuellen Besucher nicht unbedingt selbst über einen Besuch entscheiden, was in einem ungewollten Erscheinen oder auch Nicht-Erscheinen münden kann (vgl. Lippold, 2012, S. 56ff.; vgl. Prüser, 2017, S. 515ff.).

2 Reifegradbasierte Prozessmodellentwicklung

Innerhalb des zweiten Kapitels dieses Beitrags wird der Modellbildungsprozess Mittelpunkt der Betrachtung. Die Chance der Einbindung des digitalen Reifegrades wird darin gesehen, ein individuelles Verständnis für den einzelnen Besucher, als auch die gesamte Besucherschaft zu erhalten. Kuhrt und Steker sowie Böse stellen in ihren Ausführungen die Vorteile virtueller Services dar, relativieren jedoch gleichzeitig, dass ein vollständig digitalisiertes Angebot kaum Anklang bei wenig digitalaffinen Zielgruppen findet (vgl. Kuhrt/Steker, 2017, S. 532; vgl. Böse, 2017, S. 464). Die Gewinnung dieser Erkenntnis soll dabei helfen, zu identifizieren, wie digital die Maßnahmen der jeweiligen Schritte sein dürfen, um das „Gießkannenprinzip" zu vermeiden, den Besucher zu integrieren sowie Nutzen, Relevanz und Effizienz möglichst weitgehend anzubieten.

Im Folgenden ist häufiger von der Integration der Besucher die Rede, da dies einen wesentlichen Erfolgsfaktor des Besuchermarketings darstellt (vgl. Fuchslocher/Hochheimer, 2000, S. 141ff.; vgl. Zimmermann, 2017, S. 59f.). Darum wird dieser Begriff an dieser Stelle mit Inhalten gefüllt. Nach den fünf Parametern der Kundenintegration, gebildet durch Intensität, Menge, Qualität, Zeitpunkt und Ort, handelt es sich bei minimalem Integrationsgrad um eine autonome Leistungserstellung des Veranstalters, während bei maximalem Integrationsgrad der Kunde einen großen Teil der Leistungserstellung übernimmt („Prosumer") (vgl. Büttgen, 2007, S. 30f.; vgl. Maleri/Frietzsche, 2008, S. 170). Als strategische Entscheidung leitet sich hier also die Gestaltung des jeweiligen Umfangs der fünf Dimensionen ab. Die Intensität lässt auf den Grad der Einflussnahme schließen. Mengenentscheidungen bestimmen über die Zahl der integrierten Besucher, während Qualitätsentscheidungen die Besucherzufriedenheit begründen. Des Weiteren ist der Integrationszeitpunkt festzulegen, wobei dieser in der Literatur u. a. durch von Grega auf den Messebesuch gelegt wird. Hierbei ist durchaus über einen weit früheren Integrationszeitpunkt nachzudenken. Der Integrationsort hängt von der jeweiligen Mobilität der internen und externen Faktoren ab. Hier ist eine Darstellung in einer Sampson-Snape-Box denkbar, deren Ergebnis eine virtuelle, nationale oder internationale Integration sein kann (vgl. Sampson/Snape, 1985, S. 173f.; vgl. von Grega, 2013, S. 44f.).

Insgesamt soll ein Modell entstehen, das ein effizientes Besuchermarketing prozessbezogen darstellt, sodass die Rückschlüsse auf das Realsystem eine fundamentale Strukturierung des strategischen Marketings ermöglichen. Innerhalb dieses Beitrags wird unter Prozessmodellen im Allgemeinen die vereinfachte Darstellung von Prozessen einer Organisation verstanden. Diese stellen eine zeitlich und sachlich logische Reihenfolge von Tätigkeiten dar (vgl. BMI, 2018, S. 270).

2.1 Anforderungen an das Besuchermarketing im Messewesen

Um geeignete Rahmenbedingungen für das zu bildende Modell zu schaffen, werden im Folgenden Anforderungen an ein modernes Besuchermarketing definiert. Dies erfolgt anhand von Ergebnissen aus der Literaturanalyse sowie der Experteninterviews. Eine Vollständigkeit kann nicht gewährleistet werden, jedoch wird versucht, eine möglichst ganzheitliche Darstellung in Hinblick auf das moderne Besuchermarketing zu erreichen. Die Anforderungen leiten sich vor allem aus der notwendigen Integration der Aussteller und Besucher als konstitutive Zielgruppen ab (vgl. Peters, 1992, S. 40). Zudem sind die Besonderheiten des Messemarketings zu berücksichtigen (vgl. Peters, 1992, S. 39f.).

Ein weiterer einzubeziehender Faktor innerhalb der Messewirtschaft liegt in der dynamischen sowie komplexen Wettbewerbssituation inter- und intramedialer Art. Dies geht eng einher mit den steigenden Ansprüchen der Fachbesucher. Die Messegesellschaften befinden sich also nicht nur in einem wie von Jung skizzierten Spannungsfeld des intra- und intermedialen Wettbewerbs. Aufgrund des zusätzlich steigenden Drucks auf Kundenseite sind Messegesellschaften vielmehr zwischen der Profilierung gegenüber dem Wettbewerb sowie der Erfüllung der Kundenbedürfnisse lokalisiert. Dieses Spannungsfeld erfordert in erster Linie eine Steigerung der Attraktivität der Veranstaltungen aus Sicht des Kunden (vgl. Jung, 2010, S. 7; vgl. Kassubek, 2011, S. 219; vgl. Erbel, 2017, S. 249f.). Was sich recht plakativ anhört, wird von Kassubek in die Operatoren „Öffnung der unternehmensinternen- und externen Kommunikationsstrukturen", „Stärkung der Innovationskultur" sowie „Entwicklung eines kundenbezogenen Menschenbilds" eingebettet, sodass darunter die Erfolgsfaktoren des Messemarketings subsumiert werden können. Teilweise relativ behäbige Organisationsstrukturen innerhalb deutscher Messegesellschaften erfordern zunächst interne Umstrukturierungen, vor allem im Zuge des dynamischen Wettbewerbs sowie der raschen Verschiebung von Prioritäten der Besucher (vgl. Grimm, 2004, S. 59f.; vgl. Jung, 2010, S. 7; vgl. Kassubek, 2011, S. 220). Aus diesem Grund sind flexiblere und effektivere Kommunikationsstrukturen zu etablieren, um auch kurzfristige Veränderungen bewältigen zu können. Wesentlicher Bestandteil hiervon ist die Aufhebung der organisatorischen Trennung des Aussteller- und Besuchermarketings. Interaktiv zusammenarbeitende Teams können somit eine strukturierte und integrierende Durchführung des Messemarketings ermöglichen (vgl. Experte B, 2019; vgl. Neubauer, 2019; vgl. Experte C, 2019). Als zusätzlicher interner Faktor ist ein Umdenken hin zu Messgrößen der Effizienz erforderlich. Damit ist nicht unbedingt eine allgemeine Verringerung von Kosten, sondern eher die gezieltere Verwendung des Budgets gemeint (vgl. von Grega, 2017, S. 196; vgl. Stoeck, 2017b, S. 694).

Das kundenbezogene Menschenbild ist im Marketing in den letzten Jahren in den Mittelpunkt gerückt. Neue Konzepte sollten in ihrer Ausgestaltung sämtliche skizzierte Ursachen für verändertes Besucherverhalten aus Unterkapitel 1.3 beinhalten, damit genau an diesen Punkten angesetzt werden kann. Die Stichworte Nutzen und zeitliche sowie budgetäre Effizienz sind dabei wesentlich. Fuchslocher und Hochheimer definieren die „drei I" Internationalität, Integration und Interaktion als hauptsächliche zukunftsorientierte Profilierungsmöglichkeiten im Messewesen. Zusätzlich nennen sie die Personalisierung, wobei der Begriff der Individualisierung als Synonym gesehen werden kann und somit quasi ein viertes „I" definiert wurde (vgl. Fuchslocher/Hochheimer, 2000, S. 141). Haben die Aussteller ein internationales Interesse, ist das Werben von ausländischen Besuchern ein wichtiger Erfolgsfaktor. Im Allgemeinen sind jedoch vor allem die anderen drei Punkte in Hinblick auf die Bindung von Besuchern zu priorisieren, die aufgrund der herrschenden Multioptionalität und unter Effizienzgesichtspunkten in Erwägung gezogen werden sollten (vgl. Erbel, 2017, S. 252; vgl. Stoeck, 2017b, S. 695; vgl. Experte A, 2019; vgl. Experte B, 2019; vgl. Neubauer, 2019; vgl. Experte C, 2019).

Die Grundlage sämtlicher Maßnahmen sind Daten. Ein erfolgreiches Kundenbindungsmanagement sowie eine individualisierte Ansprache setzen eine umfangreiche und aufbereitete Datenbasis voraus. Dies ist durch ein CRM-System und erfolgreiches Data Warehousing sowie Data Mining umsetzbar. Deutsche Messegesellschaften verfügen über einen breiten Kundenstamm, jedoch werden die Potenziale in der Praxis u. a. auch in der Besucherregistrierung noch nicht voll ausgeschöpft. Das Ausnutzen der Potenziale wäre ein wichtiger Schritt hin zur Auflösung der Anonymität im Besucherbereich. Die ganzheitliche Zusammenführung von Daten ermöglicht ein verstärktes Kundenverständnis sowie eine gezieltere Ansprache entlang des jeweiligen Kundenwerts, wobei dort neben dem aktuellen vor allem der potenzielle Wert beachtet werden sollte (vgl. Grimm, 2004, S. 229ff.; vgl. Stoeck, 2017b, S. 693ff.; vgl. Experte A, 2019; vgl. Neubauer, 2019). Neben der allgemeinen Integration messespezifischer Marketingcharakteristika sind aus der Literatur vor allem folgende Ansprüche deutlich geworden (vgl. Fuchslocher/Hochheimer, 2000, S. 141ff.; vgl. Esser, 2003, S. 441f.; vgl. Grimm, 2004, S. 64; vgl. Grimm, 2004, S. 239ff.; vgl. Jung, 2010, S. 7; vgl. Kassubek, 2011, S. 219ff.; vgl. Wutzlhofer, 2017, S. 130; vgl. Zimmermann, 2017, S. 55ff.; vgl. Stoeck, 2017b, S. 693ff.):

- disaggregierende Besucherbetrachtung zur Schaffung von Geschäftsbeziehungen
- eindeutige Positionierung der Veranstaltung und konsistente Markenpolitik
- Nutzen-, Relevanz- und Effizienzbedürfnisse durch Kundenverständnis befriedigen
- Kundenbindung durch Integration, Interaktion und Individualisierung
- umfassende Datensammlung und -aufbereitung
- flexible interne Strukturen zur Reaktion auf kurzfristige Änderungen

Diese Anforderungen wurden auch aus den Experteninterviews ersichtlich, sodass ein grundlegender Grad an Praxisrelevanz bestätigt werden kann. Vor allem die Profilierung durch Nutzen, Relevanz und Effizienz, die Kundenbindung sowie die Datensammlungen werden von den Experten als relevant erachtet (Vgl.

Experte A, 2019; vgl. Experte B, 2019; vgl. Neubauer, 2019; vgl. Experte C, 2019). Dass es noch weitere wesentliche Anforderungen gibt, ist nicht auszuschließen, jedoch wurden diese über die Erhebungen hinweg durch Mehrfachnennungen erkenntlich und somit als zu berücksichtigend bewertet.

2.2 Entwicklung: Reifegradbasiertes Prozessmodell zur Besuchergewinnung

Durch die Definition der Anforderungen ergibt sich ein Anpassungsbedarf der klassischen Modelldarstellung des Messe-Marketingprozesses, da dieser u. a. eine Kundenbindung nicht als primär relevant darstellt. Aus diesem Grund wird einerseits die Kundenbindung in den Prozess integriert und andererseits auch ein flexibleres Verständnis der einzelnen Bereiche in der Interpretation dieses Modells vorausgesetzt (vgl. Kirchgeorg/Klante, 2017, S. 293). Dies wird u. a. durch die Experteninterviews deutlich, in denen die 4Ps zwar als die zu beachtenden Handlungsfelder gesehen wurden, die starre Betrachtung jedoch nicht zeitgemäß sei (vgl. Experte A, 2019; vgl. Experte B, 2019; vgl. Neubauer, 2019; vgl. Experte C, 2019). Neben den Problemfeldern des Transaktionsmarketings werden auch Kritikpunkte des Beziehungsmarketings im Messewesen aufgegriffen (vgl. Grimm, 2004, S. 94ff.). Das Modell ist also als integrierende Herangehensweise zu sehen, die den Kunden und die Handlungsflexibilität in den Vordergrund stellt, um die Anforderungen aus Unterkapitel 2.1 erfüllen zu können. Die Darstellung und Thematisierung beschränkt sich ausschließlich auf Bereiche des Besuchermarketings. Übergeordnete Entscheidungen wie z. B. Markteintritt oder Markenmanagement finden keine nähere Betrachtung. Dies schließt nicht die Relevanz der anderen Themenbereiche aus, dennoch ist die Nichtbehandlung in diesem Beitrag festzuhalten (vgl. Kotler/Kartajaya/Setiawan, 2017, S. 63f.; vgl. Kirchgeorg/Reger-Wagner, 2017, S. 418f.; vgl. Neubauer, 2019).

Der aktualisierte Prozess wird in der folgenden Abbildung 3 zunächst in Gänze dargestellt, woraufhin er in den einzelnen Unterkapiteln Schritt für Schritt mit Inhalten gefüllt wird. Die Bestandteile im Anschluss an die allgemeine Situationsanalyse sowie die Zielbildung sollten, wenn möglich, innerhalb einer Organisationeinheit stattfinden, sodass eine integrierende Planung der Aussteller- und

Besuchermaßnahmen möglich ist. Die Betonung der Integration des Aussteller- und Besuchermarketings ist von Relevanz, da jeder Aussteller, der für die kommende Veranstaltung noch nicht gebucht hat, einen potenziellen Besucher darstellt. Außerdem wird innerhalb der folgenden Prozessschritte erkenntlich, dass besucherseitige Maßnahmen in diesem Verständnis stets auf Ausstellerdaten und -meinungen angewiesen sind, woraus die Anforderung an ein flexibles Austauschverhältnis resultiert (vgl. Neubauer, 2019). Weiterhin wird die Prozessdarstellung, die auf veranstaltungsbezogener Ebene lokalisiert ist, auf die zeitliche Stufe eines Messeturnus gestellt, sodass eine zeitliche Unabhängigkeit vorliegt. Die Ausstellerakquisition beginnt zwar in der Regel früher als die der Besucher, dahingehen wird jedoch in diesem Modell keine Unterscheidung getroffen. Hier gilt es, wie beim übergeordneten Ziel des Marketings, die Lücke zwischen vorhandenem und honorierten Wettbewerbsvorteil zu schließen und sich dadurch abzugrenzen (vgl. Lippold, 2012, S. 31; vgl. Degen, 2017, S. 778).

Besonders relevante Bestandteile sind in Rot hinterlegt, dauerhaft wichtige und zu beachtende Bestandteile in Grau und für die Einordnung der Gesamtsituation miteinzubeziehende Faktoren in Weiß.

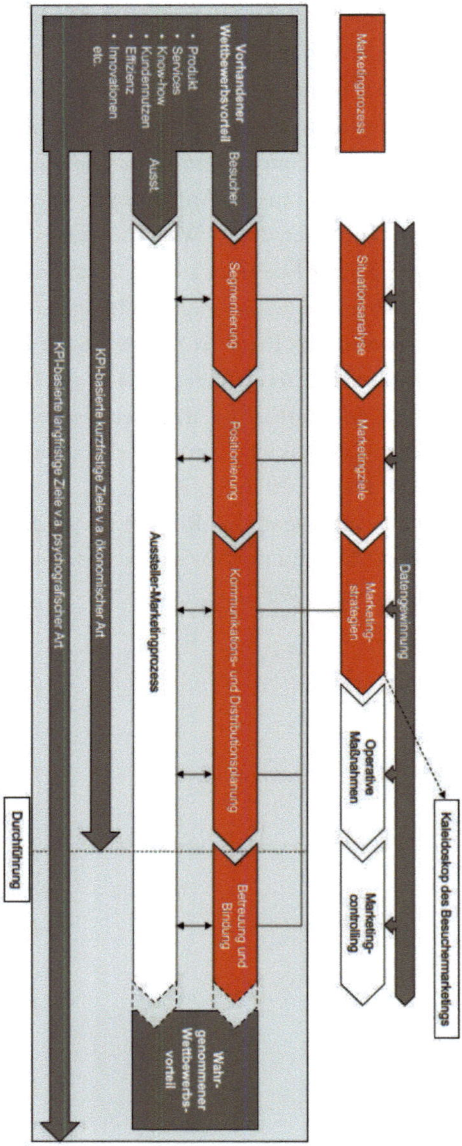

Abb. 3: Ganzheitliche Modelldarstellung des strategischen Besuchermarketings

Je mehr ein Modell dem späteren Anwender nutzt, desto höher ist die allgemeine Güte einzuschätzen. Bei der inhaltlichen Güte wird geht es hingegen darum, ob der Anwender alle relevanten Bestandteile des Originalsystems im Modell wiederfindet. Die potenziellen Anwender wären in dem Fall die Partner der Experteninterviews. Da aufgrund der Details innerhalb des Modells keine ganzheitliche Abfrage stattfand, wurden die Einzelbestandteile thematisiert, sodass die Meinung und das Wissen der Experten mit in die Modellbildung einbezogen wurde, was neben der Zustimmung über die Relevanz bestimmter Faktoren als Indikator für die Akzeptanz stehen kann. Der Modellbildungsprozess nach Adam unterteilt sich in die Schritte „Erfassung des realen Ausgangsproblems", „Formulierung des Problems", „Analyse der relevanten Merkmale und Beziehungen", „Abbildung im strukturerhaltenden Modell" sowie „Verifikation des Modells" (vgl. Appelfeller/Feldmann, 2018, S. 207ff.). Auf diese Phasen wird im Folgenden eingegangen.

Zu Beginn des Prozesses wird u. a. eine abnehmende Zahl von Besuchern pro Aussteller festgestellt, woraus sich das Problem der mangelnden Effizienz von besucherseitigen Marketingmaßnahmen formulieren lässt (vgl. Erbel, 2017, S. 244f.). In der Ausstellerakquisition findet dies jedoch bereits Beachtung, wobei eine integrierende Planung der Aussteller- und Besucherakquisition einen erheblichen Erfolgsfaktor darstellt und somit der Bedarf des zunehmenden Besucherfokus zur Steigerung der Prozesseffizienz vorliegt (vgl. Stoeck, 2017a, S. 658ff.; vgl. Stoeck, 2017b, S. 691). Die relevanten Merkmale innerhalb des strategischen Marketings sind somit unternehmensinterner und -externer Art, wobei die Handlungsfelder intern umgesetzt werden müssen. Diese wurden in Unterkapitel 2.1 dargestellt. Als Referenzmodell der Beziehungen dienen dabei der Messe-Marketingprozess sowie die Elemente der Marketing-Gleichung nach Lippold. Diese sind auch zur der Strukturgebung in der prozessorientierten Sicht relevant. Die Struktur legt damit durch eine verstärkte Kundenorientierung im Vergleich zur klassischen Herangehensweise einen stärkeren Fokus auf die Bestandteile der Segmentierung und Positionierung, welche ansonsten zwar auch erwähnt, jedoch nicht prominent platziert wurden. Dies hat eine verstärkte Relevanz im Messewesen, da vor allem die richtigen Besucher mit möglichst geringen Streuverlusten auf der Messe gewünscht werden. Der reifegradbasierte Bestandteil basiert in ihrer Form auf der Erhebung des Mittelstand-Digital sowie der Betrachtung des digitalen Kunden nach Appelfeller und Feldmann (vgl. Grimm, 2004, S. 102ff.; vgl. Lippold, 2012, S. 31ff.; vgl. Kirchgeorg/Klante, 2017, S. 292ff.; vgl. Zimmermann, 2017, S. 60f.; vgl. Appelfeller/Feldmann, 2018, S. 36ff.). Dass nicht nur der klassische Marketingprozess betrachtet wird, hat seine Ursache in der Bedeutung des Beziehungsmarketings sowie in der Kritik am Marketing-Mix. Weil auch das Beziehungsmarketing nicht uneingeschränkt tauglich für das Besuchermarketing im Messewesen ist, ist ein integrierender Ansatz erforderlich, weshalb die Marketing-Gleichung von Lippold als Leitlinie verwendet wurde (vgl. Grönroos, 1994, S. 4ff.; vgl. Grimm, 2004, S. 254ff.).

Die Modellgüte kann anhand der Grundsätze ordnungsmäßiger Modellbildung bestimmt werden. Der Grundsatz der Richtigkeit erfordert die syntaktische und semantische Richtigkeit, die auf der metaphorischen Einigung der Gutwilligen und Sachkundigen fußt. „Wenn sich die ‚Gutwilligen und Sachkundigen im Diskurs [...] darauf verständigen, dass ein Sachverhalt im Modell zutreffend wiedergegeben ist, soll dieses als richtig gelten“ (Becker/Mathas/Winkelmann, 2009, S. 40). Anstelle der „philosophischen Schablone für Gedankenexperimente“ tritt in der angewandten Forschung das praktischere Konzept des Referenzmodells. Das hier entworfene Modell fand auch Anklang bei den Experten, was als validierendes Moment betrachtet werden kann, sodass der Grundsatz der Richtigkeit im Rahmen der Möglichkeiten zumindest in Teilen als erfüllt anzusehen ist. Der Grundsatz der Relevanz besagt, dass ausschließlich die relevanten Objekte zu modellieren sind. Die Beurteilung, ob ein Objekt relevant ist, basiert auf der Zielbildung des Modells. Das Ziel dieses Beitrags ist durch die Abbildung der erforderlichen Maßnahmen des strategischen Marketings zur Gewinnung relevanter Besucherzielgruppen im Zeitalter der Digitalisierung gegeben. Der Grundsatz der Wirtschaftlichkeit fordert, dass der Aufwand der Erstellung den Nutzen des Modells nicht überschreitet. Das hier entworfene Modell hat einen hohen Nutzen, da es eine Innovation auf einem bisher kaum bearbeiteten Themenfeld ist, was auch durch die Experteninterviews bestätigt werden kann.

Der Aufwand der Modellbildung bestand aus der theoretische Herleitung, das Abwägen von Vor- und Nachteilen der jeweiligen Marketingtheorien sowie deren Integration und der qualitativen und quantitativen Erhebungen. Die Referenzmodelle beförderten den korrekten inhaltlichen und formalen Ansatz. Somit ist auch der Grundsatz der Wirtschaftlichkeit als erfüllt zu betrachten (vgl. Becker/Probandt/Vehring, 2012, S. 32ff.). Innerhalb des Grundsatzes der Klarheit wird die anwenderbezogene Hierarchiedarstellung, Layoutgestaltung und Filterung beurteilt. Es sollten nur relevante Bestandteile und in diesem Kontext eindeutige Begriffe verwendet werden. Eine entsprechende hierarchische Einordnung wurde über Porters Wertkette vorgenommen. Das Modell ist innerhalb der Kernprozesse eines Unternehmens in den Marketing- und Vertriebstätigkeiten verankert. Durch den Stellenwert des Beziehungsmarketings ist der Kundendienst ebenfalls als Handlungsfeld dieses Ansatzes zu sehen. Eine Betrachtung innerhalb des übergeordneten Messe-Marketingprozesses siedelt den strategischen Bereich vor den operativen Maßnahmen an. Die für die Modellbildung relevanten Felder sind in der folgenden, für einen Überblick sorgenden, Abbildung dunkel hinterlegt (vgl. Porter, 2000, S. 66ff.).

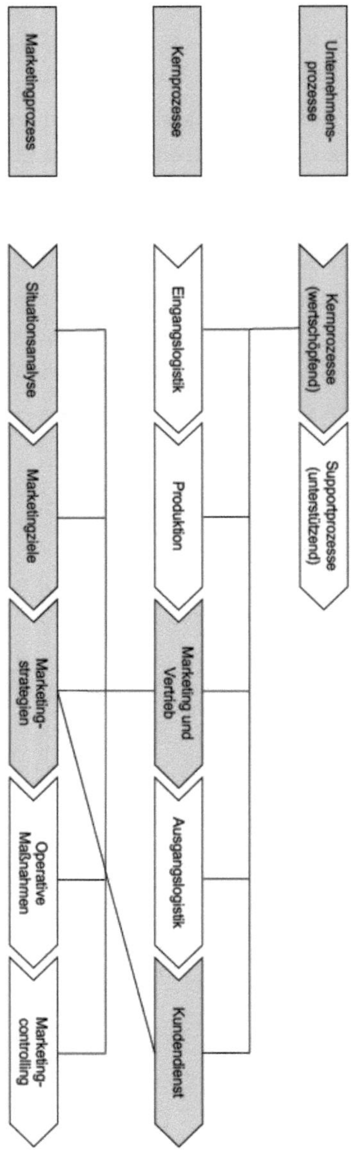

Abb. 4: Hierarchie der übergeordneten Prozesse

Die Klarheit zeichnet sich vor allem auch durch einen modularen Aufbau mit fokussierten und nutzenstiftenden Hintergrundinformationen bei einer einfachen und verständlichen Oberfläche aus, wodurch die Komplexität auf den ersten Blick reduziert werden soll und relevante Prozessschritte bei Bedarf im Detail betrachtet werden können. Somit wurde diesem Modellbestandteil im Zuge der Attraktivität und Anwendungsorientierung eine besondere Gewichtung zuteil. Der Grundsatz der Vergleichbarkeit kann nicht endgültig als erfüllt angesehen werden, da dafür eine Modellierungssprache hätte angewandt werden müssen, was in diesem Beitrag nicht der Fall war. Der Grundsatz des systematischen Aufbaus erfordert die Einordnung von Teilmodellen mit einer inhaltlichen Konsistenz in übergeordnete Modelldarstellungen. Dies wird durch die vorherige Darstellung der Prozesshierarchie als erfüllt angesehen (vgl. Becker/Probandt/Vehring, 2012, S. 35ff.). Da es sich hierbei um eine integrierende Betrachtung zweier Marketinansätze handelt, ist es sinnvoll, das Bewusstsein für die Überschneidungen von Transaktions- und Beziehungsmarketing zu bestärken. In Anlehnung an Bruhn wird in Abbildung 5 eine allgemeingültige Integration der 4Ps des Transaktions- sowie der 3Rs des Beziehungsmarketings vorgenommen.

3Rs / 4Ps	Recruitment Kundenakquisition mit Fokus Kundendialog	Retention Kundenbindung mit Fokus Kundenzufriedenheit	Recovery Kundenrückgewinnung mit Fokus Wechselbarrieren
Product	- Produktzusatznutzen - Produktrelevanz - Markierung - Produktverbesserung	- Produktdifferenzierung - Servicestandards - Rahmenprogramm - Besucherbeiräte	- Produktinnovation - Produktverbesserung - Value-Added-Service - Individuelle Leistungen
Price	- Niedrigpreisstrategie - Sonderangebote - Multiplikatorenangebote	- Rebookings - Paketpreise - Kundenkarten - Preisgarantien	- Einmalige Zahlung bei Wiederaufnahme - Sonderkonditionen
Promotion	- Aktives Direktmarketing - Massenkommunikation mit Dialogfunktion - Verkaufsförderung	- Besucherclubs - Feedbackmanagement - Personalisierung - Call Center	- Direct Mail - Telefonmarketing - Persönliches Gespräch - Einladung/Events
Place	- Direktvertrieb - Vertriebsgespräche - Bereitstellung benötigter Infrastruktur	- Direktmarketing - Direktvertrieb - Außendienstbesuche - Key Account Management	- Exklusivvertrieb - Außendiensteinsatz - Key Account Management - Zusätzliche Vertriebswege

Abb. 5: Systematisierung der Besucher-Marketinginstrumente nach den 3Rs
Quelle: Vgl. Bruhn, 2014, S. 44.

Es sei die grundlegende Mentalität dieses Beitrags betont, dass die beiden Ansätze nicht substituierend, sondern komplementär zu betrachten sind. Ist also entweder eine Entscheidung in die produkt- oder in die kundenorientierte Richtung zu treffen, kann somit bewusst das Handlungsfeld der jeweils anderen Dimension ausgewählt werden (vgl. Bruhn, 2014, S. 44; vgl. Neubauer, 2019).

2.2.1 Situationsanalyse und Zieldefinition

Ungeachtet der zeitlich versetzten Startpunkte der jeweiligen strategischen Marketingmaßnahmen im Aussteller- und Besuchermarketing stehen am Anfang des Betrachtungsspektrums zwei integrierte Bestandteile, in denen die Gesamtbetrachtung eine wesentliche Rolle spielt. Diese Bestandteile sind die Situationsanalyse und die Zieldefinition (vgl. Lippold, 2012, S. 14f.; vgl. Degen, 2017, S. 778). Ursächlich für die Relevanz dieser integrierenden Betrachtung ist die triadische Beziehung und die Notwendigkeit, sowohl aussteller-, als auch besucherseitige Einflussfaktoren im Zuge der marktbildenden und marktpflegenden Funktion zu berücksichtigen (vgl. Kirchgeorg/Klante, 2017, S. 296). Hier steht zunächst die SWOT-Analyse als Ausgangspunkt jeglicher Handlungen des Marketings. Durch Umwelt- und Marktanalysen können externe Chancen und Risiken erfasst und bewertet werden, während dies von der Unternehmensanalyse für die internen Stärken und Schwächen übernommen wird. Dabei wird impliziert, dass eine gute Strategie vorliegt, wenn unternehmerische Chancen und Stärken genutzt sowie Risiken und Schwächen umgangen und kompensiert werden können. Die Betrachtung der vier Felder muss stets in Relation zu anderen Marktteilnehmern gesehen werden. Problematisch dabei ist, dass dabei stets vergangenheitsbezogene Daten zugrunde liegen (vgl. Nittbaur, 2001, S. 56f.). Die SWOT-Analyse wurde als Beispiel gewählt, möglich wären aber auch andere Analysearten wie Porters Five Forces. Je nach Präferenzsituation können primär auch Produkte oder andere Unternehmensbereiche analysiert werden (vgl. Ulrich, 2003, S. 281ff.; vgl. Lippold, 2012, S. 16ff.).

Eine große Veränderung zum klassischen Messe-Marketingprozess ist hier noch nicht zu erkennen. Einzig, dass einige Bestandteile wie die Positionierungsanalyse auf spätere Prozessschritte verschoben wurden, macht einen Unterschied aus. Dies geschieht aus dem Grund, dass die Segmentierung und Positionierung einen erhöhten Stellenwert innerhalb dieses Modells erhalten haben, da der fehlende Kundenfokus einen der Hauptkritikpunkte im klassischen Verständnis darstellte (vgl. Lies, 2017, S. 18). Sind die Umweltfaktoren des Marketings definiert, wurde der konzeptionelle Kristallisationspunkt nach Becker erreicht und der konkrete Fokus kann auf die Ausgestaltung des Marketings gelegt werden (vgl. Becker, 2019, S. 93).

Die Definition der Marketingziele wird als erster Schritt nach dem Kristallisationspunkt gesehen. Auch zur Ausgestaltung der Marketingziele wurde im Grundlagenteil bereits eine Basis geschaffen. Ziele sind die Leitvorgaben, die durch die Maßnahmen erreicht werden sollen, deren Planung wiederum wesentlicher Bestandteil des strategischen Marketings ist (vgl. Backhaus/Schneider, 2007, S. 16; vgl. Kirchgeorg/Klante, 2017, S. 309). Sie leiten sich innerhalb des Zielsystems, indem sich ein Unternehmen befindet, aus den übergeordneten Unternehmenszielen ab, wobei im Messewesen zwischen unternehmens- und veranstaltungsbezogenen Marketingzielen zu unterscheiden ist (vgl. Lippold, 2012, S. 26; vgl. Kirchgeorg/Klante, 2017, S. 309). Für diesen Beitrag werden vor allem langfristige psychografische Ziele als wesentlich angesehen, worunter u. a. die Kundenzufriedenheit, die Weiterempfehlungsquoten und das Image einer Veranstaltung fallen, da diese einen erheblichen Einfluss auf die langfristige Positionierung im Markt haben und durch hohe Weiterempfehlungsquoten sogar Teile des Marketings von Dritten übernommen werden (vgl. Kirchgeorg/Klante, 2017, S. 309; vgl. Experte C, 2019; vgl. Experte B, 2019). Daraus ist abzuleiten, dass das Marketing für eine erfolgreiche Umsetzung auf KPIs beruhen und möglichst detailliert in den Dimensionen Inhalt, Ausmaß und Zeitspanne definiert sein sollte, um eine Effizienz und Steuerung der Maßnahmen zu gewährleisten (vgl. Lippold, 2012, S. 24; vgl. Neubauer, 2019). Aufgrund der Mittel-Zweck-Beziehung im Marketing sind die ökonomischen und kurzfristigen Ziele meist grundlegend für eine langfristige Orientierung (vgl. Kirchgeorg/Klante, 2017, S. 310).

Basierend auf den definierten Marketingzielen folgen im nächsten Schritt die konkreten strategischen Handlungsfelder. Zunächst sind jedoch noch zwei Festlegungen zu treffen. Die Experten sind sich zunächst einig, dass sich der Messeveranstalter ein Bewusstsein über die anderen Beteiligten des Besuchermarketings in Form des Multiplikatorennetzwerks für die jeweilige Veranstaltung verschaffen müsse, was in diesem Beitrag als Kaleidoskop des Besuchermarketings bezeichnet wird. Dieses Kaleidoskop besteht u. a. aus den Ausstellern, Medien, Verbänden und teilweise sogar den Besuchern selbst (vgl. Kromer von Baerle/Brandl, 2017, S. 670; vgl. Experte B, 2019; vgl. Neubauer, 2019; vgl. Experte C, 2019). Zufriedene Besucher werden in diesem Kontext ebenfalls zu „kostenlosen Werbeträgern“, weshalb die Besucherzufriedenheit als eines der zentralen Fokusgebiete behandelt werden sollte (vgl. Kromer von Baerle/Brandl, 2017, S. 674f.; vgl. Experte B, 2019). Als Kennzahl wäre an dieser Stelle vor allem der Net Promoter Score (NPS) als Messgröße der Weiterempfehlungsbereitschaft denkbar und als eines der wesentlichen Fokusgebiete zu etablieren (vgl. Keiningham et al., 2008, S. 80ff.; vgl. Kotler/Kartajaya/Setiawan, 2017, S. 80ff.; vgl. Experte C, 2019). Am Beispiel der Hannover Messe wird davon ausgegangen, dass ca. 60 Prozent der Besucher auf Ansprache oder Einladung der Aussteller oder anderer Werbetreibender kommen, wobei Einfluss auf Service-, Kommunikations- und Distributionspolitik genommen wird. Die qualitativen Aspekte wie z. B. die Steuerung des Markenwerts obliegen dahingegen vollständig dem Messeveranstalter (vgl. Reinhard, 2003, S. 450f.; vgl. Neubauer, 2019). Aus diesem Grund ist eine frühzeitige Auswahl und Aktivierung dieses Kaleidoskops als entscheidend herauszustellen und auch in die Ziel- und Maßnahmenplanung einzubeziehen.

Die zweite hier zu beachtende Festlegung entsteht vor allem aus der definierten Anforderung, eine umfassende Datensammlung und -aufbereitung zu betreiben. In der Datengewinnung ist zwischen Primär- und Sekundärdaten zu unterscheiden, wobei Primärdaten selbsterhobenes Material und Sekundärdaten von anderen erhobenes Material darstellen. Individuelle und veranstaltungsspezifische Daten sind vor allem durch eigene Primärforschung zu erheben (vgl. Lippold, 2012, S. 87). Zur Beschaffung der Daten wurden aus den Experteninterviews einige Maßnahmen in den Bereichen Befragungen, Registrierung und digitale Datengewinnung als relevant herausgestellt, die in einem den gesamten Prozess begleitenden und organisationsübergreifenden CRM-System münden sollten. Die gewonnenen Kundendaten haben eine Relevanz in jedem der folgenden Schritte, u. a. für die Bestimmung des Kundenwerts im nächsten Unterkapitel (vgl. Grimm, 2004, S. 239; vgl. Experte A, 2019; vgl. Neubauer, 2019; vgl. Experte C, 2019). Bei der Verwendung von Befragungen ist eine fokussierte Auswahl der Fragen notwendig, da es sich als Herausforderung darstellt, Probanden zu gewinnen. An dieser Stelle ist über Anreizsysteme nachzudenken, um die Bereitschaft zur Bekanntgabe der Daten zu erhöhen (vgl. Penzkofer, 2014, S. 39; vgl. Erbel, 2017, S. 252; vgl. Experte B, 2019). Gezielte Befragungen der Aussteller, Besucher und Nicht-Besucher können diesen Datenbestand vor allem in Hinblick auf die Bildung von Personakonzepten und den Abgleich der jeweiligen Bedürfnisse erweitern (vgl. Grimm, 2004, S. 233; vgl. Experte B, 2019; vgl. Neubauer, 2019; vgl. Experte C, 2019).

Wichtige zu erhebende Daten sind neben den reinen demografischen Daten (Alter, Beruf, Geschlecht etc.) vor allem auch die verhaltensbezogenen Merkmale wie dem Informationsverhalten oder dem Interessenspektrum. In Zeiten des Online-Marketings ist ein Aufbau der Datenbasis durch gesteuerte Online-Kampagnen möglich (vgl. Stoeck, 2017b, S. 694; vgl. Experte A, 2019; vgl. Experte B, 2019). Spätestens an dieser Stelle ist die Festlegung einer Datenstrategie notwendig. Dort sind strategische Entscheidungen wie die Datengewinnung sowie die jeweilige Verarbeitung unter Einhaltung der Datenschutzrichtlinien zu treffen (vgl. Rogers, 2017, S. 113ff.). Des Weiteren ist eine Gewinnung von Daten durch öffentlich zugängliche Datensätze, Datenkauf, Plattformanbieter, Netzwerkpartner sowie durch die Beobachtung trendführender Besucher möglich (vgl. Kugler/Anricht, 2018, S. 76). Die Grenzen der Datengewinnung und -verwertung setzt in erster Linie das Datenschutzgesetz, also vor allem die DSGVO, wobei aufgrund erheblicher Sanktionen eine Einhaltung zwingend notwendig ist (vgl. Erbel, 2017, S. 251; vgl. Experte A, 2019); vgl. Experte C, 2019).

2.2.2 Segmentierung

Der Segmentierung wird in diesem Beitrag eine hohe Bedeutung zugeschrieben, da diese grundlegend über den Erfolg oder Misserfolg zumindest einer Kampagne als Bestandteil des Marketings entscheidet. Zudem wird die einseitige und ungefilterte Kommunikation in Zeiten der Informationsüberflutung häufig als störend bzw. Spam empfunden (vgl. Kotler/Kartajaya/Setiawan, 2017, S. 62f.). Abbildung 6 gibt einen Überblick über die Handlungsfelder, die im Zuge der Segmentierung zu beachten sind.

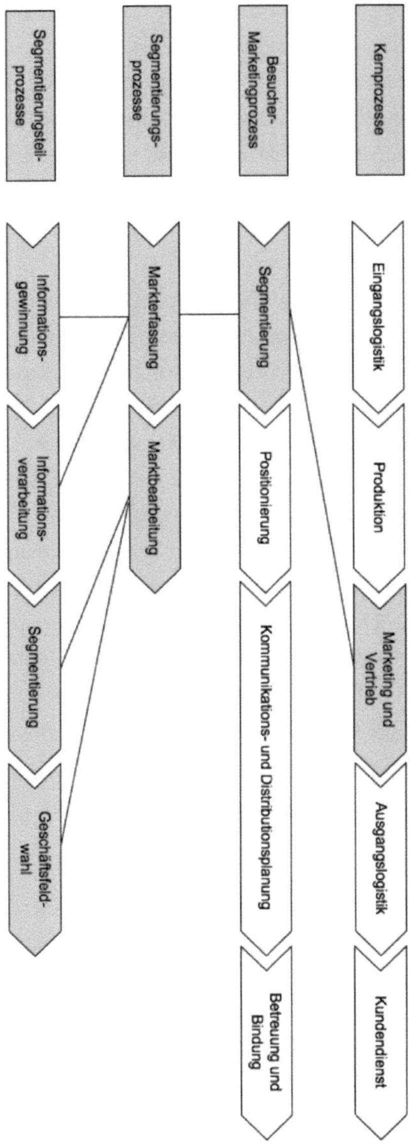

Abb. 6: Prozesshierarchie der Segmentierung
Quelle: Vgl. Lippold, 2012, S. 108.

Ein wesentlicher Teil dieses Beitrags ist die Analyse von Makro- und Mikrosegmentierung, weshalb diese aufgrund der Forschungsergebnisse priorisiert behandelt werden. Über die Geschäftsfeldstrategien lässt sich alleine sagen, dass es empfehlenswert ist, Maßnahmen zur Generierung neuer Geschäftsfelder zu priorisieren, um nicht auf eine „Me-too"-Strategie zurückgreifen zu müssen (vgl. Witt, 2005, S. 14f.; vgl. Jung, 2010, S. 7). Dafür kann entweder eine Internationalisierungsstrategie vertieft oder in das Innovationsmanagement zur Erbringung neuer Ideen für den Heimatmarkt investiert werden (vgl. Lippold, 2012, S. 84; vgl. Kalka, 2017, S. 323ff.). Ein Segment wird als Zielgruppe mit einer ähnlichen Problem- und Nutzenvorstellung verstanden, die in sich möglichst homogen und in Abgrenzung zu anderen Segmenten möglichst heterogen sein sollen (vgl. Lippold, 2012, S. 45). Nach Meffert et al. sollte ein Segmentierungsverfahren messbare, relevante, erreichbare, trennbare, stabile und wirtschaftliche Zielgruppen hervorrufen (vgl. Meffert et al., 2019, S. 222). Die Segmentierung im Besuchermarketing findet in der Praxis vor allem anhand demografischer, teilweise auch anhand verhaltensbezogener Merkmale statt (vgl. Peters, 1992, S. 66; vgl. Kromer von Baerle/Brandl, 2017, S. 670). Die folgende Abbildung soll einen Überblick über mögliche Segmentierungsvariablen für Investitionsgütermessen geben, die eindeutig von der Betrachtung des B2C-Bereichs abzugrenzen sind.

Schritt 1: Makrosegmentierung (zielgruppenorientiert)	
Segmentierungsdimensionen - Vertikale Märkte - Horizontale Märkte - Regionale Märkte - Betriebsgröße - Technologie	**Segmentierungskriterien** - Segmentvolumen - Segmententwicklung - Wettbewerbsintensität - Preisniveau - Kapitalbedarf

Schritt 2: Mikrosegmentierung (zielpersonenorientiert)				
Hierarchie	**Buying Center**	**Besucherstatus**	**Messeverhalten**	**Motiv**
- Vorstand/GF	- Initiator	- Potenziell	- Besuchshäufigkeit	- Fachlich
- Einkaufsleiter	- Gatekeeper	- Erstmalig	- Aufenthaltsdauer	- Privat
- Marketingleiter	- Influencer	- Mehrfach	- Ordertermine	
- Angestellter	- Decider	- Ehemalig	- Besuchsziele	
- Auszubildender	- Buyer		- Zufriedenheit	
- Schüler/Student	- User			

Abb. 7: Mehrstufige Segmentierung der Besucher im Messewesen
Quelle: In Anlehnung an Lippold, 2012, S. 79 und Peters, 1992, S. 66.

In Hinblick auf die Steigerung der Marketingeffizienz ist es erforderlich ein detaillierteres Kundenverständnis zur Selektion und Priorisierung späterer Kommunikationsmaßnahmen aufzubauen. Die triadische Beziehung bedeutet, die „richtigen" Besucher mit den „richtigen" Ausstellern zusammenzubringen. Damit definiert werden kann, was die richtigen Besucher sind, ist analog zur Definition relevanter Besucherzielgruppen aus Unterkapitel 1.1 ein Besucherwertsystem erforderlich (vgl. Grimm, 2004, S. 233; vgl. Kromer von Baerle/Brandl, 2017, S. 666; vgl. Experte C, 2019). Die klassische Bestimmung des Besucherwerts findet in der Literatur mithilfe folgender Formel statt (vgl. Grimm, 2004, S. 233):

$$BW_1 = \frac{1}{i} \times \left[\sum_{i=1}^{k} (AB_i \times ABW_{i1}) \right]$$

Mit: BW1 = Messebesucherwert für den Besucher 1
ABi = Ausstellerbedeutung des Ausstellers i
ABWi1 = Ausstellerbesucherwert des Ausstellers i bezüglich Besucher 1

Eine Beispielrechnung kann in der ursprünglichen Arbeit als Publikation in der AUMA-Bibliothek eingesehen werden. Speziell in Bezug auf die Problematiken des Beziehungsmarketings ist die Definition des „Neu- und Bestandsbesucheranteils" der Veranstaltung erforderlich, da bei gleichbleibenden Ausstellern eine Stagnation des Besucherstamms potenziell als nicht wünschenswert anzusehen ist. Somit ist hier auch die Abfrage der Zielsetzung in Richtung Neukundengewinnung oder Bestandskundenpflege bei den Ausstellern notwendig (vgl. Grimm, 2004, S. 95; vgl. Meffert, 2017, S. 1020; vgl. Experte C, 2019). Vorteilhaft an der Bestimmung des Besucherwerts ist, dass dieser neben der Segmentierung und Priorisierung weiter auch für die interne Erfolgsmessung sowie als aussteller- und besucherseitige Kommunikationsmaßnahme verwendet werden kann (vgl. Grimm, 2004, S. 237ff.).

Grimm stellt mit ihrer Besucherwert-Berechnung eine Methode zur Auswahl und Priorisierung von Besuchern dar. Um die relevanten Besucherzielgruppen auch tatsächlich gewinnen zu können, ist es denkbar, eine reifegradbasierte Einordnung durchzuführen. Die reine Besucherwertberechnung anhand demografischer Kriterien wie Branche oder Position gibt noch keinerlei Auskunft darüber, wie der ausgewählte Besucher zu Messen steht oder wie er zu erreichen ist. Die Einordnung in die Vierfelder-Matrix würde Aufschlüsse über die digitale Reife sowie die Messeaffinität des Besucher-Portfolios geben, woraus im nächsten Schritt jeweilige strategische Entscheidungen zur Integration abgeleitet werden können.

Durch die Bekanntgabe verhaltensbezogener und weicher Faktoren, die nach den individuellen Bedürfnissen des Veranstalters wählbar sind, grenzt sich diese Erhebung von einer klassischen Berechnung der Affinität ab (vgl. Dreiskämper, 2018, S. 322). Die Formulierung der zu bewertenden Aussagen sowie des hinterlegten Scoring-Systems ist dem Erhebenden gänzlich selbst überlassen, wobei er zum Zwecke der Befragungsökonomie die Zahl der Formate gering und die Art der Formulierung präzise halten sollte (vgl. Grimm, 2004, S. 233; vgl. Penzkofer, 2014, S. 39f.). Die Prüfung der Praktikabilität der Methode hat ergeben, dass sie zur Ermittlung der jeweiligen Quadranten in der Form zwar geeignet ist, jedoch noch weitere Verfahren zur Verifikation der Angaben notwendig sind. Analog zu Appelfeller und Feldmann bietet der Ansatz zwar keine mathematische Exaktheit, jedoch werden Ansatzpunkte zur Integration des Besuchers erkennbar (vgl. Appelfeller/Feldmann, 2018, S. 43).

Bei der Besprechung der Rückschlüsse, die sich aus der Erhebung ziehen lassen, ist bereits angedeutet worden, dass große Chancen in der digitalen Datengewinnung liegen. Beim Entwickeln der Datenstrategie sollte die Auswahl der Methoden zur Datengewinnung und -analyse mit großem Bedacht geschehen, damit sich zumindest beim Dialog mit den digitalorientierten Besuchern Alternativen zur Befragung leicht konstruieren lassen (vgl. Rogers, 2017, S. 113ff.). Beim Umgang mit den nur eingeschränkt digitalorientierten Besuchern ist eine Datengewinnung denkbar, die sich an den Verhaltensweisen trendführender Besucher orientiert (vgl. Kugler/Anricht, 2018, S. 76). Trendführende Besucher könnten beispielsweise Besucher mit einem hohen Besucherwert oder mit einem gut geführten Profil im CRM-System sein. In den Interviews herrschte unter den Experten Einigkeit, dass der Quadrant mit geringer Messeaffinität sowie geringer digitaler Reife als kaum marketingeffizient gelten kann. Ein Dilemma entstünde, wenn in diesem Quadranten hohe Kundenwertpotenziale lägen (vgl. Experte A, 2019; vgl. Neubauer, 2019; vgl. Experte C, 2019). Abbildung 8 stellt dieses

Dilemma vereinfacht dar. Die Besucher E und C weisen einen hohen Besucherwert auf, sind aber beide kaum messeaffin. In dieser Situation stellt sich die Aufgabe für den Veranstalter, innerhalb der nächsten Schritte Ansätze zu finden, wie beide integriert werden können.

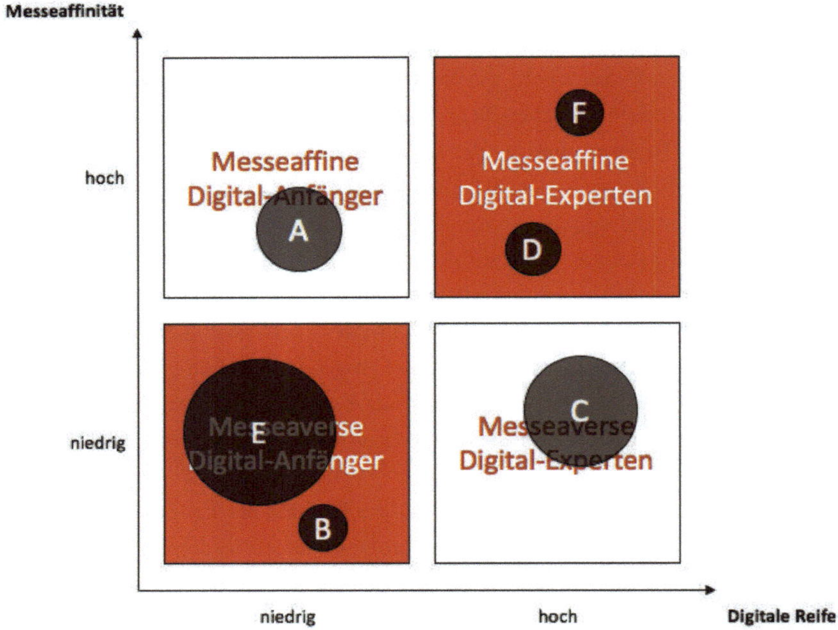

Abb. 8: Dilemma des Besucher-Portfolios

Eine ausschließliche Fokussierung auf hohe Besucherwertpotenziale ist nicht zu empfehlen, da sich die Präferenzen der Aussteller auch im laufenden Prozess ändern können und sie gegebenenfalls selber nicht angeben können, welche Zielgruppen einen Mehrwert für die Veranstaltung bringen. Die Experten messen dem vorgestellten Konzept des besucherbezogenen digitalen Reifegrads ebenfalls eine hohe Bedeutung für die Marketingeffizienz zu (vgl. Experte A, 2019; vgl. Experte B, 2019; vgl. Neubauer, 2019; vgl. Experte C, 2019). Es sei vorteilhaft, sich mit einer derartigen Darstellung des Besucherportfolios auseinanderzusetzen, da so bei einer voraussichtlichen Verfehlung der besucherseitigen Ziele erkennbar sei, wie die jeweils begehrte Zielgruppe zu erreichen ist (vgl. Neubauer, 2019).

Einer der Erfolgsfaktoren nach Fuchslocher und Hochheimer ist neben der Individualisierung, Internationalisierung und Integration die permanente und individuelle Interaktion mit dem Besucher (vgl. Fuchslocher/Hochheimer, 2000, S. 141ff.; vgl. Zimmermann, 2017, S. 55f.). Zur Erfüllung des Permanenzkriteriums ist ein ganzheitliches Verständnis des Kunden notwendig, weshalb hier das eher wenig wissenschaftlich fundierte Konzept der Customer Journey als Praxisinstrument herangezogen werden kann. Insbesondere dafür sind die vorgelagerten Personas relevant, um die Probleme des Kunden zu verstehen und die notwendige Empathie aufzubauen (vgl. Placa, 2016, o.S.).

Auch die Experten weisen der Customer Journey sowie den Personas eine große gesamt- und messewirtschaftliche Bedeutung zu, während in der einschlägigen messewirtschaftlichen Theorie keine Informationen zu dieser Thematik vorliegen. Dieses Verfahren habe vor allem Auswirkungen auf die immer erforderlicher werdende Personalisierung, sodass auf diese Weise auch das Individualitätskriterium erfüllt werden könnte. Aufgrund der geringen wissenschaftlichen Betrachtungsmöglichkeiten, wird das weitere Vorgehen auf einen Ausblick beschränkt (vgl. Duda, 2018, S. 188; vgl. Experte A, 2019; vgl. Experte B, 2019; vgl. Neubauer, 2019; vgl. Experte C, 2019).

Die Entwicklung der Persona wird als Personifizierung von Kundensegmenten verstanden. Für die gezielte Kommunikation und Distribution weist sie jedoch aufgrund der Nutzen- und Relevanzorientierung eine besondere Bedeutung auf. Bestandteile der Persona sind im Anschluss an die Segmentierung demografische Daten, Verhaltensweisen, Problemfelder, Ziele und Bedürfnisse sowie

Motivatoren (vgl. Duda, 2018, S. 174ff.). Aufbauend auf der Segmentierung sollten also im Zuge der Konzeption einer Persona für Investitionsgütermessen Fragen in folgenden Bereichen gestellt werden (vgl. Heipel, 2015, o.S.; vgl. Neubauer, 2019):

- Potenzial des jeweiligen Segments
- bisheriges Volumen des Segments (im Vergleich mit dem Potenzial)
- Informationsverhalten
- Position im Buying Center (u. a. Verwender, Einkäufer, Beeinflusser, Entscheider)
- Einstellung zu Messen bzw. Rolle der Messe in der Customer Journey
- Ursachen für eventuelles Nichterscheinen

Sobald diese Punkte behandelt worden sind, ist eine übersichtliche Anzahl an Personas zu erstellen, die einen Großteil der Zielgruppen abdecken. Da zuweilen gefordert wird, demografische Merkmale aus der Konzeption auszuschließen und die verhaltensbezogenen Merkmale in den Vordergrund zu stellen, bietet sich hier die Besucher-Matrix als Strukturgeber an. Da es zwar das Ziel sein sollte, im Endeffekt eine 1 zu 1-Personalisierung generieren zu können, die Persona jedoch aufgrund der Konzeptökonomie nicht zu vielfältig sein sollten, wird ein hybrider Ansatz empfohlen (vgl. Neubauer, 2019).

Um die vier Segmente mit den benötigten Inhalten füllen zu können, sollten entsprechende Fragen gestellt werden, wobei hier vier klar trennbare und zielgruppenübergreifende Verhaltensweisen vorliegen. Durch die ausschließlich verhaltensbasierte Orientierung wird das Risiko von Vorurteilen reduziert (vgl. Duda, 2018, S. 187). Sobald die Personas gebildet worden sind, sollte sich das Management bei jeder strategischen Entscheidung vergegenwärtigen, ob diese mit den Bedürfnissen zumindest einer der Personas im Einklang steht (vgl. Heipel, 2015, o.S.). In einem zweiten Schritt kann bei der Maßnahmenplanung eine Ergänzung um demografische und berufsbezogene Merkmale erfolgen, um z. B. die jeweils richtigen Branchenplattformen auswählen zu können. Weiterhin ist zu beachten, ob die Entscheidung für eine Strategie der Besucherakquisition, -bindung oder -rückgewinnung vollzogen wird.

2.2.3 Positionierung

Aufbauend auf den Ergebnissen der Segmentierung stellt sich nun die Frage, wie die Besucher ins Marketing und in die Veranstaltung integriert werden können. Durch die Segmentierung sind die relevanten Besucherzielgruppen festgelegt worden, wobei es in diesem hier anschließenden Schritt herauszufinden gilt, wie diese auf die richtigen Aussteller treffen. Hierfür werden aus den Feldern des Marketing-Mix vor allem die Produkt-, Service- sowie die Preispolitik als wesentliche Positionierungsinstrumente gesehen, da diese stets unmittelbar der Messeleistung zuzuordnen sind (vgl. Lippold, 2012, S. 112ff.).

Im Zuge der Positionierung ist es wichtig zu betrachten, wie sich das Angebot vom Wettbewerb differenziert und wo die Alleinstellungsmerkmale liegen, die durch die Lösung von Problemen der Kunden entstehen. Dieser Faktor ist vor allem für Mehrbranchenmessen wie die HM wichtig, da sich zahlreiche kleine Veranstaltungen mittels Spezialisierung im Markt positionieren (vgl. Neven/Rosenbach, 2017, S. 788; vgl. Peters/Scharrer, 2017, S. 414; vgl. Müller, 2017, S. 737). In Abbildung 9 werden die für zentral befundenen Bestandteile der Positionierung dargestellt, wobei im Folgenden auf die wesentlichen Bestandteile eingegangen wird.

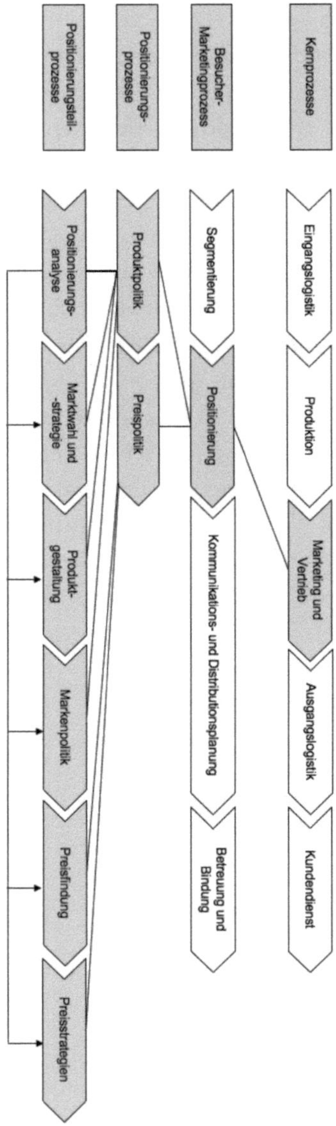

Abb. 9: Prozesshierarchie der Positionierung
Quelle: In Anlehnung an Lippold, 2012, S. 162.

Die Positionierung ist unmittelbar der Kommunikationsplanung vorgeschaltet, da diese sich ebenfalls im Sinne der Effizienz stets auf den Nutzen des Kunden konzentrieren sollte (vgl. Lippold, 2012, S. 113). Eine Differenzierung kann im Messewesen vor allem in den Feldern Produkt- und Servicequalität, Messekonzept, Produktinnovation, Multimediakommunikation, Qualität des Messegeländes sowie durch Kooperationen angesetzt werden (vgl. Kalka, 2017, S. 324). In diesem Zusammenhang bildet die Positionierungsanalyse die Grundlage für sämtliche weitere Entscheidungen. Diese dient dazu, das Image der Veranstaltung im Vergleich zur Konkurrenz zu beurteilen, um darauf aufbauend Schlüsse bezüglich der Positionierung zu ziehen. Die Schrittfolge der Positionierungsanalyse im Messewesen sieht folgendermaßen aus (vgl. Kirchgeorg/Klante, 2017, S. 306):

1. Bestimmung des Analyseobjekts
2. Abgrenzung der relevanten Besucherzielgruppen
3. Festlegung konkurrierender Analyseobjekte (vor allem Konkurrenzmessen)
4. Identifikation der kauf- bzw. nutzenrelevanten Beurteilungskriterien (Befragungen)
5. Erfassung der Beurteilung der Analyseobjekte aus Zielgruppensicht (Befragungen)
6. Erstellung eines Positionierungsdiagramms
7. Ableitung von Positionierungsstrategien

Die Schritte eins bis drei werden vom Projektteam festgelegt. Da es sich um einen veranstaltungsbezogenen Ansatz handelt, ist der erste Schritt bereits definiert. Die relevanten Besucherzielgruppen wurden im vorherigen Unterkapitel bereits im Zuge der Segmentierung herausgestellt. Die Konkurrenzmessen sind z. B. durch den Suchraum von Robertz, Online-Recherchen oder Befragungen identifizierbar. Innerhalb der Befragung ist eine Ermittlung und Bewertung des Wahrnehmungsraums der Besucher notwendig. Die Ergebnisse liefern einen Referenzpunkt des jeweiligen Messeinhalts, sodass ein Soll-Ist-Abgleich möglich wird. Je näher die Messe am Sollwert ist, desto höher ist die Besuchswahrscheinlichkeit einzuschätzen (vgl. Robertz, 1999, S. 23; vgl. Kirchgeorg/Klante, 2017, S. 306f.).

Die ebenfalls nach ihren Bestandteilen bewerteten Konkurrenzmessen werden im folgenden Schritt auch im Positionierungsdiagramm aufgeführt. Je nach Besuchersegment ist von unterschiedlichen Präferenzen und Nutzenvorstellungen an eine Messe auszugehen (vgl. Kirchgeorg/Klante, 2017, S. 308). Ziel sollte sein, die Anforderungen sämtlicher Segmente zu erfüllen. Um hier einen grundlegenden Grad an Übersichtlichkeit und Handlungsflexibilität zu generieren, ist die optimale Positionierung aus Sicht der vier Quadranten sinnvoll. Je nach Abweichung der Ist-Positionierung vom Sollwert ist im darauffolgenden Schritt eine strategische Entscheidung zu treffen. Sind die Idealanforderungen bereits erreicht, kann die bisherige Positionierung beibehalten werden. Wird die Messe den Anforderungen nicht gerecht oder differenziert sich nicht ausreichend, ist eine Umpositionierung notwendig. Sind die Abweichungen extrem, ist auch über eine vollständige Neupositionierung nachzudenken. Weiterhin kann der Veranstalter versuchen, die Bekanntheit bestimmter Bestandteile der Veranstaltung stärker im Markt zu präsentieren, sodass sich der Wahrnehmungsraum der Zielgruppen ändert (vgl. Kirchgeorg/Klante, 2017, S. 308f.). Abbildung 10 veranschaulicht die möglichen Maßnahmen.

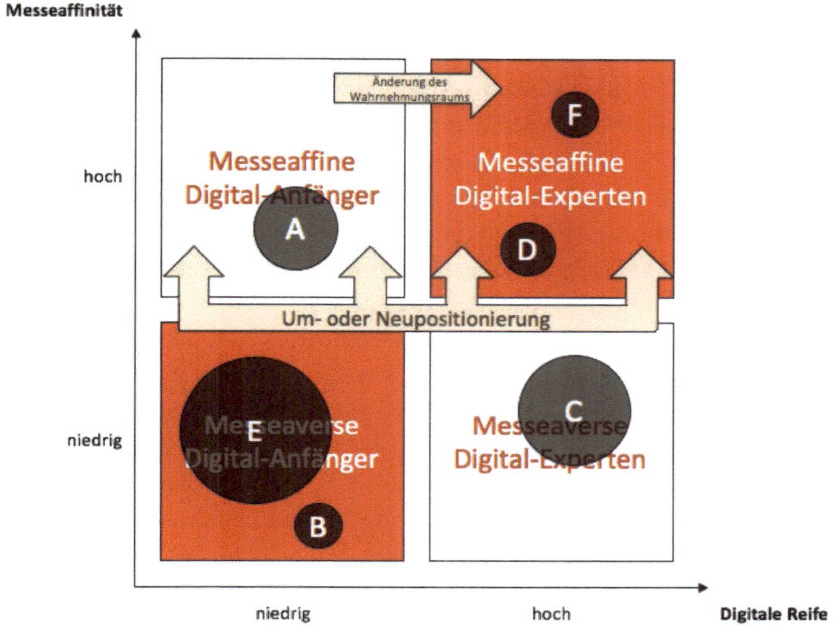

Abb. 10: Anwendung von Positionierungsstrategien auf die Besucher-Matrix

Aus den Experteninterviews ließ sich ermitteln, dass es das Ziel sein solle, möglichst viele Besucher seines Portfolios im Quadranten der messeaffinen Digital-Experten zu haben, da diese eine positive Einstellung bezüglich Messen einnehmen und durch digitale Maßnahmen gezielt erreichbar sind (vgl. Experte A, 2019). Um dem skizzierten Dilemma zu entgehen, ist nun auf Basis dieser Darstellung mithilfe der Positionierungsanalyse zu ermitteln, was sich verändern muss, um die messeaversen Zielgruppen für die Messe zu gewinnen. Die erforderlichen Maßnahmen sind in Relation zu den entstehenden Kosten zu setzen, um die Effizienz zu wahren (vgl. Experte C, 2019). In dieser Situation wird die Chance der Messegesellschaft darin gesehen, die Messeaffinität der Besucherschaft durch die Veränderung des Produkt- bzw. Preisprogramms zu steigern. Der nötige Einfluss, um den Wahrnehmungsraum von analog auf digital zu verändern, wird ihr eher abgesprochen (vgl. Experte A, 2019; vgl. Experte C, 2019).

Eine mögliche Lösung dieses Dilemmas liegt in der Integration des Besuchers in die Produktgestaltung. Durch ein nach außen gerichtetes Ideenmanagement ist eine Interaktion, Individualisierung sowie eine Integration möglich. Für Messen als spezielle Form der Dienstleistung ist dies aufgrund der Integration mehrerer externer Faktoren innerhalb der triadischen Beziehung in Relation zu anderen Dienstleistungen und Produkten als schwieriges Unterfangen anzusehen. Über eine Produktentwicklungsstrategie unter Einbindung der primären und eventuell auch sekundären Zielgruppen zur Identifikation mit der jeweiligen Marke ist jedoch nachzudenken (vgl. Fuchslocher/Hochheimer, 2000, S. 141ff.; vgl. Kotler/Kartajaya/Setiawan, 2017, S. 66). Der Besucher ist also nicht mehr nur als reiner Informationsempfänger, sondern als Mitgestalter zu sehen. Der Grad der Mitgestaltung kann entlang der fünf Dimensionen der Kundenintegration identifiziert werden (vgl. Peters, 1992, S. 53; vgl. Büttgen, 2007, S. 30f.; vgl. Maleri/Frietzsche, 2008, S. 170; vgl. von Grega, 2013, S. 44). Vor allem die Servicepolitik vor, während und nach der Messe ist als relevantes Differenzierungsmerkmal aus den Expertengesprächen hervorgegangen. Grund dafür ist die Chance, eine Nutzen-, Relevanz- und Effizienzsteigerung hervorzurufen. Dabei ist jedoch auch zu beachten, dass genau diese Kriterien intern bei der Auswahl des Angebots berücksichtigt werden, sodass es nicht zu einem Übermaß kommt. Analog zu Kuhrt und Steker ist dabei zu analysieren, ob es sich um ein sinnvolles Angebot oder eher ein „Nice to have" handelt (vgl. Kuhrt/Steker, 2017, S. 527; vgl. Experte A, 2019; vgl. Experte B, 2019; vgl. Experte C, 2019). Aktuelle digitale Ansatzpunkte sind hierbei u. a. die Optimierung der Besucherführung, Matchmaking oder die Netzwerkbildung (vgl. Wille/Wehn/Jensen, 2014, S. 265ff.; vgl. Kuhrt/Steker, 2017, S. 532f.; vgl. Wutzlhofer, 2017, S. 129; vgl. Experte A, 2019).

Wie bereits im Grundlagenteil herausgestellt worden ist, sind preispolitische Entscheidungen besucherseitig kaum Teil der Literatur. Aus den Expertengesprächen ergab sich jedoch, dass eine besucherseitige Preispolitik mehr Möglichkeiten bietet, als bisher erwartet wurde. Genauere Details sind aufgrund der Konkurrenzsituation nicht geäußert worden, jedoch bietet dies einen Anlass, sich in weiteren Untersuchungen mit Themen der Preisfindung, -positionierung und -differenzierung zu beschäftigen (vgl. Lippold, 2012, S. 149; vgl. Experte A, 2019).

Für Fachmessen ist eine hochpreisige Positionierung denkbar, sodass eine hohe Qualität der Besucher gesichert werden kann. Laut Fuchslocher und Hochheimer sind stets branchenfremde und eher ungewünschte Besuchertypen vorzufinden. Durch die Anwendung einer Hochpreisstrategie ist eine Reduzierung branchenfremder Besucher auf ein Minimum denkbar (vgl. Fuchslocher/Hochheimer, 2000, S. 126ff.; vgl. Lippold, 2012, S. 153). Eine Preisdifferenzierung kann zeitlicher, quantitativer, räumlicher und qualitativer Art sein. In zeitlicher Hinsicht sind im Messewesen durch agile Kontingentsteuerungen wie Frühbucherrabatte bereits Maßnahmen etabliert (vgl. Neubauer (2019). Da Besucher in der Regel in quantitativer Hinsicht nur die Wahl zwischen einem Eintages- und einem Mehrtagesticket haben, lässt sich ihnen prinzipiell nicht mehr als eine Teilnahme an derselben Veranstaltung verkaufen. Um dennoch die Umsätze aus der Teilnahme zu erhöhen, lässt sich über ein Bundling von Services auf der Messe oder eine Adaption des bisher nur ausstellerseitigen Rebooking-Konzepts nachdenken. Dies würde eine quantitative Nutzung der Messe in Form von Wiederholungsbesuchen implizieren und eine ganzjährige Kundenbindung ermöglichen. Diese Thematik wird bisher in der Literatur ausschließlich ausstellerseitig behandelt, wobei selbst dort das Nichtnutzen von Chancen bemängelt wird (vgl. Wirtz, 2017, S. 678ff.; vgl. Experte B, 2019). Räumliche Differenzierungen bedeuten die Differenzierung von Preisen bei Kunden unterschiedlicher Herkunft. Somit sind diese vor allem bei der Zielsetzung, die Internationalität einer Veranstaltung zu steigern, in Form von Preisnachlässen für internationale Kunden möglich. Andersherum kann die räumliche Differenzierung auch dazu dienen, inländische Kunden auf internationale Ableger der Veranstaltung zu bringen und ihnen somit einen Anlass zu bieten, sich auf komplexe und meist intransparente Märkte begleiten zu lassen (vgl. Dornscheidt, 2017, S. 609f.; vgl. Kalka, 2017, S. 325; vgl. Marzin, 2017, S. 155ff.). Um diese Thesen zu bestätigen, sind jedoch weitere Erhebungen notwendig. Weiteres Potenzial in der Preispolitik liegt vor allem in Big-Data-Analysen, aus denen Kaufmuster analysiert und dynamische Preismodelle zur optimalen Auslastung abgeleitet werden können (vgl. Kotler/Kartajaya/Setiawan, 2017, S. 67).

2.2.4 Kommunikations- und Distributionsplanung

Diese Phase beinhaltet die kundenorientierte Planung der Kommunikations- und Distributionsinstrumente. Die Bereiche werden zusammengefasst, da die klassische Distributionsplanung in Form physischer Tickets zunehmend ins Internet verlagert wird und somit an eine Reihe digitaler Kommunikationsmaßnahmen angeknüpft ist (vgl. Schütte, 2017, S. 721; vgl. Experte A, 2019; vgl. Experte B, 2019). Folgende in Abbildung 11 dargestellten Handlungsfelder sind betreffend der Kommunikations- und Distributionspolitik zu bearbeiten.

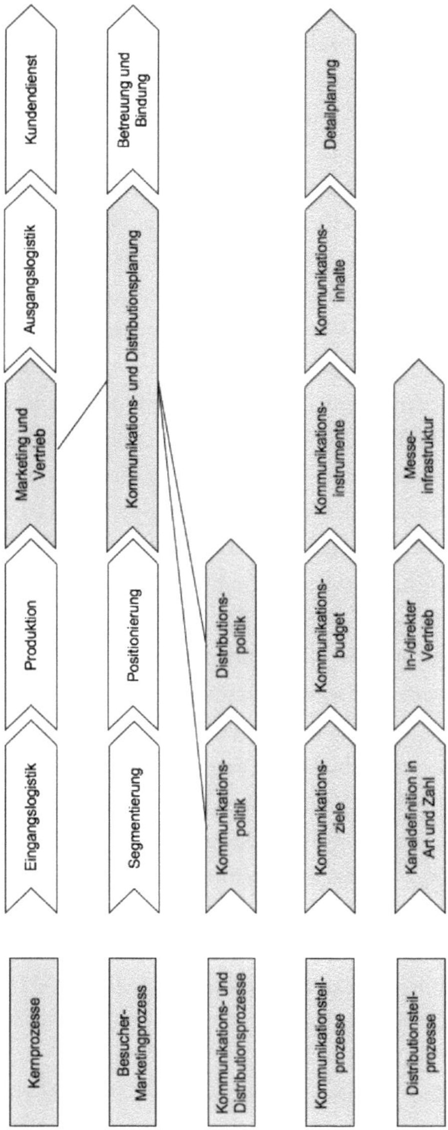

Abb. 11: Prozesshierarchie der Kommunikations- und Distributionsplanung
Quelle: In Anlehnung an Lippold, 2012, S. 216.

Insbesondere der Erklärungsbedürftigkeit von Messen wegen wird der Kommunikationspolitik eine besondere Bedeutung zugemessen. Dies liegt daran, dass der Nutzen aus der Teilnahme erst im Nachhinein erkennbar wird und somit im Voraus überzeugende Argumente gebracht werden müssen, die sich nach Möglichkeit möglichst eng an die Positionierung der Messe anknüpfen sollen. Zusammengenommen heißt das, dass die Kommunikation vorwiegend nutzenorientierte und vor allem relevante Inhalte aus Sicht des Besuchers beinhalten sollte (vgl. Kalka, 2005b, S. 376f.; vgl. Experte B, 2019). Die Budgetfestlegung kann anhand von verschiedenen Faktoren erfolgen, wobei die Orientierung an den zielgruppenbezogenen Werbezielen, Erfahrungswerten aus der Vergangenheit oder den verfügbaren finanziellen Mitteln sinnvoller erscheint als die rückwärtsgewandte Orientierung an der Konkurrenz, dem Umsatz oder dem Gewinn (vgl. Peters, 1992, S. 308f.). Digitale Kanäle zeichnen sich dabei durch Flexibilität und geringe Kosten aus, wobei die Kommunikation, wie in den Schritten zuvor herausgestellt, nur so digital wie seine Zielgruppe sein darf. Die dauerhafte und messeunabhängige Markenpositionierung mit einer hohen Reichweite sowie die Bildung von Communities verspricht jedoch viel Potenzial (vgl. Dittrich/Kausch, 2017, S. 476f.; vgl. Böse, 2017, S. 454ff.).

Die Kommunikation kann aus Kundensicht in erster Linie in zwei verschiedenen Zusammenhängen wahrgenommen werden: die Rolle der Messe im eigenen Beschaffungsprozess und den daraus resultierenden Zielsetzungen (Zieldimension) oder dem Informationsbedarf in den Phasen der Messeleistung (Zeitdimension) (vgl. Peters, 1992, S. 67; vgl. Peters, 1992, S. 306; vgl. Grimm, 2004, S. 102). Eine Messe kann im Entscheidungsprozess des Besuchers Bestandteil der Initial-, Orientierungs- sowie der Abschlussphase sein, woraus Informations-, Beschaffungs- und Kaufmotive resultieren (vgl. Haeberle, 1967, S. 68; vgl. Peters, 1992, S. 67). Die Phasen der Messeleistung sind grob in Vor-Messe-, Messe- sowie Nach-Messephase unterteilbar, wodurch Parallelen zum AIDA-Modell erkennbar werden (vgl. Peters, 1992, S. 306; vgl. Grimm, 2004, S. 102; vgl. Lippold, 2012, S. 178f.).

Aufbauend auf den Personas können die Besucherbedürfnisse anhand identifizierter Touchpoints mit der Messe als Resultat sogenannter Touchpoint-Analysen in jeglicher Phase des Kaufentscheidungsprozesses identifiziert werden. In

Bezug auf die Kommunikations- sowie die Distributionspolitik kann somit u. a. entschieden werden, auf welchen Wegen die jeweiligen Personas am besten zu erreichen sind, an welchen Punkten ein Verkauf stattfinden könnte und welche Inhalte von den Zielgruppen wertgeschätzt werden. Dadurch werden sowohl digitale, als auch analoge Kanäle betrachtet, wobei die Auswahl und Intensität wieder anhand der Besucher-Matrix ausgerichtet werden kann. Die zu Beginn des Unterkapitels genannten Kommunikationsprozesse sind jeweils danach auszurichten. Essenziell ist dabei eine Festlegung der individuellen Touchpoints der definierten Personas vom ersten bis zum letzten Kontakt, um die Konsistenz zu wahren und die Potenziale auszuschöpfen. Ebenso wichtig wie die Identifikation ist abschließend auch die Kontrolle der Maßnahmen (vgl. Peters, 1992, S. 306; vgl. Grimm, 2004, S. 102; vgl. Heipel, 2015, o.S.). Zur Definition der Customer Journey sind diverse Herangehensweisen möglich, wodurch jeder Veranstalter für jede der Personas einen maßgeschneiderten Ansatz finden sollte (vgl. Kotler/Kartajaya/Setiawan, 2017, S. 75ff.).

Für eine Messeveranstaltung ist es denkbar, die einzelnen Messephasen sowie die jeweiligen Verhaltensweisen eines Besuchers nach Erstkontakt in die Planung zu integrieren. Entscheidend ist hier vor allem die Definition der Customer Journey für die wenig messeaffinen Zielgruppen, da diese womöglich kaum direkte Berührungspunkte mit der jeweiligen Veranstaltung haben. Bannerwerbung auf anderen Websites bietet hier beispielhaft die Möglichkeit für einen Erstkontakt (vgl. Neubauer, 2019). Die Interviews haben insbesondere auch ergeben, dass Content Marketing einen wesentlichen strategischen Ansatzpunkt bei der inhaltlichen Gestaltung bilden kann. Content Marketing bedingt eine redaktionelle Kompetenz. Dabei werden markenbezogene Inhalte prominent im Internet platziert (vgl. Hilker, 2017, S. 4; vgl. Dittrich/Kausch, 2017, S. 473; vgl. Experte A, 2019; vgl. Experte B, 2019; vgl. Neubauer, 2019; vgl. Experte C, 2019). Im Unterschied zum klassischen Marketing sind dabei die Inhalte sich nicht durch einen werblichen, sondern durch einen zielgruppenspezifischen und relevanten Charakter u. a. in Form von Wissen oder Unterhaltung ausgezeichnet. Hierbei kommt eine Pull-Strategie zur Anwendung. Im Gegensatz zur Push-Strategie stehen hier nicht Produkt und Kaufprozess im Vordergrund, sondern es wird versucht, den Kunden durch vom Produkt unabhängige Botschaften anzulocken (vgl. Esser, 2003, S. 441; vgl. Hilker, 2017, S. 4; vgl. Kotler/Kartajaya/Setiawan, 2017, S. 152ff.).

Die Distributionspolitik findet ebenfalls Anklang in der Customer Journey. Konkret ist dort, abgesehen von der bereits beschriebenen Aktivierung des Multiplikatorennetzwerks sowie des Verkaufs des Dienstleistungspotenziales in Form von Tickets, weiterhin die physische Integration der Besucher während der Veranstaltung zu planen. Dazu ist die Messeinfrastruktur an die Anforderungen der Besucher anzupassen, die sich je nach Veranstaltung durchaus unterschiedlich können. Bestandteile der Messeinfrastruktur sind u. a. Hallen, Freiflächen, Servicebereiche oder Parkplätze (vgl. Reinhard, 2003, S. 451; vgl. Tiefensee, 2003, S. 166ff.; vgl. Kirchgeorg/Klante, 2017, S. 295). Die Experten stellen fest, dass neben der Virtualisierung auch die Internationalisierung in Betracht zu ziehen ist. Es sei stets eine globale Planung der Distribution in Form der eigenen physischen Präsenz an relevanten Orten wie Konkurrenzmessen oder andere Events erforderlich (vgl. Experte B, 2019; vgl. Experte C, 2019). Als Folge der Virtualisierung knüpft die Distributionspolitik an die Kommunikationspolitik an und kann u. a. durch virtuelles Ticketing oder Print@Home-Tickets im Internet mit den Kommunikationskanälen und der Website verbunden werden. Hierbei ist es denkbar, das Kaleidoskop des Besuchermarketings noch einmal in Form von Multiplikatoren als Distributoren zu aktivieren, indem u. a. Kontingente an Aussteller oder Verbände vergeben werden (vgl. Weiss, 2017, S. 1004; vgl. Schütte, 2017, S. 721; vgl. Kuhrt/Steker, 2017, S. 526f.; vgl. Neubauer, 2019).

2.2.5 Betreuung und Bindung

Die Betreuung ist im Modell zwar im Anschluss an die Veranstaltungsdurchführung dargestellt, im Sinne des Beziehungsmarketings ist diese jedoch ein turnus- und phasenübergreifendes Konstrukt. Das Vorgehen ist eng verzahnt mit den Prozessen der Segmentierung. Abbildung 12 zeigt die zu beachtenden Tätigkeitsfelder innerhalb der Bindung und Betreuung von Kunden und somit auch von Besuchern.

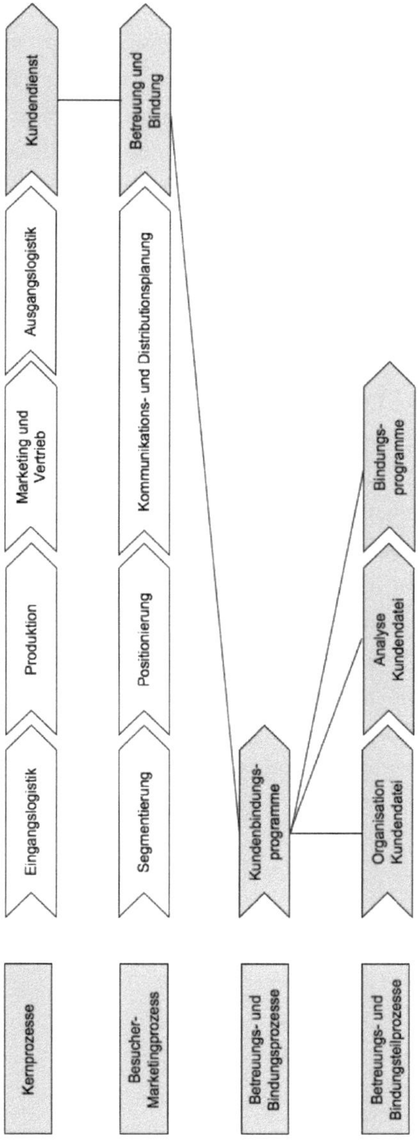

Abb. 12: Prozesshierarchie der Betreuung und Bindung
Quelle: Vgl. Lippold (2012), S. 292.

Die Vorteile des Beziehungsmarketings sind bereits im Grundlagenteil dargelegt worden, wobei die Aspekte der Planungssicherheit sowie der erleichterten Vermarktung gegenüber Neukunden hervorzuheben sind. Die Faktoren der Rentabilität und des Wachstums sind ebenfalls als positiv zu bewerten. Weiterhin hat dies den Vorteil, dass die Marketingmaßnahmen, die eine Bindung erzeugen sollen, nicht mehr auf eine anonyme Masse gerichtet werden, sondern gezielt eingesetzt werden können. Das bedingt jedoch auch eine adäquate und effiziente Umsetzung, da die Maßnahmen der Kundenbindung in der Regel vergleichsweise hohe Kosten nach sich ziehen. Kunden mit niedrigem Besucherwert eignen sich selten als Adressaten hochwertiger Programme, wobei z. B. die Betreuung der Besucher mit den 5.000 höchsten Besucherwerte vor, während und nach der Messe in Frage käme. Darunter fallen unter anderem der Zutritt zu Loungebereichen, reservierte Parkplätze oder spezielle Kundenevents (vgl. Grimm, 2004, S. 236ff.; vgl. Erbel, 2017, S. 252). In Anbetracht der Wettbewerbssituation ist jedoch nicht nur eine bestimmte Anzahl an Kunden zu binden. Besucherbindung sollte bis zu einem zu definierenden Minimum-Besucherwert sämtliche Segmente ansprechen. Dies geht im B2B-Bereich mit dem Buying Center-Gedanken einher, in dem auch Beteiligte ohne Entscheidungskompetenz nicht irrelevant sind (vgl. Jung, 2010, S. 7; vgl. Lippold, 2012, S. 57f.; vgl. Prüser, 2017, S. 516f.). Im Folgenden wird in Abbildung 13 eine Auswahl der Betreuungs- und Bindungselemente dargestellt, die in Anlehnung an Grimm die Erfolgsfaktoren Integration, Interaktion und Individualisierung in Relation zu den Bereichen des Marketing-Mix setzen.

<table>
<tr><th></th><th>Messeleistung</th><th>Kommunikation</th><th>Preis</th></tr>
<tr><td>Individualisierung</td><td>Matchingmaking
Individuelle Routenplanung
App-Services
Reiseplanung</td><td>Personalisierung der Maßnahmen
Re-/targeting
Call Center
Content-Marketing
Data Driven Marketing</td><td>Preisgarantien
Preisbaukästen
Rebooking-Systeme
Packages
Loyality Programme</td></tr>
<tr><td>Interaktion</td><td>Begleitendes Tagungsangebot
Messengerdienste
Emotionalisierung/Eventisierung
Guided Tours</td><td>Signalisierung der Leistungs-konsistenz
Beschwerdemanagement</td><td>Rabattierung internationaler Teilnahmen
Messekosten-Konfigurator</td></tr>
<tr><td rowspan="2">Integration</td><td colspan="2">branchenspezifische Online-Angebote
Communitybildung/Ganzjahresplattformen
Workshops
Themenspezifische Events
Kundenclubs</td><td rowspan="2">Kundenkarten für Messe-Nebenleistungen</td></tr>
<tr><td>Besucherbeiräte</td><td>Besucherforen</td></tr>
</table>

Abb. 13: Ausgewählte Instrumente der Besucherbindung
Quelle: Vgl. Grimm, 2004, S. 241.

Diese Auswahl hat keinesfalls den Anspruch auf Vollständigkeit. Es handelt sich um eine Darstellung der relevanten Instrumente der Besucherbindung aus der Literatur sowie den Expertengesprächen (vgl. Grimm, 2004, S. 241; vgl. Experte A, 2019; vgl. Experte B, 2019; vgl. Neubauer, 2019; vgl. Experte C, 2019). Hier gilt es ebenfalls, je nach Präferenzen der jeweiligen Persona die entsprechenden Maßnahmen zu identifizieren. Im digitalen Zeitalter ist es nicht mehr nur relevant, den Begriff der Bindung als wiederholte Transaktion zu betrachten, sondern vor allem die Weiterempfehlungsrate als Indikator zu verwenden. Ein Besucher ist also dann als wirklich gebunden zu betrachten, wenn er aus eigener Motivation eine Weiterempfehlung in seinem Umfeld ausspricht (vgl. Kotler/Kartajaya/Setiawan, 2017, S. 83, vgl. Experte C, 2019). Dabei sind innerhalb der Kotlerschen E-Zone aus der individuellen Besuchersicht der jeweilige eigene Einfluss (d. h. des Besuchers selbst; gemeint sind z. B. bisherige Erfahrungen), der Einfluss anderer (d. h. aus näherem Umfeld; gemeint sind z. B. Empfehlungen aus dem Umfeld) sowie äußere Einflüsse (d. h. aus externen Quellen; gemeint sind z. B. Werbeanzeigen) als Steuerungsinstrumente zu betrachten. Es gilt nun, die Bedeutung der jeweiligen Einflüsse zu ermitteln und entsprechend gewichtet zu handhaben. Aufgrund der hohen Bedeutung von Erfahrungseigenschaften im Messewesen, ist davon auszugehen, dass der eigene Einfluss einen besonderen Stellenwert vorzuweisen hat. Dies sollte als maßgebliche theoretische Grundlage für die Etablierung einer organisatorisch fest verankerten Weiterempfehlungspolitik im Messewesen gesehen werden (vgl. Kotler/Kartajaya/Setiawan, 2017, S. 86ff.; vgl. Bruhn/Hadwich, 2017, S. 819; vgl. Experte B, 2019).

3 Schlussbetrachtung und Fazit

Die prozessorientierte Betrachtung des Besuchermarketings hat eine hohe strategische und auch operative Wichtigkeit für deutsche Messeveranstalter. Die Situation im intra- und intermedialen Wettbewerb erfordert einen stärkeren Kundenfokus, was sich unter anderem durch die durchschnittlich abnehmende Anzahl von Besuchern pro Aussteller bemerkbar macht (vgl. Jung, 2010, S. 7; vgl. Erbel, 2017, S. 245). Mit aller Macht macht sich der Megatrend des demografischen Wandels bemerkbar, auch schon im B2B-Bereich bereits sichtbar ist. Hier führt er zu einer Verschiebung der Bedürfnisse von Entscheidern auf Investitionsgütermessen (vgl. Snyder/Hilal, 2015, o.S.; vgl. Dittrich/Kausch, 2017, S. 470). Umso mehr erstaunt es, dass bislang kaum etwas zu diesem Thema veröffentlich worden ist.

Die Veränderungen der Anforderungen und Bedürfnisse der Besucher machen auch die Veränderung der internen Innovationsbereitschaft und eine Öffnung der Kommunikationsstrukturen notwendig. Dies wiederum bedeutet für die Messegesellschaften, dass ihnen sowohl ein geschicktes Zusammenspiel des Aussteller- und Besuchermarketings, als auch eine Überwindung der „Silodenke“ ansteht (vgl. Kassubek, 2011, S. 219ff.; vgl. Degen, 2017, S. 770f.). Ein ständiges Umschichten von Geldern und Inhalten wird als Grundvoraussetzung im modernen Marketing gesehen (vgl. Neubauer, 2019). Um in der Masse an Informationen und Angeboten nicht unterzugehen, sondern umgekehrt sogar hervorzustechen, ist neben der Identifikation von Bedürfnissen und Problemen des Kunden vor allem eine eindeutige Positionierung im Markt erforderlich. Diese Anforderung ist für Mehrbranchenmessen wie die HM besonders schwierig, gerade da aufgrund der Knappheit an Themen eine steigende Anzahl an spezialisierten Formaten in den Markt drängt (vgl. Neven/Rosenbach, 2017, S. 788; vgl. Peters/Scharrer, 2017, S. 414; vgl. Müller, 2017, S. 737). Die Positionierung ist ebenfalls Teil der drei herausgearbeiteten Parameter zur Gewinnung von Kunden in Form von Nutzen, Relevanz und Effizienz (vgl. Experte A, 2019; vgl. Experte B, 2019; vgl. Neubauer, 2019; vgl. Experte C, 2019).

Zu beiden dominanten Ausprägungen des Messemarketings, also der transaktions- bzw. der beziehungsorientierten Interpretation, ist bereits eine Reihe an

Werken in der messetheoretischen Literatur vorhanden. Durch die Kombination dieser Ansätze wurde versucht, die jeweiligen Nachteile aufzuheben. Die Kombination ist im Messewesen von besonderer Wichtigkeit, da, je nach Ausstellerzielen, eine gewisse Fluktuation der Besucher gewünscht ist. Währenddessen ist es aus effizienzbezogenen Gesichtspunkten wünschenswert, die Besucher zu binden. Die Integration der Ausstellerziele wird als weiterer Grund gesehen, die beiden Marketingprozesse parallel bzw. integriert anzugehen (vgl. Grimm, 2004, S. 94ff.; vgl. Meffert, 2017, S. 1019ff.). Als Paradigma der triadischen Beziehung des Messemarketings gilt, die richtigen Besucher mit den richtigen Ausstellern zusammen zu bringen. Fuchslocher und Hochheimer haben hierfür vor allem die Parameter Integration, Interaktion, Individualisierung sowie Internationalisierung definiert (vgl. Fuchslocher/Hochheimer, 2000, S. 141; vgl. Kromer von Baerle/Brandl, 2017, S. 668). Um dies zu gewährleisten, wurde als relevantes Kriterium der Segmentierung das Konzept des Besucherwerts herausgestellt, da nur durch dieses oder ähnliche Verfahren die Qualität der Besucher gesteuert werden kann. Da die Berechnung komplex ist, empfiehlt es sich, eine Integration ins CRM-System vorzunehmen. Das Modell setzt wiederum genau an der Gewinnung der relevanten Besucherzielgruppen an. Dafür wurde der digitale Reifegrad als Instrument zur Identifikation von Schnittstellen angesetzt. In Kombination mit der jeweiligen Messeaffinität können die Besucherprofile in die jeweiligen Segmente der Vierfelder-Matrix eingeordnet werden. Darauf aufbauend werden vier verhaltensbasierte Personas definiert, die jeweils einer strategischen Grundausrichtung entsprechen. Je nach aktuellen Erfordernissen bei der Positionierung können so strategische Entscheidungen getroffen werden. Diese fußen in erster Linie auf den im Voraus definierten Zielen, dem Besucherwert sowie den Ausstellerzielen. Im Anschluss an die Positionierung können in der Kommunikations- und Distributionsplanung unter Zuhilfenahme der Personas vier verschiedene und übergeordnete Customer Journey Maps erstellt werden, die in einem zweiten Schritt um die jeweils zugehörigen demografischen Daten ergänzt werden. Durch die Identifikation von Touchpoints kann der gesamte Prozess der Leistungsbereitschaft und -erstellung nachvollziehbar gestaltet werden. Hierbei stehen vor allem die permanente Interaktion und Integration durch Maßnahmen der Individualisierung im Vordergrund. Wesentlich ist für die Kommunikation die Fokussierung auf nützliche und relevante Botschaften. Ist daraufhin die Distribution in Form des Ticketverkaufs und der Bereitstellung der notwendigen Infrastruktur geschehen, ist der Fokus auf die Betreuung und Bindung der Besucher zu legen. Hierbei ist neben dem Wiederholungsbesuch auch die Weiterempfehlungsbereitschaft zentral. Im übergeordneten Marketingprozess ist im Anschluss ein Controlling der Maßnahmen einzurichten (vgl. Rose, 2003, S. 879ff.; vgl. Köhler/Gaedt, 2005, S. 292ff.; vgl. Zimmermann, 2017, S. 62f.).

> *„Welche Schritte sind im Bereich des strategischen Marketings notwendig, um relevante Besucherzielgruppen im Zeitalter der Digitalisierung für Investitionsgütermessen zu gewinnen?“*

Diese allumfassende und wesentliche Fragestellung ist nicht allgemeingültig bezüglich aller Investitionsgütermessen zu beantworten. Der Begriff „notwendig“ impliziert eine Unerlässlichkeit der vorliegenden Schritte. Diese ist nicht gegeben und darauf wird auch kein Anspruch erhoben. Das Ziel dieser Modellierung war es, aufgrund der fehlenden Betrachtung in der Literatur, eine möglichst praktikable Darstellung der erforderlichen Maßnahmen im strategischen Besuchermarketing zu entwerfen, was durch die Integration des klassischen Messe-Marketingprozesses sowie des Beziehungsmarketings geschehen ist. Mithilfe des Modells können relevante Besucherzielgruppen identifiziert und auch im Zeitalter der Digitalisierung effizient für Investitionsgütermessen angesprochen werden. Ob diese letztendlich in Form von neuen oder gebundenen Besuchern gewonnen werden können, kann im Allgemeinen nicht garantiert werden. Jedoch stellt es im Vergleich zu vorherigen Ansätzen wie von Kirchgeorg und Klante einen kundenbezogenen Fokus her (vgl. Kirchgeorg/Klante, 2017, S. 293). Weiterhin ist die Schrittfolge und die Anordnung in einem integrierenden und dynamischen System als Handlungsempfehlung zu sehen und nicht als unerlässliches Paradigma, wie es der Begriff der Notwendigkeit voraussetzt. Die Praktikabilität des Modells und seiner Bestandteile ist in Form der kooperativen Entwicklung mit Marketingspezialisten als letztendlichen Anwendern gegeben. Die zuvor herausgestellten Anforderungen an das Modell wurden durch die einzelnen Schritte ebenfalls weitgehend abgedeckt. Das dargestellte Vorgehen weist auch einige

Grenzen auf. Die größte Herausforderung ist in der Datenerhebung zu sehen. Zahlreiche wertvolle Daten werden derzeit über Befragungen erfasst. Einen Besucher zur Beantwortung eines Fragebogens zu gewinnen, erfordert ein elaboriertes Anreizsystem. Um die Besucher kategorisieren zu können, wäre also die Befragung jedes einzelnen Besuchers notwendig, was im Vergleich zu den Ausstellern in der Regel eine relativ große Menge darstellt. Auch das skizzierte Verfahren ist als aufwendig einzuschätzen. Die adäquate Datengewinnung und -verarbeitung verläuft vor dem Hintergrund der Datenschutzgesetze auf einem schmalen Grat, der jedoch bei korrekter Umsetzung einen Wettbewerbsvorteil verspricht. Eine weitere Grenze besteht in der Komplexität des Buying Centers, da der Besucher in diesem Gefüge nicht unbedingt selbst über den Messebesuch entscheiden kann. Zudem ist es als weitere Hürde zu sehen, dass die strategische Planung längst nicht den operativen Erfolg garantiert. Der Instanz der Erfolgskontrolle wird somit eine hohe Wichtigkeit zugesprochen. Maßnahmen wie die Gap-Analyse können dabei helfen, die Abweichungen strategischer und operativer Maßnahmen zu analysieren (vgl. Becker 2019, S. 416ff.). Die Besonderheit einer Messe ist hierbei, dass sie turnusmäßig stattfindet und der letztendliche Erfolg erst nach der Messe messbar ist. Eine nützliche Fähigkeit ist es daher, den Zielerreichungsgrad im laufenden Prozess bestimmen und steuern zu können. Hierfür ist eine KPI-Basis sowie ein Reportingsystem erforderlich (vgl. Neubauer, 2019). Außerdem können kaum die Kosten des skizzierten Ansatzes eingeschätzt werden, was die Perspektive für eine tatsächliche Umsetzung eintrüben dürfte. Für bestehende Messen wie die HM stellt sich weiterhin die Frage, auf welche Ursachen der Besucherrückgang zurückzuführen ist. Dies kann einerseits durch nicht beeinflussbare Größen wie die konjunkturelle Entwicklung oder auch durch messebezogene Ursachen begründet sein. Die genannten Grenzen bieten den Ausgangspunkt für weitere Untersuchungen (vgl. Penzkofer, 2018, S. 44ff.). Im Blick in die Zukunft wird vor allem Potenzial in den datenbasierten Maßnahmen des Marketings gesehen, welche die Schritte der Modellbildung durch digitalisierte Verfahren vereinfachen und ergänzen können. Messespezifische Geschäftsmodelle im Zuge der Digitalisierung bieten eine Veränderung des Messemarktes, wodurch auch das Besuchermarketing in Richtung der Attribute Flexibilität und digitaler Kundeninteraktion Anpassung finden muss. Die Möglichkeiten sind über alle Bereiche des Marketing-Mix breit gefächert (vgl. Ottmann/Fleck, 2017, S. 334f.; vgl. Kotler/Kartajaya/Setiawan, 2017, S. 174; vgl. Rogers, 2017, S. 126ff.).

Die Geschäftsmodelle der Messegesellschaften unterliegen, wie auch die Geschäftsmodelle fast aller Branchen, dem Megatrend der Digitalisierung, weshalb auch das Besuchermarketing deutlich flexibler und agiler wird und weiterhin werden muss. Dazu bieten alle Bereiche des Marketing-Mix vielversprechende Möglichkeiten. Es ist vorstellbar, dass neue Geschäftsmodelle zentral die gewonnenen Informationen über die digitale Reife und die Messeaffinität der Besucher einsetzen. Im Ausstellermarketing wäre dies sinnvoll, da der Messeauftritt sowie die Planung des Messestandes häufig sehr zeit- und kostenintensiv sind. Durch den Verkauf aggregierter oder disaggregierter Besucherprofile können somit auch die Aussteller den Digitalisierungsgrad ihres Messeauftritts sowie die Art der Kommunikation mit den relevanten Besucherzielgruppen determinieren (vgl. Zundler/Tesche, 2017, S. 1134ff.). Die in diesem Beitrag am Beispiel der Digitalisierung dargestellte strategische Stoßrichtung kann vom Veranstalter, je nach Präferenz, auch in Richtung anderer Trends von sowohl Branche als auch Gesellschaft untersucht werden, worunter u. a. die Eventisierung von Messen, die Individualisierung der Gesellschaft und somit auch das potenzielle Verlangen nach der Individualisierung von Messen sowie die ökologische und ökonomische Nachhaltigkeit fallen (vgl. Zanger, 2011, S. 3ff.; vgl. Horx, 2014, S. 111ff.; vgl. Böse, 2017, S. 455f.; vgl. Kaldenhoff/Beckmann, 2017, S. 931ff.). Zudem ist eine komplette Veränderung der Grundkonzeption der Messe denkbar, nach welcher die Website als ganzjährige Branchenplattform und die Messe als physischer Treff- und Interaktionspunkt genutzt würde. Dies würde eine nahezu allumfassende Integration des Besuchers ermöglichen. Es ist plausibel, dass Kritiker darauf verweisen werden, dass es nur eine Frage der Zeit ist, bis alle Besucher von Investitionsgütermessen über eine voll entwickelte digitale Reife verfügen (vgl. Snyder/Hilal, 2015, o.S.). Das mag sein, jedoch machen die in der Erhebung gewonnenen Daten deutlich, dass bei erheblichen Besuchersegmenten noch „viel Luft nach oben“ ist. Wenn die Messegesellschaften auf die Ansprache und Integration dieser Segmente, deren aggregierte Besucherwerte plausibel hoch sein könnten, in der Übergangszeit, deren Dauer nicht abschätzbar ist, verzichteten, gingen sie ein nicht unerhebliches strategisches Risiko ein.

Literaturverzeichnis

Appelfeller, W.; Feldmann, C. (2018). Die digitale Transformation des Unternehmens. Systematischer Leitfaden zur Strukturierung und Reifegradmessung. Wiesbaden, Springer Gabler.

Arzt, R. (2006). Wettbewerbsfähigkeit europäischer Messeveranstalter. Entwicklung und empirische Anwendung eines multidimensionalen Bezugsrahmens. Dissertation, Universität zu Köln.

AUMA (2015). Verhalten und Struktur der Fachbesucher auf deutschen Messen. Berlin, Königsdruck.

AUMA (2018a). Die Messewirtschaft Bilanz 2017. www.auma.de/de/zahlen-und-fakten/branchenkennzahlen (veröffentlicht Juni 2018, abgerufen am 19.04.2019).

AUMA (2018b). Kennzahlen der Messewirtschaft – Der Weltmessemarkt. www.auma.de/de/zahlen-und-fakten/branchenkennzahlen (abgerufen am 19.04.2019).

AUMA (2018c). AUMA MesseTrend. 48. Auflage. Berlin, Königsdruck.

AUMA (2018d). Die gesamtwirtschaftliche Bedeutung von Messen und Ausstellungen in Deutschland. Berlin, Königsdruck.

AUMA (2019). MesseTrend 2019. 50. Auflage. Berlin, Königsdruck.

AUMA (o.J.). HANNOVER MESSE. Die weltweit wichtigste Industriemesse. https://www.auma.de/de/ausstellen/messen-finden/messedaten?tfd=hannover_hannover-messe_163202 (abgerufen am 19.04.2019).

Backhaus, K.; Schneider, H. (2007). Strategisches Marketing. Stuttgart, Schäffer-Poeschel.

Becker, J. (2019). Marketingkonzeption. Grundlagen des zielstrategischen und operativen Marketing-Managements. 11. Auflage. München, Vahlen.

Becker, J.; Knackstedt, R.; Pöppelbuß, J. (2009). Entwicklung von Reifegradmodellen für das IT-Management. Vorgehensmodell und praktische Anwendung, in: Wirtschaftsinformatik, 51. Jg., 3/2009, S. 249-260.

Becker, J.; Mathas, C.; Winkelmann, A. (2009). Geschäftsprozessmanagement. Berlin/Heidelberg, Springer.

Becker, J.; Probandt, W.; Vehring, O. (2012). Grundsätze ordnungsmäßiger Modellierung. Konzeption und Praxisbeispiel für ein effizientes Prozessmanagement. Berlin/Heidelberg, Springer Gabler.

Bieberstein, I. (2006). Dienstleistungsmarketing. 4. Auflage. Ludwigshafen, Kiehl .

Blach, P. (2010). Editorial, in: BlachReport Messe+Marketing, 2/2010, S. 3.

BMI (2018). Handbuch für Organisationsuntersuchungen und Personalbedarfsbestimmungen. https:/www.orghandbuch.de/OHB/DE/ohb_pdf.pdf;jsessionid=B1E39EAE538565EB8031F3276F16E286.1_cid350?__blob=publicationFile&v=28 (eingestellt Februar 2018, abgerufen am 27.05.2019).

Böse, G. (2017). Zeitgemäße Messekommunikation, in: Kirchgeorg, M., Dornscheidt, W.; Stoeck, N. (Hrsg.): Handbuch Messemanagement. Planung, Durchführung und Kontrolle von Messen, Kongressen und Events. 2. Auflage. Wiesbaden, Springer Gabler, S. 453-465.

Bruhn, M. (2000). Begriffliche Grundlagen des Dienstleistungsmarketing und der Dienstleistungsqualität, in: Bruhn, M.; Stauss, B.: Dienstleistungsqualität. Konzepte – Methoden – Erfahrungen. 3. Auflage. Wiesbaden, Gabler, S. 23-48.

Bruhn, M. (2014). Unternehmens- und Marketingkommunikation. Handbuch für ein integriertes Kommunikationsmanagement. 3. Auflage. München, Vahlen.

Bruhn, M.; Hadwich, K. (2017). Steuerung und Kontrolle der Servicequalität von Messen, in: Kirchgeorg, M., Dornscheidt, W.; Stoeck, N. (Hrsg.): Handbuch Messemanagement. Planung, Durchführung und Kontrolle von Messen, Kongressen und Events. 2. Auflage. Wiesbaden, Springer Gabler, S. 816-845.

Büttgen, M. (2007). Kundenintegration in den Dienstleistungsprozess. Eine verhaltenswissenschaftliche Untersuchung. Dissertation, Universität zu Köln.

Buisman, A. (2018). How are engineering and construction companies adapting digital to their businesses?. Forschungsbericht, Ernst & Young.

Clausen, E. (2010). Messemarketing. So führen Sie Messen zum Erfolg. 2. Auflage. Göttingen, BusinessVillage.

Delfmann, W.; Arzt, R. (2005). Besonderheiten der strategischen Positionierung von Messegesellschaften im Wettbewerb, in: Delfmann, W.; Köhler, R.; Müller-Hagedorn, L. (Hrsg.): Kölner Kompendium der Messewirtschaft. Köln, Kölner Wissenschaftsverlag, S. 105-115.

Degen, M. (2017). Besonderheiten der Aufbau- und Ablauforganisationen von Messegesellschaften, in: Kirchgeorg, M., Dornscheidt, W.; Stoeck, N. (Hrsg.): Handbuch Messemanagement. Planung, Durchführung und Kontrolle von Messen, Kongressen und Events. 2. Auflage. Wiesbaden, Springer Gabler, S. 769-780.

Diederichs, B.A. (2003). Effizienz- und Kostenmanagement: Für Aussteller, Besucher und die Messen selbst, in: Kirchgeorg, M. et al. (Hrsg.): Handbuch Messemanagement. Planung, Durchführung und Kontrolle von Messen, Kongressen und Events. Wiesbaden, Springer Gabler, S. 424-434.

Dittrich, K.; Kausch, M. (2017). Zur Bedeutung des Internets als Kommunikations- und Vertriebsinstrument von Messen, in: Kirchgeorg, M., Dornscheidt, W.; Stoeck, N. (Hrsg.): Handbuch Messemanagement. Planung, Durchführung und Kontrolle von Messen, Kongressen und Events. 2. Auflage. Wiesbaden, Springer Gabler, S. 466-486.

Dornscheidt, W.M. (2017). Produktfamilien strategisch erweitern – die Positionierung deutscher Messegesellschaften im internationalen Wettbewerb, Kirchgeorg, M., Dornscheidt, W.; Stoeck, N. (Hrsg.): Handbuch Messemanagement. Planung, Durchführung und Kontrolle von Messen, Kongressen und Events. 2. Auflage. Wiesbaden, Springer Gabler, S. 607-615.

Dreiskämper, T. (2018). Grundfragen der Medienbetriebslehre. BWL für Medien- und Kommunikationsmanager. Berlin/Boston, De Gruyter.

Duda, S. (2018). Personas – Who Owns Them, in: von Gizycki, V.; Elias, C.A. (Hrsg.): Omnichannel Branding. Digitalisierung als Basis erlebnis- und beziehungsorientierter Markenführung. Wiesbaden, Springer Gabler, S. 173-192.

Erbel, H.-J. (2017). Besucherquantität und -qualität als zentrale Werttreiber von Messen, in: Kirchgeorg, M., Dornscheidt, W.; Stoeck, N. (Hrsg.): Handbuch Messemanagement. Planung, Durchführung und Kontrolle von Messen, Kongressen und Events. 2. Auflage. Wiesbaden, Springer Gabler, S. 243-253.

Esser, U. (2003). PR- und Kommunikationsstrategien von Messegesellschaften, in: Kirchgeorg, M. et al. (Hrsg.): Handbuch Messemanagement. Planung, Durchführung und Kontrolle von Messen, Kongressen und Events. Wiesbaden, Springer Gabler, S. 436-442.

Fuchslocher, H.; Hochheimer, H. (2000). Messen im Wandel: Messemarketing im 21. Jahrhundert. Wiesbaden. Gabler.

Grimm, C. (2004). Möglichkeiten und Grenzen des Beziehungsmarketing im Messewesen: Theoretische und empirische Analyse der Eignung des Beziehungsmarketing-Konzepts für Fachbesucher. Dissertation, Friedrich-Alexander-Universität Nürnberg-Erlangen.

Grönroos, C. (1994). Marketing mix to relationship marketing. Towards a paradigm shift in marketing, in: Management Decision, 32. Jg., 2/1994, S. 4-20.

Groth, C. (1992). Determinanten der Veranstaltungspolitik von Messegesellschaften, in: Strothmann, K.-H.; Busche, M. (Hrsg.): Handbuch Messemarketing. Wiesbaden, Springer, S. 158-172.

Haeberle, K.E. (1967). Erfolg auf Messen und Ausstellungen. Handbuch für Teilnahme, Organisation, Gestaltung, Technik. Stuttgart, Forkel.

Hannover Messe (2019). After Show 2019. Treiber der industriellen Transformation. https://www.hannovermesse.de/de/ausstellung/daten-fakten/after-show-report/abschlussbericht/ (eingestellt April 2019, abgerufen am 19.04.2019).

Heipel, M. (2015). Buyer Personas for B2B Events: 5 Steps to Improve Your Visitor Marketing. https://michaelheipel.wordpress.com/2015/07/23/buyer-personas-for-b2b-events-5-steps-to-improve-your-visitor-marketing/ (eingestellt am 23.07.2015, abgerufen am 31.05.2019).

Hilker, C. (2017). Content Marketing in der Praxis. Ein Leitfaden – Strategie, Konzepte und Praxisbeispiele für B2B- und B2C-Unternehmen. Wiesbaden, Springer Gabler.

Horx, M. (2014). Das Megatrend-Prinzip. Wie die Welt von morgen entsteht. München, Pantheon.

Jahn, B.; Pfeiffer, M. (2014). Die digitale Revolution – Neue Geschäftsmodelle statt (nur) neue Kommunikation, in: Marketing Review St. Gallen, 31. Jg., 1/2014, S. 79-93.

Jung, K. (2010). Ganzheitliche Markenführung von Messegesellschaften, Wiesbaden, Gabler.

K&A Brand Research (2016). Werte. Wandel. Gen YZ! Generationenstudie 2016. Forschungsbericht.

Kaldenhoff, A.; Beckmann, K. (2017). Management für erlebnisorientierte Kongresse, Tagungen und Seminare, in: Kirchgeorg, M., Dornscheidt, W.; Stoeck, N. (Hrsg.): Handbuch Messemanagement. Planung, Durchführung und Kontrolle von Messen, Kongressen und Events. 2. Auflage. Wiesbaden, Springer Gabler, S. 925-934.

Kalka, R. (2005a). Produkt- und Servicepolitik, in: Delfmann, W.; Köhler, R.; Müller-Hagedorn, L. (Hrsg.): Kölner Kompendium der Messewirtschaft. Köln, Kölner Wissenschaftsverlag, S. 341-358.

Kalka, R. (2005b). Kommunikations- und Distributionspolitik, in: Delfmann, W.; Köhler, R.; Müller-Hagedorn, L. (Hrsg.): Kölner Kompendium der Messewirtschaft. Köln, Kölner Wissenschaftsverlag, S. 373-387.

Kalka, R. (2017). Strategische Grundsatzentscheidungen im Messemanagement, in: Kirchgeorg, M., Dornscheidt, W.; Stoeck, N. (Hrsg.): Handbuch Messemanagement. Planung, Durchführung und Kontrolle von Messen, Kongressen und Events. 2. Auflage. Wiesbaden, Springer Gabler, S. 315-328.

Kassubek, M. (2011). Attraktivität von Messen als Business-to-Business-Veranstaltung. Modellentwicklung und Ableitung veranstalterbezogener Handlungsempfehlungen. Dissertation, Universität Hannover.

Keiningham, T.L. et al. (2008). A holisitc examination of Net Promoter, in: Journal of Database Marketing & Customer Strategy Management, 15. Jg., 2/2008, S. 79-90.

Keller, B. (2017). Die Reise(n) durchs Touchpoint Management, in: Keller, B.; Ott, C. S. (Hrsg.): Touchpoint Managment. Entlang der Customer Journey erfolgreich agieren. Freiburg, Haufe, S. 29-64.

Kirchgeorg, M. (2017). Funktionen und Erscheinungsformen von Messen, in: Kirchgeorg, M., Dornscheidt, W.; Stoeck, N. (Hrsg.): Handbuch Messemanagement. Planung, Durchführung und Kontrolle von Messen, Kongressen und Events. 2. Auflage. Wiesbaden, Springer Gabler, S. 31-50.

Kirchgeorg, M.; Ermer, B.; Wiedmann, M. (2017). Szenarioanalyse: Messen & Live Communication 2020, in: Kirchgeorg, M., Dornscheidt, W.; Stoeck, N. (Hrsg.): Handbuch Messemanagement. Planung, Durchführung und Kontrolle von Messen, Kongressen und Events. 2. Auflage. Wiesbaden, Springer Gabler, S. 133-150.

Kirchgeorg, M.; Klante, O.; Jung, K. (2007). Szenarioanalyse „Messen 2020“, in: Kirchgeorg et al.: Messewirtschaft 2020 – Zukunftsszenarien. Berlin, Königsruck, S. 12-46.

Kirchgeorg, M.; Klante, O. (2017). Strategisches Messemarketing, in: Kirchgeorg, M., Dornscheidt, W.; Stoeck, N. (Hrsg.): Handbuch Messemanagement. Planung, Durchführung und Kontrolle von Messen, Kongressen und Events. 2. Auflage. Wiesbaden, Springer Gabler, S. 292-314.

Kirchgeorg, M.; Springer, C. (2006). UNIPLAN LiveTrends 2006: Steuerung des Kommunikationsmix im Kundenbeziehungszyklus. Forschungsbericht, HHL Leipzig Graduate School of Management.

Klaffke, M.; Parment, A. (2011). Herausforderungen und Handlungsansätze für das Personalmanagement von Millennials, in: Klaffke, M. (Hrsg.): Personalmanagement von Millennials. Konzepte, Instrumente und Best-Practice-Ansätze. Wiesbaden, Gabler, S. 3-22.

Köhler, R.; Gaedt, C. (2005). Marketing-Controlling, in: Delfmann, W.; Köhler, R.; Müller-Hagedorn, L. (Hrsg.): Kölner Kompendium der Messewirtschaft. Köln, Kölner Wissenschaftsverlag, S. 291-320.

Kotler, P.; Kartajaya, H.; Setiawan, I. (2017). Marketing 4.0. Der Leitfaden für das Marketing der Zukunft. Frankfurt am Main/New York, Campus.

Kresse, H. (2003). Die Bedeutung von Verbänden und Institutionen in der Messewirtschaft, in: Kirchgeorg, M. et al. (Hrsg.): Handbuch Messemanagement. Planung, Durchführung und Kontrolle von Messen, Kongressen und Events. Wiesbaden, Springer Gabler, S. 102-115.

Kromer von Baerle, U.; Brandl, T. (2017). Instrumente der Besucherakquisition, in: Kirchgeorg, M., Dornscheidt, W.; Stoeck, N. (Hrsg.): Handbuch Messemanagement. Planung, Durchführung und Kontrolle von Messen, Kongressen und Events. 2. Auflage. Wiesbaden, Springer Gabler, S. 667-675.

Kugler, S.; Anrich, F. (2018). Digitale Transformation im Mittelstand mit System. Wie KMU durch eine innovative Kultur den digitalen Wandel schaffen. Wiesbaden, Springer Gabler.

Kuhrt, O.P.; Steker, D. (2017). Virtuelle Services im Messewesen, in: Kirchgeorg, M., Dornscheidt, W.; Stoeck, N. (Hrsg.): Handbuch Messemanagement. Planung, Durchführung und Kontrolle von Messen, Kongressen und Events. 2. Auflage. Wiesbaden, Springer Gabler, 525-535.

Liebold, R.; Trinczek, R. (2009). Experteninterviews, in: Kühl, S.; Strodtholz, P.; Taffertshofer, A. (Hrsg.): Handbuch Methoden der Organisationsforschung. Quantitative und Qualitative Methoden. Wiesbaden, VS, S. 31-56.

Lies, J. (2017). Die Digitalisierung der Kommunikation im Mittelstand. Auswirkungen von Marketing 4.0. Wiesbaden, Springer Gabler.

Lippold, D. (2012). Die Marketing-Gleichung. Einführung in das wertorientierte Marketingmanagement. München, Oldenbourg.

Maleri, R.; Frietzsche, U. (2008). Grundlagen der Dienstleistungsproduktion. 5. Auflage. Berlin/Heidelberg, Springer.

Marzin, W. (2017). Messen auf globalen Märkten, in: Kirchgeorg, M., Dornscheidt, W.; Stoeck, N. (Hrsg.): Handbuch Messemanagement. Planung, Durchführung und Kontrolle von Messen, Kongressen und Events. 2. Auflage. Wiesbaden, Springer Gabler, S. 151-163.

Mattauch, C.; Steiner, C. (2009). Treffpunkt Deutschland, in: Capital, 1/2009, S. 146-151.

Meffert, H. (2017). Ziele und Nutzen einer Messebeteiligung von ausstellenden Unternehmen und Besuchern, in: Kirchgeorg, M., Dornscheidt, W.; Stoeck, N. (Hrsg.): Handbuch Messemanagement. Planung, Durchführung und Kontrolle von Messen, Kongressen und Events. 2. Auflage. Wiesbaden, Springer Gabler, S. 1011-1025.

Meffert, H.; Bruhn, M.; Hadwich, K. (2018). Dienstleistungsmarketing. Grundlagen – Konzepte – Methoden. 9. Auflage. Wiesbaden, Springer Gabler.

Meffert, H. et al. (2019). Marketing. Grundlagen marktorientierter Unternehmensführung. Konzepte – Instrumente – Praxisbeispiele. 13. Auflage. Wiesbaden, Springer Gabler.

Müller, W.-D. (2017). Mehrwert für Messen durch Veranstaltungskombination, in: Kirchgeorg, M., Dornscheidt, W.; Stoeck, N. (Hrsg.): Handbuch Messemanagement. Planung, Durchführung und Kontrolle von Messen, Kongressen und Events. 2. Auflage. Wiesbaden, Springer Gabler, S. 733-742.

Neven, P.; Rosenbach, B. (2017). Aus- und Weiterbildung für die Messe- und Kongresswirtschaft, in: Kirchgeorg, M., Dornscheidt, W.; Stoeck, N. (Hrsg.): Handbuch Messemanagement. Planung, Durchführung und Kontrolle von Messen, Kongressen und Events. 2. Auflage. Wiesbaden, Springer Gabler, S. 781-797.

Nittbaur, G. (2001). Wettbewerbsvorteile in der Messewirtschaft. Aufbau und Nutzen strategischer Erfolgsfaktoren. Dissertation, Universität Konstanz.

Ottmann, P.; Fleck, R. (2017). Messen im Spannungsfeld zwischen Erlebnis und Ergebnis: eine Bestandsaufnahme aus Sicht von Ausstellern und Besuchern, in: Kirchgeorg, M., Dornscheidt, W.; Stoeck, N. (Hrsg.): Handbuch Messemanagement. Planung, Durchführung und Kontrolle von Messen, Kongressen und Events. 2. Auflage. Wiesbaden, Springer Gabler, S. 329-338.

Penzkofer, H. (2014). Aussteller und Besucher der Messe München lösen jährlich bundesweit einen Umsatz von über 2,6 Mrd. Euro aus, in: ifo Schnelldienst, 67. Jg., 10/2014, S. 38-42.

Penzkofer, H. (2018). Der »Messe-Index«: Ergebnisse 2017 und Ausblick 2018, in: ifo Schnelldienst, 71. Jg., 4/2018, S. 44-47.

Peters, M. (1992). Dienstleistungsmarketing in der Praxis – Am Beispiel eines Messeunternehmens. Dissertation, Universität Frankfurt am Main.

Peters, M.; Scharrer, S. (2017). Dach- und Einzelmarkenstrategien von Messeunternehmen, in: Kirchgeorg, M., Dornscheidt, W.; Stoeck, N. (Hrsg.): Handbuch Messemanagement. Planung, Durchführung und

Kontrolle von Messen, Kongressen und Events. 2. Auflage. Wiesbaden, Springer Gabler, S. 409-415.

Placa, L. (2016). Customer Journey bei Messen: 4 wichtige Schritte, um Besucher zu begeistern. https://ungerboeck.com/de/blog-de/customer-journey-bei-messen-4-wichtige-schritte-um-besucher-zu-begeistern (eingestellt am 07.09.2016, abgerufen am 31.05.2019).

Porter, M.E. (2000). Wettbewerbsvorteile. Spitzenleistungen erreichen und behaupten. 6. Auflage. Frankfurt am Main, Campus.

Priesmann, P. (2013). Ein Bild von einem Mann, in: WirtschaftsWoche PraxisWissen, 4. Jg., 1/2013, S. 6-7.

Prüser, S.M. (2017). Die Messe als Networking-Plattform – im Zeitalter von Social Media, in: Kirchgeorg, M., Dornscheidt, W.; Stoeck, N. (Hrsg.): Handbuch Messemanagement. Planung, Durchführung und Kontrolle von Messen, Kongressen und Events. 2. Auflage. Wiesbaden, Springer Gabler, S. 513-524.

Reger-Wagner, K.; Kirchgeorg, M. (2017). Messemarkenprofilierung, in: Kirchgeorg, M., Dornscheidt, W.; Stoeck, N. (Hrsg.): Handbuch Messemanagement. Planung, Durchführung und Kontrolle von Messen, Kongressen und Events. 2. Auflage. Wiesbaden, Springer Gabler, S. 417-435.

Reinhard, H.W. (2003). Multiplikatorenmanagement von Messegesellschaften, in: Kirchgeorg, M. et al. (Hrsg.): Handbuch Messemanagement. Planung, Durchführung und Kontrolle von Messen, Kongressen und Events. Wiesbaden, Springer Gabler, S. 444-469.

Robertz, G. (1999). Strategisches Messemanagement im Wettbewerb. Ein markt-, ressourcen- und koalitionsorientierter Ansatz. Dissertation, HHL Leipzig Graduate School of Management.

Rogers, D.L. (2017). Digitale Transformation. Das Playbook. Wie sie Ihr Unternehmen erfolgreich in das digitale Zeitalter führen und digitale Disruption meistern. Frechen, mitp.

Rose, M. (2003). Ebenen des Projekt-Controllings im Messewesen, in: Kirchgeorg, M. et al. (Hrsg.): Handbuch Messemanagement. Planung, Durchführung und Kontrolle von Messen, Kongressen und Events. Wiesbaden, Springer Gabler, S. 878-899.

Sampson, G.P.; Snape, R.H. (1985). Identifying the Issues in Trade in Services, in: The World Economy, 8. Jg., 2/1985, S. 171-181.

Sasserath, M.; Daly, N.; Wenhart, C. (2003). Die Bedeutung von Markenführung für Messen, in: Kirchgeorg, M. et al. (Hrsg.): Handbuch Messemanagement. Planung, Durchführung und Kontrolle von Messen, Kongressen und Events. Wiesbaden, Springer Gabler, S. 530-548.

Schütte, C. (2017). Auslandsvertrieb durch Vertreternetzwerke, in: Kirchgeorg, M., Dornscheidt, W.; Stoeck, N. (Hrsg.): Handbuch Messemanagement. Planung, Durchführung und Kontrolle von Messen, Kongressen und Events. 2. Auflage. Wiesbaden, Springer Gabler, S. 715-732.

Selinski, H. (1983). Messe- und Kongressmarketing. Dissertation, Freie Universität Berlin.

Skov, A. (2016). What is digital competence?. https://digital-competence.eu/front/what-is-digital-competence/ (eingestellt März 2016, abgerufen am 23.05.2019).

Snyder, K.; Hilal, P. (2015). The Changing Face of B2B Marketing. https://www.thinkwithgoogle.com/consumer-insights/the-changing-face-b2b-marketing/ (eingestellt März 2015, abgerufen am 17.05.2019).

Statista (2018a). Bevölkerung in Deutschland I. Dossier.

Statista (2018b). Messewirtschaft. Dossier.

Statista (2019). Umsatz der Messeveranstaler in Deutschland in den Jahren 2003 bis 2018 (in Milliarden Euro). https://de.statista.com/statistik/daten/studie/5489/umfrage/umsatz-der-deutschen-messeveranstalter-seit-2003/ (abgerufen am 30.05.2019).

Stoeck, N. (2017a). Instrumente der Ausstellerakquisition, in: Kirchgeorg, M., Dornscheidt, W.; Stoeck, N. (Hrsg.): Handbuch Messemanagement. Planung, Durchführung und Kontrolle von Messen, Kongressen und Events. 2. Auflage. Wiesbaden, Springer Gabler, S. 657-666.

Stoeck, N. (2017b). CRM im Messewesen – Beziehungsmanagement in der Nachmessephase, in: Kirchgeorg, M., Dornscheidt, W.; Stoeck, N. (Hrsg.): Handbuch Messemanagement. Planung, Durchführung und Kontrolle von Messen, Kongressen und Events. 2. Auflage. Wiesbaden, Springer Gabler, S. 689-697.

Taeger, M. (1993). Messemarketing. Marketing-Mix von Messegesellschaften unter Berücksichtigung wettbewerbspolitischer Rahmenbedingungen. Dissertation, Universität Kassel.

Terpitz, K. (2019). Die deutschen Messen müssen den Märkten folgen. https://www.handelsblatt.com/meinung/kommentare/kommentar-die-deutschen-messen-muessen-den-maerkten-folgen/23865292.html?ticket=ST-1784267-JfdsS2FiqhJY4H1nSKKF-ap4 (eingestellt am 15.01.2019, abgerufen am 19.04.2019).

Tiefensee, W. (2003). Infrastrukturvoraussetzungen an Messestandorten, in: Kirchgeorg, M. et al. (Hrsg.): Handbuch Messemanagement. Planung, Durchführung und Kontrolle von Messen, Kongressen und Events. Wiesbaden, Springer Gabler, S. 166-176.

Tiemeyer, E. (2018). Digitale Transformationsprojekte planen und agil steuern, in: Tiemeyer, E. (Hrsg.): Handbuch IT-Projektmanagement. Vorgehensmodelle, Managementin-strumente, Good Practices. 3. Auflage. München, Hanser, S. 727-772 .

Ulrich, A. (2003). Strategische Marktforschung einer Messegesellschaft, in: Kirchgeorg, M. et al. (Hrsg.): Handbuch Messemanagement. Planung, Durchführung und Kontrolle von Messen, Kongressen und Events. Wiesbaden, Springer Gabler, S. 280-299.

von Grega, F. (2013). Internationalisierung des Messewesens. Auswirkungen auf öffentliche Veranstaltungsgesellschaften. Dissertation, HHL Leipzig Graduate School of Management.

von Grega, F. (2017). Chancen und Risiken der Privatisierung von Messegesellschaften, in: Kirchgeorg, M., Dornscheidt, W.; Stoeck, N. (Hrsg.): Handbuch Messemanagement. Planung, Durchführung und Kontrolle von Messen, Kongressen und Events. 2. Auflage. Wiesbaden, Springer Gabler, S. 191-205.

Walser, M. (1995). Kaschmir in Parching, Frankfurt am Main, Suhrkamp.

Weiss, D.P. (2017). Strategisches Management von Mega-Events, in: Kirchgeorg, M., Dornscheidt, W.; Stoeck, N. (Hrsg.): Handbuch Messemanagement. Planung, Durchführung und Kontrolle von Messen, Kongressen und Events. 2. Auflage. Wiesbaden, Springer Gabler, S. 987-1008.

Wille, S.; Wehn, N.; Jensen, T. (2014). ID-Enter: Multisensorische Messe-Interaktion der Zukunft, in: Zanger, C. (Hrsg.): Events und Messen. Stand und Perspektiven der Eventforschung, Wiesbaden, Springer, S. 263-274.

Wirtz, B. (2017). Das Rebooking – ungenutzte Chance im deutschen Messewesen, in: Kirchgeorg, M., Dornscheidt, W.; Stoeck, N. (Hrsg.): Handbuch Messemanagement. Planung, Durchführung und Kontrolle von Messen, Kongressen und Events. 2. Auflage. Wiesbaden, Springer Gabler, S. 677-687.

Witt, J. (2005). Wettbewerbssituation in Deutschland und weltweit, in: Delfmann, W.; Köhler, R.; Müller-Hagedorn, L. (Hrsg.): Kölner Kompendium der Messewirtschaft. Köln, Kölner Wissenschaftsverlag, S. 3-28.

Wutzlhofer, M. (2017). Messen im Wandel, in: Kirchgeorg, M., Dornscheidt, W.; Stoeck, N. (Hrsg.): Handbuch Messemanagement. Planung, Durchführung und Kontrolle von Messen, Kongressen und Events. 2. Auflage. Wiesbaden, Springer Gabler, S. 123-131.

Zanger, C. (2011). Nachhaltigkeit von Eventkonzepten – Ergebnisse der Podiumsdiskussion, in: Zanger, C. (Hrsg.): Erfolg mit nachhaltigen Eventkonzepten. Tagungsband zur 2. Konferenz für Eventforschung an der TU Chemnitz, Wiesbaden, Springer, S. 1-10.

Zimmermann, C. (2017). Messen als Instrument der Live Communication, in: Kirchgeorg, M., Dornscheidt, W.; Stoeck, N. (Hrsg.): Handbuch Messemanagement. Planung, Durchführung und Kontrolle von Messen, Kongressen und Events. 2. Auflage. Wiesbaden, Springer Gabler, S. 50-66.

Zundler, A.W.; Tesche, M. (2017). Maßnahmen zur effizienten Vor- und Nachbereitung von Messeauftritten, in: Kirchgeorg, M., Dornscheidt, W.; Stoeck, N. (Hrsg.): Handbuch Messemanagement. Planung, Durchführung und Kontrolle von Messen, Kongressen und Events. 2. Auflage. Wiesbaden, Springer Gabler, S. 1131-1147.

Zygojannis, M.E. (2005). Akteure der Messewirtschaft, in: Delfmann, W.; Köhler, R.; Müller-Hagedorn, L. (Hrsg.): Kölner Kompendium der Messewirtschaft. Köln, Kölner Wissenschaftsverlag, S. 29-54.

Verzeichnis eigens erhobener Quellen

Experte A (2019). Leitung Marketing & Digital, Messegesellschaft A, telefonisches Gespräch am 28.05.2019.

Experte B (2019). Leitung Marketing & Digital, Messegesellschaft B, schriftliche Beantwortung des Fragebogens am 30.05.2019.

Experte C (2019). Referent Marketing, Messegesellschaft C, telefonisches Gespräch am 27.05.2019.

Neubauer, K. (2019). Director Datamanagement & Analytics, ehemals Director CRM, Deutsche Messe, persönliches Gespräch am 20.05.2019.

DER EINSATZ VON INDOOR ANALYTICS BEI MESSEGESELLSCHAFTEN IN DEUTSCHLAND

ENTWICKLUNG VON USE-CASES UND DEREN BEWERTUNG UNTER BEZUGNAHME VON EXPERTENGESPRÄCHEN UND BEFRAGUNGEN

Sofia Zindler

Inhaltsverzeichnis

Abkürzungsverzeichnis

AUMA	Ausstellungs- und Messe-Ausschuss der Deutschen Wirtschaft
Bitkom e.V.	Bundesverband Informationswirtschaft, Telekommunikation und neue Medien e. V.
BLE	Bluetooth Low Energy
B2B	Business to Business
B2C	Business to Customer
FKM	Gesellschaft zur Freiwilligen Kontrolle von Messe- und Ausstellungszahlen
GPS	Global Positioning System
IPS	Indoor Positioning System
RFID	Radio Frequency Identification
UWB	Ultra-Wideband
VLC	Visible Light Communication
WLAN	Wireless Local Area Network

1 Einleitung

1.1 Ausgangslage und Problemstellung

> *„Der Einsatz neuer Technologien ist [...] Grundvoraussetzung für neue digitale Geschäftsmodelle – und diese werden über den Unternehmenserfolg in der Zukunft entscheiden. Niemand sollte Besseres zu tun haben, als das Unternehmen fit zu machen für eine sich rasant verändernde Welt" (Berg, 2019, o.S.).*

Nach diesem Zitat des Präsidenten des Digitalverbandes Deutschlands Bitkom e.V., Achim Berg, hängt die Wettbewerbsfähigkeit von Unternehmen in Zukunft vermehrt von ihrer Anpassungsfähigkeit an die, unter anderem auf die Digitalisierung zurückzuführenden Entwicklungen ab. Dabei spielen neue digitale Geschäftsmodelle durch digitale Technologien eine relevante Rolle. Mithilfe dieser digitalen Technologien wird es für den Unternehmenserfolg in einer sich rasch verändernden, digitalen Welt immer wichtiger, wie sich Daten in Unternehmen von „Big Data" zu „Smart Data" (Smart Data ist ein Begriff, der „nutzbringende, hochwertige und abgesicherte Daten" auf Grundlage von Big Data in Kombination mit den Komponenten Datenschutz, Nutzen, Semantik und Datenqualität beschreibt, vgl. Jähnichen, 2015, S. 1), also nützlichem Wissen, verarbeiten lassen (vgl. Bartlett-Mattis, 2018, o.S.). „Der Schlüssel zur digitalen Transformation sind Daten – sie sind der Rohstoff der Zukunft. Dabei spielt es keine Rolle, um welche Art von Daten es sich handelt – man muss nur wissen, wie man sie erzeugt und sinnvoll verarbeitet" (Barth, 2017, o.S.).

Mit diesem Hintergrund kommen vor allem Unternehmen, die wirtschaftlich relevante Daten aufgrund ihrer Geschäftsmodelle nicht einfach online, z.B. über Klickraten, abrufen können, in Bedrängnis. Dazu gehören der Einzelhandel, Supermarktketten oder auch Einrichtungen wie Flughäfen, Museen, Messeplätze und Einkaufszentren (vgl. infsoft, 2017, S. 20 ff.; T-Systems International

GmbH, 2014, o.S.). So muss in diesen Bereichen ein Weg gefunden werden, wie Daten erzeugt und verarbeitet werden können. Dazu gibt es Technologien, die die Datenerhebung auch in den oben genannten Geschäftsfeldern in der analogen Welt ermöglichen und aus diesen, durch anschließende oder simultane Analysen, relevante Informationen ziehen. Zu diesen digitalen Technologien gehören unter anderem Indoor Analytics oder Innenraumanalysen. Indoor Analytics ermöglicht vielfältige Anwendungsformen der Datenerhebung und Auswertung, wie z.B. die Besucherstrommessung oder Nachverfolgung von Objekten oder Personen in geschlossenen Räumen. Der Gegenpol, Outdoor Analytics, begegnet uns bereits viel häufiger im Alltag und kommt uns durch die selbstverständliche Nutzung von Google Maps und Co. vertraut und natürlich vor.

Auch wenn Indoor Analytics sich immer größerer Bekanntheit erfreut, stellt sich die Frage, wie einzelne Branchen den Anwendungen in der Praxis gegenüberstehen und welcher Nutzen sich tatsächlich daraus ergibt. Speziell auf die Messewirtschaft (die Messewirtschaft ist die „Summe aller ökonomischen Aktivitäten im Zusammenhang mit der Durchführung von Messen. [...].“, AUMA, o.J., a, o.S) bezogen, scheinen die sich aus Indoor Analytics ergebenden Anwendungsmöglichkeiten sehr vielfältig, jedoch bisher nur wenig wissenschaftlichen Betrachtungen unterzogen zu sein. Daher ist es aus wissenschaftlicher Perspektive sinnvoll, sich näher mit den Einsatzmöglichkeiten von Indoor Analytics und den daraus zu generierenden Chancen in der Messewirtschaft auseinanderzusetzen.

1.2 Zielsetzung der Arbeit

Das Forschungsziel dieser Arbeit ist es, Erkenntnisse für den realistischen Einsatz von Indoor Analytics bei Messegesellschaften speziell in Deutschland zu gewinnen. Dazu werden drei potentielle Use-Cases erarbeitet, unter Berücksichtigung messespezifischer Gegebenheiten, gesamtwirtschaftlichen Entwicklungen im Rahmen der Digitalisierung sowie den technologischen Möglichkeiten von Indoor Analytics.

Die messespezifischen Gegebenheiten beinhalten zum einen die Betrachtung zweier parallel bestehender Zielgruppen Aussteller und Besucher aus Sicht eines Messeveranstalters und zum anderen die sich ergebenden Unterschiede aus der

Messetätigkeit im Business-to-Business (B2B) und Business-to-Customer (B2C) Bereich.

1.3 Methodik der Arbeit

Zur Zielerreichung der vorliegenden Arbeit findet im Rahmen der Sekundärforschung zunächst eine Auswertung von Literatur statt. Für die Beantwortung der Forschungsfrage dieser Arbeit erfolgt im zweiten Schritt eine Primärforschung, dessen Schwerpunkt aufgrund der empirisch wenig untersuchten Fragestellung auf die qualitative Marktforschung gefallen ist. Die dafür gewählten Marktforschungsmethoden äußern sich zunächst in einer Datenerhebung durch eine schriftliche Befragung einer Stichprobe von neun deutschen Messegesellschaften. Die Ergebnisse dieser Befragung werden in einem zweiten Schritt durch drei Tiefeninterviews mit zwei Experten aus dem Bereich der Indoor Analytics und dem Projektleiter Unternehmensentwicklung einer Messegesellschaft, die praktische Erfahrungen in der Anwendung von Indoor Analytics vorweisen kann, einer abschließenden Bewertung unterzogen. Die gewählte Methodik dient der Festigung der Bewertung der erstellten Prognosen und entwickelten Einsatzmöglichkeiten (Use-Cases), um in der Forschungsarbeit auch den Gütekriterien Objektivität, Reliabilität und Validität gerecht zu werden (vgl. Doppler/Steffen 2019, S. 25 f.).

2 Indoor Analytics

2.1 Abgrenzung Outdoor Analytics versus Indoor Analytics

Outdoor Analytics wird als die grundsätzliche Erfassung und Analyse von Bewegungs-, Verkehrs- und Personenströmen in öffentlichen Außenbereichen, d.h. auf Straßen, Plätzen, in Innenstädten etc. beschrieben. Diese Anwendung liefert Auskünfte über die Auslastung des (Nah-)Verkehrs, die Anzahl an Menschen, die bspw. an einem Schaufenster vorbeigehen, oder den potenziell besten Platz für kommerzielle Werbung. Die Anwendung von Outdoor Analytics in Verbindung mit digitalisierten Lokationsdaten, etwa von Hotels, Restaurants, Bars u.v.m. ist für den Nutzer heutzutage durch die Positionsbestimmung über GPS (Abkürzung für Global Positioning System, englisch für ‚weltumspannendes Ortungssystem', Duden, o.J., a, o.S.) und das Navigieren per Smartphone nicht nur im Straßenverkehr alltäglich (vgl. Bitkom, 2015, S. 40 f.).

Sobald der Verbraucher ein Gebäude betritt, ist der GPS Empfang seines Smartphones nicht mehr gewährleistet. Damit endet der Anwendungsbereich von Outdoor Analytics und der herkömmlichen Navigationstechnologie. Hier setzt das Gegenstück der Outdoor Analytics ein, die Big Data Technologie Indoor Analytics (vgl. im Folgenden Bitkom, 2015, S. 41; infsoft, 2017, S. 4 ff.; NavVis ,o.J., b, o.S.; Sensalytics, o.J., a, o.S.; WWM, o.J., o.S.).

Indoor Analytics ermöglicht intelligente Datenerfassungen und -auswertungen in Innenräumen. Damit ist Indoor Analytics sowohl der Überbegriff als auch die tatsächliche Datenanalyse, der aus den Teilaspekten erhobenen Daten. Dabei können, ähnlich wie bei Outdoor Analytics, Personen- oder Sachbewegungen nachverfolgt werden – allerdings auf Grundlage anderer Technologien. Mithilfe von Analyse-Softwares können diese erhobenen Daten ausgewertet und visuell in Form von Diagrammen und Heatmaps (eine Heatmap ist eine „[…] analytische Darstellungsform zur Datenvisualisierung.", Gründerszene, o.J., o.S.) dargestellt und als Grundlage für unternehmerische Entscheidungen herangezogen werden. Durch die Verbindung mit Lokationsdaten können, ähnlich wie beim Outdoor

Analytics, relevante Informationen sowohl für Verbraucher zu Verfügung gestellt als auch für Anbieter erfasst werden.

2.2 Bestandteile von Indoor Analytics

2.2.1 Indoor Digitalisierung

Indoor Digitalisierung ist die digitale Erfassung von Innenräumen und bildet den ersten Grundlagenschritt für jedes weitere Indoor Lokalisierungsprojekt (vgl. infsoft, o.J., a, o.S.).

Um die Funktionsweisen und Anwendungsbereiche zu erläutern, wird im Folgenden die Lösung des derzeit sehr gefragten Anbieters NavVis auf dem Markt der Indoor Digitalisierungslösungen aufgezeigt (vgl. im Folgenden Grauert, 2017, o.S.).

Hierbei erfasst ein mobiles Messgerät, das mit sechs 360 Grad Kameras und drei Laserscannern ausgestattet ist, den Innenraum fotografisch, vermisst und digitalisiert ihn vollständig, sodass ein „digitaler Zwilling" erzeugt und angezeigt werden kann. Dafür überträgt ein „IndoorViewer" die über die Kameras und Laser erfassten Daten in ein virtuelles und exaktes 3D-Modell, das per WebBrowser digital angezeigt werden kann.

Die Lösung der Indoor Digitalisierung ist zugleich Marktlückenfüller und Antwort auf das von NavVis erkannte Ungleichgewicht der Digitalisierung im Außen- und im Innenbereich. Während im Außenbereich durch Anbieter wie Google, mit den Anwendungen Google Maps und Google Street View, bereits ganze Städte digital erfasst sind, gilt das für mehr als 90 Prozent der Innenräume nicht (vgl. Grauert, 2017, o.S.). In diesen ist bisher, ganz im Gegensatz zum Außenbereich, keine vergleichbare Navigation möglich. Und das obwohl wir – laut Angabe von NavVis – 90 Prozent unserer Zeit in diesen Innenräumen verbringen (vgl. NavVis, o.J., a, o.S.).

2.2.2 Indoor Positionsbestimmung

Die Indoor Positionsbestimmung „[…] bezeichnet die Lokalisierung von Personen oder Objekten innerhalb von Gebäuden" (infsoft, 2017, S. 14). Da GPS-Signale im Innenraum nicht empfangen werden können, wird für das Indoor

Tracking auf andere technische Ortungsmethoden zurückgegriffen. Diese bilden das Indoor Positioning System (IPS) (vgl. infsoft, 2017, S. 4).

Die Ortungsbestimmung für das IPS kann durch verschiedene Technologien generiert werden, wie z.B. über Wireless Local Area Network (WLAN), Bluetooth Low Energy (BLE), Visible Light Communication (VLC), Radio-Frequency Identification (RFID) oder Ultra-Wideband (UWB). Unterstützt werden können diese Technologien durch Kamerasysteme und 3D-Sensoren, da aus der Korrelation von Kamerabild und Positionsdaten Vorteile entstehen können. Durch die Kombination können neben der Ortung von mobilen Endgeräten, Objekten und Personen auch optische Merkmale zugeordnet werden (vgl. infsoft, o.J., b, o.S.; sensalytics, o.J, b, o.S.).

Die Indoor Positionsbestimmung von Personen oder Gegenständen kann Antworten auf verschiedene Fragen in unterschiedlichen Branchen geben. Hier einige Anwendungsmöglichkeiten (vgl. im Folgenden Bitkom, 2015, S. 41; Fortinet, o.J., o.S., infsoft, 2017, S. 20 ff.; sensalytics, o.J.,a, o.S,; Streich, 2017, o.S.):

- Besucherstrommessung auf Messen und Ausstellungen: Welche Gänge sind über- oder unterdurchschnittlich frequentiert; welche Aussteller oder Exponate erregen besonders hohe Aufmerksamkeit; wie lange halten sich die Besucher in welcher Halle auf; welche Zusatzangebote (z.B. Fachforen, Podiumsdiskussionen, Sonderschauen) sind unter den Besuchern besonders beliebt? Messebesucher können ihre Entscheidungen für die Teilnahme an Foren, Podiumsdiskussionen oder Vorträgen je nach Besucheraufkommen treffen.
- Lokalisierung von Mitarbeitern, bspw. des Sicherheitspersonals auf Großveranstaltungen, um durch den Überblick über deren Aufenthalt eine gleichmäßige Verteilung zu gewährleisten.
- Optimierung von Laufwegen, z.B. für eine Gebäudeevakuierung: Welche Wege oder Treppenhäuser werden vermehrt oder unterdurchschnittlich genutzt und müssen besser beschildert oder ausgebaut werden?
- Optimierung der Automatisierung im Logistik- und Lagerbereich durch die Lokalisierung und Identifikation von Objekten und Produkten.

- Verbesserungen in den Verkaufsflächen, -räumen und -infrastrukturen durch die Nachverfolgung von Laufwegen, Aufenthaltsort und –Dauer der Kunden im Einzelhandel.
- Einkaufszentren können die Mieten der einzelnen Shops oder die Kosten für Werbeanzeigen nach Besucheraufkommen differenzieren.

2.2.3 Indoor Navigation

Indoor Navigation oder Indoor Routing beschreibt die Navigation in Gebäuden. Für diese Funktion sind zum einen digitale Karten, im Rahmen der in Kapitel 2.2.1 beschriebenen Indoor Digitalisierung, Voraussetzung und zum anderen die vorangegangene Positionsbestimmung des Nutzers über das IPS. Die digitalen Karten werden auf einem Smartphone oder anderen Device mittels einer App mit der automatischen Lokalisierung durch das IPS abgeglichen und können den Nutzer daraufhin präzise mit Richtungsanweisungen durch das Gebäude und über Stockwerke hinweg leiten („Turn-by-Turn-Navigation"). So können sich die Besucher in den häufig unübersichtlichen Gebäuden von bspw. Bahnhöfen, Flughäfen, Museen, Einkaufszentren und Messehallen besser zurechtfinden und sich die schnellste und/oder kürzeste Route zu ihrem Ziel, das z.B. ein bestimmtes Bahngleis, Gate, Ausstellungsobjekt oder ein spezieller Laden oder Aussteller sein kann, empfehlen lassen – was bisher nur im Außenbereich gängig ist (vgl. infsoft, 2017, S. 12 f.).

3 Skizzierung einiger Entwicklungen der Messewirtschaft durch die Digitalisierung

Die Ergebnisse der Studie „Digitalisierung der Wirtschaft“, die im Auftrag des Digitalverbandes Bitkom e.V. im Jahr 2019 durchgeführt wurde, zeigen die aktuellen Auswirkungen der Digitalisierung und der digitalen Transformation in der deutschen Wirtschaft. Die befragten Unternehmen in Deutschland, geben an, dass sie auf die Digitalisierung mit einer immer stärkeren Veränderung und Anpassung des Angebots, der Produkte und Dienstleistungen reagieren (vgl. Bitkom, 2019, o.S.).

Auch die Messegesellschaften scheinen die sich durch die Digitalisierung verändernden Rahmenbedingungen innerhalb der Wirtschaft deutlich zu spüren.

Denn laut der in 2018 veröffentlichten AUMA Bilanz des Jahres 2017 investieren die deutschen Messegesellschaften gegenwärtig vermehrt in digitale Angebote und in die digitale Infrastruktur ihrer Gelände. Dabei spüren nicht nur die Messegesellschaften die Auswirkungen, sondern auch Aussteller und Besucher. Dieses Dreiecksverhältnis ist aufgrund der zwei heterogene Kunden- bzw. Zielgruppen eines Messeveranstalters charakteristisch für die Messewirtschaft und definiert den Messemarkt als zweiseitigen Markt (vgl. Goschmann, 2013, S. 138; Richter, 2018, S. 103). So wird der digitalen Vernetzung von Ausstellern und Besuchern über das reale Treffen auf dem Messestand hinaus eine immer stärkere Bedeutung zugewiesen, wobei die Messegesellschaft die Rolle des ganzjährigen Kommunikationspartners einnimmt. Auch die Vereinfachung und Beschleunigung von Geschäfts- und Informationsprozessen zwischen Veranstalter und Aussteller bzw. Veranstalter und Besucher nimmt in ihrer Bedeutung zu (vgl. AUMA Bilanz, 2018, S. 15).

Mit Blick in die Zukunft, und speziell auf den Untersuchungsgegenstand dieser Arbeit bezogen, wird eine Messe verschiedene Qualitäten benötigen, zu denen auch die „Fortschrittsfähigkeit im Hinblick auf den Einsatz neuer Technologien [...]“ (Wutzlhofer, 2017, S. 130) gehört.

4 Use-Cases für den Einsatz von Indoor Analytics bei Messegesellschaften

Um die Forschungsfrage nach Erkenntnissen über realistische Einsatzmöglichkeiten von Indoor Analytics zu beantworten, werden in den folgenden Kapiteln drei Anwendungsszenarien für den möglichen Einsatz ausgearbeitet. Dabei wird jeweils einer der Beteiligten des Dreiecksverhältnisses aus Veranstalter, Aussteller und Besucher in den Fokus der Betrachtung gestellt.

4.1 Use-Case 1: Indoor Navigation für Messebesucher

Der erste Use-Case soll für die digital unterstütze Optimierung des Besuchererlebnisses auf einer Messe einen Beitrag leisten. Denn bis weit in die 1980er-Jahre durch die angebotsgetriebenen Märkte standen die Aussteller im Zentrum der Betrachtung einer Messeveranstaltung. Den Besuchern hingegen wurde weniger Beachtung geschenkt, denn wenn das Angebot stimmte, kamen die Besucher mehr oder weniger „automatisch". Dies hat sich jedoch in den letzten Jahren verändert. So waren von 2000 bis 2010 die Besucherzahlen nicht mehr nur nicht gestiegen, sondern erstmalig rückläufig. Die Messebesucher selbst kamen deshalb stärker in die Betrachtung der Veranstalter (vgl. Erbel, 2017, S. 243 f.).

Der Besucher und seine Verhaltensweisen haben sich innerhalb der letzten Jahre deutlich verändert, was sich in einer gesteigerten Erwartungshaltung widerspiegelt. Die gesamte Bandbreite einer Branche möchte der Besucher in einer möglichst kurzen Zeit, möglichst effizient und dennoch mit viel Erlebnischarakter vom Veranstalter präsentiert bekommen. Außerdem werden an die Messevorbereitung, durch die Möglichkeit der intensiveren Internetnutzung, neue Ansprüche gestellt (vgl. Erbel, 2017, S. 246 ff.). Durch diese Veränderungen in der Erwartungshaltung und dem Verhalten der Besucher, rückt die digitale Kundeninteraktion verstärkt in den Mittelpunkt. Diese erfordert eine Anpassung bereits existierender Kompetenzen sowie eine Investition in die digitale Leistungsfähigkeit seitens der Messe. Die Besucher erwarten auch auf Messen die Verknüpfung mit der digitalen Welt. Veranstalter können daher mit dem Einsatz von digitalen

Tools den Kundenbedürfnissen in Zukunft gerecht werden (vgl. Ottmann/Fleck, 2017, S. 334).

Darüber hinaus sehen sich Messebesucher auf den deutschen Messegeländen, von denen vier zu den weltweit acht größten Messegeländen gehören (vgl. AUMA Bilanz, 2019, S. 134), mit riesigen Flächen und Hallen konfrontiert, in denen sie sich zurechtfinden müssen. Gleichzeitig erwarten sie, wie zuvor skizziert, den Messebesuch effizient und in kurzer Zeit absolvieren zu können. Die Ausmaße von rund 2,8 Millionen Quadratmeter auf 25 deutschen Messegeländen (vgl. AUMA Bilanz, 2019, S. 128) mit diesen Erwartungshaltungen zu kombinieren, scheint für die Veranstalter ein komplexes Unterfangen zu sein. Doch um die Besucher auch zukünftig für die Messen zu gewinnen, muss eine Messegesellschaft genau diesen Erwartungen gerecht werden (vgl. Erbel, 2017, S. 248).

Als ein Lösungsvorschlag für die oben skizzierte Problematik schlägt die Verfasserin als ersten Use-Case die Einführung von Indoor Navigation in Messehallen für Messebesucher vor.

Durch eine zuvor stattgefundene Digitalisierung der Messehallen kann, wie in 2.2.1 beschrieben, eine digitale Karte und ein sogenannter „digitaler Zwilling" der Hallen erstellt werden, die für die Funktion der Indoor Navigation Voraussetzung ist. Dann können die digitalen Karten mit einer App verbunden werden, die die Besucher zuverlässig durch die Messehallen an ihr gewünschtes Ziel leitet. So kann der Messebesuch beispielsweise hinsichtlich Terminvereinbarungen mit Ausstellern genauer geplant werden, da Dauer und Route des zurückzulegenden Weges zwischen zwei Ausstellern im Vorhinein genau in Erfahrung gebracht werden können.

Mit der konkreten Ausgestaltung des ersten Use-Case kann die Verbindung zu sogenannten „Themenrouten" forciert werden. Diese Themenrouten gibt es bereits, sie sollen den Besuchern die Orientierung in den Hallen erleichtern und Aussteller, die Produkte oder Dienstleistungen in einer gemeinsamen Ausrichtung anbieten, vereinen. Will ein Besucher solche Themenrouten ablaufen, muss er sich aktuell noch selbstständig den Weg zu den entsprechenden Ausstellern in den manchmal unübersichtlichen Hallen suchen, die sich nicht unbedingt in nächster Nähe zueinander befinden. Eine digitale Karte mit interaktiver Indoor Navigation würde die Besucher auf einer Themenroute, aber auch unabhängig von einer solchen, auf dem optimalen Weg zu den einzelnen Ausstellern navigieren. Nicht nur die Besucher profitieren von der Navigation, sondern auch die Aussteller. Steht ein an der Themenroute beteiligter Aussteller beispielsweise an einer weniger prominenten Stelle in der Halle, hat er durch die Indoor Navigation die Gewissheit, dass alle Besucher, die sich für das Thema der Route interessieren, auch seinen Stand finden.

Die Indoor Navigation sollte für Besucher als kostenfreier Service zur Optimierung des Messebesuches angeboten werden. Dabei muss die Technologie zur Positionsbestimmung auf wenige Meter genau sein, damit der Besucher von einer reibungslosen Navigation profitieren kann.

Für die Messegesellschaft kann die Einführung ein strategisches Mittel zur Positionierung als „digitale Messegesellschaft" sein, und eine Antwort auf die Bedürfnisbefriedigung der Zielgruppe Besucher in der digitalen Welt darstellen. Durch die Tatsache, dass zunächst die technologische Infrastruktur für den Einsatz geschaffen werden muss, ist die Indoor Navigation für die Messegesellschaft allerdings auch mit zeitlichem und finanziellem Aufwand verbunden. Zusätzlich ist für die Navigation eine App notwendig, die die Nutzer auf ihrem Device installieren. Bereits vorhandene Apps einer Messegesellschaft können genutzt werden, wodurch die Entwicklungskosten wegfallen würden.

4.2 Use-Case 2: Besuchertracking als digitale Zusatzleistung für Aussteller

Im Fokus der Betrachtung des zweiten Use-Case stehen die Aussteller.

Für viele Unternehmen ist die Messebeteiligung als Instrument im Marketing-Mix, nach der Nutzung der eigenen Website, das wichtigste Instrument (vgl. AUMA MesseTrend, 2019, S. 20 ff.). Seitens der Aussteller sollte daher eine Messebeteiligung, wie andere Marketing-Instrumente auch, in ihrer Effektivität und Effizienz stetig kontrolliert werden. Dafür kommt den definierten Messebeteiligungszielen besondere Relevanz zu: sie müssen präzise formuliert werden, um im Anschluss die Zielerreichung überprüfen zu können (vgl. Kirchgeorg/Kästner/Springer, 2017, S. 1039). Für die Ergebnisevaluierung dieser Ziele während und nach der Messe benötigt ein Aussteller Informationen, um seine Zielerreichung mit Soll-Ist-Vergleichen festzustellen (vgl. Meffert, 2017, S. 1024). Laut der Gesellschaft zur Freiwilligen Kontrolle von Messe- und Ausstellungszahlen (FKM) lässt sich ein Messeerfolg nur mit Fakten planen, denn „[...] nur Fakten [sind, A.d.V.] eine sichere Basis für objektive Bewertungen und sachliche Entscheidungen" (FKM, o.J., b, o.S.).

Andererseits haben auch die von der FKM zertifizierten Messedaten, unter denen sich Besucherzahlen und Besucherstrukturen (Herkunft, Branche, Aufgabenbereich im Unternehmen) befinden, Informationslücken, die bisher nicht gedeckt werden können (vgl. FKM, o.J., a, o.S.).

Denn was Aussteller bisher nicht wissen können ist, welche dieser Besucher sich explizit auf der eigenen Ausstellungsfläche bewegen oder bewegt haben. Diese Information dürfte für Aussteller durchaus von größerer Relevanz sein. Denn für die Erreichung der Verkaufs- und Vertriebsziele eines Ausstellers spielen die Entscheidungsbefugten und Mitentscheider eine deutlich höhere Rolle als Studenten und nicht an Entscheidungen Beteiligte. Auch Umgang und Kundenansprache unterscheiden sich, je nachdem welche Position der Besucher auf dem Stand innehat– genauso wie die Wahrscheinlichkeit für einen Geschäftsabschluss.

Durch Indoor Analytics im Rahmen von Besuchertracking und Laufweganalysen können ebendiese, bisher nicht verfügbaren Informationen erfasst und als analysierbare Daten aufbereitet werden. Für die beschriebene Erhebung der beruflichen Position im Unternehmen muss die Zustimmung der Besucher vorliegen, da damit personenbezogene Informationen erfasst werden. Aber auch ohne Zustimmung der Besucher – und damit ohne Wissen über berufliche Herkunft und Stellung – gibt es eine Vielzahl an weiteren Informationen, die mithilfe von Besuchertracking erhoben werden können. Die Messung der genauen Verweildauer und des Verweilorts der Besucher am Stand können Top-Anlaufpunkte auf dem Messestand identifizieren. Der Aussteller kann durch die Auswertung in „Heatmaps" erkennen, welche Produktinszenierungen oder Exponate häufig oder weniger häufig beachtet werden und wie viele Personen sich an Verkaufstischen Informationen einholen. Durch die gewonnene Übersicht können Rückschlüsse gezogen werden auf die Zustimmung des gesamten Standkonzepts und der Attraktivität des Standbaus, auf das Standcatering und auf die optimale Anzahl an eigenem Standpersonal sowie dessen Einsatzplanung.

Wurden noch vor einigen Jahren die Kontakte am Messestand mit Strichlisten oder gesammelten Visitenkarten gezählt (vgl. Neven/Hochheim, 2017, S. 1046, aus: AUMA Messetrend, 2013, S. 20 ff.), kann ein Aussteller mithilfe von Indoor Analytics bereits während der Messe tagesaktuelle Analysen der Besucherbewegungen auf seinem Stand nutzen. Dadurch können nicht erst im Nachhinein, sondern auch in Echtzeit die Daten genutzt werden, um Anpassungen in der Performance vorzunehmen und Entscheidungen für die Optimierung der Messebeteiligung zu treffen.

Neben den Vorteilen für Aussteller ergibt sich darüber hinaus für die Messegesellschaft ein sehr bedeutender Mehrwert. Denn diese hat die Datenhoheit über die erhobenen Besucherdaten – was in Zeiten, in denen durch digitale und datengestützte Geschäftsmodelle Wettbewerbsvorteile generiert werden, von hoher Relevanz ist. Für eine Messegesellschaft kann das, richtig eingesetzt, auf dem Weg in die digitale Zukunft einen Vorsprung gegenüber Mitbewerbern bedeuten und zu einem zukunftsfähigen Geschäftsmodell führen.

Das Besuchertracking kann demnach das Portfolio der buchbaren Zusatzleistungen (bei den Zusatzleistungen „[…] handelt es sich um die Leistungen, die zusätzlich zu den Basisleistungen vom Messeveranstalter bezogen werden können.“, Holzner, 2006, S. 9) eines Messeveranstalters erweitern. Angeboten als Digitalservice, können diese Informationen von Ausstellern im Messe-Onlineshop hinzugebucht werden. Durch die Möglichkeit zur Monetarisierung der erhobenen Daten und das Anbieten dieser als digitale Zusatzleistung kann die Messegesellschaft, neben der oben beschriebenen Positionierung in der datengetriebenen digitalen Welt, ihre eigenen wirtschaftlichen Ziele verfolgen. Erweitern ließe sich dies über die Verbindung mit Locationbased Services (LBS) („Unter LBS sind elektronische Dienstleitungen zu verstehen, welche die aktuelle Position mobiler Endgeräte ermitteln und dem Nutzer so ortsbezogene Informationen übermitteln können, die für diesen nützlich sind“, Altpeter, 2017, S. 17, aus: Schiller/Voisard, 2004, S. 10) oder Locationbased Advertising (LBA) („Locationbased Advertising (LBA) bezeichnet den Versand von Werbenachrichten, die auf den aktuellen Aufenthaltsort des Empfängers abgestimmt sind und auf mobilen Endgeräten empfangen werden können.“, Altpeter, 2017, S. 17).

Durch die Einbindung der erfassten Daten des Besuchertrackings in Digital-Signage-Systeme (Digital Signage, zu dt. digitale Beschilderungssysteme, bezeichnet „den vernetzten, digitalisierten Einsatz von Flachbildschirmen als Informations– und Werbeplattform", Silberer, 2010, S. 4) wäre es darüber hinaus denkbar, die Auslastung von Vortrags- und Workshop Arealen digital anzeigen zu lassen. Davon könnten Besucher ablesen, ob die für sie interessanten Vorträge bereits überfüllt sind womit sie in ihrer Entscheidung zur Auswahl eines Vortrages unterstütz würden. Weiterhin könnte anzunehmen sein, dass sich dadurch die Verteilung der Teilnehmer gleichmäßiger entwickelt. Der Veranstalter hingegen gewinnt einen Überblick über die Besucherverteilung in seinen Messehallen und hat die Möglichkeit, Entscheidungen für eine bessere Wegeführung zu treffen oder frühzeitig Sicherheitsrisiken zu erkennen, die durch eine zu hohe Personendichte entstehen können. Durch diese Möglichkeit des „Crowdcontrolling" kann ein Beitrag zum Sicherheitskonzept der Messe geleistet werden (vgl. Grosser, 2017, S. 60).

4.3 Use-Case 3: Frequenzorientiertes Preismodell für Standflächen

Im Fokus des dritten Use-Case steht die Messegesellschaft als wirtschaftliche Organisation. Diese verfolgt den Zweck, Gewinn zu erzielen, indem sie sich am Wirtschaftsleben beteiligt (vgl. Bardmann, 2019, S. 73). Handlungsspielraum hat eine Messegesellschaft im Rahmen der Gewinnerzielung unter anderem durch preispolitische Maßnahmen, die in besucher- und ausstellerbezogenes Pricing eingeteilt werden können. In Use-Case 3 soll aufgezeigt werden, wie das ausstellerbezogene Pricing, bezogen auf die Standflächenpreise pro Quadratmeter, durch den Einsatz von Indoor Analytics verändert werden könnte. Dieses macht den größeren Teil des Umsatzes von Messegesellschaften aus (vgl. Holzner, 2017, S. 701).

Dafür erfolgt zunächst die Skizzierung des bisherigen Standflächen-Pricings von Messegesellschaften. Die Vermietung der Standfläche gehört zu den Basisleistungen einer Messe und stellt das Kerngeschäft des Messeveranstalters dar (vgl. Holzner, 2006, S. 6). Bei der Preisfestsetzung pro Quadratmeter Ausstellungsfläche passen sich die Messegesellschaften hauptsächlich an den Marktpreis von anderen Konkurrenzveranstaltungen (Konkurrenzveranstaltungen sind Veranstaltungen, die sich thematisch überschneiden und vermehrt die gleichen Kunden und Branchen als Zielgruppe haben, vgl. Holzner, 2017, S. 705 f.) an. Innerhalb der Preisstrukturen von Messeveranstaltern werden bisher folgende Preisdifferenzierungsansätze genutzt: Platzierung des Standes, Standform und Buchungszeitpunkt. Bei der Standform hat der Aussteller die Wahl zwischen einem Reihenstand (eine offene Seite), einem Eckstand (zwei offene Seiten), einem Kopfstand (drei offene Seiten) oder einem Inselstand (vier offene Seiten). Die Standform hat Auswirkungen auf den Standort der Standfläche, da z.B. Eckstände nur an Gangkreuzungen liegen können, an denen die Besucherfrequenz meist höher ist (vgl. Richter, 2018, S. 140).

Die Platzierung des Standortes wird folglich bisher nur indirekt, durch die Wahl der Standform, preislich differenziert.

Die Preisgestaltung von Quadratmeterpreisen auf Messen hinsichtlich Besucherfrequenzen, die in diesem dritten Use-Case im Fokus der Betrachtung steht, ist auch in der Literatur zu finden. So vermutet Richter, die sich 2018 mit Dynamic Pricing im Messemarketing auseinander gesetzt hat, dass Aussteller für einen Standplatz an einem höher frequentierten Ort auf der Messe eine höhere Preisbereitschaft aufweisen würden (vgl. Richter, 2018, S. 144). Weitere Sekundärliteratur, die sich im Jahr 2017 mit dem Pricing von Messedienstleistungen befasst hat, geht darauf ein, dass die in der Messewirtschaft bisher gängige Preisgestaltung der Standflächen individuelle Zahlungsbereitschaften der Aussteller ungenutzt lässt, wodurch der Veranstalter auf die systematische Abschöpfung der Konsumentenrente („Die Konsumentenrente ergibt sich aus der positiven Differenz zwischen den Preisen, die die Aussteller bereit wären zu zahlen, und dem Marktpreis (Preis, der im Durchschnitt für die Leistung bezahlt wird)", Holzner, 2017, S. 709) verzichtet. Dadurch verschließe er sich weiterhin vor einer Ertragssteigerung, mit der durch ein nutzenorientiertes Pricing gerechnet werden könnte, sowie einer erhöhten Kundenzufriedenheit und Erfolgswahrscheinlichkeit des Messeauftritts der Aussteller (vgl. Holzner, 2017, S. 709 ff.).

In dieser Literatur wird das frequenzorientierte Preismodell theoretisch im dynamischen Pricing (Dynamic Pricing ist „das planvolle Vorgehen eines Anbieters, seine einseitigen Preisvorgaben zu beliebigen Zeitpunkten innerhalb des Verkaufsprozesses („dynamisch") zu ändern, mit dem Ziel der Maximierung des Gesamterlöses zu reagieren.", Klein/Steinhardt, 2008, S. 176 ff.) bzw. in der nutzenorientierten Preissetzung eingeordnet (vgl. Holzner, 2017, S. 712; Richter, 2018, S. 91 ff.). Das dynamische Pricing nimmt in der heutigen Unternehmenspraxis von Dienstleistern bereits einen hohen Stellenwert ein, findet aber in der Messewirtschaft bisher kaum Anwendung (vgl. Richter, 2018, S. 162). Im dynamischen Pricing kann die Preisdifferenzierung eines Produktes oder einer Dienstleistung nach verschiedenen Klassifikationen erfolgen, eine Form ist die segmentorientierte Differenzierung. Dabei erfolgt die Einteilung in zeitliche, räumliche, personenbezogene und leistungsabhängige Segmente (vgl. Richter, 2018, S. 116 f.). Für die Messebranche sind die Segmente der Eigenschaften der Stände als Grundlage der Preisdifferenzierung denkbar. Speziell auf das frequenzorientierte Preismodell bezogen, ergibt sich das Kriterium der Messeteilnehmer. Dies entspricht einer preislichen Differenzierung nach den Standorten in der Halle je nach Aufkommen der Messebesucher – und stellt eine für die Messewirtschaft neue Art der Differenzierung dar (vgl. Richter, 2018, S. 162 f.).

Die dynamische Preisstrategie ist im Gegensatz zum statischen Preismanagement zwar deutlich realitätsnäher, führt aber zu komplizierten Entscheidungskalkülen (vgl. Olbrich/Battenfeld, 2014, S. 19).

Trotz der komplizierteren Preisgestaltung wird „[…] die Fähigkeit eines Unternehmens, seine Preise innerhalb kürzester Zeit an sich verändernde Rahmenbedingungen anzupassen, in vielen Branchen des Dienstleistungsbereichs als der zentrale kritische Erfolgsfaktor angesehen" (Klein/Steinhardt, 2008, S. 175) – daher sollte auch eine Messegesellschaft, als Teil des Dienstleistungssektors, eine dynamischere Preisgestaltung in Erwägung ziehen.

Grundsätzlich unterliegt das dynamische Pricing allerdings weiteren Aspekten, wie der Kapazitätssteuerung und der Einbeziehung von Nachfrageverhalten sowie Zahlungsbereitschaften. Da das nachfolgende, von der Verfasserin beschriebene Preismodell zum dritten Use-Case, diese komplexen Aspekte nicht betrachtet, nimmt die Verfasserin davon Abstand, ihren Ansatz zur frequenzorientierten Preisgestaltung eindeutig dem dynamischen Pricing zuzuordnen, als vielmehr damit die theoretische Ausrichtung anzudeuten (vgl. Holzner, 2017, S. 708 f.; Klein/Steinhardt, 2008, S. 176 ff.; Richter, 2018, S. 112 ff.).

Um eine Änderung des Preismodells von der reinen Standfläche- hin zur Besucherfrequenzbetrachtung durchführen zu können, müssen reliable Daten als Grundlage vorhanden sein. Diese Grundlage kann durch Besucherstrommessungen im Rahmen von Indoor Analytics geschaffen werden. Es können Laufwege identifiziert werden – siehe auch Use-Case 2 – die von den Besuchern vermehrt oder weniger stark genutzt werden, wodurch sich wiederum eine unterschiedliche Besucherfrequenz für die Stände ergibt. Dies kann eine neu geschaffene Informations- und Datengrundlage für Messeveranstalter darstellen, um eine Preisstaffelung einzuführen von höheren Preisen für hochfrequentierte Standplätze, niedrigeren Preisen für niedrigfrequentierte Plätze und ein Durchschnittspreis für solche, die einer normalen, bzw. durchschnittlichen Besucherfrequenz zugeordnet werden können. Dafür müssten Messeveranstalter ihre bisherige Standpreiskalkulation überdenken und sich in Zukunft auf eine innovative, dynamischere Preisstrategie einlassen, die, wie oben theoretisch dargelegt, einige Vorteile mit sich bringen kann.

Eine Preisgestaltung nach Besucherfrequenzen könnte wie folgt aussehen:

Für alle Aussteller soll zunächst, unabhängig ihres (gewünschten) Standplatzes innerhalb der Messehalle, ein Festpreis pro Quadratmeter gelten. Dieser sollte niedrig angesetzt sein, aber dennoch hoch genug, um die von der Messegesellschaft zu deckenden Kosten tragen zu können. Während der Messe würden mit entsprechenden Technologien die Besucherströme gemessen und Laufwege identifiziert werden. Auf Grundlage der gesamten Besucheranzahl könnte dadurch nach Beendigung der Veranstaltung eine Staffelung von hoch-, durchschnittlich-, niedrig- oder sehr niedrigfrequentierten Gängen errechnet und es könnte analysiert werden, welches Besucheraufkommen an den unterschiedlichen Standplätzen verzeichnet werden konnte. In einem zweiten Schritt erfolgt ein prozentualer Aufschlag, der nach der Veranstaltung – je nach Besucherfrequenz am Stand – dem Aussteller zu dem bereits gezahlten Festpreis in Rechnung gestellt wird.

Die Staffelungen könnten sich zum Beispiel folgendermaßen gestalten:

- 80-100% aller eingetretenen Besucher passieren einen Stand = hochfrequentiert
- 60-79 % aller eingetretenen Besucher passieren einen Stand = durchschnittlich frequentiert
- 40-59 % aller eingetretenen Besucher passieren einen Stand = geringfrequentiert
- 0-39 % aller eingetretenen Besucher passieren einen Stand = sehr geringfrequentiert

Ein weiteres Berechnungskalkül ergibt sich aus der Standform (Insel-, Kopf-, Eck- oder Reihenstand) und dementsprechend aus der Anzahl der offenen Seiten (vier, drei, zwei oder eine) hin zu den Gängen. Bei einem Reihenstand ist die Berechnung aufgrund des Vorhandenseins von nur einer offenen Seite hin zum Gang, in dem die Besucherfrequenz gemessen wird, verhältnismäßig einfach. Bei einem Eck-, Kopf- oder Inselstand hingegen müssen zwei, drei oder vier offene Seiten mit möglicherweise unterschiedlichen Besucherfrequenzen in die Berechnung einbezogen werden. Nach der ersten Veranstaltung, die mit dem oben beschriebenen Verfahren durchgeführt wird, könnten Schätzwerte für die Besucherfrequenzen hinsichtlich verschiedener Hallenbereiche und Standflächen für die Folgeveranstaltung ausgesprochen werden.

Dadurch hätten die Aussteller die Entscheidungsfreiheit, einen Standplatz nach der voraussichtlichen Besucherfrequenz zu wählen. Dies kann hinsichtlich finanzieller oder strategischer Ausrichtungen der Unternehmen durchaus relevant sein. Die Schätzungen auf Basis der Vorveranstaltung können jedoch variieren, beispielsweise durch Veränderungen in der Aufplanung, und sollten daher für jede Veranstaltung neu formuliert werden. Den Ausstellern kann auf diese Schätzungen allerdings keine Garantie und damit auch keine Einschätzung der auf sie zukommenden Kosten gegeben werden – denn diese ergeben sich erst nach der Messe. Von Bedeutung ist es daher, den Ausstellern diese möglicherweise entstehenden Abweichungen der Schätzungen klar zu kommunizieren, damit keine nachträglichen Beanstandungen möglich sind.

5 Erfasste Informationen für die Bewertung der Use-Cases

5.1 Vorstellung der schriftlichen Befragung ausgewählter Messegesellschaften

Die in Kapitel 5 beschriebenen fiktiven Use-Cases wurden von der Verfasserin mithilfe einer Online-Befragung von ausgewählten Messegesellschaften in Deutschland einer Bewertung unterzogen. Für die Teilnahme angefragt wurden 16 Messegesellschaften, vollständige und verwertbare Rückläufe des Online-Fragebogens kamen von neun Messegesellschaften zurück. Dabei wurden bei der Anfrage keine Unterschiede der Messegesellschaften hinsichtlich bestimmter Branchenzugehörigkeiten der veranstaltenden Messen, der Unternehmensgröße, geographischer Lage oder Anzahl Beschäftigter getätigt.

Unter den an der Umfrage teilnehmenden Unternehmen sind die Messe Frankfurt, die Messe Düsseldorf, die NürnbergMesse, die Landesmesse Stuttgart, die Leipziger Messe, die Messe Essen, die Hamburg Messe, die Messe Dortmund und die Messe Augsburg.

Der Aufbau der Befragung wurde durch ähnliche Fragestellungen von der Verfasserin so gestaltet, dass alle drei Szenarien vergleichbar bewertet werden können. Die Fragen richteten sich auf die Realisierbarkeit, die erwarteten Hürden, sich ergebende Unterschiede hinsichtlich der Einführung auf B2B oder B2C Messen und auf die Zukunftsfähigkeit. Außerdem bezogen sich anwendungsfallbezogene Fragen auf die Nutzungshäufigkeit der Besucher, die Akzeptanz der Austeller, das Interesse der Aussteller, die Zahlungsbereitschaft der Aussteller und die Bereitschaft der Besucher, sich tracken zu lassen.

5.2 Vorstellung der Experteninterviews

Um die Ergebnisse aus der Befragung der Messegesellschaften aus einer weiteren Perspektive zu bewerten, wurden drei Interviewpartner ausgewählt, die im Rahmen des vorliegenden Untersuchungsgegenstandes fachlich als Experten zu sehen sind.

Für das erste Tiefeninterview konnte die Verfasserin Herrn Joseph Häusler, Project Manager von infsoft, gewinnen. Das Unternehmen wurde als Interviewpartner ausgewählt, da es als Full-Service Anbieter Experte in der Anwendung aller in dieser Arbeit untersuchten Technologien ist und auf einen langen Erfahrungszeitraum im Indoor Analytics Markt und einer Vielzahl an Kunden aus verschiedenen Branchen zurückblicken kann (vgl. infsoft, o.J., c, o.S.).

Das zweite Telefon-Interview wurde mit Herrn Patrick Dehner, Projektleiter Unternehmensentwicklung bei der Landesmesse Stuttgart, geführt. Die Verfasserin entschied sich dazu, der Sichtweise einer Messegesellschaft, die bereits Praxiserfahrung vorweisen kann, durch ein Experteninterview weitere Beachtung zu schenken.

Das dritte Interview mit dem Unternehmen WayTation rundet die Auswahl der Experten ab. Interviewpartner Konrad Friedrich, Customer & Experience Officer bei WayTation, kann durch seine langjährige Erfahrung in der Kongress- und Messebranche bei der Bewertung sowohl technologische als auch messespezifische Aspekte berücksichtigen. WayTation ist ein, im Gegensatz zu infsoft, junges Unternehmen, das genau auf die Messewirtschaft zugeschnittene Anwendungen verfolgt, was für den Branchenfokus dieser Arbeit von entscheidender Relevanz ist.

5.3 Zusammenführung der Bewertungsergebnisse

5.3.1 Bewertung des Use-Case 1: Indoor Navigation für Messebesucher

Im Folgenden werden die erfassten Informationen durch die Befragung und Experteninterviews hinsichtlich des ersten Use-Case Indoor Navigation ausgewertet. Im Fokus der Betrachtung steht der Messebesucher, der die Indoor Navigation als einen von der Messegesellschaft bereitgestellten Service nutzen kann.

Zusammenfassend hat die Bewertung des Use-Case 1 seitens der befragten Messegesellschaften gezeigt, dass

- eine eher knappe Mehrheit von 55,5 Prozent den Einsatz von Indoor Navigation als realisierbar ansieht
- finanzielle Aspekte und die Auswahl der richtigen Technologie die größten Hürden für den Einsatz darstellen
- die Nutzungshäufigkeit seitens der Besucher auf B2B Messen höher eingeschätzt wird als auf B2C Messen; wobei die Nutzung auf B2B Messen als eher häufig prognostiziert wird
- die Akzeptanz der Aussteller als hoch eingeschätzt wird, sowohl auf B2B als auch auf B2C
- Indoor Analytics als zukunftsfähig angesehen wird
- ein definierter Mehrwert vorhanden sein muss

Die Experteninterviews hingegen zeigen, dass

- die größten Hürden der Messegesellschaften relativiert werden können, da Beacons eindeutig die geeignetste Technologie für Indoor Navigation darstellt und mit überschaubaren Investitionen durchführbar ist
- ein langer Informations- und Bedenkzeitraum vor dem Einsatz von Indoor Analytics üblich ist
- durch eigene „Routenerstellung“ der Indoor Navigation, Messeveranstalter Besucherströme in ihrem Interesse leiten können, und die Anwendung durch die gezielte Erhöhung des „Traffics“ vor bestimmten Ständen durch die Aussteller monetarisieren können

5.3.2 Bewertung des Use-Case 2: Besuchertracking als digitale Zusatzleistung

Die erfassten Informationen durch die Methoden Befragung und Experteninterview hinsichtlich des zweiten Use-Case dienen der Bewertung des Besuchertrackings, das in Kapitel 4.2 ausführlich dargelegt wurde. Im Fokus der Betrachtung steht der Aussteller, der durch die Kenntnis von erhobenen Besucherdaten als buchbare digitale Zusatzleistung seinen Messeauftritt optimieren kann.

Zusammenfassend hat die Bewertung des Use-Case 2 seitens Messegesellschaften gezeigt, dass

- eine eher knappe Mehrheit von 55,5 Prozent den Einsatz von Besuchertracking als realisierbar ansieht
- finanzielle Aspekte und die Akzeptanz der Besucher die größten Hürden für den Einsatz darstellen
- das Interesse der Aussteller an erhobenen Besucherdaten auf B2B Messen höher eingeschätzt wird als auf B2C Messen; wobei das Interesse auf B2B Messen als sehr hoch bewertet wird
- die Zahlungsbereitschaft der Aussteller für die erhobenen Besucherdaten auf B2B Messen höher eingeschätzt wird als auf B2C Messen; wobei die Zahlungsbereitschaft auf B2B Messen als eher hoch eingeschätzt wird
- die Bereitschaft der Besucher, sich mit digitalen Technologien tracken zu lassen, auf B2B Messen höher eingeschätzt wird als auf B2C Messen; wobei die Bereitschaft auf B2B Messen als eher hoch eingeschätzt wird
- die Bereitschaft der Besucher, sich tracken zu lassen, vermehrt von dem daraus generierten Nutzen abhängt
- das Besuchertracking auf B2B Messen und auf B2C Messen gleichermaßen als zukunftsfähig eingeschätzt wird

Die Experteninterviews betonen, dass

- die geeignete Technologie aus einer Kombination aus Kameras, BLE und WLAN genaue Daten liefern kann
- die Kosten für das Besuchertracking die Messegesellschaft nicht selbst tragen soll, sondern über die Aussteller refinanziert werden muss
- die Datenerhebung über einen längeren Zeitraum Wettbewerbsvorteile generieren kann
- die Akzeptanz der Besucher für Besuchertracking mit der richtige Herangehensweise durchaus erreicht werden können – solange entsprechende Nutzenversprechen kommuniziert werden

5.3.3 Bewertung des Use-Case 3: Frequenzorientiertes Preismodell für Standflächen

Der dritte Use-Case skizziert die Möglichkeit, durch Besucherstrommessungen eine frequenzorientierte Preisgestaltung bei Messen einzuführen.

Zusammenfassend hat die Bewertung des Use-Case 3 seitens Messegesellschaften gezeigt, dass

- eine Mehrheit von 77,7 Prozent die Einführung eines frequenzorientierten Preismodells als eher gering, gering oder sehr gering realisierbar ansieht
- Gründe für die Abneigung gegen ein frequenzorientiertes Preismodell in den möglichen Konsequenzen für den Erfolg der Messeveranstaltung, den befürchteten Verlusten und damit in der Bedrohung der gesamten wirtschaftlichen Stabilität liegen
- die Unsicherheit in der Umsetzung mit Abstand die größte Hürde für den Einsatz darstellt, gefolgt von finanziellen Aspekten, der Akzeptanz der Aussteller und dem zu hohen Aufwand – die Auswahl der richtigen Technologie spielt hingegen kaum eine Rolle
- das Interesse oder die Bereitschaft der Aussteller, je nach Besucherfrequenz mehr oder weniger für eine Standfläche zu zahlen, auf B2B Messen höher eingeschätzt wird als auf B2C Messen; wobei das Interesse auf B2B Messen als hoch bis eher hoch prognostiziert wird

- die Zukunftsfähigkeit des Preismodells nach Besucherfrequenz auf B2B Messen höher als auf B2C Messen angesehen wird, wobei die Zukunftsfähigkeit bei B2B als eher weniger zukunftsfähig angesehen wird
- die Akzeptanz der Aussteller durch folgende Gründe kritisch betrachtet wird:
  1. Grundsätzliche Abneigung gegenüber Veränderungen von bereits „Gelerntem"
  2. Einhaltung des Messebudgets: Durch die nachträgliche Bepreisung des Quadratmeters kann erst nach der Messe eine Aussage über die genaue Höhe der Messebeteiligungskosten getroffen werden, wodurch sich Planungsschwierigkeiten ergeben.

Die Experteninterviews konnten zeigen, dass
- die Frequenzmessung durch die Kombination aus Kameras, Beacons und WLAN von technologischer Seite aus genau genug ist, um darauf ein Preismodell aufzubauen und daher durchführbar ist
- der technologische und finanzielle Aufwand dem in Use-Case 2 beschriebenen Aufwand entspricht
- es von Veranstalterseite keine guten Erfahrungen mit Locationbasedpricing gibt
- die Akzeptanz der Aussteller kritisch betrachtet wird, da die Besucherfrequenz auch von anderen Faktoren abhängt ist und daher die Aussteller das Gefühl haben könnten, einer ungerechten Preisgestaltung zu unterliegen und mit höheren Standkosten „bestraft" zu werden.

6 Implikationen für die Messewirtschaft

Basierend auf den dargestellten Grundlagen und den Use-Case-Bewertungen sollen Handlungsempfehlungen für den realistischen Einsatz von Indoor Analytics bei Messegesellschaften ausgesprochen werden.

Grundsätzlich spricht sich die Verfasserin dafür aus, das Thema des Einsatzes von Indoor Analytics „vom Kleinen zum Großen“ anzugehen. Die Ergebnisse haben gezeigt, dass Indoor Analytics bei Messegesellschaften prinzipiell in vielerlei Hinsichten angewendet werden können. Jedoch hatsich auch herausgestellt, dass die Unterschiede hinsichtlich Erfahrungen und Kenntnisständen groß sind. Vor gravierenden Veränderungen (siehe Ergebnisse Use-Case 3 in Kapitel 5.3.3) scheinen viele Messegesellschaften zurzeit eher Abstand halten zu wollen. Daher muss auch in den Handlungsempfehlungen zwischen den unterschiedlichen Entwicklungsstadien der Gesellschaften unterschieden werden. Messegesellschaften, die eine Digitalstrategie verfolgen, eine Abteilung dafür haben und somit auch gewisse finanzielle, personelle und zeitliche Ressourcen, können sich mit dem Thema anders befassen als Messegesellschaften, die auch durch ihre Unternehmensgröße an ganz anderen Punkten der Entwicklungen stehen. Mit der Zeit, wenn sich die Akteure der Messewirtschaft durch den Einsatz von „einfachen“ Handlungsimplementierungen an den Einsatz digitaler Technologien gewöhnt haben, kann sich an Anwendungen herangetastet werden, die größeres Umdenken erfordern. Denn mit voranschreitender Zeit wird auch die Dringlichkeit des Einsatzes von digitalen Technologien für den Erhalt der Wettbewerbsfähigkeit die Messegesellschaften erreichen.

So kann als erste Implikation festgehalten werden, dass Messegesellschaften, die sich bisher noch wenig mit ihren digitalen Kompetenzen auseinandergesetzt hat, zunächst die Möglichkeit nutzen sollte, Daten auf einfache Art und Weise zu erheben und zu analysieren, noch ohne in eine der vorgestellten Indoor Analytics Anwendungen zu investieren. Bei einer vorhandenen WLAN-Infrastruktur sollte beispielweise jede Messegesellschaft einige Daten der Besucher für die Nutzung des Besucher-WLANs einfordern. Bevor eine Messegesellschaft in Indoor Analytics investiert, kann sie bereits mit diesen Daten Kapazitäten und Fähigkeiten aufbauen, die erhobenen Informationen auszuwerten, zu verarbeiten und aus ihnen Maßnahmen abzuleiten. Dieser Ansatz konnte auch im Gespräch mit der Landesmesse Stuttgart als realistisch bewertet werden, denn „allein die Daten machen den Unterschied noch nicht: Die Daten müssen darüber hinaus sinnvoll ausgewertet und genutzt werden.“ (vgl. Dehner, 2019, S. 142). Mit steigenden Erfahrungswerten, Kapazitäten und Fähigkeiten können Messegesellschaften nach und nach beginnen, die erhobenen Daten in neuen Servicefeldern einzusetzen – und in genauere Erfassungstechnologien für Indoor Analytics zu investieren. Auf keinen Fall darf der Datenschutz, der für die deutschen Unternehmen eine hohe Bedeutung einnimmt, die Messegesellschaften und Deutschland insgesamt in seiner Innovationsfähigkeit und der Entwicklung neuer Geschäftsmodelle beinträchtigen.

Als weitere Handlungsempfehlung sollte eine Messegesellschaft nach Auffassung der Verfasserin die Indoor Navigation einführen. Damit berücksichtigt eine Messegesellschaft die Relevanz des Besuchers für den Erfolg einer Messe. Die junge Generation als Messebesucher besitzt und erwartet digitale Kompetenzen. Für den Veranstalter stellt diese Handlungsempfehlung, vorgestellt als ersten Use-Case, einen vertretbaren Aufwand dar. Im Hinblick auf die Bewertungen seitens der Messegesellschaften und der Experten, zeigt sich Indoor Navigation als realisierbar, zukunftsfähig und, vor allem auf B2B Messen, als von den Besuchern angenommener Service.

Dabei muss der Mehrwert, den ein Besucher durch die Nutzung hat, kommuniziert werden. Die Verfasserin empfiehlt für den Einsatz eine stufenweise Differenzierung des Services. Zu Beginn ist der Servicegedanke für Besucher im Vordergrund. Schnelle, unkomplizierte Navigation mit Einbindung von Themenrouten als Antwort auf die verändernden Anforderungen der Besucher (siehe Kapitel 4.1). Sobald sich die kostenfrei angebotenen Indoor Navigation unter den Besuchern Beliebt- und Bekanntheit erfreut, kann ein zusätzlicher Mehrwert für Aussteller aufgebaut werden. Durch die Einbringung von Locationbased Services (LBS) oder Locationbased Advertising (LBA) kann der Service bei Ausstellern monetarisiert werden. Mit der praktischen Umsetzung des ersten Use-Case ist nach der Auffassung der Verfasserin mit nur wenigen Hindernissen zu rechnen. Als Start in die Erfahrungsreihe im Umgang mit digitalen Technologien scheint dieser erste Use-Case gerade auf Fachmessen sehr geeignet. Die Messebesucher, für die die Indoor Navigation nur Vorteile bedeutet, sind eine dankbare Zielgruppe, die diesen kostenlosen Service nur mit Nichtnutzung gefährden könnten. Mit ausreichender, im Vorfeld getätigter Kommunikation und Vermarktung dieses neuen Services ist damit aber eher weniger zu rechnen: Der Mehrwert korreliert zu stark mit den sich verändernden Erwartungshaltungen der Besucher hinsichtlich eines effizienten, wenig zeitintensiven und erlebnisreichen Messebesuches.

Sofern es mit keinem unverhältnismäßigen Aufwand verbunden ist, kann die Indoor Navigation auch bei B2C Messen angeboten werden, denn die Hard- und Software bestünde permanent. Für die Auswahl geeigneter Verbrauchermessen, kann als Kriterium das Vorhandensein einer App gewählt werden. Die Indoor Navigation ist für B2C Besucher sicherlich mehr „Spielerei" als tatsächlicher Nutzen, liefert aber für die Messegesellschaft weitere Erfahrungswerte.

Forcieren würde die Verfasserin in der nachfolgenden Handlungsempfehlung den Einsatz von Indoor Analytics im Rahmen des zweiten Use-Cases: dem Besuchertracking. Hier ist für alle drei Akteure, Veranstalter-Aussteller-Besucher, ein Mehrwert gegeben. Dies wird bestätigt durch die Tatsache, dass bereits einige Messegesellschaften diesen Use-Case in der Praxis anwenden und zusätzlich von den Messegesellschaften und den Experten positiv bewertet wurde. Mit dem Vorschlag von Herr Häusler, das Besuchertracking über die Kombination von WLAN, Beacons und Kamerasystemen ablaufen zu lassen, kann auch die Indoor Navigation gemäß des zweiten Use-Case abgedeckt werden. In Bezug auf die Wettbewerbsvorteile durch Big Data ist diese zweite Anwendung für den Aufbau digitaler Geschäftsmodelle für Messen sehr geeignet. Durch die starke Zukunftsorientierung spricht sich die Verfasserin für die Realisierung von Use-Case 2 aus. Aktuell hat sich zwar gezeigt, dass das Format „Messe" durch Entwicklungen wie virtuelle Messen nicht gefährdet ist – doch ist es unklar, wie sich diese Entwicklungen in der Zukunft verändern und äußern werden.

Der dritte Use-Case wird, wie die Bewertung im vorangegangenen Kapitel gezeigt hat, sehr kritisch betrachtet. Die Verfasserin geht unter Berücksichtigung der befragten Messegesellschaften und Experten davon aus, dass die Zeit für die Umsetzung des dritten Use-Case noch nicht reif ist. Die Unsicherheit ist zu groß, die Zukunftsfähigkeit wird als zu gering eingeschätzt und die Akzeptanz der Aussteller ist noch ungewiss.

Daher empfiehlt die Verfasserin als abschließende Implikation in Bezug auf den dritten Use-Case eine Ausstellerbefragung, die deren Sichtweise in der Entscheidung hinsichtlich der Einführung einer frequenzorientierten Preismodells mitberücksichtigt. Denn die Aussteller spielen neben den Besuchern und dem Veranstalter eine ausschlaggebende Rolle in dem Erfolg einer Messe. Sollte die empfohlene Marktforschung ein positives Ergebnis zur Ausstellerakzeptanz ergeben, könnte eine frequenzorientierte Preisgestaltung für einen wirtschaftlichen Gewinn seitens der Messegesellschaft und für die Zufriedenheit der Aussteller sorgen. Als abgelehnt und gescheitert möchte die Verfasserin den dritten Use-Case nicht sehen – zu sehr sprechen technologische und mögliche finanzielle Aspekte für die Einführung.

7 Kritische Würdigung

Die Untersuchungen im Rahmen dieser Arbeit haben gezeigt, dass die Entwicklungen der digitalen Technologien und speziell der Indoor Analytics vielfältige Einsatzmöglichkeiten aufweisen und als Chance im digitalen Wandel in Messegesellschaften zu begreifen sind. Dabei muss betont werden, wie vielschichtig und auch verflochten der Einsatz hinsichtlich des Mehrwertes für Besucher, Aussteller und Messeveranstalter ist. Dies erklärt die Komplexität des Themas und zum Teil auch die derzeitige Zurückhaltung der Messegesellschaften, den Einsatz von Indoor Analytics voranzutreiben – obwohl sie um die Bedeutung der effizienten Datenauswertung wissen.

Die von der Verfasserin beschriebenen Handlungsimplementierungen sind mit einigen Einschränkungen anzuwenden. Zur kritischen Abwägung sollte der Einsatz der Use-Cases einer Kosten-Nutzenanalyse unterzogen werden. Die Investitionshöhen der Hardwareinstallationen, sowie die hinzukommenden Gebühren der Softwarenutzung für Indoor Analytics können seitens der Verfasserin nicht allgemeingültig bewertet bzw. dargestellt werden. Nicht für alle Messegesellschaften muss sich die Einführung von Indoor Analytics als rentabel herausstellen. Trotz der sich daraus versprechenden Wettbewerbsvorteile.

Weitere Forschungsarbeiten sollten die Sichtweisen der Akteure Aussteller und Besucher, die im Rahmen dieser Arbeit aufgrund begrenzter Kapazitäten und Schwerpunktlegung, nicht eigenständig betrachtet werden konnten, näher beleuchten. Im Hinblick auf den dritten Use-Case kann die Aufstellung eines konkreten Preismodells mit „echten" Daten die theoretische Untersuchung weiterführen. Des Weiteren können aus der geringen Anzahl von neun Rückläufern der Online-Befragung und drei Expertenmeinungen keine repräsentativen Aussagen getroffen werden.

8 Schlussbemerkung

Indoor Analytics als eine Ausprägung unserer digitalen Welt und die Errungenschaften Big Data eher passiv mitzuerleben, stellt für Messegesellschaften als etablierte Marktteilnehmer keine zeitgemäße Handlungsweise dar. Vielmehr heißt es, sich neu zu positionieren und für sich selbst, wie auch für die Zielgruppen Aussteller und Besucher, durch den Einsatz von Indoor Analytics einen Mehrwert zu schaffen, der im Hinblick auf die Wettbewerbsfähigkeit ausschlaggebend sein kann.

Mit den digitalen Technologien als Motor entwickeln sich sowohl die Märkte wie auch die Erwartungen und Anforderungen kommender Generationen an eine digitale Ausrichtung in allen Lebensbereichen – so auch auf Messen.

In dem für Messegesellschaften noch jungen Thema Indoor Analytics sollten sich die Veranstalter Schritt für Schritt vorwagen, um Erfahrungswerte aufzubauen und sowohl Aussteller als auch Besucher auf einen Wandel vorzubereiten. In welcher Form die Handlungsempfehlungen und damit der Einsatz digitaler Technologien umgesetzt werden, bleibt den Messegesellschaften selbst überlassen. Denn es können kaum allgemeingültige Empfehlungen ausgesprochen werden, in Anbetracht der Unterschiede von Messegesellschaften in Größe, Ausstellungsthemen, Innovationsbereitschaft und bisher getätigte Schritte in eine digitalisierte Messewelt. Es ist davon auszugehen, dass die ersten Ansätze einiger weniger Messegesellschaften zukünftig weiter vorangetrieben werden, wodurch sich ein Umschwung in der gesamten Messebranche auftut. Der Druck „mitzuziehen" und die Wettbewerbsfähigkeit im Rahmen der von Besuchern und Ausstellern gestellten Erwartungen aufrechtzuerhalten, wird auch „Zweifler" mithilfe des Einsatzes von Indoor Analytics in die datengestützte Zukunft führen.

In der digitalen Welt hat sich ein gewaltiger Wandel hinsichtlich des wichtigsten Wirtschaftsgutes aufgetan: „The world's most valuable resource is no longer oil, but data." (The Economist, 2017, o.S.; zu dt.: „Die weltweit wertvollste Ressource ist nicht länger Öl, sondern Daten.") – und welche Messegesellschaft wird sich davor verschließen wollen, angesichts der Tatsache, dass auch sie direkt an einer der Quellen dieser wertvollsten Ressource von heute sitzt?

Literaturverzeichnis

Altpeter, M. (2017). Akzeptanz von Beacons für Locationbased Advertising – Eine empirische Analyse aus konsumentenorientierter Sicht. Wiesbaden, Springer.

AUMA (o.J.)a. Messelexikon – Messewirtschaft. https://www.auma.de/de/messelexikon#entryId=119, eingestellt o.J., abgerufen 30.05.2019.

AUMA Bilanz (2018). AUMA – Die Messewirtschaft Bilanz 2017. Berlin, Königsdruck. https://www.auma.de/de/medien_/publikationen_/Documents/auma-bilanz-2017/auma-bilanz-2017.pdf, eingestellt Mai 2018, abgerufen 06.06.2019.

AUMA Bilanz (2019). Die Messewirtschaft - Bilanz 2018. Berlin, Königsdruck. https://www.auma.de/de/medien_/publikationen_/Documents/auma-bilanz-2018/auma-bilanz-2018.pdf, eingestellt: Mai 2019, abgerufen: 23.04.2019.

AUMA MesseTrend (2013). AUMA MesseTrend 2013. Ausstellerbefragung durch TNS EMNID. Bielefeld/Berlin, Schriftenreihe Institut der Deutschen Messewirtschaft.

AUMA MesseTrend (2019). AUMA MesseTrend 2019 – Edition 50. Berlin, Königsdruck. https://www.auma.de/de/medien_/publikationen_/Documents/auma-messetrend-2019/auma-messetrend-2019.pdf, eingestellt: März 2019, abgerufen: 06.06.2019.

Bardmann, M. (2019). Grundlagen der Allgemeinen Betriebswirtschaftslehre, Geschichte – Konzepte – Digitalisierung. 3. Auflage. Wiesbaden, Springer.

Barth, A. (2017). Managing Director bei EuroCentral Dassault Systemes. Trend Report (2017): Redaktion und Zeitung für moderne Wirtschaft, Smart Services & Smart Citys, Themen & Reportagen 03/2017. https://trendreport.de/smart-services-smart-citys/, eingestellt: 06.11.2017, abgerufen: 06.04.2019.

Bartlett-Mattis, M. (2018). Der Weg von Big Data zu Smart Data. Trend Report – Redaktion und Zeitung für moderne Wirtschaft, Themen & Reportagen 02/2018. https://trendreport.de/der-weg-von-big-data-zu-smart-data/, eingestellt: 25.06.2018, abgerufen: 06.04.2019.

Berg, A. (2019). Präsident des Bitkom e.V.. Bitkom (2019). Digitalisierung kommt in den deutschen Unternehmen an. Studie der Bitkom Research. https://www.bitkom.org/Presse/Presseinformation/Digitalisierung-kommt-den-deutschen-Unternehmen. Eingestellt: 10.04.2019, abgerufen: 11.04.2019.

Bitkom (2015). Leitlinien für den Big-Data-Einsatz - Chancen und Verantwortung. https://www.bitkom.org/sites/default/files/file/import/150901-Bitkom-Positionspapier-Big-Data-Leitlinien.pdf, eingestellt: September 2015, abgerufen: 14.04.2019.

Bitkom (2019). Pressemitteilung. Digitalisierung kommt in den deutschen Unternehmen an. Studie der Bitkom Research. https://www.bitkom.org/Presse/Presseinformation/Digitalisierung-kommt-den-deutschen-Unternehmen, eingestellt: 10.04.2019, abgerufen: 11.04.2019.

Dehner, P. (2019). Projektleiter Unternehmensentwicklung, Landesmesse Stuttgart GmbH, telefonisches Gespräch am 07.06.2019, Anhang 7 der vollständigen Arbeit, elektronisch veröffentlicht in der AUMA Messebibliothek, S. 136-143.

Doppler, S./ Steffen, A. (2019). Einführung in die Qualitative Marktforschung, Design – Datengewinnung – Datenauswertung. Wiesbaden, Springer.

Duden (o.J.)a. GPS. https://www.duden.de/rechtschreibung/GPS, eingestellt: o.J., abgerufen: 07.04.2019.

Erbel, H.-J. (2017). Besucherquantität und -qualität als zentrale Werttreiber von Messen. in: Kirchgeorg, M./Dornscheidt, W./Stoeck, N. (Hrsg.), Handbuch Messemanagement: Planung, Durchführung und Kontrolle von Messen, Kongressen und Events. 2. Auflage, Wiesbaden, Springer, S. 243-253.

FKM (o.J.)a. Die FKM: Unser Ziel: Vertrauen schaffen durch Transparenz – Wir zertifizieren Messedaten. https://www.fkm.de/fkm/, eingestellt: o.J., abgerufen: 09.06.2019.

FKM (o.J.)b. Zertifizierte Messedaten – darauf können Sie sich verlassen. https://www.fkm.de/, eingestellt: o.J., abgerufen: 09.06.2019.

Fortinet (o.J.). Fortinet Data Sheet – Fortipresence: WiFi Presence Analytics and Customer Engagement Solution. https://www.fortinet.com/content/dam/fortinet/assets/data-sheets/FortiPresence.pdf, eingestellt: o.J., abgerufen: 18.06.2019.

Friedrich, K. (2019). Customer & Experience Officer, WayTation GmbH. Telefonisches Gespräch am 07.06.2019, Anhang 10 der vollständigen Arbeit, elektronisch veröffentlicht in der AUMA Messebibliothek, S. 146-154.

Goschmann, K. (2013). Messe. in: Dinkel, M./Luppold, S./Schröer, C. (Hrsg.). Handbuch Messe-, Kongress- und Eventmanagement. Sternenfels, Wissenschaft & Praxis, S.137 – 139.

Grauert, D. (2017). Die Digitalisierung des Innenraumes. in: Digitaler Mittelstand. https://digitaler-mittelstand.de/business/ratgeber/die-digitalisierung-des-innenraums-42155, eingestellt: 15.09.2017, abgerufen: 12.04.2019.

Grosser, T. (2017). Bits und Apps im Messe- und Tagungswesen. in: Knoll, T. (Hrsg.). Veranstaltungen 4.0 – Konferenzen, Messen und Events im digitalen Wandel. Wiesbaden, Springer, S. 37- 65.

Gründerszene (o.J.). Lexikon: Heatmap. https://www.gruenderszene.de/lexikon/begriffe/heatmap?interstitial, eingestellt: o.J., abgerufen: 18.06.2019.

Häusler, J. (2019). Project Manager, infsoft GmbH. Telefonisches Gespräch am 07.06.2019, Anhang 4 der vollständigen Arbeit, elektronisch veröffentlicht in der AUMA Messebibliothek, S. 119-133.

Holzner, A. (2006). Nutzenorientiertes Pricing von Messeleistungen. Wiesbaden, DUV.

Holzner, A. (2017). Pricing von Messeleistungen. in: Kirchgeorg, M./Dornscheidt, W./Stoeck, N. (Hrsg.), Handbuch Messemanagement: Planung, Durchführung und Kontrolle von Messen, Kongressen und Events. 2. Auflage. Wiesbaden, Springer, S. 699-713.

Indoornavigation.de (o.J.). Indoor GPS – Alternativen zu GPS. https://www.indoornavigation.de/wiki/indoor-gps-alternativen-zu-gps, eingestellt: o.J., abgerufen am 07.04.2019.

infsoft (2017). Whitepaper, Indoor Positionsbestimmung & Services. https://www.infsoft.com/portals/0/images/solutions/basics/whitepaper/infsoft-whitepaper-de-indoor-positionsbestimmung_download.pdf, eingestellt: 2017, abgerufen: 07.04.2019.

infsoft (o.J.)a. Indoor Digitalisation. https://www.infsoft.com/de/loesungen/indoor-digitalisierung, eingestellt: o.J., abgerufen: 07.04.2019.

infsoft (o.J.)b. Positionsgebende Sensorik – Kamerasysteme: Indoor Ortung in Ergänzung mit externen Kamerasystemen. https://www.infsoft.com/de/technologie/sensorik/kamerasysteme, eingestellt: o.J., abgerufen: 19.06.2019.

infsoft (o.J.)c. Unternehmen – Kundenreferenzen. https://www.infsoft.com/de/unternehmen/kundenreferenzen, eingestellt: o.J., abgerufen: 28.04.19.

Jähnichen, S. (2015). Von Big Data zu Smart Data – Herausforderungen für die Wirtschaft. in: Smart Data – Newsletter. FZI Forschungszentrum Informatik, gefördert durch das Bundesministerium für Wirtschaft und Energie. Ausgabe 1. https://www.digitale-technolo-gien.de/DT/Redaktion/DE/Downloads/Publikation/SmartData_NL1.pdf%3F__blob%3DpublicationFile%26v%3D5, eingestellt: August 2015, abgerufen: 20.06.2019.

Kirchgeorg, M./Kästner, E./Springer, C. (2017). Zielkonkretisierung als Voraussetzung für den Messeerfolg – B2B- und B2C-Messen im Vergleich. in: Kirchgeorg, M./Dornscheidt, W./Stoeck, N. (Hrsg.), Handbuch Messemanagement: Planung, Durchführung und Kontrolle von Messen, Kongressen und Events. 2. Auflage. Wiesbaden, Springer, S. 1028 - 1039.

Klein, R./Steinhardt, C. (2008). Revenue Management: Grundlagen und Mathematische Methoden. Berlin/Heidelberg, Springer.

Meffert, H. (2017). Ziele und Nutzen der Messebeteiligung von ausstellenden Unternehmen und Besuchern. in: Kirchgeorg, M./Dornscheidt, W./Stoeck, N. (Hrsg.), Handbuch Messemanagement: Planung, Durchführung und Kontrolle von Messen, Kongressen und Events. 2. Auflage. Wiesbaden, Springer, S. 1011-1025.

NavVis (o.J.)a. Who we are. https://www.navvis.com/company/about, eingestellt: o.J., abgerufen: 12.04.2019.

NavVis (o.J.)b. Maps & Navigation. https://www.navvis.com/maps-navigation, eingestellt: o.J., abgerufen: 15.06.2019.

Neven, P./Hochheim, H. (2017). Nutzen von Messebeteiligungen aus Ausstellersicht –MesseNutzenCheck. in: Kirchgeorg, M./Dornscheidt, W./ Stoeck, N. (Hrsg.), Handbuch Messemanagement: Planung, Durchführung und Kontrolle von Messen, Kongressen und Events. 2. Auflage. Wiesbaden, Springer, S. 1043-1055.

Olbrich, R./Battenfeld, D. (2014). Preispolitik: ein einführendes Lehr- und Übungsbuch. 2. Auflage. Berlin/Heidelberg, Springer.

Ottmann, P./Fleck, R. (2017). Messen im Spannungsfeld von Erlebnis und Ergebnis: eine Bestandsaufnahme aus Sicht von Ausstellern und Fachbesuchern. in: Kirchgeorg, M./Dornscheidt, W./Stoeck, N. (Hrsg.), Handbuch Messemanagement: Planung, Durchführung und Kontrolle von Messen, Kongressen und Events. 2. Auflage. Wiesbaden, Springer, S. 329-338.

Richter, J. (2018). Dynamic Pricing im Messemarketing – Yield Management als kapazitätsorientierter Ansatz für das Preismanagement von Messeständen. in: Luppold, S. (Hrsg.), Agilität und Transformation – Management-Ansätze für Messeveranstalter. Studienreihe Messemanagement. Stuttgart, WFA, S. 83-170.

Schiller, J./Voisard, A. (2004). Location-Based Services. San Francisco, Morgan Kaufmann/Elsevier.

Sensalytics (o.J.)a. Für jede Branche eine Lösung. https://sensalytics.net/de/industry, eingestellt: o.J., abgerufen: 18.06.2019.

Sensalytics (o.J.)b. Vielfältiges Sensorportfolio. https://sensalytics.net/de/sensors, eingestellt: o.J., abgerufen: 19.06.2019.

Silberer, G. (2009). Digital Signage im stationären Handel – Das Anwendungs- und Wirkungspotenzial eines neuen POS-Mediums. in: der markt – Journal für Marketing. Volume 49. https://link.springer.com/article/10.1007/s12642-010-0025-8, eingestellt: 22.04.2010, abgerufen: 20.06.2019), S. 3-16.

Streich, K. (2017). Tracking von Flurförderzeugen und Gütern in der Logistik. in: infsoft In-door/Outdoor Tracking – Anwendungsbeispiele. https://www.infsoft.com/de/anwendungsbeispiele/articleid/177/tracking-von-flurfoerderzeugen-und-guetern-in-der-logistik, eingestellt: 19.04.2019, abgerufen: 06.06.2019.

The Economist (2017). Regulating the internet giants – The world's most valuable resource is no longer oil, but data. https://www.economist.com/leaders/2017/05/06/the-worlds-most-valuable-resource-is-no-longer-oil-but-data, eingestellt: 06.05.2017, abgerufen: 16.06.2019.

T-Systems International GmbH (2014). Indoor Analytics – Anwendungsmöglichkeiten im Handel. https://www.t-systems.com/de/de/ueber-uns/unternehmen/newsroom/news/news/indoor-analytics-anwendungsmoeglichkeiten-im-handel-223220, eingestellt: 05.12.2014, abgerufen: 06.04.2019.

Wutzlhofer, M. (2017). Messen im Wandel, in: Kirchgeorg, M./Dornscheidt, W./Stoeck, N. (Hrsg.), Handbuch Messemanagement: Planung, Durchführung und Kontrolle von Messen, Kongressen und Events. 2. Auflage. Wiesbaden, Springer, S. 123-131.

WWM – Live Communication On Demand (o.J.). Besuchermessung mit Event Metrics. https://www.wwm.de/messeanalyse/besuchermessung-event-metrics, eingestellt: o.J., abgerufen: 18.06.2019.

Die Autoren

Marie-Christin Gerken

Bachelor im Bereich Messe-, Kongress- und Eventmanagement an der Dualen Hochschule Baden-Württemberg Ravensburg in Kooperation mit der Leipziger Messe GmbH. Seitdem als Projektmanagerin für medizinische Eigenmessen tätig. Vor dem Studium absolvierte sie eine Ausbildung zur Veranstaltungskauffrau bei der Westfalenhallen Unternehmensgruppe GmbH in Dortmund. Nominierte für den Deutschen Forschungspreis für Live-Kommunikation des FAMAB 2019.

Doreen Richter

Master of Business Administration, berufsbegleitend absolviert über die Fernuniversität IUBH. Zuvor Bachelor of Arts im Bereich BWL – Messe-, Kongress- und Eventmanagement an der DHBW Ravensburg in Kooperation mit der Messe Frankfurt GmbH. Seit 2014 als Projektmanagerin bei der Messe Frankfurt Venue GmbH im Bereich Gastveranstaltungen tätig, insbesondere verantwortlich für Kongresse und Tagungen. Zweitplatzierte beim „Messe-Impuls-Preis 2019" des Fachverband Messen und Ausstellungen (FAMA).

Felix Urban

Bachelor in BWL Messe-, Kongress- und Eventmanagement an der DHBW Ravensburg. Mit der vorliegenden Abschlussarbeit gewann er den Deutschen Forschungspreis für Live Communication der TU Chemnitz und des FAMAB. 2016 bis 2019 war er als dualer Student bei der Deutschen Messe AG und in diversen Projekten, u. a. CEBIT und HANNOVER MESSE, involviert. Derzeit arbeitet er als Project Manager New Events & New Formats bei der Deutschen Messe AG und ist dort für die Konzeptionierung und Erstdurchführung von neuen Messen zuständig.

Sofia Zindler

Bachelor of Arts im Bereich BWL – Messe-, Kongress-, und Eventmanagement an der DHBW Ravensburg in Kooperation mit der Hamburg Messe und Congress GmbH. Anschließend im Team der Auslands- und Auftragsveranstaltungen der Hamburg Messe und Congress GmbH verantwortlich für die Unterstützung von rund ein Dutzend deutschen Gemeinschaftsbeteiligungen auf Messen weltweit. Ausgezeichnet mit dem FAMA Messe-Impuls-Preis 2019 und nominiert für den Deutschen Forschungspreis für Live-Kommunikation des FAMAB.

Studienreihe Messemanagement

Stakeholder im Fokus: Management-Ansätze für Messeveranstalter: Studienreihe Messemanagement: Band 1, überarbeitete, 2. Auflage

Messeveranstalter stehen sehr unterschiedlichen Anspruchsgruppen gegenüber. Der richtige Umgang mit ihnen ist dabei ein wesentlicher Erfolgsfaktor. Heterogenität und Wandel verhindern ein statisches Verhalten – weshalb immer wieder neue Ansätze im Management erforderlich sind. Dieser Band der „Studienreihe Messemanagement" widmet sich deshalb folgenden Themen und Fragestellungen:

- Wodurch kann die Transparenz der Messebesucher für ein Database-Marketing geschaffen werden?
- Wie lassen sich Kommunikationsschnittstellen zu Ausstellern identifizieren und optimieren?
- Welchen Beitrag können Messeveranstalter für die kleinen und mittleren Unternehmen in ihrer Wirtschaftsregion leisten?
- Was sind die Determinanten für neue horizontale Kooperationsformen und wie lassen sie sich bewerten?
- Welche Verbesserungspotenziale bietet ein mehrstufiges Deckungsbeitragskonzept für das Controlling-System eines Messeveranstalters?
- Wie ist die Rolle eines systematischen Beschwerdemanagement-Systems im Kontext von Motivation und Bindung zu sehen?

Autoren: Stefan Luppold (Hrsg.), Elisabeth Gödde, Patrick Haag, Tobias Hönig, Isabell Maurer, Klaus Riedel, Lisa Ruetz

Erschienen: Januar 2017 WFA Medien Verlag

ISBN:			
	Paperback:	978-3-946589-09-9	(264 Seiten; 19,90€)
	Hardcover:	978-3-946589-10-5	(264 Seiten; 29,90€)
	e-Book:	978-3-946589-11-2	(264 Seiten; 19,90€)

Innovation und Change: Management-Ansätze für Messeveranstalter: Studienreihe Messemanagement: Band 2

Messeveranstalter sind, wie andere Unternehmen, ohne Neuerungen und Veränderungen nicht langfristig marktfähig. Eher Initiator von Innovation, eher Treiber von Change ist dabei ein Erfolgsfaktor. Dynamische Märkte zwingen zu einem dynamischen Verhalten - weshalb immer wieder neue Ansätze im Management erforderlich sind. Band 2 der Studienreihe Messemanagement befasst sich deshalb mit folgenden Themen:

- Business Development: Mit welchem Standard-Instrumentarium kann eine Machbarkeitsstudie zur Beurteilung einer neuen Messe-Idee erstellt werden?
- Messe-Organisation: Welche positiven Effekte kann die aus der Digitalwirtschaft stammende Scrum-Methode generieren?
- Virtuelle Messen: Wo und wie müssen wir uns den Veränderungen durch virtuelle und hybride Veranstaltungsformate stellen?
- Onboarding: Wie können temporäre Mitarbeiter für Großveranstaltungen optimal integriert und eingearbeitet werden?
- Nachhaltige Messen: Welche Ansätze gibt es, um Nachhaltigkeit sowohl in einem Messe-Konzept als auch in der Unternehmens-Kommunikation zu realisieren?

Autoren: Stefan Luppold (Hrsg.), Tanja Durke, Lisa Tatjana Fischer, Camille Kehr, Florenz Meier, Christina Schwenkel

Erschienen: Mai 2016 WFA Medien Verlag

ISBN:	Paperback:	978-3-946589-03-7	(232 Seiten; 19,90€)
	Hardcover:	978-3-946589-04-4	(232 Seiten; 29,90€)
	e-Book:	978-3-946589-05-1	(232 Seiten; 19,90€)

Agilität und Transformation: Management-Ansätze für Messeveranstalter: Studienreihe Messemanagement: Band 3

Agilität steht für Wendigkeit und Vitalität, für Frische und einen positiven Blick nach vorne; ein Wechsel oder Übergang wird häufig als Transformation bezeichnet. Diese Begriffe gehören mittlerweile auch zum Standardvokabular des Messemanagements: In operativen Tätigkeiten wie in strategischen Konzepten. Anregungen dazu liefern sechs Arbeiten mit ihren Ansätzen:

- Beschwerdemanagement – wie kann der aktive Umgang mit Rückmeldungen von Kunden in einen CRM-Kontext eingebunden werden?
- Dynamic Pricing im Messemarketing – besteht die Möglichkeit, Yield Management auf die Messewirtschaft zu übertragen?
- Nachhaltiges Lernen – kann der als „Flipped Classroom" bekannte Ansatz auch das Lernen bei Veranstaltungen verbessern?
- Messen und Investitionsgütermarketing – in welcher Form kann ein multisensorischer Ansatz den Messeerfolg unterstützen?
- Sicherheitsempfinden von Messebesuchern – weshalb sollen Konzepte neben objektiv wirksamen auch subjektiv wahrgenommene Maßnahmen beinhalten?
- Suchmaschinenmarketing – wie kann eine erfolgreiche Kampagne gestaltet werden, die sich auch auf die Gewinnung von Neukunden richtet?

Autoren: Stefan Luppold (Hrsg.), Anna Miehlich, Jessica Richter, Lisa-Marie Lang, Eva Muhle, Susanne Hoffmann, Lydia Vierheilig

Erschienen: April 2018 WFA Medien Verlag

ISBN:			
	Paperback:	978-3-946589-14-3	(556 Seiten; 39,90€)
	Hardcover:	978-3-946589-15-0	(556 Seiten; 44,90€)
	e-Book:	978-3-946589-16-7	(556 Seiten; 34,90€)

Strategischer Erfolg durch User Experience und Mixed Reality: Management-Ansätze für die Live-Kommunikation
Studienreihe Messemanagement: Band 4

User Experience ist ein wesentlicher Erfolgsfaktor für digitale Geschäftsmodelle, da sie das Nutzerverhalten signifikant beeinflusst – ebenso wie die Markenwahrnehmung, das Empfehlungsverhalten sowie die Kundenbindung. Mixed Reality ist die Verbindung von Augmented Reality (AR) und Virtual Reality (VR) – und wichtiges Element im Kontext der digitalen Transformation. Unter diesen Aspekten thematisieren die Beiträge im vierten Band folgende Fragestellungen und Themen:

- Verbesserungspotentiale des Ticketshops des Bar Convent Berlin unter Beachtung der Usability und User Experience
- Prozessinnovation und neue Geschäftsmodelle durch Mixed Reality – Einsatzmöglichkeiten innerhalb eines Messebauunternehmens
- Delphi-Studie zu potentiellen Veränderungen der Messewirtschaft durch die technischen Innovationen Augmented und Virtual Reality
- Virtual Reality bei Fachmessen aus Veranstaltersicht – Empirische Untersuchung über die wertschöpfende Einbindung und Nutzung der Technologie zur Ableitung von Handlungsimplikationen

Autoren: Stefan Luppold (Hrsg.), Luisa Schüth, Max Mollenschott, Jana Bailer, Maximilian Metzger

Erschienen: Juni 2019 WFA Medien Verlag

ISBN:			
	Paperback:	978-3-946589-20-4	(260 Seiten; 34,90€)
	Hardcover:	978-3-946589-21-1	(260 Seiten; 39,90€)
	e-Book:	978-3-946589-22-8	(260 Seiten; 34,90€)